INDRA K. NOOYI
DIE LEKTIONEN EINES LEBENS

Die Originalausgabe erschien unter dem Titel
MY LIFE IN FULL : WORK, FAMILY, AND OUR FUTURE
ISBN 978-0-593-19179-8



Übersetzung: Rotkel. Die Textwerkstatt
Coverfoto: © Annie Leibovitz, 2021
Gestaltung und Satz: Sabrina Slopek
Lektorat: Christoph Landgraf
Druck: GGP Media GmbH, Pößneck

*Bildquellen:*
Photos on insert pages 1 (all), page 2 (all), page 3 (all), page 4 (top left, bottom center), page 5 (all), page 6 (top), page 7 (all), page 8 (top), page 9 (top, bottom), page 10 (bottom), courtesy of the author; photos on page 6 (bottom), page 8 (bottom), page 9 (middle), page 10 (top), page 11 (bottom), page 12 (bottom), page 14 (top), page 15 (all), by Joe Vericker/Photobureau; photo on page 11 (top) PepsiCo, Inc., 2017 Annual Report Cover; photo on page 11 (middle), by Andy Ryan; photo on page 12 (top), courtesy of Reckitt Benckiser; photo on page 12 (middle), a photo taken on the stage at Tina Brown's 2016, Women in the World conference, including Anne-Marie Slaughter, Indra Nooyi, and Norah O'Donnell; photo on page 13 (top), courtesy of Centerview Partners; photo on page 13 (bottom), courtesy of Major League Baseball, Major League Baseball trademarks and copyrights are used with permission of Major League Baseball. Visit MLB.com; photo on page 14 (bottom), courtesy of the Nelson Mandela Foundation; photo on page 16, by Jon R. Friedman.

ISBN 978-3-86470-884-8



Bibliografische Information der Deutschen Nationalbibliothek:
Die Deutsche Nationalbibliothek verzeichnet diese Publikation in der Deutschen Nationalbibliografie; detaillierte bibliografische Daten sind im Internet über <http://dnb.d-nb.de> abrufbar.

Postfach 1449 • 95305 Kulmbach
Tel: +49 9221 9051-0 • Fax: +49 9221 9051-4444
E-Mail: info@plassen-buchverlage.de
www.plassen.de
www.facebook.com/plassenbuchverlage
www.instagram.com/plassen_buchverlage

Für meinen Mann Raj,
meine Kinder Preetha und Tara,
meine Eltern,
meinen Thatha

INDRA NOOYI

Ehemalige Vorsitzende und CEO, PepsiCo

# Die Lektionen eines Lebens

## Was ich über Arbeit, Familie und unsere Zukunft denke

# INHALT

# EINFÜHRUNG

An einem nebligen Dienstag im November 2009 stand ich nach stundenlangen Treffen mit zwei Dutzend hochrangigen amerikanischen und indischen Wirtschaftsvertretern in Washington, D.C., zwischen dem Präsidenten der Vereinigten Staaten und dem indischen Premierminister.

Barack Obama und Manmohan Singh hatten den Raum betreten, um sich über die Fortschritte unserer Gruppe zu informieren, und Präsident Obama begann, das amerikanische Team seinem indischen Amtskollegen vorzustellen. Als er zu mir kam – Indra Nooyi, CEO von PepsiCo – rief Premierminister Singh aus: „Oh! Aber sie ist eine von uns!"

Und der Präsident antwortete, mit einem breiten Lächeln und ohne zu zögern: „Ah, aber sie ist auch eine von uns!"

Es ist ein Moment, den ich nie vergessen werde – spontane Freundlichkeit von den Oberhäuptern der beiden großen Länder, die mir so viel gegeben haben. Ich bin immer noch das Mädchen, das in einer eng verbundenen Familie in Madras, im Süden Indiens, aufgewachsen ist, und ich bin tief mit den Lehren und der Kultur meiner Jugend verbunden. Ich bin aber auch die Frau, die im Alter von 23 Jahren in die USA kam, um zu studieren und zu arbeiten, und die es irgendwie geschafft hat, ein berühmtes Unternehmen zu leiten – ein Weg, der meiner Meinung nach nur in Amerika möglich ist. Ich gehöre in beide Welten.

Wenn ich zurückblicke, erkenne ich, dass mein Leben voll von dieser Art von Dualität ist – konkurrierende Kräfte, die mich von einem Kapitel zum anderen geschoben und gezogen haben. Und ich sehe, dass dies auf jeden von uns zutrifft. Wir alle müssen das Gleichgewicht halten, jonglieren, Kompromisse eingehen und unser Bestes tun, um unseren Platz zu finden, voranzukommen und unsere Beziehungen und Verantwortlichkeiten zu bewältigen. Das ist nicht einfach in einer Gesellschaft, die sich sehr schnell verändert und dennoch an einigen uralten Gewohnheiten und Verhaltensregeln festhält, die sich unserer Kontrolle entziehen.

Meine Familie und meine Arbeit waren schon immer die beiden Anforderungen, die mich ausmachen. Ich habe 1994 bei PepsiCo angefangen, auch weil der Hauptsitz des Unternehmens in der Nähe meines Hauses lag. Ich hatte zwei Töchter, damals zehn und anderthalb Jahre alt, und einen Ehemann, dessen Büro in der Nähe lag. Das Jobangebot von PepsiCo erschien uns sinnvoll, weil der Arbeitsweg kurz war. Ich konnte in 15 Minuten zur Schule oder nach Hause zum Baby fahren. Natürlich ist das nicht der einzige Grund, warum ich mich für PepsiCo entschieden habe, ein lebendiges, optimistisches Unternehmen, das mir vom ersten Moment an uneingeschränkt gefiel. Ich hatte auch das Gefühl, dass PepsiCo ein Unternehmen war, das offen dafür war, mit der Zeit zu gehen.

Das war wichtig. Ich war eine Frau, eine Immigrantin und eine Person of Color, die eine Führungsetage betrat, in der sie anders war als alle anderen. Meine Karriere begann zu einer Zeit, als die Dynamik zwischen Frauen und Männern am Arbeitsplatz noch nicht die gleiche war wie heute. In den 14 Jahren, die ich als Beraterin und Unternehmensstrategin tätig gewesen war, hatte ich nie eine Chefin gehabt. Ich hatte keine weiblichen Mentoren. Ich war nicht verärgert, dass ich von den Gepflogenheiten der männlichen Macht ausgeschlossen wurde, ich war einfach froh, dass ich überhaupt eingeschlossen wurde. Aber als ich zu PepsiCo kam, strömten gebildete, ehrgeizige Frauen in die Belegschaft, und ich spürte, wie sich die Atmosphäre veränderte. Der Wettbewerb zwischen Männern und Frauen wurde immer schärfer, und in den folgenden Jahrzehnten haben Frauen das Spiel in einer Weise verändert, die für mich zu Beginn undenkbar gewesen wäre. Als Führungskraft in der Wirtschaft habe ich immer versucht, den Wandel der Kultur vorauszusehen und darauf zu reagieren. Als Frau und Mutter von Mädchen wollte ich alles tun, um ihn zu fördern.

Als meine Karriere voranschritt und meine Kinder heranwuchsen, kämpfte ich mit den allgegenwärtigen Konflikten einer berufstätigen Mutter. 15 Jahre lang hatte ich in meinem Büro ein Whiteboard, auf das nur meine Töchter schreiben oder etwas löschen durften. Mit der Zeit wurde diese Tafel zu einem tröstlichen Kaleidoskop von Kritzeleien und Nachrichten, eine ständige Erinnerung an die Menschen, die mir am nächsten standen. Als ich aus meinem Büro auszog, habe ich eine Leinwandkopie der letzten Version behalten: „Hey Mom, ich hab dich ganz, ganz doll lieb. XOXOXOX.", „Halte durch. Vergiss nie, dass du Menschen hast, die dich lieben!", „Hab einen tollen Tag!", „Hey Mom, du bist die Allerbeste! Mach weiter so!", heißt es auf dem Bild mit Comicfiguren und Bildern von Sonnen und Wolken, alles in grünem und blauem Whiteboard-Stift.

Als hochrangige weibliche CEO wurde ich immer wieder gebeten, vor einem großen Publikum über Konflikte zwischen Beruf und Familie zu sprechen. Ich sagte einmal, dass ich mir nicht sicher sei, ob meine Töchter mich für eine gute Mutter hielten – geht es nicht allen Müttern manchmal so? Und ein indischer Fernsehsender produzierte eine einstündige Diskussionssendung zur Hauptsendezeit – ohne mich –, in der es darum ging, was Indra Nooyi über arbeitende Frauen gesagt hatte.

Im Laufe der Jahre bin ich Tausenden von Menschen begegnet, die sich Sorgen machten, wie sie ihren Familien, ihrer Arbeit und ihren Ambitionen, gute Bürger zu sein, gerecht werden könnten. Diese Beschäftigung hatte einen großen Einfluss auf mich, ich habe detaillierte Kenntnisse erlangt und diese tief verinnerlicht. Ich habe darüber nachgedacht, dass die Familie eine so mächtige Quelle menschlicher Stärke ist, aber ich habe auch erkannt, dass es für so viele Menschen eine Quelle des Stresses ist, eine Familie zu gründen und aufzuziehen.

Gleichzeitig gehörte ich zu einer viel gepriesenen Gruppe globaler CEOs, die regelmäßig zu den einflussreichsten Führungskräften der Welt eingeladen wurden. Dabei fiel mir auf, dass die schmerzlichen Geschichten darüber, wie Menschen – vor allem Frauen – darum kämpfen, ihr Leben und ihren Lebensunterhalt miteinander zu vereinbaren, bei diesen Treffen völlig fehlten. Die Titanen der Industrie, Politik und Wirtschaft sprachen darüber, wie man die Welt durch Finanzen, Technologie und Flüge zum Mars voranbringen könnte. Die Familie – der eigentliche chaotische, reizvolle, schwierige und geschätzte Kern des Lebens der meisten von uns – war eine Randerscheinung.

Diese Diskrepanz hat tiefgreifende Folgen. Unser Versäumnis, das drängende Problem der Vereinbarkeit von Beruf und Familie in den oberen Etagen der globalen Entscheidungsfindung zu thematisieren, hält jeden Tag Hunderte von Millionen Frauen nicht nur davon ab, aufzusteigen und eine Führungsposition einzunehmen, sondern auch davon, eine befriedigende Karriere mit einer gesunden Partnerschaft und Mutterschaft zu verbinden. In einem florierenden Markt müssen alle Frauen die Möglichkeit haben, einer bezahlten Arbeit außerhalb des Hauses nachzugehen, und unsere soziale und wirtschaftliche Infrastruktur muss diese Entscheidung voll unterstützen. Die finanzielle Unabhängigkeit und Sicherheit der Frauen, die für ihre Gleichstellung so wichtig sind, stehen auf dem Spiel.

Allgemeiner ausgedrückt: Die Tatsache zu ignorieren, dass die Arbeitswelt immer noch weitgehend auf den „idealen Arbeitnehmer“ von einst ausgerichtet ist – einen unbelasteten männlichen Ernährer – schadet uns allen. Auch den Männern. Unternehmen verlieren, weil Produktivität, Innovation und Gewinn leiden, wenn so viele Mitarbeiter das Gefühl haben, dass sie sich nicht voll und ganz in die Arbeit einbringen können. Familien verlieren, weil sie so viel Energie darauf verwenden, mit alten Systemen zurechtzukommen – von kurzen Schulzeiten bis hin zu einem Mangel an Elternzeit oder der Möglichkeit, die Eltern zu pflegen –, die nicht mit ihrer Realität übereinstimmen.

Und natürlich leidet die gesamte Weltgemeinschaft darunter. Viele junge Menschen, die sich Sorgen machen, wie sie das alles schaffen sollen, entscheiden sich gegen Kinder. Dies könnte in den kommenden Jahrzehnten nicht nur schwerwiegende wirtschaftliche Folgen haben, sondern ich ganz persönlich finde dieses Detail traurig. Bei allem, was ich erreicht habe, war es meine größte Freude, Kinder zu haben, und ich will nicht, dass jemand auf diese Erfahrung verzichten muss, wenn er das nicht möchte.

Ich glaube, dass wir das Problem der Vereinbarkeit von Beruf und Familie angehen müssen, indem wir uns mit einer Energie und einem Einfallsreichtum wie nie zuvor auf unsere Infrastruktur rund um das Thema „Betreuung" konzentrieren. Wir sollten dies als einen „Moonshot" betrachten, ein kühnes Vorhaben, das damit beginnt, dass jeder Arbeitnehmer Anspruch auf bezahlten Urlaub, Flexibilität und Vorhersehbarkeit hat, damit er die Ebbe und Flut des Arbeits- und Familienlebens bewältigen kann, und dann schnell die innovativsten und umfassendsten Lösungen für die Kinderbetreuung und die Betreuung älterer Menschen entwickeln, die sich unsere klügsten Köpfe ausdenken können.

Diese Aufgabe erfordert eine Führung, wie wir sie nicht oft erleben. Meiner Meinung nach besteht die grundlegende Aufgabe einer Führungspersönlichkeit darin, nach Möglichkeiten zu suchen, die kommenden Jahrzehnte zu gestalten, anstatt nur auf die Gegenwart zu reagieren, und anderen dabei zu helfen, die Unannehmlichkeiten zu akzeptieren, die mit der Veränderung des Status quo verbunden sind.

Wir brauchen die Weisheit von Unternehmensführern, politischen Entscheidungsträgern und allen Frauen und Männern, denen die Erleichterung des Nebeneinanders von Beruf und Familie am Herzen liegt, um hier zusammenzukommen. Mit Optimismus und einem zupackenden Verantwortungsbewusstsein können wir unsere Gesellschaft verändern.

Umgestaltung ist schwierig, aber ich habe gelernt, dass sie mit Mut und Beharrlichkeit – und dem unvermeidlichen Geben und Nehmen – gelingen kann. Als ich 2006 CEO von PepsiCo wurde, legte ich einen äußerst ehrgeizigen Plan vor, um die tief liegenden Spannungen in einem Unternehmen anzugehen, dessen Wurzeln immer noch im Verkauf von Limonade und Chips liegen. Ich wusste, dass wir mit vollem Einsatz ein Gleichgewicht schaffen mussten zwischen der Unterstützung unserer geschätzten Marken Pepsi-Cola und Doritos und den Bemühungen um die Herstellung und Vermarktung gesünderer Produkte. Wir mussten die Läden und Vorratskammern weiterhin mit praktischen, leckeren Snacks und Getränken versorgen, dabei aber die Umweltauswirkungen dieses Wachstums berücksichtigen. Wir mussten die auf ihrem Gebiet besten Köpfe gewinnen und an uns binden, aber auch sicherstellen, dass PepsiCo für eine Viertelmillion Menschen ein hervorragender Arbeitsplatz war. Ich nannte diese Mission „Performance with Purpose" (Leistung mit Sinn) und wog ein Dutzend Jahre lang jede Entscheidung vor dem Hintergrund dieses Maßstabs ab, wobei ich ständig Kompromisse einging, um eine nachhaltigere, zeitgemäßere Organisation zu schaffen.

In den Monaten, bevor ich 2018 PepsiCo verließ, dachte ich darüber nach, wie ich in den kommenden Jahren einen Beitrag leisten würde, wohl wissend, dass ich eine in einer Kette von weiblichen Führungskräften bin, die uns für die nächsten Generationen voranbringen können. Ich nahm mir vor, ein Buch zu schreiben, und beharrte gegenüber jedem aus meinem Umfeld darauf, dass es keine Memoiren werden würden. Stattdessen, so dachte ich, würde ich jedes Gramm meiner Erfahrung und meines Intellekts in einen Leitfaden einfließen lassen, der uns hilft, Beruf und Familie miteinander zu verbinden.

Das Buch, das Sie in der Hand halten, ist nicht dieses Buch.

Erstens stellte ich bald fest, dass die Forschung über Arbeit und Familie bereits abgeschlossen ist. Aus allen Blickwinkeln und in allen Ecken der Welt waren die Argumente und Ideen zur Unterstützung von Familien – vom Mutterschutz über die frühkindliche Bildung bis hin zum Mehrgenerationenhaushalt – von brillanten Köpfen zusammengetragen, analysiert, bewertet und diskutiert worden. Ich brauchte das alles nicht zu wiederholen.

Zweitens weiß ich jetzt, dass alles, was ich zu diesem Thema beisteuere, voll und ganz aus meinem eigenen Leben stammt.

TEIL I

# WIE ICH AUFWUCHS

# 1

Das Wohnzimmer der Frauen im Haus meiner Kindheit hatte ein einziges Möbelstück – eine riesige Palisanderholzschaukel mit vier langen Ketten, die in der Decke verankert worden waren, als mein Großvater das Haus 1939 an einer begrünten Straße in Madras, Indien, gebaut hatte.

Diese Schaukel, die in der südindischen Hitze sanft hin- und herglitt, war der Schauplatz von einer Million Geschichten. Meine Mutter, ihre Schwestern und ihre Cousinen – sie trugen einfache Saris in Fuchsia, Blau oder Gelb – schaukelten am späten Nachmittag mit Tassen süßen Milchkaffees darauf, die nackten Füße auf den Boden gestreckt, um sie in Bewegung zu halten. Sie planten die Mahlzeiten, verglichen die Noten ihrer Kinder und studierten indische Horoskope, um passende Partner für ihre Töchter oder die anderen jungen Leute in ihren weitreichenden Familiennetzwerken zu finden. Sie diskutierten über Politik, Essen, lokalen Klatsch und Tratsch, Kleidung, Religion, Musik und Bücher. Sie waren laut, sprachen übereinander und ließen das Gespräch laufen.

Von klein auf habe ich mit meiner älteren Schwester Chandrika und meinem jüngeren Bruder Nandu auf der Schaukel gespielt. Wir schaukelten und sangen unsere Schullieder: „The Teddy Bears' Picknick",

„The Woodpecker Song", „My Grandfather's Clock", oder Songs von den Beatles, Cliff Richard oder den Beach Boys, die wir im Radio gehört hatten: „Eight Days a Week", „Bachelor Boy", „Barbara Ann". Wir dösten, wir rauften. Wir lasen britische Kinderromane von Enid Blyton, Richmal Crompton und Frank Richards. Wir fielen auf den glänzenden roten Fliesenboden und standen wieder auf.

Unser Haus war ein großes, lichtdurchflutetes Haus, in dem ein Dutzend Cousins und Cousinen an Festen und Feiertagen zusammenkamen. Die Schaukel diente als Kulisse für ausgeklügelte Theaterstücke, die wir schrieben und aufführten, basierend auf allem, was uns in den Sinn kam. Eltern, Großeltern, Tanten und Onkel versammelten sich, um zuzuschauen, und hielten Zeitungsfetzen in der Hand, auf die die Wörter *„Ein Ticket"* gekritzelt waren. Es stand unseren Verwandten frei, unsere Aufführungen zu kritisieren, dabei zu plaudern oder einfach wegzugehen. Meine Kindheit war keine Welt des „Toll gemacht!". Es hieß eher: „Das war so lala" oder „Ist das das Beste, was du kannst?" Wir waren an Ehrlichkeit gewöhnt, nicht an falsche Ermutigung.

An diesen geschäftigen, glücklichen Tagen spielten die Kritiken keine Rolle. Wir fühlten uns wichtig. Wir waren in Bewegung, lachten und zogen weiter zu unserem nächsten Spiel. Wir spielten Verstecken, wir kletterten auf Bäume und pflückten die Mangos und Guaven, die im Garten rund um das Haus wuchsen. Wir aßen auf dem Boden, im Schneidersitz im Kreis sitzend, mit unseren Müttern in der Mitte, die Sambar Sadam und Thayir Sadam – Linseneintopf und Curd mit Reis gemischt – aus Tonschüsseln löffelten und indische Pickles auf Bananenblättern verteilten, die als Teller dienten.

Abends, wenn die Cousins und Cousinen zu Besuch waren, wurde die Schaukel abgenommen – das große, glänzende Holzbrett wurde von den silberfarbenen Ketten gelöst und auf die hintere Veranda getragen, um dort über Nacht gelagert zu werden. Dann richteten wir uns zum Schlafen am selben Ort aus, Jungen und Mädchen in einer Reihe auf einer großen, bunten Matte, jeder mit seinem eigenen Kissen und Baumwolllaken. Manchmal schliefen wir auch unter einem Moskitonetz. Wenn der Strom an war, drehte sich ein Ventilator träge über uns und tat so, als würde er die Hitze brechen, wenn die Temperatur in der Nacht 29,5 Grad Celsius betrug. Wir besprenkelten den Boden um uns herum mit Wasser, in der Hoffnung, die Verdunstung würde den Ort abkühlen.

Wie viele Häuser in Indien zu dieser Zeit hatte auch Lakshmi Nilayam, wie unser Haus genannt wurde, ein Wohnzimmer für Männer – eine weite Halle mit großen quadratischen Fenstern direkt am Eingangsportikus, wo man leicht beobachten konnte, wer kam und ging.

Mein Großvater väterlicherseits, ein pensionierter Bezirksrichter, hatte sein gesamtes Erspartes eingesetzt, um dieses prächtige zweistöckige Haus mit Terrasse und Balkonen zu entwerfen und zu bauen. Aber er verbrachte seine ganze Zeit im Wohnzimmer der Männer, las Zeitung und Bücher und faulenzte in einem bequemen Sessel mit Segeltuchsitz. Er schlief auf einem geschnitzten Holzsofa mit dunkelblauer Polsterung.

Er begrüßte Besucher, die fast immer unangemeldet kamen, sehr herzlich. Die Männer versammelten sich auf den beiden großen Sofas des Raumes und sprachen über das Weltgeschehen, die lokale Politik oder aktuelle Themen. Sie vertraten klare Ansichten darüber, was die Regierung oder Unternehmen tun sollten, um den Bürgern zu helfen. Sie sprachen auf Tamil oder Englisch und wechselten oft zwischen den beiden Sprachen. Kinder kamen und gingen – sie hingen herum, lasen oder machten ihre Hausaufgaben. Ich sah nie eine Frau in dem Raum vor meinem Großvater sitzen, den ich Thatha nannte. Meine Mutter ging ständig im Zimmer ein und aus, servierte Besuchern Kaffee und Snacks oder räumte auf.

Auf einem hölzernen Beistelltisch lagen das *Oxford English Dictionary* und das *Cambridge Dictionary,* beide in weinrotes Leder gebunden. Thatha ließ meine Schwester und mich einmal *Nicholas Nickleby* lesen, den fast 1.000 Seiten langen Roman von Charles Dickens. Alle paar Kapitel nahm er das Buch zur Hand, zeigte auf eine Seite und fragte: „Was bedeutet dieses Wort?“ Wenn ich es nicht wusste, sagte er: „Aber du hast doch gesagt, du würdest diese Seiten lesen.“ Dann musste ich das Wort nachschlagen und zwei Sätze schreiben, um zu zeigen, dass ich es verstanden hatte.

Ich bewunderte und verehrte Thatha, dessen vollständiger Name A. Narayana Sarma war. Er war 1883 in Palghat im Bundesstaat Kerala geboren worden, der unter den Briten Teil der Präsidentschaft Madras war. Er war bereits in den späten Siebzigern, als ich ein Schulmädchen war, ein schlanker Mann von etwa 1,74 Metern mit einer dicken Zweistärkenbrille, majestätisch, sehr bestimmt und sehr freundlich. Er trug einen perfekt gebügelten weißen Dhoti und ein helles Halbarmhemd. Wenn er sprach, tat das niemand sonst. Er hatte Mathematik und Jura studiert und jahrzehntelang den Vorsitz sowohl in Zivil- als auch in Strafsachen innegehabt. Seine Ehe war für mich rätselhaft. Meine Großeltern hatten acht Kinder, aber als ich meine Großmutter erlebte, bevor sie starb, schienen sie nie miteinander zu sprechen. Sie lebten in verschiedenen Teilen des Hauses. Er widmete sich voll und ganz seinen kleinen Enkeln, führte uns in immer anspruchsvollere Bücher und Ideen ein, erklärte uns Theoreme der Geometrie und bestand auf Ausführlichkeit und Klarheit bei unseren schulischen Leistungen.

Ich hatte nie einen Zweifel daran, dass das Oberhaupt des Haushalts – und der Familie – im Wohnzimmer der Männer residierte.

Aber das Herz und die Seele unserer lebendigen Existenz befanden sich am Ende des Flures, in dem offenen Raum mit dem rot gefliesten Boden und der riesigen Palisanderholzschaukel. Dort hielt meine Mutter den Haushalt am Laufen, mithilfe von Shakuntala, einer jungen Frau, die an der Außenspüle abwusch und den Boden wischte.

Meine Mutter war immer in Bewegung – sie kochte, putzte, bellte lautstark Befehle, verpflegte andere und sang im Radio mit. Wenn sie nicht zu Hause war, herrschte gespenstische Stille im Haus. Das gefiel keinem von uns.

Mein Vater, ein für die damalige Zeit ungewöhnlicher Mann, war auch da, half bei der Hausarbeit und bei der Betreuung der Kinder. Er hatte einen Master-Abschluss in Mathematik und arbeitete in einer Bank. Er kaufte ein, half beim Bettenmachen und machte meiner Mutter gerne Komplimente, wenn sie seine Lieblingsspeisen zubereitete. Er erlaubte mir oft, mit ihm mitzugehen. Er war ein ruhiger Mann, voller Weisheit und mit einem schalkhaften Sinn für Humor. Ich verweise oft auf das Zitat des griechischen Philosophen Epiktet: „Der Mensch hat zwei Ohren und eine Zunge, damit er doppelt so viel hören kann, wie er spricht." Mein Vater war ein lebendes Beispiel dafür. Er verstand es, aus jeder angespannten Situation herauszukommen, ohne sie zu verschlimmern.

Jeden Monat übergab mein Vater seinen Gehaltsscheck an meine Mutter, die sich um die täglichen Ausgaben kümmerte. Sie dokumentierte alle Transaktionen in einem „Kassenbuch" auf Papier und schloss jede Woche die Konten ab. Es war ein Buchhaltungssystem, das sie intuitiv angelegt hatte, und es ist für mich immer noch erstaunlich, dass sie es ohne jegliche Ausbildung in Buchhaltung entwickelt hatte.

Madras war in den 1950er- und 1960er-Jahren ein riesiger, aber recht einfacher Ort für Kinder wie uns. Es war eine Stadt mit etwa 1,5 Millionen Einwohnern, eine verschlafene, nerdige, sichere Stadt, die um vier Uhr morgens zum Leben erwachte, wenn die Morgengebete und Fahrradklingeln die Luft erfüllten. Die Lichter gingen pünktlich um acht Uhr abends aus, wenn alle Geschäfte, Restaurants und Vergnügungsstätten schlossen. Die jungen Leute gingen nach Hause, um zu lernen. Der Tag war zu Ende.

Die Britische Ostindien-Kompanie war 1639 an dieser Küste gelandet, und mehr als 300 Jahre später lebten wir in einer Mischung aus alten indischen Tempeln und kolonialen Büros, Gerichtsgebäuden, Schulen und Kirchen aus dem 19. Jahrhundert. Die breiten, von Bäumen gesäumten Straßen waren voll von Bussen, Motorrädern, Rikschas,

Fahrrädern und ein paar Autos – kleine Fiats oder Ambassadors. Die Luft war frisch und klar. Ab und zu fuhren wir zum Marina Beach, der sich knapp zehn Kilometer entlang des Golfs von Bengalen erstreckt. Für die Erwachsenen war das Meer bedrohlich und unberechenbar, am besten aus der Ferne zu betrachten. Wir durften nur auf dem Sand oder im Gras sitzen und uns nicht in die Nähe des Wassers begeben, um nicht weggespült zu werden.

Madras, das 1996 in Chennai umbenannt wurde, ist die Hauptstadt des südindischen Bundesstaates Tamil Nadu, dessen Wirtschaft von der Textilindustrie, der Automobilindustrie, der Lebensmittelverarbeitung und – in jüngerer Zeit – von Software-Dienstleistungen geprägt ist. Die Stadt ist voll von angesehenen Colleges und Universitäten. Sie ist auch der Sitz der klassischen südindischen Künste, die die Gemeinschaft verbinden – die alte karnatische Musik und Bharatanatyam, eine ausdrucksstarke, rhythmische, erzählende Tanzform. Jedes Jahr im Dezember füllte sich die Stadt mit Besuchern für ein renommiertes Kunstfestival. Wir hörten die Konzerte im Radio und erfreuten uns an den aufschlussreichen Kritiken jeder Aufführung durch die vielen Verwandten, die während des Monats in unserem Haus ein- und ausgingen.

Wir waren eine Hindu-Brahmanen-Familie, die neben anderen Hindus und Menschen anderer Glaubensrichtungen – Christen, Jainas und Muslimen – lebte. Wir lebten nach den Regeln einer eng verbundenen, liebevollen Familie in der kulturell lebendigen, multireligiösen Gesellschaft um uns herum.

Mitte des 20. Jahrhunderts in Indien Brahmanen zu sein, bedeutete, dass wir zu einer Klasse von Menschen gehörten, die einfach lebten, fromm waren und sich in höchstem Maße auf Bildung konzentrierten. Wir waren nicht wohlhabend, obwohl das große Haus, das wir besaßen, auch wenn es nur spärlich möbliert war, bedeutete, dass wir bequem lebten und von der unschätzbaren Stabilität profitierten. Wir stammten aus einer Tradition von Familien, die in Mehrgenerationenhäusern lebten. Wir besaßen wenig Kleidung – Mode war uns nicht wichtig. Wir sparten so viel wie möglich. Wir gingen nie auswärts essen oder fuhren in den Urlaub und hatten immer Mieter in unserer zweiten Etage, um ein zusätzliches Einkommen zu erzielen. Trotz unserer bescheidenen wirtschaftlichen Verhältnisse wussten wir, dass wir uns glücklich schätzen konnten, als Brahmanen geboren zu sein. Wir wurden sofort respektiert, weil man uns als gelehrt ansah.

Meine Mutter feierte jedes hinduistische Fest mit den entsprechenden Ritualen, aber Geburtstage wurden nicht anerkannt. Meine Eltern haben uns nie umarmt, geküsst oder gesagt: „Ich liebe dich." Liebe wurde vorausgesetzt. Wir haben unsere Ängste, Hoffnungen und Träume nie mit unseren Ältesten geteilt. Sie waren einfach nicht die Art von Menschen, die solche Gespräche führen. Jeder Versuch wurde mit den Worten „Betet mehr. Gott wird dir helfen, einen Weg zu finden" unterbunden.

Der Lieblingsausdruck meiner Mutter – den sie oft mehrmals am Tag wiederholte – war „Matha, Pitha, Guru, Deivam". Sie übersetzte ihn so: „Deine Mutter, dein Vater und dein Lehrer sollten wie Gott verehrt werden."

Sie erinnerte uns ständig daran, alle vier zu respektieren. Zum Beispiel durften wir vor den Älteren nicht die Füße hochlegen, wir durften beim Lernen nicht naschen, als Zeichen des Respekts vor den Büchern, wir standen immer auf, wenn ein Lehrer den Raum betrat, und setzten uns nur, wenn es erlaubt wurde.

Gleichzeitig durften wir als Kinder zu Hause immer unsere Meinung äußern, unsere Ideen voll entfalten und ausdiskutieren, mussten aber auch akzeptieren, dass die Erwachsenen uns ständig unterbrachen, uns nicht ausreden ließen und oft erklärten: „Was wisst ihr schon über dieses Thema? Hört einfach auf uns. Ihr werdet schon klarkommen."

In unserem Haushalt in Madras war es immer laut, es wurde viel gelacht, gestritten und geschrien. Es war eine strenge Umgebung, und ich wurde geschlagen – etwas, das damals in den meisten Familien üblich war –, wenn ich mich schlecht benahm. Unser Leben war beständig und zwang mich dazu, sowohl Selbstdisziplin zu lernen als auch meine Meinung zu sagen. Ich erwarb den Mut, meinen Weg zu gehen und mich zu beweisen, weil ich in einem Rahmen aufwuchs, der mir nach und nach die Freiheit gab, das Leben zu erkunden. Es gab immer ein Zuhause, das mir Halt gab.

Mein Elternhaus war von einem besonders fortschrittlichen Denken geprägt, wenn es um die Erziehung von Frauen ging. Ich war ein mittleres Kind, dunkelhäutig, groß und dünn. Ich hatte viel Energie und liebte es, Sport zu treiben, auf Bäume zu klettern und im Haus und im Garten herumzurennen, und das alles in einer Gesellschaft, in der Mädchen nach ihrer Hautfarbe, Schönheit, Gelassenheit und „Häuslichkeit“ beurteilt wurden. Ich hörte zufällig, wie sich Verwandte darüber unterhielten, wie sie jemals jemanden finden würden, der „diesen Wildfang“ heiraten würde. Das tut immer noch weh. Aber ich wurde als Mädchen nie daran gehindert, mehr zu lernen, fleißiger zu studieren oder mich neben den klügsten Kindern unter uns zu beweisen.

Bei uns zu Hause durften Jungen und Mädchen gleichermaßen ehrgeizig sein. Das heißt nicht, dass die Regeln einfach nur gleich waren. Es gab sicherlich ein Gefühl dafür, dass Mädchen anders geschützt werden sollten als Jungen. Aber intellektuell und in Bezug auf meine Möglichkeiten fühlte ich mich nie durch mein Geschlecht aufgehalten.

Das kam von ganz oben – von der Interpretation jahrhundertealter brahmanischer Werte durch unsere Familie, von Indiens Mission Mitte des Jahrhunderts, als neue unabhängige Nation zu gedeihen, und von Thathas Weltanschauung. Ich hatte das Glück, dass mein Vater, den ich Appa nannte, komplett mit dabei war. Er war immer da, um uns zum Unterricht zu begleiten, und lief mit einem stolzen Lächeln herum, wenn wir etwas gut gemacht hatten.

Er sagte mir, er wolle nicht, dass ich meine Hand ausstrecken und bei jemand anderem als meinen Eltern um Geld bitten müsse. „Wir investieren in deine Ausbildung, damit du auf eigenen Beinen stehen kannst", sagte er. „Der Rest liegt bei dir. Sei eine eigene Persönlichkeit."

Meine Mutter sah das auch so. Sie ist eine toughe, zielstrebige Frau, die, wie viele Schwiegertöchter damals, von den Älteren für Familienkonflikte verantwortlich gemacht wurde, selbst wenn sie nichts damit zu tun hatte.

Sie löste diese Probleme geschickt und mit fester Hand. Sie wäre eine großartige Geschäftsführerin geworden. Sie hatte nicht die Möglichkeit, ein College zu besuchen, und sie hat ihre Frustration dazu genutzt, dafür zu sorgen, dass ihre Mädchen aufsteigen konnten. Das war nicht leicht für sie. Ich hatte immer das Gefühl, dass sie ihr Leben stellvertretend durch ihre Töchter lebte und sich für uns die Freiheiten wünschte, die sie nie hatte.

Die Familie, so habe ich es von Anfang an gelernt, ist für unser Leben auf diesem Planeten von grundlegender Bedeutung. Sie ist sowohl mein Fundament als auch die Kraft, die mich angetrieben hat. Die Familie, die ich mit meinem Mann Raj und meinen beiden Töchtern Preetha und Tara in den USA gegründet habe, ist der Erfolg, auf den ich am stolzesten bin. Ich gehöre einer indischen Familie aus einer bestimmten Epoche an und bin durch dieses Erbe geprägt, aber ich weiß, dass es Familie in jeder Form gibt. Wir gedeihen individuell und kollektiv, wenn wir tiefe Verbindungen zu unseren Eltern und Kindern und innerhalb größerer Gruppen haben, unabhängig davon, ob wir verwandt sind oder nicht. Ich glaube, dass gesunde Familien die Wurzel einer gesunden Gesellschaft sind.

Ich weiß, dass Familie chaotisch ist, mit schmerzhaften Themen, die nicht unter einen Hut gebracht werden können. Ich hatte 29 Cousins und Cousinen ersten Grades, 14 mütterlicherseits, denen ich sehr nahestand, und 15 väterlicherseits, von denen ich viele kaum kannte, weil es historische Zerwürfnisse gab, die ich nicht einmal beginnen kann zu ergründen. Ich denke, diese Situationen sind ein Mikrokosmos, stellvertretend für das übrige Leben, und sie belehren uns über die Schwierigkeiten, die wir bewältigen und akzeptieren müssen.

Ich wurde im Oktober 1955 geboren, 4 Jahre nach der Hochzeit meiner Eltern und nur 13 Monate nach der Geburt meiner Schwester. Meine Mutter, Shantha, war 22. Mein Vater, Krishnamurthy, war 33.

Ihre Ehe war arrangiert. Kurz nachdem meine Mutter die Highschool abgeschlossen hatte, trat ein Paar, das entfernt verwandt war, an ihre Eltern heran und fragte, ob sie ihren Sohn heiraten dürfe. Ihm war aufgefallen, dass sie Tennikoit spielte, eine beliebte Sportart für Mädchen, bei der die Spieler einen Gummiring über ein Netz hin- und herwerfen. Ihm gefiel ihr Temperament, sagten sie. Horoskope wurden konsultiert, die Familien trafen sich einige Male, und der Bund wurde geschlossen. Zu den Vorteilen für meine Mutter, das sechste von acht Kindern, gehörte, dass sie in eine angesehene, gebildete Familie eintreten und den Komfort und die Sicherheit des großen Hauses genießen würde, in das sie gleich nach der Hochzeit einziehen würde.

Bei ihrem ersten Treffen sprachen meine Mutter und mein Vater kaum miteinander. Als ich auf die Welt kam, bauten sie sich zufrieden ein gemeinsames Leben auf, mit einem Einkommen aus seiner festen Anstellung. Mein Vater, eines von acht Kindern, sollte das Haus erben. Mein Großvater wollte es ihm, seinem zweiten Sohn, hinterlassen, weil er sich sicher war, dass meine Eltern im Alter für ihn sorgen würden. Er spürte, dass diese Schwiegertochter familienorientiert war und sich ihm genauso widmen würde wie ihrem Mann und ihren Kindern, als diese zur Welt kamen.

Als ich etwa sechs Jahre alt war, wurden meiner Schwester Chandrika und mir tägliche Aufgaben zugewiesen. Die unbarmherzigste begann in der Morgendämmerung, wenn an vielen Tagen eine von uns beim ersten Geräusch eines grunzenden, brüllenden Wasserbüffels vor der Haustür aus unserem gemeinsamen Bett kletterte. Eine einheimische Frau kam mit der großen, grauen Kuh und melkte sie für den Tagesbedarf. Unsere Aufgabe war es, darauf zu achten, dass sie die Milch nicht mit Wasser streckte.

Meine Mutter, die ich Amma nenne, verwendete diese Büffelmilch für den Joghurt, die Butter und den köstlichen, aromatischen südindischen Kaffee, die zu den Grundnahrungsmitteln unserer vegetarischen Ernährung gehörten. Etwas später am Morgen kam ein Händler, der frisches Gemüse verkaufte – Blumenkohl, Spinat, Kürbis, Kartoffeln, Zwiebeln. Es gab eine große Auswahl, die auch ihren Preis hatte.

Als ich sieben Jahre alt war, wurde ich oft zum Lebensmittelgeschäft ein paar Blocks weiter geschickt, um eine Liste mit Artikeln für die Lieferung nach Hause abzugeben oder um ein paar Dinge zu holen. Der Verkäufer wickelte die Linsen, den Reis oder die Hülsenfrüchte in eine Zeitung ein, die er zu einem Kegel zusammenrollte und oben mit Schnur zusammenband. Größere Bestellungen wurden in weiteren Zeitungskegeln nach Hause geliefert. Die Körner wurden in der Küche in Glas- oder Aluminiumdosen gefüllt, das Papier wurde gefaltet, die Schnur zu einem Knäuel geformt und beides zur Wiederverwendung ins Regal gelegt. Nichts wurde weggeworfen.

Ich stelle mir vor, dass Amma die ganze Zeit beschäftigt war. Sie war angezogen und in der Küche, wenn die Milch hereingetragen wurde, und brachte bald die ersten Tassen Kaffee zu Thatha und meinem Vater. Die Kinder bekamen eine Tasse Bournvita, ein Schokoladenmalzgetränk. Dann machte sie das Frühstück, meist Haferbrei mit Milch, Zucker und Kardamompulver. An sehr heißen Tagen tranken wir Kanji, gekochten Reis, der über Nacht in Wasser eingeweicht und dann mit Buttermilch gemischt wurde.

Um acht Uhr morgens war sie im Garten und arbeitete zusammen mit Shanmugam, unserem Gärtner, um die Blumen zu pflegen und die Büsche zu beschneiden. Sie pflückte Blumen, um den Gebetsraum zu schmücken, ein großer Alkoven in der Küche, in der sie ihre täglichen Gebete sprach, oft während sie kochte. Sie hörte auch karnatische Musik und sang dazu. Amma trug immer Blumen in ihrem Haar, eine Kette aus weißen oder bunten Blüten um ihren dunklen Dutt oder Pferdeschwanz. Ab und zu, an den Wochenenden, steckte sie uns Blumen in den Zopf.

Sobald mein Vater und wir Kinder das Haus verlassen hatten, stand sie wieder in der Küche und bereitete das Mittagessen für Thatha, Chandrika und mich vor. Der Herd wurde mit Kerosin befeuert, und die Dämpfe konnten sehr penetrant sein. Trotzdem kochte sie uns immer frische Mahlzeiten, die in hübsche Metalltiffin-Behälter verpackt und warm in die Schule geschickt wurden. Shakuntala löffelte das Essen aus, während wir unter einem Baum auf dem Spielplatz saßen. Jedes Stückchen wurde verzehrt, wenn wir nicht aufaßen, was uns geschickt wurde, mussten wir die Reste beim Abendessen essen, eine Situation, die wir um jeden Preis vermeiden wollten. Amma servierte Thatha sein Mittagsmahl auf einem großen Silbertablett mit kleinen Schalen für die verschiedenen Gemüse und Beilagen.

Nachmittags fuhr sie mit einer Rikscha zum Haus ihrer Eltern, das etwa eineinhalb Kilometer entfernt lag, um sich dort zu melden, Familienangelegenheiten zu besprechen und ihrer Mutter in der Küche zu helfen. Dann fuhr sie zurück nach Hause, um wieder zu kochen. Tag für Tag wurde jede Mahlzeit einzeln zubereitet, gegessen und aufgeräumt, ohne dass etwas übrig blieb. Wir hatten keinen Kühlschrank.

Chandrika und ich kamen gegen halb fünf von der Schule nach Hause und wurden von Thatha und Amma begrüßt. Wir hatten eine Stunde Zeit, um zu essen und zu spielen, bis Appa gegen halb sechs nach Hause kam. Dann setzten wir uns zu Thathas Füßen auf den

Boden, um unsere Hausaufgaben zu machen, obwohl wir unsere eigenen Tische hatten. Er kontrollierte unsere Arbeit regelmäßig. Wenn wir uns in Mathe schwertaten, holte er Papiere hervor, auf denen er bereits Übungsaufgaben aufgeschrieben hatte. An vielen Tagen schrieben wir auch zwei Seiten in Handschrifthefte, um an unserer Schreibschrift zu arbeiten – normalerweise den Satz „The quick brown fox jumps over the lazy dog" („Der schnelle braune Fuchs springt über den faulen Hund"), weil er alle 26 Buchstaben des Alphabets enthält. Thatha glaubte, dass „eine gute Handschrift eine gute Zukunft bedeutet".

Gegen acht Uhr aßen wir zu Abend, wobei Amma uns zuerst bediente und selbst erst später aß. Dann gab es weitere Schularbeiten, Hausarbeiten – und Licht aus. Oft gab es Stromausfälle, und das Haus wurde in Dunkelheit getaucht. Wir zündeten Kerzen und Laternen an. Mücken schwirrten herum, sie liebten die Dunkelheit und taten sich an uns allen gütlich. Mücken mit einem Händeklatschen zu fangen war eine notwendige Überlebensstrategie. Vor dem Schlafengehen mussten wir unsere Gebete laut sprechen, damit meine Mutter sie hören konnte – das Vaterunser, das wir auch in der Schule aufsagten, und dann ein paar Sanskrit-Gebete.

Als ich acht Jahre alt war, brachte meine Mutter einen kleinen Jungen, Nandu, durch einen komplizierten Kaiserschnitt zur Welt. Er war der Stolz und die Freude von allen – jemand, der den Familiennamen weiterführte. Ich liebte ihn über alles. Wie es in Familien wie der unseren üblich war, verbrachten Amma und das Baby einige Monate bei ihren Eltern, eine Zeit, in der mein Vater einen Großteil der Hausarbeit erledigte und Chandrika und mich zur Schule brachte. Als sie mit Nandu nach Hause kam, hatte Amma mehr zu tun als je zuvor, mit einem neuen Baby und all ihren früheren Tätigkeiten, obwohl sie sich immer noch von der großen Bauchoperation erholte. Soweit ich das beurteilen kann, hat sie nie auch nur einen Augenblick verpasst. Wie sie das geschafft hat, werde ich nie erfahren.

Chennai, das heute mehr als zehn Millionen Einwohner hat, war schon immer wasserarm. Die Region ist auf die jährlichen Monsunregen angewiesen, um Seen und Stauseen zu füllen, die teilweise Hunderte von Kilometern entfernt liegen und durch in den 1890er-Jahren verlegte Leitungen mit der Stadt verbunden sind. Das Wasser wird auch mit Lastwagen aus ländlichen Gebieten herangeschafft, und die Bewohner stehen mit großen Plastikbehältern Schlange, um ihren Anteil zu holen.

In unserem Haus war das Wasser ständig rationiert. Die Madras Corporation, die örtliche Wasserbehörde, öffnete die Ventile der Stadt sehr früh am Morgen. Das Wasser tröpfelte herein, und meine Eltern füllten alle verfügbaren Töpfe und Pfannen, um es gewissenhaft zum Kochen, Trinken und Putzen zu nutzen.

Wir hatten auch einen Brunnen auf dem Hof. Er war an eine elektrische Pumpe angeschlossen, die Salzwasser in einen Tank auf der Terrasse im zweiten Stock beförderte, das dann zu den Toiletten zurückfloss. Wir badeten, indem wir uns mit einem kleinen Stahlbecher lauwarmes Wasser über den Körper gossen, wobei ich mich zu einem kleinen Knäuel zusammenkauerte, um möglichst nass zu werden. Unsere Haare wuschen wir mit einer Handvoll Wasser, das mit Shikakai-Pulver, der zermahlenen Rinde und den Blättern eines gewöhnlichen Kletterstrauchs, vermischt war. Anfangs putzten wir unsere Zähne mit dem Zeigefinger und einem Holzkohlepulver aus verbrannten Reisspelzen. Dann stiegen wir auf Colgate-Zahnpulver um. Eine richtige Zahnbürste und Zahnpasta bekam ich, als ich etwa 9 Jahre alt war. Erst mit 24 bin ich das erste Mal zum Zahnarzt gegangen, um meine Zähne reinigen zu lassen.

Unser Leben war vorhersehbar. Unsere Hauptaufgabe bestand darin, zu lernen und gute Noten zu bekommen. Aber Chandrika und ich hatten auch abendliche Aufgaben – das Geschirr wegräumen, Kaffeebohnen in einer Handmühle für die warmen Getränke der Erwachsenen am Morgen mahlen oder, was am schwierigsten war, die Milch auf die alte, manuelle Weise zu rühren, um Butter und Buttermilch zu trennen. Das war mühsam und scheuerte unsere Handflächen wund.

Ich wurde 1958 in die Our Lady's Nursery School eingeschult, der Beginn von zwölf Jahren auf dem Campus des Holy Angels Convent, einer katholischen Einrichtung nur für Mädchen, etwa eineinhalb Kilometer von zu Hause entfernt. Ein paar Jahre lang fuhren Chandrika und ich jeden Morgen mit meinem Vater auf seinem Fahrrad oder seinem Roller zur Schule, zunächst, als kleine Mädchen, in grauen Trägerröcken mit weißen Blusen und dann in grün-weißen Uniformen mit runden Kragen und gestreiften Gürteln.

Jeden Mai kaufte Amma etwa 50 Meter Stoff, beauftragte einen örtlichen Schneider und bestellte sechs neue Uniformen für das kommende Schuljahr. Ich höre noch, wie sie dem Schneider sagte, er solle alles zwei Nummern größer nähen als unsere aktuelle Größe, damit wir hineinwachsen könnten. Er machte uns auch ein paar „Kleider" für zwanglose Anlässe und Pavadais – bunte indische Röcke – für den täglichen Gebrauch. Sie waren alle ziemlich unförmig, aber wir hielten sie für sehr modisch und schätzten sie. Alles lag ordentlich gefaltet auf Regalen in einem halb leeren Schlafzimmerschrank. Für Feste und Hochzeiten bekamen wir ganz besondere Seiden-Pavadais. Diese wurden im Schrank meiner Mutter aufbewahrt und nur selten eingesetzt. Amma gab den größten Teil des Kleiderbudgets für uns aus und kaufte sich dann selbst etwas Einfaches.

Tagsüber wusch Shakuntala die Hemden und Dhotis der Männer, die Saris meiner Mutter und unsere Uniformen und hängte sie zum Trocknen auf. Und abends, nach den Hausaufgaben, polierten Chandrika und ich unsere schwarzen Lederschuhe, wuschen unsere Kniestrümpfe und bügelten in unsere Kleidung die richtigen Falten, mit Stärke, die wir aus mit Wasser angerührtem Reismehl auf dem Herd hergestellt hatten. Die klumpige Stärke hinterließ weiße Kleckse auf dem Stoff, und wir wurden zu Experten darin, sie genau richtig zu mischen, um den Prozess zu beschleunigen. Wenn es regnete, bügelten wir die Klamotten wie verrückt, um zu vermeiden, dass wir morgens etwas Nasses tragen mussten. Wenn der Strom ausfiel, was ziemlich oft vorkam, trugen wir in der Schule leicht feuchte Uniformen. Wir waren nicht die Einzigen. Ich glaube, viele andere Kinder in der Schule waren in derselben misslichen Lage.

Wir hatten sehr wenig Spielzeug. Meine Schwester und ich schätzten unsere einzigen Puppen und bezogen sie in unsere vielen Gespräche ein. Wir spielten auch „Haus" mit kleinen Töpfen und Pfannen und „Doktor" mit primitiven medizinischen Geräten, die wir aus Draht und Papier gebastelt hatten.

Von Anfang an liebten Chandrika und ich die Schule. Die Schule ließ uns in die Welt außerhalb unserer engen Familienstruktur eintreten, und unser Enthusiasmus wurde von den Erwachsenen voll und ganz gebilligt und beklatscht. Das ganze Arrangement machte uns frei. Wir liebten die Schule so sehr, dass wir in manchen Sommern, selbst wenn wir Cousins zum Spielen hatten, einen Kalender an die Wand unseres Zimmers hängten, um die Tage zu zählen, bis die Schule wieder begann.

Zu Hause wurde jede Aktivität genau überwacht. Wenn wir einen Film sehen wollten, bestanden meine Eltern darauf, dass sie ihn zuerst sahen, und sie schienen nie Zeit fürs Kino zu haben – also gingen wir fast nie hin. Wir konnten in die örtliche Leihbücherei gehen, ein Ein-Zimmer-Gebäude ein paar Blocks entfernt, in dem wir gegen eine sehr geringe Gebühr unbegrenzt Bücher ausleihen konnten, die aber am nächsten Tag wieder zurückgegeben werden mussten. (So habe ich das Schnelllesen gelernt!) Amma hatte ständig das Radio an, aber wie der Rest Indiens hatten wir kein Fernsehen. Das Internet gab es natürlich auch noch nicht. Wir hatten immer Besuch, aber abgesehen von den Besuchen bei meinen Großeltern mütterlicherseits haben wir nie jemanden besucht. Einer von uns musste immer zu Hause sein, um sich um meinen Großvater zu kümmern.

In der Schule gab es immer etwas Neues auszuprobieren. Zwischen den Unterrichtsstunden rannte ich buchstäblich von einer Aktivität zur nächsten durch die langen, schattigen Korridore im Freien. Die Holy-Angels-Schule, die 1897 von Franziskaner-Missionaren gegründet worden war, verfügte inzwischen über sechs Gebäude, eine Aula, einen Garten, einen Hof, einen Netzballplatz und einen wenig genutzten Tennisplatz. Ich blieb oft nach dem Unterricht, um Ball zu spielen oder den Lehrern zu helfen.

Schon früh trat ich den Bulbuls bei, der Juniorstufe des nationalen Pfadfinderinnenprogramms. Ich trug eine andere Uniform, ein blassblaues Kleid mit einem orange gestreiften Schal, den ich mit einem Ring zusammenhielt, und nach ein paar Jahren freute ich mich sehr darüber, zu den Pfadfinderinnen „aufzusteigen". Ich erarbeitete mir fleißig Abzeichen für Nähen, Knoten, Erste Hilfe, Feuermachen, Fahnenschwenken und ein Dutzend weiterer Fähigkeiten, die die Pfadfinder propagierten. In der elften Klasse nahm ich sogar an einem nationalen Pfadfindertreffen teil. Ich habe bei den Pfadfindern unheimlich viel gelernt. Ich habe etwas über Teamarbeit gelernt – wie man gibt und wie man bekommt – und darüber, dass Menschen zu verschiedenen Zeiten unterschiedliche Führungsrollen haben. Ich habe etwas über Vertrauen gelernt, und zwar an dem großartigen Beispiel, wie man ein Zelt aufbaut. Ich erinnere mich, dass jeder die Seile mit der richtigen Spannung halten musste, damit die Stangen aufrecht standen und das Zeltdach stützten, sonst wäre das ganze Ding umgekippt. Jeder musste seinen Teil beitragen, sonst hätte es nicht funktioniert.

Wir hatten Musik in der Schule, und unsere Lehrerin, Ms. Lazarus, hatte die Gabe, alle dazu zu bringen, sich in viele Schullieder aus dem Vereinigten Königreich zu verlieben. Chandrika und ich hatten auch einige Tage in der Woche zu Hause Unterricht in klassischer indischer Musik und klassischem Tanz – eine absolute Notwendigkeit für Mädchen wie uns. Sie galten als Grundvoraussetzung, um einen guten Ehemann zu finden. Chandrika war schon damals eine sehr begabte Sängerin und eine engagierte Schülerin. Ich sehnte mich immer danach, einfach rauszugehen und zu spielen.

Akademisch gesehen war Holy Angels kein Zuckerschlecken. Wir saßen in Klassen mit etwa 30 Mädchen, die in engen Reihen an Holzpulten aufgereiht waren. Die Schule begann jeden Tag um halb neun mit einer Versammlung und endete um vier Uhr. Der Unterricht war in einem flotten Tempo und umfassend: in Englisch, Geschichte, Mathematik, Naturwissenschaften, Geografie und den wichtigen weiblichen Fähigkeiten wie Handarbeit und Kunst. Alle paar Wochen gab es eine Prüfungsphase, die den Druck noch erhöhte.

Die Lehrer, darunter auch Nonnen, die sich von Irland nach Indien gewagt hatten, um ihr Leben Gott und dem Unterrichten zu widmen, waren herzlich und beeindruckend. Sie waren auch unausweichlich: Schwester Nessan, die Schulleiterin, und Schwester Benedict, die Leiterin der Vorschule, liefen in ihren Ordenskleidern und mit Nonnenhauben bis an das Kinn ständig durch die Gänge. Sie kamen auch regelmäßig bei uns zu Hause vorbei, um Kaffee zu trinken und mit meinem Großvater oder meinen Eltern zu plaudern.

Am Zeugnistag, dem letzten Tag eines jeden Monats, rückte Thatha einen Stuhl nach draußen in den Säulengang, um das Dokument in dem Moment in Empfang zu nehmen, in dem wir ankamen. Wenn wir nicht zu den drei Besten der Klasse gehörten, am besten zu den Ersten, war er nicht zufrieden mit sich. Er nahm unsere Ausbildung persönlich. Manchmal stellte er die Beurteilungen des Lehrers infrage, meist nicht zu unseren Gunsten.

Amma, die sich sehr für unser Lernen einsetzte, fügte ihre eigenen Tests hinzu. Sie drillte uns aus einem Lehrbuch für Allgemeinwissen über die sieben Weltwunder, die großen Flüsse und die Flaggen der Länder. Chandrika und ich saßen in der Küche, als sie ihr Abendessen aß, nachdem die Männer und Kinder fertig waren, und bekamen zehn

Minuten Zeit, um Reden zu Themen wie „Wenn du Premierminister von Indien wärst, was würdest du tun?“ zu verfassen. Dann wählte sie einen Sieger aus. Der Preis war ein kleines Stück Cadbury-Schokolade aus einer großen Tafel, die sie hinter Schloss und Riegel verwahrte, und wenn ich gewann, leckte ich eine gute halbe Stunde daran. Ich liebte diese Stücke mehr als alle Schokolade, die ich heute kaufen kann.

In der Schule war ich Debattiererin und nutzte jede Gelegenheit, um bei lokalen Wettbewerben meine Argumente vorzubringen. Als Wahlfach entschied ich mich für Rhetorik, einen Kurs, in dem es um Reden, Gedichte und öffentliches Sprechen ging. Ich war von Natur aus gut im Debattieren und hatte keine Scheu, auf die Bühne zu gehen.

In der achten Klasse, als ich fast zwölf war, mussten wir uns entscheiden, ob wir uns auf Geisteswissenschaften oder Naturwissenschaften konzentrieren wollten, die nächste Stufe unseres von der Universität Cambridge erstellten Lehrplans. Für mich begannen Jahre intensiveren Unterrichts in Physik, Chemie, Biologie – das ganze Programm. Das bedeutete, dass mein Großvater, der in Englisch, Mathematik, Geschichte und den klassischen Fächern bewandert war, nicht so viel Anteil an meiner Arbeit nehmen konnte, wie er es vielleicht gerne getan hätte. Ich war auf mich selbst gestellt.

Biologie gefiel mir besonders gut. In der Schule sezierten wir Kakerlaken, Frösche und Regenwürmer und mussten die Präparate selbst mitbringen. Ich suchte nach großen Kakerlaken und setzte sie in ein Glas mit Chloroform, damit sie am nächsten Tag für das Sezieren frisch waren. Regenwürmer gab es in Hülle und Fülle, aber Frösche waren außerhalb der Monsunzeit extrem schwer zu finden. Die ganze Familie beteiligte sich an der Suche. Glücklicherweise schloss Holy Angels schließlich einen Vertrag mit einem Probenlieferanten ab, der uns mit Fröschen versorgte, und wir bekamen eine dringend benötigte Pause von der Froschjagd.

Ebenfalls in der achten Klasse wurde ich von meiner Klassenlehrerin, Mrs. Jobard, ausgewählt, einem Schulteam beizutreten, das nach Neu-Delhi zur allerersten Konferenz der United Schools Organization of India fuhr, einer viertägigen Veranstaltung, die dazu dienen sollte, Verbindungen zwischen Schülern im ganzen Land herzustellen. Dies war eine Gelegenheit, die sowohl in der Schule als auch zu Hause für unsagbare Aufregung sorgte. Ich war die jüngste Schülerin, die ausgewählt wurde, und ich war begeistert davon, welch einen Wirbel meine ganze Familie um die Reise machte – und wie schnell sie sich bereit erklärte, sie zu bezahlen.

Also bestiegen Mrs. Jobard, eine kleine Frau von etwa 45 Jahren mit einem intensiven Blick, und fünf Holy-Angels-Mädchen in Uniformen den dampfbetriebenen Zug vom riesigen, aus rotem Backstein errichteten Hauptbahnhof von Madras. Wir hatten nur wenig Gepäck dabei und fuhren zwei Tage lang 2.170 Kilometer nach Norden. Wir schliefen zwei Nächte in einem engen Abteil mit drei Kojen, die an den Wänden heruntergeklappt wurden.

Delhi, die Hauptstadt Indiens, war mit nichts zu vergleichen, was ich je gesehen hatte. Mich begeisterten die majestätischen Gebäude, die von Rasenflächen und Gärten umgeben waren, die Denkmäler, die breiten Straßen voller Autos, die Menschen mit Turbanen und die Straßenschilder in Hindi, der vorherrschenden Sprache in einem großen Teil Nordindiens, die ich nicht verstand. Unsere kleine Gruppe traf sich mit Jugendlichen aus mehr als 30 Schulen in einem Konferenzsaal im Vigyan Bhavan zu Debattierwettbewerben, kulturellen Aufführungen und Vorträgen über Frieden und Politik. Wir führten einen irischen Tanz über „Gut und Böse“ auf, der, wie ich mich erinnere, die Richter verwirrte. Sie gaben uns trotzdem einen Preis. Wir aßen in einem riesigen Speisesaal und schliefen in Schlafsälen.

Mein Selbstvertrauen wurde durch die Teilnahme an dieser großen Gruppe wirklich gestärkt – und mir wurden die Augen geöffnet für die Vielfalt der Kulturen in Indien.

Als ich ins Teenageralter kam, veränderte sich unsere Welt zu Hause. Mein Vater war Dozent an der Ausbildungsschule der Bank geworden und fast drei Jahre lang viel unterwegs. Er war nur zwei oder drei Tage im Monat zu Hause, und ich vermisste ihn sehr. Er und ich hatten eine besondere Verbindung, und ich dachte gerne, dass ich sein Liebling wäre. Er teilte einige seiner Gedanken über die Arbeit mit mir und gab mir immer das Gefühl, etwas ganz Besonderes zu sein.

Ungefähr zu dieser Zeit stellte meine Mutter einen neuen Godrej-Almirah auf, einen großen Metallschrank des indischen Schlossherstellers Godrej & Boyce, in dem sie die Sachen für unsere Brautaussteuer aufbewahrte. Immer wenn sie etwas vom Familienbudget gespart hatte, kaufte sie zwei identische Artikel und legte sie für Chandrika und mich zurück. Sie füllte den Schrank mit Edelstahltöpfen und Pfannen aus rostfreiem Stahl, silbernen Tabletts, Tellern und Tassen und ein paar kleinen Goldschmuckstücken. Manchmal brachte sie alte Saris mit ein wenig Goldfaden zu einem Händler, wo sie den Stoff gegen neues Kochgeschirr eintauschen konnte. In unserem Haus gab es drei Godrej-Almirahs, einen für die Kleidung meiner Mutter, einen für die Wertsachen der Familie und einen für die Hochzeitssachen ihrer beiden Mädchen.

Ich habe dem nicht allzu viel Aufmerksamkeit geschenkt. Aber ich weiß, dass Chandrika, die ältere Tochter, schön mit ihrem lockigen Haar und ihrem tollen Lächeln, den Druck spürte. Ich hatte in diesem Fall definitiv den Vorteil, die zweite Tochter zu sein. Ich konnte unter dem Radar operieren.

An einem Sommertag im Jahr 1968 wurde mein geliebter Vater auf seiner Vespa von einem Bus angefahren. Er geriet unter die Räder und wurde die Straße hinuntergeschleift. Ich erinnere mich gut daran, wie Amma an die Tür ging, als die Polizei kam, um uns von dem Unfall zu berichten. Wir hatten kein Telefon.

Meine Mutter und ich sprangen in eine Auto-Rikscha und rasten zum Krankenhaus.

Als wir hereinkamen, lag er auf einem Bett, blutete stark und war kaum bei Bewusstsein. Mit einer Hand hielt er seine teilweise abgetrennte Nase zusammen. Seine Beinknochen ragten aus den Knöcheln heraus. Am ganzen Körper hatte er Schnitte und klaffende Wunden. Er sah uns an und flüsterte, dass alles gut werden würde. Dann wurde er ohnmächtig.

Nach einer sechsstündigen Operation und wochenlangem Klinikaufenthalt erholte er sich zu Hause. Meine Mutter war seine Physiotherapeutin und half ihm, wieder auf die Beine zu kommen. Die Rechnungen stapelten sich – damals gab es in Indien keine staatliche Krankenversicherung –, und meine Eltern benötigten fast ihre gesamten Ersparnisse. Nach einigen Monaten nahm er seine Arbeit wieder auf, und unser Leben ging weitgehend weiter wie zuvor. Er war für immer mit Narben von diesem schrecklichen Vorfall übersät.

Hätte sich mein Vater nicht erholt, so weiß ich jetzt, wäre unser Leben ganz anders und sehr schwierig gewesen. Thathas Rente war gering, und meine Mutter hatte mit drei Kindern keine Möglichkeit, Geld zu verdienen. Keine meiner Tanten und keiner meiner Onkel hätte es sich leisten können, uns bei sich aufzunehmen. Da es keine staatlichen Unterstützungssysteme gab, hätte meine Mutter vielleicht weitere Mieter in das große Haus aufnehmen können, wäre aber mit voller Kraft gegen die tief sitzenden Vorurteile gegenüber den Frauen ihrer Generation geprallt, die sich fast nie selbstständig machten. Unsere Ausbildung, wie wir sie kannten, wäre wahrscheinlich beendet worden.

Die Familie, so mächtig sie auch ist, kann auch so zerbrechlich sein. Jede Familie läuft Gefahr, in unerwartete Not zu geraten. Und ohne angemessene Sicherheitsnetze seitens des Staates oder der Privatwirtschaft können sich Ereignisse wie der Unfall meines Vaters über Jahrzehnte oder Generationen hinweg auf das Leben der Menschen auswirken.

Vor allem aber wurde durch dieses Ereignis die Aufforderung meines Vaters an mich, als Frau immer für mich selbst sorgen zu können, Wirklichkeit.

In der zehnten Klasse kam ein neues Mädchen, Mary Bernard, auf die Holy Angels, und wir wurden wunderbare Freundinnen. Mary war die Tochter eines Armeeoffiziers, und sie war witzig und abenteuerlustig. Noch wichtiger war, dass sie eine funkelnde neue Akustikgitarre besaß und Unterricht nahm.

Ich wollte auch unbedingt lernen, Gitarre zu spielen, aber Amma wollte mir einfach keine kaufen. Sie war unnachgiebig und ein wenig entsetzt. Gute südindische Brahmanen-Mädchen spielten nicht Gitarre und sangen keine englischen Rock-'n'-Roll-Songs, beharrte sie. Das sei nicht angemessen, ich solle mich auf klassische südindische Musik und Instrumente konzentrieren, sagte sie.

Aber das konnte mich nicht aufhalten. Und durch einen glücklichen Zufall fanden Mary und ich in einem Aufbewahrungsschrank in der Schule eine alte Gitarre. Wir brachten sie zu Schwester Nessan, die sich unerwartet bereit erklärte, sie für mich aufzuarbeiten. Im Gegensatz zur Einstellung meiner Mutter war sie wohl eine moderne Denkerin, die gegen die Beatles nicht immun war und wahrscheinlich von der Aussicht auf ein neues Musikgenre an der Holy Angels begeistert war.

Dann gründeten Mary und ich mit zwei weiteren Freundinnen, Jyothi und Hema, eine Band für die Schulvarietéshow. Die Nonnen nannten uns „LogRhythms", nach den Mathe-Tabellen, die wir lernten, und wir wurden unzertrennlich. Wir übten die fünf Lieder ein, die Mary kannte: „House of the Rising Sun", „Bésame Mucho", „Ob-La-Di, Ob-La-Da", „Greensleeves" und „Delilah". Wir waren Supernerds. Aber nachdem wir bei unserem ersten Auftritt in weißen Hosen und psychedelischen Shirts die Bühne betreten hatten, musste die Schule zwei weitere Konzerte ansetzen, um die Massen unterzubringen. Schwester Nessan und Schwester Benedict saßen in der ersten Reihe und strahlten.

Mein Vater war besonders begeistert. Er lebte wieder mit uns in Madras, und obwohl er uns nie auftreten sah, machte er es sich zur Gewohnheit, herumzulaufen und unsere Lieder zu singen.

Die LogRhythms gab es drei Jahre lang. Wir begannen als einzige Mädchengruppe in Madras und traten bei Schulfesten und Musikkonzerten in der ganzen Stadt auf. Wir begannen immer mit unseren fünf Kernsongs, fügten aber noch ein paar hinzu – Instrumentalhits von den Ventures wie „Bulldog" und „Torquay" sowie Pop-Hits wie „These Boots Are Made for Walkin'" von Nancy Sinatra und „Yummy Yummy Yummy" von Ohio Express.

Unser größter Fan und Groupie war mein Bruder Nandu. Er kam zu jedem Konzert und half mit dem Equipment. Meine konservativen Tanten und Onkel, von denen ich dachte, dass sie meinen gegenkulturellen musikalischen Beschäftigungen sehr kritisch gegenüberstehen würden, prahlten vor ihren Freunden mit mir. Es war nicht ungewöhnlich, dass man sie zu Hause „Yummy Yummy Yummy" leise vor sich hinsingen hörte. Bei jedem Familientreffen musste ich ein paar Lieder mit meiner Gitarre vortragen.

Nach etwa einem Jahr stiegen Jyothi und Hema, die Bongos und Gitarre spielten, aus. Wir nahmen ein paar Jungs hinzu, die Stephanos-Brüder, die uns am Schlagzeug und beim Gesang unterstützten. Die Familie Stephanos wurde zu guten Freunden und ist es auch geblieben, nachdem sich die Band aufgelöst hatte.

Im Dezember 1970, als ich gerade 15 Jahre alt war, machte ich meinen Abschluss in Holy Angels. Es gab keine Abschlussfeier. Keine Fanfare. Tatsächlich hatten meine Eltern die Schule in all den Jahren, die wir dort lernten, nie besucht. Die gesamte Verantwortung und Autorität über uns war den Lehrern und Nonnen übertragen. Meine umfangreichen außerschulischen Aktivitäten hatten viel Zeit in Anspruch genommen, und ich schloss die Schule mit guten Noten ab, aber ich war keine Spitzenschülerin.

Außerdem waren Thatha und meine Eltern, wie es damals bei allen Schulabgängern üblich war, überhaupt nicht in die Suche nach einem College und den Zulassungsprozess involviert. Ich hatte die Gewissheit, dass sie für mein Grundstudium und mehr aufkommen würden. Aber die Wahl des Colleges, des Studiengangs, der lange Prozess von Bewerbung und Angenommen- oder Abgelehntwerden – das alles lag bei mir.

Chandrika, die immer Bestnoten hatte, war im Jahr zuvor auf das Madras Christian College (MCC) in einem Vorort namens Tambaram, etwa 30 Kilometer entfernt, gewechselt, um dort Wirtschaft zu studieren. Das MCC war eines der wenigen gemischten Colleges in Madras und galt als eine der besten Bildungseinrichtungen in Südindien. Es bot eine wunderbare Mischung aus akademischer Exzellenz und Hippie-Coolness. Es gab eine großartige Musikszene. Viele bemerkten, dass das College so etwas wie eine verkleinerte Haight-Ashbury-Atmosphäre hatte.

Ich beschloss, dass das MCC auch für mich die beste Wahl war, und ich war froh, als ich zugelassen wurde. Ich schloss mich der Chemie-Gruppe an, zu der auch Physik und Mathe gehörten.

Chemie faszinierte mich. Ich liebte es, eine Verbindung in eine andere umzuwandeln, eine Farbe in eine andere, Kristalle in allen Formen und Größen herzustellen, Ausfällungen zu beobachten und die grundlegendsten Informationen darüber zu lernen, wie unser Universum funktioniert. In der Klasse waren etwa 30 Jungen und acht Mädchen, und ich konzentrierte mich immer mehr auf die Schularbeiten, um mitzuhalten. Dass ich jeden Tag einen Sari trug, wie es damals von Mädchen erwartet wurde, machte die Sache etwas schwieriger, sowohl während meines 90-minütigen Schulwegs als auch während des ganzen Tages im Labor, wo Chemikalien auf unsere Kleidung spritzten. Ich verbrachte viel Zeit damit, meinen Sari am Morgen festzustecken, um die Brandlöcher zu verdecken, die ich mir in der Woche zuvor zugezogen hatte.

In den fortgeschrittenen Mathe-Kursen hatte ich Schwierigkeiten. Die meisten meiner Klassenkameraden hatten elf Schuljahre absolviert und dann ein Jahr lang voruniversitäre Kurse besucht. Als Schülerin, die die Cambridge-Prüfungen abgelegt hatte, übersprang ich die Vor-universität und ging direkt aufs College. In den meisten Fächern war ich ganz gut, aber in Mathe lag ich weit zurück. Das war das einzige Mal, dass meine Eltern mir halfen. Nachdem sie mich wegen Problemen mit analytischer Geometrie, Differenzialgleichungen, Laplace-Transformationen und Fourier-Reihen weinen hörten, engagierten sie einen Professor, der mir ein paarmal pro Woche zu Hause Nachhilfe gab. Dies war ein großes Zugeständnis meiner Mutter, die wieder einmal mit dem Stigma zu kämpfen hatte, dass ich etwas Ungewöhnliches tat. Sie war der Meinung, dass Nachhilfeunterricht darauf hindeutet, dass mit mir und damit auch mit meinen Eltern etwas nicht stimmte. Diese Nachhilfe war jedoch absolut entscheidend – ohne sie wäre mein Leben vielleicht anders verlaufen. Ich bin nicht sicher, ob ich diese Kurse bestanden hätte.

Ich schloss mich auch dem MCC-Debattierteam an, das zu den besten der Stadt gehörte, und wir gewannen viele interkollegiale und staatliche Meisterschaften. Durch das Debattieren konnte ich mich mit Themen beschäftigen, die nichts mit der Wissenschaft zu tun hatten – Weltgeschehen, Politik, soziale Fragen. Das war zwar zeitaufwendig, aber die Vielfalt des Stoffes und das Niveau meiner Debattierkollegen haben mich wirklich weitergebracht. Rückblickend kann ich sagen, dass das Debattieren mir geholfen hat, mein Selbstvertrauen zu stärken und meine Fähigkeit zu verbessern, andere von meinem Standpunkt zu überzeugen und eine gegnerische Sichtweise geschickt zurückzuweisen. Das war unendlich hilfreich.

Indien ist natürlich ein kricketverrücktes Land, und die Ball-für-Ball-Kommentare im Radio brachten das Leben zum Stillstand. Meine Onkel waren allesamt Kricketfans, die ihre Ferien mit fünftägigen

Testspielen koordinierten und endlos über die Spiele und Spieler sprachen. Auch ich begann, Kricket zu lieben, und spielte das Spiel mit meinem Bruder und seinen Freunden in unserem Garten.

Ich besuchte einige Kricketspiele des MCC für Herren, und eines Tages verkündete ich meinen Freundinnen aus einer Laune heraus, dass wir eine Kricketmannschaft für Damen gründen sollten. Zu meiner großen Überraschung kam die Idee gut an. Das College stellte uns die Ausrüstung der Herren zur Verfügung, und ein paar männliche Spieler begannen, die Gruppe von etwa 15 Frauen zu trainieren. Wir schlugen, warfen und fingen dreimal pro Woche, lernten die Regeln, verletzten uns und erholten uns wieder. Es stellte sich heraus, dass mehrere Frauen-Colleges in Madras begannen, Kricket zu spielen, und wir organisierten das allererste Damenturnier der Stadt. Es waren zwar nur vier Mannschaften, aber das war besser als keine.

Ich lieh mir von meinem Vater ein weißes Hemd und eine Hose und schaffte es, sie mit Gürteln und Stecknadeln zusammenzuhalten. Nandu kümmerte sich wieder um meine Ausrüstung. Ich habe das wunderbare Gefühl nicht vergessen, als ich als erste Schlagfrau auf das Feld ging, um gegen das Stella Maris College zu spielen, in voller Kricketmontur, während mindestens 50 Leute – Familie, Freunde und viele Fremde – am Spielfeldrand applaudierten.

Chandrika und ich hatten unterschiedliche Stundenpläne an der MCC, und wir hatten nicht viel miteinander zu tun. Sie gehörte zu einer coolen Clique von Jungen und Mädchen in der geisteswissenschaftlichen Abteilung. Das Letzte, was sie wollte, war, mit den nerdigen Naturwissenschaftlern gesehen zu werden, auch wenn ich zu dieser Gruppe gehörte. Sie war sehr gut im College und entschied sich nach ihrem Abschluss, die Prüfung für ein Top-Masterprogramm in Wirtschaft abzulegen – eine mutige Entscheidung für jeden, aber besonders für eine Frau. Diese Entscheidung hatte einen großen Einfluss auf mich.

Anfang der 1970er-Jahre gab es in Indien vier Postgraduiertenschulen für Management, aber nur zwei davon waren Indian Institutes of Management (IIMs). Das IIM in Ahmedabad, das mit der Harvard Business School verbunden war, war das beste von ihnen. Zehntausende von Studenten, die sich um die 150 Plätze bewarben, legten die brutal schwierige Aufnahmeprüfung ab und machten zermürbende Bewerbungsgespräche durch. Einer unserer Onkel stellte fest, dass die Aufnahme in das IIM Ahmedabad einem Nobelpreis gleichkäme, und sagte zu Chandrika, sie solle nicht enttäuscht sein, wenn – nicht falls – sie abgelehnt würde. Chandrika, die ihre Arbeit stets gelassen nahm, ließ sich nicht beirren. Sie ging mit dem Aufnahmeverfahren um, als sei es keine große Sache.

Als wir hörten, dass sie angenommen worden war – eine von nur einer Handvoll Frauen, die einen Platz bekamen, weil die Schule nur wenige Zimmer für sie im Wohnheim hatte –, war die Familie voller Ehrfurcht. Chandrika hatte einen neuen Weg eingeschlagen. Thatha machte sich sofort daran, die Anzahlung zu leisten.

Dann kam das Drama. Meine Mutter zog einen Schlussstrich. Sie erklärte, dass Chandrika nicht auf die Wirtschaftsschule in Ahmedabad, weit weg von Madras, gehen würde, wenn sie nicht verheiratet wäre.

„Junge, alleinstehende Mädchen gehen nicht von zu Hause weg, um zu studieren, geschweige denn auf eine gemischte Hochschule", sagte sie. Sie hatte nicht unrecht. Das war damals sicherlich die Norm. Aber mein Großvater ignorierte ihre Bedenken und wies darauf hin, dass die Studiengebühren von seiner Rente bezahlt werden würden.

Sie war wütend und erklärte ruhig: „Wenn ihr sie schickt, werde ich fasten, bis ich sterbe."

Chandrika war entsetzt. Und mein Großvater und mein Vater halfen nicht gerade, indem sie den Kindern sagten: „Keine Sorge, wenn sie das durchzieht, werden wir uns trotzdem um euch kümmern."

Ungefähr einen Tag später lenkte Amma glücklicherweise ein. Sie ließ den Plan, zu fasten, fallen und alle taten so, als hätte es ihn nie gegeben. Sie beschäftigte sich damit, Chandrika vorzubereiten.

Diese Episode ist sinnbildlich für den Druck, der damals auf Müttern in Indien lastete – ein Fuß auf der Bremse, um sicherzustellen, dass ihre Töchter beschützt und gut erzogen waren, und der andere Fuß auf dem Gaspedal, um ihren Mädchen zu Respekt, Unabhängigkeit und Macht zu verhelfen. Ammas Sinn für die Gesellschaft tendierte natürlich zur Bremse, ihre Träume für uns drückten auf das Gaspedal.

Ein paar Wochen später reiste mein Vater mit Chandrika im Zug nach Bombay und dann weiter nach Ahmedabad. Ich war traurig, sie gehen zu sehen, aber nicht ganz unglücklich darüber. Nandu und ich würden mehr Platz im Schlafzimmer haben. Ich konnte ihren Arbeitstisch übernehmen, dessen Schublade mit einem Schließmechanismus versehen war. Alle meine Geheimnisse konnten vor den neugierigen Blicken meines Bruders geschützt werden.

Als ich meine eigenen drei Jahre am MCC beendete, wurde mir mein Weg erneut von meiner Schwester gezeigt, die mir voraus war. Ich beschloss, mich für einen Master-Abschluss am IIM Kalkutta an der Ostküste zu bewerben, mit einem intensiven, quantitativ ausgerichteten Wirtschaftsprogramm. Chandrika wollte zu Recht nicht, dass ich ihr nach Ahmedabad folgte.

„Du warst die ganze Zeit in der Holy Angels und am MCC dabei", erklärte sie. „Ich brauche eine Pause von dir – wag es ja nicht, dich am IIM Ahmedabad zu bewerben!"

Ich entgegnete etwas wenig überzeugend, dass ich in einem Programm, das noch mehr auf Mathematik ausgerichtet ist, viel glücklicher wäre. „Ahmedabad ist zu einfach – ich bewerbe mich am IIM Kalkutta", erwiderte ich tapfer. Die Wahrheit ist, dass ich keine andere Wahl hatte!

Nach einem zermürbenden Aufnahmeverfahren, das einen GMAT-ähnlichen Aufnahmetest, Gruppendiskussionen mit anderen Bewerbern und ein persönliches Gespräch umfasste, wurde ich ausgewählt – und war erleichtert. Wäre ich nicht angenommen worden, hätte man mich als die „gescheiterte" Schwester betrachtet, dachte ich.

Diesmal gab es keine Einwände dagegen, dass eine Tochter ein Wirtschaftsstudium aufnimmt, und diese Leistung wurde auch nicht mehr mit einem Nobelpreis verglichen. Eigentlich war es so etwas wie ein Nichtereignis. Mein Vater brachte mich mit dem Howrah-Postzug von Madras nach Kalkutta, eine Reise von 1.600 Kilometern.

Ich war furchtbar aufgeregt, aber auch ein wenig ängstlich, was die Zukunft bringen würde.

# 2

Im August 1974 kam ich in Kalkutta an, einer Stadt, die damals doppelt so groß wie Madras war und zu den am dichtesten besiedelten Orten der Welt gehörte. Kalkutta, das heute Kolkata heißt, ist ein politisches Zentrum, die erste designierte Hauptstadt der Briten in Indien. Mein Vater und ich nahmen mit meinen zwei kleinen Koffern und einer alten Handtasche ein klappriges Taxi vom Bahnhof zum Campus. Die Stadt war verstopft. Busse und Autos dröhnten auf überfüllten Straßen vorbei. Ich hörte zum ersten Mal Bengali, die lokale Sprache. Jeder und alles kam mir laut vor.

Das IIM Kalkutta befand sich – anders als der vom Meisterarchitekten Louis Kahn entworfene Campus des IIM Ahmedabad – in einigen niedrig gelegenen Gebäuden an der Barrackpore Trunk Road, einer alten Handelsstraße, die heute eine viel befahrene vierspurige Fernstraße ist. Die Klassenzimmer befanden sich in unscheinbaren grauen Gebäuden mit abblätternder Farbe an den Wänden, abgenutzten Möbeln und quietschenden Ventilatoren darüber. Die Bibliothek befand sich in einem heruntergekommenen Herrenhaus aus dem 19. Jahrhundert auf dem Gelände, genannt Emerald Bower. In der Monsunzeit stand der ganze Ort knöcheltief unter Wasser. Keine sehr ansprechende Umgebung.

Ich war eine von sechs Frauen in der elften Klasse oder „Batch" des Masterstudiengangs Wirtschaft. Unsere kleine Gruppe lebte zusammen mit den sechs Frauen des zehnten Jahrgangs in schlichten, einfach eingerichteten Mehrbettzimmern mit einem gemeinsamen Bad am Ende des Ganges. Wir aßen in einem großen Speisesaal, zusammen mit den zweihundert Männern des Programms, nach einem strikten Zeitplan mit drei Mahlzeiten pro Tag ohne Zwischenmahlzeiten. Ab und zu flohen die Studenten in kleine lokale Restaurants, um Kaffee zu trinken oder etwas Süßes zu essen.

Die trostlose Umgebung und das eintönige Essen in der Schule in Kalkutta störten mich nicht, egal wie sehr es sich von unserem Zuhause in Madras unterschied. Ich war am IIM Kalkutta – einer berühmten Bildungseinrichtung in Indien –, und ich war total begeistert. Das Einzige, was ich bedauerte, war, dass ich Thatha verlassen musste, der einundneunzig war und immer gebrechlicher wurde. Ich rief zu Hause an, nur um mit ihm zu sprechen.

Aber ich war endlich weg, und es gab keine Zeit zu verlieren. Ich hatte mein dreijähriges Chemiestudium an der MCC abgeschlossen und wusste, dass ich alles lernen konnte, wenn ich nur hart genug arbeitete. Ich hatte auch das Gefühl, dass ich einfach nicht versagen und solche Schande über meine Familie bringen konnte. Es würde ein hartes Stück Arbeit werden, aber ich musste es herausfinden.

Ich war gerade 18 Jahre alt, und viele meiner Klassenkameraden waren Anfang 20. Die meisten waren Ingenieure von den berühmten indischen Technologieinstituten und hatten bereits fünfjährige Studiengänge abgeschlossen. Ihr sozialer Hintergrund unterschied sich nicht allzu sehr von meinem – Kinder aus der Mittelschicht, meist aus Großstädten, die ausgezeichnetes Englisch sprachen und von Geburt an dazu angespornt worden waren, in der Schule hervorragende Leistungen zu erbringen. Wir hatten alle Elite-Colleges besucht, und fast niemand hatte Berufserfahrung. Ich fand die Jungs fröhlich und gelehrt, sie trugen Jeans und T-Shirts, hingen zusammen ab, spielten Gitarre oder sprachen über Politik. Sie hörten Pink Floyd, Led Zeppelin oder Deep Purple, spielten Karten, tranken und rauchten eine Menge Gras, das anscheinend überall erhältlich war.

Das IIM Kalkutta war sehr anspruchsvoll. Es war 1961 von der indischen Regierung mit der Unterstützung des Massachusetts Institute of Technology (MIT) gegründet worden und war durchdrungen von Mathematik und Statistik auf Spitzenniveau. Ich war im sozialistisch geprägten Indien aufgewachsen, aber das Land war bestrebt, die nächste Generation in Schulen wie dieser auf eine Zukunft der Demokratie und des Kapitalismus vorzubereiten.

Der Lehrstoff am IIM Kalkutta war ein klassischer MBA – ein zweijähriges Programm mit Pflichtkursen im ersten und Wahlfächern im zweiten Semester. Wir studierten Finanzen, Marketing, Betrieb, Strategie, Wirtschaft, Teamdynamik – alles mit einer großen Portion quantitativer Analyse unterrichtet. Wir lernten Supply-Chain-Management, modellierten Fabrikpläne, erstellten Produktionspläne für mehrere Vertriebszentren und bereiteten das Streckensystem für eine komplexe Lkw-Flotte vor. Die Dozenten waren in ihren Fachgebieten renommiert und unterrichteten auch hervorragend. Sie bauten ein sehr gutes Verhältnis zu den Studenten auf.

Ein Pflichtkurs war die Verkabelung von Computerplatinen. Ich hatte noch nie einen Computer benutzt, und in Kalkutta gab es nur zwei System/360-Zentralrechner, die damaligen Kult-IBM-Systeme, die zur Globalisierung der Informatik beitrugen. Wir bekamen ein neunzig mal neunzig Zentimeter großes Blatt Papier mit Punkten und Gittern und mussten ein Problem lösen, indem wir zunächst ein Flussdiagramm erstellten, dann ein Programm in FORTRAN schrieben und das in einen Schaltplan für eine Computerplatine übersetzten. Für die Elektroingenieure war dies eine Selbstverständlichkeit. Für mich war es mörderisch. Unsere Lösungen wurden quer durch die Stadt zum System/360 im Indian Statistical Institute gebracht. Wenn das Diagramm richtig war, bekamen wir eine Antwort, wenn es falsch war, keinen Schein. Ich habe keine Ahnung, wozu dieser Kurs nütze war.

Während ich mich in einigen Fächern abmühte, war ich in anderen gut vorbereitet. Ich war in einem Gesprächsgewirr aufgewachsen und hatte gelernt, philosophische Fragen vor einer Menschenmenge zu erörtern. Thatha hatte mich oft gebeten, ihm die Zeitung vorzulesen, weil seine Augen müde waren. Ich dachte, ich würde ihm damit helfen. Aber er hatte die Artikel meist schon gelesen und wollte nur sichergehen, dass ich mich über das aktuelle Geschehen informierte.

Als Teenager in der Highschool in Madras war ich auch zu drei weiteren wichtigen Schülerkonferenzen eingeladen worden, die von der indischen Regierung oder internationalen Entwicklungsgruppen gesponsert wurden. Ich weiß nicht, wie ich es auf diese Listen geschafft habe, aber ich vermute, dass ich von R. K. Barathan empfohlen wurde, dem Geschäftsführer eines Chemieunternehmens, der unsere Schülerdebatten in Madras beurteilte. Er hatte mich manchmal zur Seite genommen und mir Tipps gegeben, wie ich meine Leistung verbessern könnte, also nehme ich an, dass er etwas in mir sah. Ich kann mir keine andere Verbindung vorstellen, die meinen Namen auf diese Weise hervorgehoben hätte. Im März 1971 war ich einer von zwei Studenten aus Indien, die am Asian Youth Seminar on National Youth Policy in Neu-Delhi teilnahmen. Das Seminar umfasste Kurse und Diskussionen über die Zukunft des Gesundheitswesens, der Bildung, der asiatischen Integration und des Engagements der Jugend; die Delegierten kamen aus Indonesien, Malaysia, Japan, Sri Lanka und einigen anderen Ländern.

Am letzten Tag gingen wir in das prächtige, riesige Rashtrapati Bhavan, die offizielle Residenz des indischen Staatsoberhauptes, zum Tee mit dem Präsidenten V. V. Giri. Ich habe immer noch die Einladung, mit dem indischen Staatswappen in Goldprägung und meinem Namen, Miss Indra Krishnamurthy, handschriftlich am oberen Rand.

Später im selben Jahr wurde ich für das Leslie-Sawhny-Schulungsprogramm für Demokratie ausgewählt, das auf einem üppig bewachsenen, ländlichen Militärkasernengelände in Deolali stattfand. Dazu gehörten weitere Kurse und Diskussionen über Indiens Geschichte, die indische Verfassung, freie Wahlen und die Medien. Experten, darunter der Verfassungsrechtler Nani Palkhivala, blieben auch nach ihren Vorträgen noch da. Besonders in Erinnerung geblieben ist mir Brigadier John Dalvi, der sehr viel darüber wusste, was es gebraucht hatte, um Mitte der 1940er-Jahre die Grenze zwischen Indien und Pakistan zu ziehen. Er war gut aussehend und ernst und rauchte ununterbrochen, während er von den Kämpfen der Teilung erzählte. Das alles sorgte für wunderbare Gespräche draußen am Feuer.

Ich wurde auch ausgewählt, um an einem nationalen Integrationsseminar in Neu-Delhi teilzunehmen, bei dem es um Fragen im Zusammenhang mit der Führung eines vereinten Indiens ging. Welche Fragen betrafen die Bundesstaaten? Welche waren föderale Fragen? Warum ist die Einheit des Landes wichtig? Der Höhepunkt der Woche war ein Tee mit Indira Gandhi, der Premierministerin.

In jedem dieser Seminare wurde versucht, künftige indische Führungskräfte in den Grundsätzen der Rechtsstaatlichkeit, des Kapitalismus und der nationalen Zusammenarbeit zu schulen. Sie waren sehr zukunftsorientiert und wurden dringend benötigt, als Indien sich langsam zu einer vollwertigen freien Marktdemokratie entwickelte. Diese Erfahrungen vermittelten mir eine umfassende Perspektive und das nötige Grundwissen, um das Land und meinen Platz darin besser zu verstehen.

Am Ende meines ersten Jahres am IIM Kalkutta erhielt ich eine Sommerpraktikumsstelle im Ministerium für Atomenergie. Der Job war in Bombay.

Während Madras ruhig und Kalkutta politisch geprägt war, war Bombay an der Westküste das Herz des kommerziellen Indiens – eine Stadt mit hohen Gebäuden und schicken Wohnungen, betriebsam bis spät in die Nacht, vollgestopft mit Arbeitern, die durch die Straßen hetzten. Ich beobachtete die unglaublichen Dabbawalas, Männer mit weißen Mützen und gestreifter Kleidung, die auf ihren Fahrrädern oder in Zügen und Bussen jeden Tag Tausende von Mittagessen von den Wohnungen zu den Büros brachten. Ihr ausgeklügeltes Liefersystem ist inzwischen zu einer beliebten Fallstudie über Logistikmanagement an Wirtschaftsschulen in aller Welt geworden.

Ich fuhr mit einem Doppeldeckerbus zur Arbeit in der Nähe des belebten Hafens und des „Gateway of India"-Monuments. Mittags traf ich mich mit Freunden aus der Wirtschaftsschule und spielte am Wochenende Bridge mit ihnen. Ich schlief auf einem Sofa in der Wohnung meiner Tante Lalitha und meines Onkels Haran in Sion, einem Vorort von Bombay. Sie waren sehr liebevoll und sagten meinen Eltern, dass sie für mich die Verantwortung übernehmen würden, und legten ein strenges Ausgehverbot nach sieben Uhr abends fest, gegen das ich nie verstieß.

Gemeinsam mit einem Studenten des IIM Ahmedabad untersuchte ich die Bauleitpläne von sechs Kernkraftwerken, um festzustellen, welche davon rechtzeitig fertiggestellt werden würden. Drei Monate lang sahen wir Listen mit Hunderten von Ausrüstungsgegenständen und technischen Dienstleistungen für jedes Kraftwerk durch, um Verzögerungen zu erkennen und neue Zeitpläne zu erstellen. Es war ein anstrengender Prozess, aber ich glaube, die Lieferanten und Partner gaben uns eine ehrliche Einschätzung der Probleme, mit denen sie konfrontiert waren. Das Bild war beunruhigend. Wir erfuhren, dass einige Industrieländer ihre hochmodernen Technologien den Schwellenländern vorenthielten, um mit veralteten, fehlerhaften und teuren Konstruktionen ein wenig mehr Gewinn zu erzielen. Wir erfuhren auch, dass große Regierungsprojekte ziemlich ineffizient sein konnten.

Das Praktikum hat meinen Blick für die gegenseitige Abhängigkeit von Wirtschaft und Gesellschaft geschärft und mich davon überzeugt, dass MBA-Studenten eine konstruktive Rolle bei der Unterstützung von Regierungen spielen können. Aber es hat mich nicht ermutigt, was die Beweggründe der reichen Länder gegenüber den Schwellenländern angeht.

Eines Abends Mitte Juni rief mein Vater an, um mir mitzuteilen, dass unser geliebter Thatha einen Schlaganfall erlitten hatte und nicht überleben würde. Man sagte mir, er liege auf seinem Diwan, könne nicht sprechen und seine linke Seite sei taub. Ich stellte mir das Bild vor: meine Eltern, meine Schwester und mein Bruder, die sich im Wohnzimmer der Männer um ihn kümmerten, Familie und Freunde voller Sorge. Ich buchte den Flug um sechs Uhr morgens nach Madras.

Um neun Uhr morgens saß ich auf dem Rücksitz eines Taxis, das vom Flughafen nach Hause raste. 800 Meter von unserem Haus entfernt sah ich Thathas Beerdigungszug vorbeiziehen und meinen Vater mit nacktem Oberkörper, der einen Dhoti und sein Brahmanen-Kreuz trug, an der Spitze der Gruppe vieler unserer männlichen Verwandten. Er trug einen Terrakottatopf, der mit Kohlenglut gefüllt war.

Ich war niedergeschmettert, weil ich mich nicht von Thatha verabschiedet hatte, und wütend, weil meine Familie nicht auf meine Ankunft zu Hause gewartet hatte, bevor sie seinen Leichnam überführte. In dem Moment brach ein Hindu-Priester, der gerade die Begräbnisgebete sprach, uralte Regeln, indem er mich herbeiwinkte, ihm auf das Gelände der Einäscherung zu folgen, das nur Männern vorbehalten war. Doch es war zu spät. Als wir dort ankamen, hatte mein Vater bereits den Scheiterhaufen angezündet. Unbemerkt sah ich eine Weile zu, wie das Feuer größer wurde, und verließ dann das Gelände, wobei mir die Tränen über die Wangen liefen. Bis zum heutigen Tag hat sich diese Szene in mein Gedächtnis eingebrannt. Sie erfüllt mich mit überwältigender Traurigkeit. Als ich nach Hause kam, saßen meine Verwandten zusammen im Haus und dachten über Thathas Leben nach. Und ich erinnerte mich an die Dinge, die Thatha mir gesagt hatte: „Wenn du etwas übernimmst, musst du alles geben" und „Wenn du ein Versprechen gibst, halte es". Er bestand auf Zuverlässigkeit.

Er sagte gerne, er sei ein lebenslanger Student. „Auch wenn ich in meinen Achtzigern bin, bin ich ein Student wie ihr alle“, sagte er. „An dem Tag, an dem ich aufhöre, wird mein Geist verkümmern. Und dann wird der Körper folgen.“

Und wenn er uns beim Herumtrödeln erwischte, sagte er: „Satan hat Arbeit für müßige Hände.“ Das hat mich nie losgelassen. Noch heute kämpfe ich damit, nicht ständig etwas Nützliches zu tun zu haben. Thatha ist nach wie vor mein größter Lehrer, und ich beziehe mich in jedem Aspekt meines Erwachsenseins auf seine Lebenslektionen. Ich glaube, meine Hingabe an die Arbeit, ungeachtet der Herausforderungen, kommt daher, dass er mich zum Weitermachen anspornt.

Ich akzeptierte Thathas Tod, aber ich vermisste ihn. Lange Zeit ließen wir das Zimmer, in dem er die meiste Zeit seines Lebens mit uns verbrachte, unangetastet. Manchmal ging ich hinein und fing an, mit ihm zu reden, und dann fiel mir ein, dass er nicht da war.

Als ich im Herbst an das IIM Kalkutta zurückkehrte, war die Schule in einen neuen, modernen Campus in Joka, einem südlichen Vorort von Kalkutta, umgezogen. Meine Monate in Bombay, in denen ich in einem richtigen Büro an realen Problemen gearbeitet hatte, hatten in mir das Gefühl geweckt, dass es etwas voreilig war, als Teenager ohne Berufserfahrung in die Wirtschaftsschule zu gehen. Aber es war zu spät, um sich Sorgen zu machen. Ich war schon halb durch. Ich war sehr interessiert daran, darüber nachzudenken, wie Menschen einkaufen, über Werbung und die Wissenschaft der Entscheidungsfindung, und ich beschloss, Marketing als Hauptfach zu studieren. Wie kann man Neuerungen einführen? Wie schafft man es, dass die Produkte den Verbraucher ansprechen? Ich belegte Wahlfächer in den Bereichen Verbraucherwissen, Verkaufsanalyse und Organisationsverhalten. All das hat mich fasziniert. Das neue Frauenwohnheim, ausschließlich mit Einzelzimmern und einer Reihe von gemeinsamen

Badezimmern, beherbergte eine etwas größere Gruppe von Studienanfängern, darunter drei Frauen aus Delhi, die sehr gute Freundinnen wurden: Sujata Lamba, Nishi Luthra und Manjira Banerjee. Unser gesellschaftliches Leben blühte auf. Wir spielten viel Bridge und Tischtennis. Wir gingen mit den Männern in die örtlichen Lokale. Wir wurden reifer und selbstbewusster. Wir studierten gemeinsam und verließen uns in den schwierigen Kursen aufeinander.

Im Unterricht musste ich Leistung bringen. Schon bald tauchten Banken, Beratungsunternehmen, staatliche Behörden und Akteure aus der Industrie auf, um unsere Zeugnisse durchzusehen und sich mit uns zur Vergabe von festen Stellen zu treffen. IIM-Kalkutta-Absolventen waren eine begehrte Gruppe, aber ich war nicht die „Klassenbeste", die von den renommiertesten Firmen ausgewählt wurde. Ich war eine gute Marketingstudentin, die einen Job mit einem richtig guten Fortbildungsprogramm und hervorragenden Chefs suchte.

Ich meldete mich zu einem Vorstellungsgespräch bei Mettur Beardsell an, einem in Madras ansässigen Textilunternehmen, das sich im Besitz von Tootal aus Manchester (Vereinigtes Königreich) befand. Die Gespräche fanden mit S. L. Rao, dem Marketingdirektor, und seinem Personalchef statt. Mr. Rao war berüchtigt für seine Brillanz, seine Rücksichtslosigkeit und seine geringe Toleranz gegenüber Mittelmäßigkeit. Er stellte Fragen wie ein Maschinengewehr und gab schnelles und hartes Feedback. Das Vorstellungsgespräch begann mit einer Gruppe von etwa 20 Personen, und von da an wurde die Gruppe immer kleiner. Ich verließ das Gespräch nach der dritten und letzten Runde, ohne zu wissen, wie ich mich geschlagen hatte.

Später am Abend bat mich die Berufsberatungsstelle, wiederzukommen, und ich war sprachlos, als Mr. Rao auf mich wartete, um mir eine Stelle anzubieten. Ich hätte mich auch bei anderen Unternehmen bewerben können, entschied mich aber dagegen. Die Mischung aus Madras und dem, was ich von Mr. Rao lernen konnte, war zu gut, um darauf zu verzichten.

Viel später fragte ich Mr. Rao, warum er mich ausgewählt hatte. Er sagte mir, dass ich mich gegen die Männer behauptet hatte, die ihr Bestes versucht hatten, um Eindruck zu machen, obwohl sie versucht hatten, über mich hinwegzureden und mich zu unterbrechen, doch ich hatte mich nicht geschlagen gegeben.

Am IIM Kalkutta war ich in einer Schule mit Männern, wurde von Männern unterrichtet und lernte über die Arbeit von Männern, um in von Männern dominierten Branchen einzusteigen. Aber die wenigen Frauen, mit denen ich studierte, fühlten sich zunehmend wohler, als sich die Frauenbewegung über den ganzen Globus verbreitete. Wir machten den Mund auf, und ich glaube, wir wurden respektiert. Wir wurden nie als Konkurrenz betrachtet. Die Lehrer und unsere Kommilitonen wollten, dass wir Erfolg hatten. Wir waren Sonderfälle – die erste Generation von Frauen, die in Managementschulen und in die Geschäftswelt eintrat –, und wir waren etwas Besonderes. Wir wussten, dass wir an der Schwelle zu etwas Größerem standen.

Nach dem Zweiten Weltkrieg wurden Frauen in Indien ermutigt, zur Schule zu gehen und einen Abschluss zu machen. Jawaharlal Nehru, der erste Premierminister des Landes, setzte sich dafür in allen sozialen Schichten ein, um die Alphabetisierungsrate unter den armen Frauen zu erhöhen und die klügsten Köpfe unabhängig vom Geschlecht zu gewinnen. Aber junge Frauen waren auch durch ihre traditionellen Familien und durch die Finanzen stark eingeschränkt, und ihre Brüder hatten immer Vorrang, unabhängig von ihrer Begabung. Die Familie meiner Mutter mit drei Jungen und fünf Mädchen konnte es sich nur leisten, dass eine Schwester das College besuchte. Leider zog meine Mutter den Kürzeren. Sie zögerte nie, uns zu sagen, wie enttäuscht sie darüber war. „Wir werden dafür sorgen, dass du aufs College gehst, auch wenn dein Vater und ich hungern müssen, um deine Ausbildung zu bezahlen", fügte sie überschwänglich hinzu. Sobald eine Frau ihren Abschluss gemacht hatte, wurde von ihr immer noch erwartet, dass sie heiratete, Kinder bekam, den Haushalt führte und sich auf ihren Mann und seine Familie verließ, wenn es um ihre Sicherheit ging. Eine Arbeit außerhalb des Hauses war verpönt. Einige Frauen arbeiteten als Lehrerinnen, in Büros, als Krankenschwestern oder in Einzelhandelsgeschäften, aber viele hörten auf, wenn sie einen geeigneten jungen Mann kennenlernten. Einige wenige – vor allem angloindische Frauen, Frauen aus fortschrittlichen Familien oder Frauen aus Haushalten mit wenig Geld – blieben in ihrem Beruf. Brahmanen-Frauen arbeiteten seltener außerhalb des Hauses, selbst wenn sie über eine hohe Bildung verfügten.

Indien war eine Studie der Gegensätze: Es respektierte und verehrte die Frauen, und „Mutter" blieb die meistverehrte Person in der Familie. Aber sie wurde auf merkwürdige Weise ignoriert – unbezahlt und schuftend, um alles am Laufen zu halten, selbst wenn ihr Mann in Rente ging. Niemand schien sich darüber allzu viele Gedanken zu machen, obwohl diese Arbeit das Rückgrat der Gesellschaft bildete.

Ich hatte ein paar weibliche Vorbilder mit echter Macht. Das prominenteste war Indira Gandhi, die zweimal Premierministerin war, von 1966 bis 1977 und erneut von 1980 bis 1984, als sie ermordet wurde. Ihre Politik war umstritten, aber wir liebten es, dass sie Indien Persönlichkeit und Eleganz verlieh. Indira Gandhi war die Tochter von Nehru, und auch Nehrus Schwester, Vijaya Lakshmi Pandit, war einflussreich. Sie war Präsidentin der Generalversammlung der Vereinten Nationen und zu verschiedenen Zeiten die Gesandte Indiens in der UdSSR, den USA und dem Vereinigten Königreich.

In meiner eigenen Umgebung hatten mir Lehrerinnen, Schulverwalterinnen und Nonnen – Schwester Nessan, Schwester Benedict, Ms. Nigli, Ms. Peace, Ms. Meenakshi, Ms. Saraswathi, Mrs. Jobard und die anderen – gezeigt, was es heißt, eine gebildete, berufstätige Frau zu sein. Am MCC waren nur meine Französischprofessorin und eine Chemieprofessorin weiblich. Am IIM Kalkutta hatte ich keine weiblichen Professoren.

Als Chandrika und ich auf dem College waren, sahen meine Eltern und Großeltern, dass es für Frauen akzeptabler war, mit Männern im Ring zu stehen. Sie hätten es nicht infrage gestellt, wenn wir wie viele unserer Freunde hätten heiraten und sesshaft werden wollen, aber sie hielten uns nicht davon ab, mehr zu wollen. Sie ermutigten uns sogar dazu. Wir hatten Glück, dass unser Ehrgeiz nicht gebremst wurde.

Die Bildung von Mädchen ist nach wie vor die Grundlage für die Förderung von Frauen in unserer Welt, auch wenn Armut, Gewalt und alte männerdominierte Kulturen dem immer noch im Wege stehen. Die Vorteile sind endlos. Gebildete Mädchen und Frauen sind gesünder, leisten einen größeren Beitrag zur Erwerbstätigkeit und bekommen als Teenager weit weniger Kinder. Sie sind führend in ihren Gemeinschaften.

In den Entwicklungsländern werden gebildete Mädchen auch seltener als Teenager verheiratet, was zum Teil daran liegt, dass sie in ihrer Familie durch das Selbstvertrauen und die Klugheit, die mit der Bildung einhergehen, mehr Wertschätzung erfahren.

Aber die Ausbildung von Mädchen und Frauen – und was diese Frauen nach ihrem Abschluss tun – ist nicht nur ein Thema in den Entwicklungsländern. In den USA, Europa und Indien, wo die Universitäten und Community Colleges voll sind mit Frauen, die auch meistens Abschlüsse machen, haben wir den Besten und Klügsten immer noch nicht den Weg in Funktionen geebnet, die ihnen und unserem kollektiven Wohlergehen dienen.

Selbst mit einem frisch erworbenen Postgraduierten-Diplom in Management, wie mein Abschluss am IIM Kalkutta damals hieß, begann in den 1970er-Jahren in Indien keine Bürokarriere. Es bedeutete immer Arbeit an der Front. Bei Mettur Beardsell nahm ich an einem sechsmonatigen Verkaufstraineeprogramm in der Alexander Thread Division teil, wieder in Bombay. Das war vier Monate vor meinem 21. Geburtstag. Zu Beginn meiner neuen Tätigkeit lernte ich jede Art von Industrie- und Haushaltsgarn auswendig, das wir herstellten, sowie die Codes für jede Farbe in jedem Farbton. Ich lernte, wie das Garn durch die Nähmaschine läuft, wie es sich beim Waschen verhält und welche Arten von Garn schrumpfen. Ich lernte die Verwendung und die Kosten von ein-, zwei- und dreilagigem Garn, von Baumwoll-, Seiden- und Polyestergarn.

Dann stapfte ich mit einer Mustertasche über der Schulter durch die ganze Stadt zu den Schneidereien, die ein wichtiges Rädchen in Indiens riesigem Bekleidungsexportmarkt waren. Einige waren Großkunden, aber die meisten waren kleine Läden mit fünf oder sechs Maschinen, die T-Shirts oder Madras-Schottenstoffe, lockere Baumwollshorts und Hemden mit Kragen und Knöpfen auf der Vorderseite produzierten. Die Verkäufer schrien mich an, wenn der blaue Faden, den ich ihnen verkauft hatte, nicht ganz zum blauen Stoff passte oder wenn die Farbe verlief. Ich sprach die Landessprache Marathi nicht, und mein Hindi war rudimentär, aber irgendwie gelang es mir, mich zu verständigen.

Das Haustürgeschäft ist eine demütigende Erfahrung. Sie hat mich für immer geprägt. Für die Schneider in den Nähereien war ich jemand, der ihnen entweder dabei helfen würde, ein großartiges Produkt zu liefern, oder ihre nächste Bestellung vermasselte. Ich lernte, dass im Geschäft immer nur ein paar Garnspulen auf einmal gingen und dass ich meinen Kunden gegenüber eine Sorgfaltspflicht hatte. Sie kauften mein Produkt – und mein Wort –, und ich musste ihnen aufmerksam zuhören und sie beliefern. Ich wollte den nächsten Verkauf. Ich war gut im Verkauf und genoss es, Menschen zu treffen und von ihrer Arbeit zu hören. Sie versuchten, mir ihre Sprachen beizubringen. Sie zeigten mir Bilder von ihren Familien. Ich lernte meine Kunden als bescheidene, fleißige und geschickte Menschen kennen.

Das Herumstapfen mochte ich weniger, vor allem, wenn während des Monsuns einige der Straßen bis zu meinen Knien überschwemmt waren. Nach sechs Monaten wurde ich an den Hauptsitz von Mettur Beardsell in Madras versetzt, wo ich eine Stelle als Assistentin des Produktmanagers für Textilien antrat. Jetzt hatte ich ein eigenes Büro mit einem Schreibtisch und einer gemeinsamen Sekretärin. Mein direkter Vorgesetzter, der Produktmanager, war ein knallharter, aber lustiger Typ, der an „Stretch Assignments“ (die Übertragung von Aufgaben, die die Fähigkeiten übersteigen) glaubte. Ich musste ihm dabei helfen, das Unternehmen von seinen Hauptprodukten, den weißen Spezialgeweben Mull und Longcloth, zu farbigeren und bedruckten Stoffen zu führen.

Die ersten paar Wochen waren hart. Ich arbeitete im Verkauf, in der Produktion, in der Personalabteilung und im Finanzwesen und musste dann gleich bei der Auswahl der Farbpaletten und Musterdrucke für die nächste Saison mithelfen. Die Verkaufsabteilung brauchte diese Auswahl innerhalb von dreißig Tagen, um mit dem Verkauf für die Feiertage zu beginnen.

Als ersten Schritt bat ich darum, Stoffmuster von allem zu sehen, was wir in den letzten Jahren produziert hatten. Ich wollte sichergehen, dass ich keine alten Entwürfe wiederholte und dass ich wusste, was gut lief und was floppte. Mein neuer Assistent wies auf einen großen Schrank in der Mitte des Raumes und sagte: „Da ist alles drin.“ Jahrelang waren die Muster planlos in diesen Schrank gestopft worden. Ich krempelte die Ärmel hoch, nahm alles heraus und setzte mich im Schneidersitz auf den Boden, um die Sachen zu ordnen.

Genau in diesem Moment tauchte der neue Geschäftsführer des Unternehmens für Indien – der neue Chef von Mr. Rao – auf. Er war gerade aus Manchester hergezogen und wollte die erste Frau des Unternehmens kennenlernen, die eine Managementschule besucht hatte. Eine Kollegin, die an ihrem Schreibtisch saß, zeigte auf mich.

Norman Wade – 1,95 Meter groß, weißhaarig und Pfeife rauchend – kam herüber, starrte auf mich herab, wie ich auf dem Boden saß, und hielt mich offensichtlich für verrückt. Dies war meine erste Begegnung mit einem Mann, der zu einem meiner eifrigsten Unterstützer werden sollte, einem Engländer, der mich durch die nächsten Jahre lenken sollte. Norman trug traditionelle britische Anzüge und ließ sich in einem weißen Mercedes-Benz durch die Stadt chauffieren. Er stellte mich seiner Frau Alice vor und erzählte mir von seinen erwachsenen Kindern im Vereinigten Königreich und seinem Leben in Macclesfield, bevor er nach Indien gekommen war. Er nannte mich immer „Luv". Schließlich riet er mir, in die USA zu ziehen.

Eines Tages lud Norman sich selbst zu uns nach Hause ein und lernte meine Eltern kennen. Danach kam er oft zu Ammas Kaffee, saß auf der Schaukel und führte lange Gespräche mit meinem Vater. Ich glaube, er hat in unserer indischen Familie irgendwie ein Zuhause gefunden. Es war nicht immer leicht für mich, die Aufmerksamkeit des Chefs zu bekommen, der bei der Arbeit drei Ebenen über mir war. Ich weiß, dass es Leute verärgerte, wenn Norman an meinem Schreibtisch vorbeikam, um zu plaudern. Ich dachte nicht, dass ich etwas dagegen tun konnte.

Ich arbeitete sehr fleißig bei Mettur Beardsell. Monatelang begleitete ich Verkäufer mit einem Musterbuch und einer Preisliste zu den Textilgroßhändlern in Madras, deren Geschäfte vom Boden bis zur Decke mit Regalen voller bedruckter und farbiger Stoffe aller Art gefüllt waren. Meine Aufgabe war es, beim Verkauf von Ballen unseres Stoffes zu helfen. Ich setzte mich mit den Kunden auf einen Kaffee, eine Süßigkeit oder einen Snack zusammen, manchmal an sechs oder sieben Stationen an einem Tag. Ich nahm mir die Zeit, unsere Produktpalette darzulegen und ihren Charme zu demonstrieren, indem ich sie mit verschiedenfarbigen Blusen kombinierte.

Ich war die einzige Frau, die sie je in diesem Beruf gesehen hatten, und sie waren sehr respektvoll. Interessanterweise gelang es einigen von ihnen – oder ihren Frauen –, meine Eltern ausfindig zu machen und Horoskope von Jungen zu schicken, von denen sie glaubten, dass sie einen guten Ehemann für mich abgeben würden.

Wir konkurrierten mit Stoffen aus den technisch fortschrittlicheren nordindischen Fabriken. Unsere Grafiker präsentierten Entwürfe – Blumen, Streifen, Geometrisches –, und ich half bei der Auswahl von Mustern und modischen Farben, die für Kleider, Röcke oder Hemden verkauft werden sollten. Alle sechs Wochen reiste ich zur Qualitätskontrolle zu den anglofranzösischen Textilfabriken, unseren Produktionspartnern in Pondicherry, einer Stadt etwa 160 Kilometer südlich von Madras. Ich nahm um elf Uhr abends einen Bus und fuhr langsam über Nacht, mit Zwischenstopps in den umliegenden Städten, um bis halb sieben dort zu sein. Dann duschte ich im Gästehaus der Fabrik, trank Kaffee und verbrachte den Tag damit, die Stoffe zu prüfen, wenn sie von der Walze kamen, um sicherzustellen, dass die Drucke klar und an den Rändern nicht verwischt waren.

Ich lernte den Fünf- und Sechs-Farb-Siebdruck, den Walzendruck und die verschiedenen Veredelungen kennen, und ich unterschrieb, bevor große Bestellungen in Auftrag gegeben wurden. Das Geschäft hing von der Liebe zum Detail ab, und ich versuchte, einen Maßstab zu setzen, indem ich ein großes Interesse an den feinen Aspekten des Druckes zeigte. Am schwierigsten war es, fertige Mengen abzulehnen, wenn sie meinen Ansprüchen nicht genügten, und die Mitarbeiter zu verärgern, die spürten, dass sie mich enttäuscht hatten. Um drei Uhr nachmittags saß ich wieder im Bus und erreichte Madras gegen acht. Das waren lange Tage.

Meine Arbeit bei Mettur Beardsell – Verantwortung, Autorität und ein Gehaltsscheck – gab mir das Vertrauen, dass ich mich auf unbekanntes Terrain begeben und erfolgreich sein konnte. Mein Verdienst war angemessen, und wie ich es bei meinem Vater gesehen hatte, gab ich den größten Teil des Geldes meiner Mutter für die Familie. Den Großteil meines ersten Gehalts gab ich für ein rotes Fahrrad für Nandu aus, der etwa 13 Jahre alt war. Ich vergötterte ihn und erinnere mich noch an sein Gesicht, als das Fahrrad geliefert wurde. Für einen kurzen Moment war ich der tollste Mensch der Welt.

Meine Arbeit brachte auch einige Vergünstigungen mit sich, darunter ein Zuschuss für ein Auto, mit dem ich mir einen gebrauchten jägergrünen viertürigen Triumph Herald mit taupefarbener Innenausstattung und manueller Schaltung kaufte. Ich fuhr selbst zur Arbeit und düste an den Wochenenden mit lautem Radio durch die Gegend, zusammen mit Freunden und Nandu als meinem Aufpasser. Wir hingen unter den Bäumen von Woodland's Drive-in ab, einem beliebten Restaurant, in dem die Kellner mit Tabletts, die auf die heruntergekurbelten Fenster gesteckt wurden, zwischen den Autos herumwuselten.

Doch ich war 22 Jahre alt und nicht gerade frei. Amma setzte eine strenge Begrenzung des Benzingelds für das Auto fest, und an den Wochenenden musste ich um sieben Uhr abends zu Hause sein. Ich schlief in meinem Kinderzimmer und erledigte meine Aufgaben im Haushalt. Als alleinstehende Frau allein zu leben, wäre für die Gesellschaft in Madras inakzeptabel gewesen. Im Haus ging alles seinen gewohnten Gang: Amma kochte und pflegte den Garten, Nandu und seine Freunde gingen ein und aus, und mein Vater ging seinen Geschäften nach. Chandrika war in Bombay, arbeitete erfolgreich in einem neuen Job bei der Citibank und lebte in einem Junggesellinnenwohnheim, in einer Wohnung mit anderen Bankangestellten und mit weit weniger Einschränkungen als zu Hause.

Alles war wie immer, mit einer Ausnahme. Da Thatha nicht mehr da war, wurde der gemütliche, luftige Raum, der sein Zimmer gewesen war, zum Wohnzimmer für alle. Der Diwan wurde mit einem schön bedruckten Stoff neu bezogen. Schwarz-Weiß-Fernseher hatten Madras 1975 erreicht, und wir bekamen einen. Obwohl das Programmangebot spärlich war, hatten wir am Wochenende ein volles Haus, um Filme zu sehen, einschließlich der Familien unseres Hausmädchens und unseres Gärtners. Dann eine weitere Wendung. Gerade als ich das Gefühl hatte, meine Arbeit im Griff zu haben, legte Ende 1977 ein Streik in den südindischen Textilfabriken die Produktion von Mettur Beardsell lahm. Alles kam zum Stillstand. Die Arbeiter reisten von der Hauptproduktionsstätte in Mettur nach Madras, um mit einem Sitzstreik die Unternehmensleitung dazu zu bringen, ihre Forderungen anzuhören. Währenddessen hatte ich wenig zu tun.

Etwa zu dieser Zeit rief mich Johnson & Johnson, das Unternehmen für medizinische Geräte und Konsumgüter, an, wahrscheinlich weil ich einen IIM-Kalkutta-Abschluss hatte. Nach einem Vorstellungsgespräch mit C. V. Shah, einer starken Führungskraft, die die Abteilung für Körperpflegeprodukte leitete, bot mir das Unternehmen eine Stelle in Bombay an: Produktmanagerin für die Markteinführung von Stayfree-Hygieneprodukten in Indien.

Norman ermutigte mich, die Stelle anzunehmen. Er bedaure es und sei traurig, mich gehen zu sehen, sagte er, aber er wolle sehen, wie ich mich weiterentwickele.

Im Oktober 1977 zog ich erneut nach Bombay und mietete ein kleines möbliertes Zimmer mit angeschlossenem Bad bei einer Familie in einem Gebäude in der Nähe der Büros von Johnson & Johnson. Auch sie hatten strenge Regeln. Ich musste um halb acht abends zu Hause sein, und wenn ich mich verspätete, musste ich anrufen und erklären, warum. Von Verspätungen wurde mir dringend abgeraten. Sie fühlten sich für meine Sicherheit verantwortlich.

Bei der Arbeit betrat ich zum ersten Mal einen amerikanischen Arbeitsplatz. Der Hauptsitz von Johnson & Johnson in Indien war beeindruckend, mit schicken Büros und einem ganz anderen Ausmaß an Extras für leitende Angestellte. Mein Gehalt verdoppelte sich im Vergleich zu dem, was ich vorher verdient hatte. Die Stelle erforderte Überstunden und oft auch Wochenendarbeit – sehr normal in amerikanischen multinationalen Unternehmen, wie ich später herausfand, und ein großer Unterschied zu den Arbeitszeiten bei Mettur Beardsell.

In Indien wurden damals abgepackte Produkte für Frauen, um mit ihrer Monatsblutung klarzukommen, als unnötig und teuer angesehen.

Die meisten Frauen benutzten zusammengeknüllte oder gefaltete Tücher, die gewaschen, getrocknet und wiederverwendet wurden. Johnson & Johnson hatte bereits Carefree, eine Einlage für den Monatsgürtel, eingeführt. Stayfree war eine Weiterentwicklung, die erste Einweg-Maxibinde mit einem Klebestreifen, der an der Unterwäsche haftete. Sie wurde in den USA bereits seit fast zehn Jahren verkauft und versprach den Frauen eine neue Art von Freiheit.

Das Stayfree-Team in Indien hatte viel zu tun, um das Produkt so zu optimieren, dass es auf breiter Ebene akzeptiert wurde. Wir mussten die Binden mit den richtigen Schichten saugfähiger und wasserdichter Materialien so herstellen, dass sie für den indischen Markt und die von den Frauen vor Ort getragene Unterwäsche geeignet waren. Wir mussten den Klebstoff für den Einsatz im feuchten Klima überarbeiten lassen. Die Abbildung auf der Verpackung, die eine Frau mit langen Haaren und einem fließenden rosa Kleid zeigt, die im Meer watet, musste farblich genau auf die Gesamtverpackung abgestimmt werden.

Wir führten umfangreiche Untersuchungen durch und baten Dutzende von Frauen im Büro und in ihrem Bekanntenkreis, eine Binde zu benutzen und sie dann im Badezimmer liegen zu lassen, damit ich sehen konnte, wo sie verknautschte oder auslief. Die Bitte war unangenehm, aber viele der Frauen vertrauten uns genug, um ihr nachzukommen. Ich wollte, dass die Binden glatt waren und man sie nicht durch die Kleidung hindurchsah. Ich fand dieses Thema sehr sinnvoll und glaubte, dass das Produkt das Leben von Frauen ein wenig besser machen könnte. Stoff war unangenehm. Dies war eine Art Befreiung.

Meine Vorgesetzten waren allesamt Männer, und ich musste regelmäßig meine Forschung und meine Fortschritte erläutern. Das waren für mich heikle Gespräche, aber die Männer hörten aufmerksam zu und hatten konstruktive Vorschläge. Sie wussten, dass es um den Job ging. Damals war die Werbung für Frauenprodukte in Indien tabu. Wir konnten nur am Rande über die „Erfahrung" bei der Verwendung dieser Produkte sprechen. Wir mussten in Schulen und Colleges gehen, um jungen Frauen die Vorteile zu erklären. Wir mussten auch die Eltern, vor allem die Mütter, davon überzeugen, für diese „Freiheit" ihrer Töchter zu bezahlen, was nicht immer einfach war. Und es gab noch ein weiteres Problem: Diese Produkte wurden nie in einem Geschäft sichtbar aufgestellt, und es wurde auch nicht darüber gesprochen. Sie wurden hinter der Ladentheke aufbewahrt und den Kunden in Zeitungspapier eingewickelt gereicht. Um nach Damenbinden zu fragen, wartete eine Frau in der Regel, bis der Laden leer war, und flüsterte dann dem Angestellten, der fast immer ein Mann war, leise zu, dass sie etwas Persönliches wollte. Der Verkäufer verstand, lächelte aber manchmal so, dass sich die Frau unwohl fühlte. Damals gab es in Indien noch keine Selbstbedienungsläden.

Trotz all dieser Hürden haben wir Stayfree in weniger als sieben Monaten in zwei Testmärkten eingeführt. Ich fand, dass sich meine Bemühungen gelohnt hatten.

Während ich bei Mettur Beardsell und Johnson & Johnson beschäftigt war, waren viele meiner Freunde, allesamt Männer, nach Amerika gegangen, um an Universitäten in Kalifornien, Illinois, Texas und Minnesota ein Postgraduiertenstudium zu absolvieren. Die USA übten auf junge Leute eine besondere Anziehungskraft aus und galten als ein Ort der Kultur und Innovation. Wir hörten amerikanische Musik, sahen amerikanische Filme und lasen amerikanische Nachrichten.

Viele der besten Studenten der IITs zogen es vor, in den USA zu studieren und zu promovieren, und machten anschließend fantastische Karrieren. In gewisser Weise bekamen die USA das Beste von Indien, Studenten, die an von der indischen Regierung subventionierten Eliteeinrichtungen ausgebildet worden waren. Dies war ein enormer Braindrain, der leider auch heute noch anhält. Es überrascht mich, dass die indische Regierung nicht dazu beigetragen hat, ein unternehmerisches Ökosystem zu fördern, um Anreize für diese Talente zu schaffen, im Land zu bleiben.

Nach dem IIM drängten mich diese Freunde immer wieder, ebenfalls nach Amerika zu kommen. Aber ich war immer schnell der Meinung, dass ich keinen wirklichen Grund hatte.

Was sollte mein Platz in Amerika sein?

In Indien kann es natürlich unerträglich heiß sein, aber nie so heiß wie in den schwülen Sommermonaten in Madras. Als Teenager hatten Chandrika und ich entdeckt, dass die Bibliotheken in den britischen und US-amerikanischen Konsulaten stets gut klimatisiert waren. Wir suchten dort oft Zuflucht und liebten die umfangreichen Sammlungen ausländischer Publikationen – Zeitschriften, Zeitungen und Bücher.

Im Dezember 1977, während eines Besuchs in Madras über die Feiertage, wanderte ich, wie schon so oft, die etwa eineinhalb Kilometer von zu Hause die Straße hinunter zur American Library. Ich begann, in alten Ausgaben von Zeitschriften zu blättern. In einer Ausgabe der *Newsweek* vom September 1976, mit Jimmy Carter und Gerald Ford auf dem Titelblatt, las ich einen Artikel mit dem Titel „A Shade of Difference“ über die neue Wirtschaftshochschule der Yale University, die sich auf öffentliches und privates Management konzentrierte.

Dieser Artikel sprach mich an. Ich war an einem Leben in der globalen Wirtschaft interessiert, hatte aber das Gefühl, dass meine Chancen, in den USA einen Job zu finden, sehr gering waren. Ich hatte mir überlegt, dass ein Abschluss in den USA wahrscheinlich der beste Weg wäre, um weiterzukommen, aber ich hatte keine Lust, den MBA zu wiederholen. Die verschiedenen Kurse, die ich besucht hatte, und mein Sommerpraktikum hatten in mir ein Interesse für die Wechselbeziehung zwischen dem öffentlichen und dem privaten Sektor geweckt. Yale schien genau die Mischung dessen zu sein, worüber ich unbedingt mehr erfahren wollte.

In den nächsten Monaten schickte ich die Bewerbungsunterlagen für Yale weg und machte den Eignungstest GMAT. Ich erzählte meinen Eltern davon, aber niemand war allzu optimistisch. Als ich eine Zusage erhielt, interessierte das niemanden wirklich. Wir konnten es uns nicht leisten.

Dann, ein paar Wochen später, kam ein weiterer Brief. Die Universität hatte beschlossen, mir eine finanzielle Unterstützung zu gewähren – 50 Prozent der Kosten in Form eines Darlehens, 20 Prozent in Form eines Work-to-pay-Programms und den Rest in Form eines Stipendiums. Plötzlich waren die Aufregung und Nervosität in der Familie spürbar. Die Vorstellung, dass ich Indien verlassen könnte, wurde real. Mein Vater war mächtig stolz, meine Mutter hatte große Angst, mich so weit weggehen zu lassen.

Es überrascht nicht, dass sich beide Sorgen machten, wie ich den Kredit zurückzahlen sollte. Umgerechnet in indische Rupien würden meine Schulden nach dem Abschluss viel höher sein als das Jahresgehalt meines Vaters.

Eines Abends im Mai 1978 war Norman in Bombay und lud mich zum Abendessen ein. Er teilte mir mit, dass der Streik in der Fabrik beendet sei, und bat mich, zu Mettur Beardsell zurückzukommen, um diesmal die gesamte Textilabteilung zu leiten. Das war eine große Beförderung. Ich konnte es nicht glauben. Ich würde für fast 60 Prozent des Unternehmens verantwortlich sein.

Ich erzählte Norman von Yale und fragte ihn dann: „Norman, denkst du wirklich, ich sollte die Zulassung für Yale aufgeben und zurückkommen, um für dich zu arbeiten?"

Und er antwortete: „Nein, das solltest du nicht. Ich bin enttäuscht, dass du gehst, aber wenn ich dich als meine Tochter beraten würde, würde ich sagen: ‚Geh.'" Das, glaube ich, war echte Mentorschaft. Norman näherte sich dem Alter, in dem er in Indien in den Ruhestand gehen musste, und er dachte wohl, dass er mich noch ein paar Jahre lang als Führungskraft ausbilden würde, bevor er nach Großbritannien zurückkehren würde. Aber er wollte mich auch nicht in meiner Entwicklung bremsen. Er war schnell bereit, mir auf meinem anderen Weg zu helfen. Er war selbstlos.

Er spielte auch eine entscheidende Rolle dabei, meine Eltern davon zu überzeugen, dass ich in Amerika Erfolg haben könnte. Als ich ihnen erzählte, dass er mir eine große neue Stelle bei Mettur Beardsell angeboten hatte, gingen sie beide sofort davon aus, dass ich sie annehmen und nach Madras zurückkehren würde. Als ich dann sagte, dass Norman meinte, ich solle stattdessen nach Yale gehen, akzeptierten sie auch diese Entscheidung. Sie vertrauten Norman. Jetzt weiß ich, dass sie auch mir vertrauten.

Als ich mich darauf vorbereitete, Indien zu verlassen, taten meine beiden Chefs von Mettur Beardsell noch etwas, das mich noch immer in Erstaunen versetzt.

Damals genehmigte das US-Konsulat in Madras täglich etwa 50 Anträge auf Studentenvisa für die USA und lehnte mehr als die Hälfte der Antragsteller ab. Ich war nervös, weil ich James E. Todd, dem interviewenden Beamten, gegenüberstehen würde, der als harter Fragesteller bekannt und von potenziellen US-Studenten wie mir gefürchtet war. Das System sah vor, dass man sich um neun Uhr abends auf der Cathedral Road vor den Toren des Gebäudes anstellen und über Nacht warten musste, um sechs Uhr morgens eine Wertmarke zu erhalten, die einen Termin bei Officer Todd ermöglichte. Eines Abends fand ich einen Platz in der Schlange, mit nichts als einer Wand zum Anlehnen. Um zehn Uhr standen bereits etwa 60 Menschen in der Schlange, alle hielten nervös Mappen mit ihren Zulassungsdokumenten in der Hand und waren sich über ihr Schicksal im Unklaren. Ich war die einzige Frau.

Und dann, alle paar Stunden, tauchten Norman oder S. L. Rao mit Essen und Ermutigung auf. Die anderen in der wachsenden Schlange waren sprachlos, aber beeindruckt. Um elf Uhr kam Norman in seiner blendend weißen Mercedes-Limousine, reichte mir eine Thermosflasche heißen Kaffee und fragte, was ich sonst noch brauchen könnte. Dann kam sein Fahrer um zwei Uhr morgens wieder mit Kaffee. Dann erschien Mr. Rao um fünf Uhr morgens mit dem Frühstück, um mir Glück zu wünschen. Ich werde die Zuneigung, die diese beiden Männer mir entgegenbrachten, nie vergessen. Ich bekam meine Wertmarke, und später gab mir Officer Todd das Visum.

Im August 1978 reisten meine Eltern mit mir nach Bombay, um mich in einen Pan-American-World-Airways-Jet in die USA zu setzen. Monatelang hatte ich nachts mitbekommen, wie sie das Für und Wider meiner Entscheidung diskutierten, und ich glaube, mein Vater war derjenige, der meine Mutter schließlich überredete, mich einfach auf eigenen Beinen stehen zu lassen. Ich kann mir vorstellen, welch überwältigende Traurigkeit sie beide empfunden haben müssen, als sie ihre Tochter in ein fernes Land gehen sahen, obwohl sie an diesem Tag mir gegenüber nichts anderes als fröhlich und ermutigend waren. Amma erzählte mir später, dass sie zusammen geweint haben, als sie wieder allein waren.

Meine Tante und mein Onkel sowie einige Cousins und Cousinen stießen am Flughafen zu uns, für einen richtigen Familienabschied. Ich wusste nicht, wann ich einen von ihnen wiedersehen würde, und es fiel mir besonders schwer, Nandu zu verlassen.

Und ich hätte mir wirklich gewünscht, dass Thatha da gewesen wäre, um mich zu verabschieden.

# 3

Ich erinnere mich deutlich an zwei Dinge auf meinem 20-stündigen Flug von Bombay nach New York. Das erste ist der Soundtrack. Die Boeing 747SP flog in Richtung Westen, über den Nahen Osten, Europa und den Atlantischen Ozean. Und auf dem Pan-Am-Audiokanal „Current Hits" lief eine 45-minütige Schleife von Popsongs, darunter „Handyman" von James Taylor, „What a Wonderful World" von Art Garfunkel, „Year of the Cat" von Al Stewart und „Stayin' Alive" von den Bee Gees. Ich habe sie alle mindestens 15 Mal gehört.

Die zweite Erinnerung ist der Tipp eines jungen amerikanischen Geschäftsmannes, den ich in der Economy Lounge traf, einer Stehbar in der Mitte des Flugzeugs, wo ich mir die Beine vertreten und Chips und Erdnüsse essen konnte. Ich erzählte ihm, dass ich auf dem Weg zur Yale University in Connecticut sei. Leise sagte er: „Hören Sie, ich werde Ihnen bei etwas helfen. Connecticut heißt ‚Connett-ih-cut', nicht ‚Conneck-tih-cut'." Er ließ mich sorgfältig üben, es auszusprechen. Ich hatte den Namen des Staates noch nie richtig gehört und hatte keine Ahnung, dass er nicht so ausgesprochen wird, wie er geschrieben wird. Für mich war das die freundliche Geste eines Fremden, und ich werde sie nie vergessen.

Als ich auf dem John-F.-Kennedy-Flughafen landete, war ich höchst erstaunt – über die Anzahl der Flugzeuge, die Hunderte von Menschen von überall her, die sich durch das gläserne Bauwerk bewegten, die Sauberkeit und Ordnung, die alles ausstrahlte. Ich fand den Schalter von Connecticut Limousine und stieg mit einigen anderen Fahrgästen in einen waggonähnlichen Wagen ein. Während wir schweigend über die Interstate 95 fuhren, staunte ich darüber, wie strukturiert alles war – die sauberen Autobahnen, der klare Verkehrsfluss, kein Hupen, keine Tiere, die über die Straße schlenderten. Es war alles so völlig anders. Und so fremd für mich. Als wir vom Bundesstaat New York nach Connecticut fuhren, verkündete der Fahrer laut: „Willkommen im tollsten Staat des Landes!"

Nach etwa zwei Stunden wurde ich vor dem Yale Office of International Students abgesetzt, das sich damals an der Ecke Temple und Trumbull Street in New Haven befand. Es war ein Samstag um die Mittagszeit. Die Straßen waren leer. Ich hatte einen prall gefüllten Koffer ohne Räder, der mit Saris, Hemden, Hosen und einem Satz flacher Bettlaken gefüllt war, eine Reisetasche mit Büchern und 450 Dollar in bar. 50 Dollar hatte ich für die Fahrt ausgegeben.

Am späten Nachmittag saß ich, nachdem ich irgendwie mein Gepäck in zwei Etappen sechs Häuserblock weit getragen hatte, allein auf einem kahlen Bett in einem Wohnheim mit hohen Decken in der Hall of Graduate Studies, einem Gebäude aus den 1930er-Jahren im gotischen Stil von Yale, mit Gewölbedecke in der Lobby, Buntglas und einem imposanten 14-stöckigen Turm. Ich war zwei Tage zu früh für meine Einführungsveranstaltung. Meine Mitbewohner waren noch nicht da. Es war niemand da. Ich hatte kein Telefon, keinen Fernseher und keine Ahnung, wo ich etwas besorgen sollte. Der Speisesaal war noch geschlossen.

Das war ganz anders als zu Hause und seltsamerweise auch nicht das, was ich erwartet hatte. Würde es in Amerika wirklich so ruhig sein? Wo waren die lärmenden Taxis und kreischenden Feuerwehrautos? Modebewussten Menschen auf schicken Straßen? Die freundlichen Gesichter? Was war aus dem geschäftigen Treiben geworden? Zum ersten Mal in meinem Leben fühlte ich mich schrecklich einsam und verängstigt.

Vor meiner Ankunft hatte ich alle kulturellen Exporte aus den USA konsumiert, die ich finden konnte, und ich hatte für ein amerikanisches Unternehmen gearbeitet. Ich dachte, ich sei vorbereitet. Aber in jeder Hinsicht war ich ein völliger Neuling. Ich fing an zu weinen und hatte das ungute Gefühl, dass nichts so sein würde, wie ich es mir vorgestellt hatte. Ich zog in Erwägung, am nächsten Tag zurück nach Hause zu fliegen.

Natürlich kehrte ich nicht zurück. Meine Reise hatte gerade erst begonnen. Heute weiß ich, dass der amerikanische Traum vieler Einwanderer mit Angst, Ehrfurcht und Einsamkeit beginnt.

Ich glaube an die amerikanische Geschichte, weil es meine Geschichte ist. Als CEO saß ich einmal im holzgetäfelten Speisesaal von Chequers, dem Landsitz des britischen Premierministers, und wurde gefragt, warum ich 30 Jahre zuvor in die USA und nicht in das Vereinigte Königreich eingewandert sei. „Weil, Herr Premierminister", antwortete ich, „ich hier nicht mit Ihnen zu Mittag essen würde, wenn ich in das Vereinigte Königreich gekommen wäre".

Ich war eine unverheiratete Inderin. Die Tatsache, dass ich in den 1970er-Jahren in diesem Schlafsaal in Neuengland saß, war Zeugnis meiner Familie in Südindien: des Fokus, der seit meiner Geburt auf meiner Bildung lag, des Glaubens meines Großvaters und meiner Eltern an mich und ihres Mutes, dem jahrhundertealten kulturellen und sozialen Druck zu trotzen und ihre Tochter fliegen zu lassen. Es war Zeugnis der Nonnen in meiner Klosterschule, meiner indischen Schulkameraden, die mich ermutigten, und des ehrgeizigen, gerade unabhängig gewordenen Indiens, das eine Frau zur Premierministerin gewählt und damit signalisiert hatte, dass Frauen alles erreichen konnten.

Es war auch ein Zeichen der Zeit. Dank der enormen Fortschritte in den Bereichen Technologie, Reisen und Kommunikation waren Unternehmen und andere Institutionen auf der ganzen Welt in Bewegung, erschlossen Märkte und erzielten Gewinne. Die Wirtschaftslehre florierte, und die USA hießen Studenten wie mich willkommen.

Ich kam durch die Vordertür in die USA, mit einem Visum und einem Studienplatz an einer renommierten Universität. Es war meine Entscheidung, und ich wusste, dass ich mich hocharbeiten musste. Vielleicht bereitete mich das auf ein hartes Leben in der Unternehmenswelt vor, auf jeden Fall musste ich Kummer und Schmerzen in meinem privaten und beruflichen Leben akzeptieren und einfach weiterackern. Meine Pflicht war es, diese Chance zu nutzen.

Meine Geschichte ist nicht die eines Einwanderers, der sich seinen Weg nach Amerika erkämpft hat, um Armut, Verfolgung oder Krieg zu entkommen. Ich weiß nicht, wie es sich anfühlt, ein Flüchtling zu sein, obdachlos, weil mein eigenes Land in einer Krise steckt. Ich sprach Englisch. Ich war mit 500 Dollar in den USA gelandet. Ich war in Yale. Und ich hatte das Sicherheitsnetz meiner Familie in Indien, einen Ort, der mir vertraut war und den ich liebte und der mich wieder aufnehmen würde.

Dennoch fühle ich mich mit allen verbunden, die nach Amerika strömen, unabhängig von ihren Lebensumständen, die entschlossen sind, hart zu arbeiten und ein besseres Leben für sich und ihre Familien zu beginnen. Ich habe immer noch diese Angst – die Angst einer Immigrantin –, die mich dazu drängt, zu versuchen, gut zu sein und dazuzugehören. In meiner Anfangszeit in den USA wollte ich, dass meine Familie stolz auf mich war; auf alles, was ich in Amerika unternahm, sollten sie stolz sein. Ich fühlte mich wie ein Gast in diesem Land, und ich wollte als rechtschaffener Mensch angesehen werden, der seinen Beitrag leistet, und nicht als Belastung.

An diesem ersten, einsamen Abend in Yale gewann langsam meine Abenteuerlust die Oberhand. Ich war zwei Tage lang um die Welt gereist und hatte Hunger. Ich schlenderte zum Wawa-Laden an der Ecke York Street und Broadway, einen Block vom Wohnheim entfernt, um etwas zu essen zu finden. Die Produkte, Marken und Verpackungen waren mir alle neu. Ich wusste nicht, wie man hier einkaufte, denn ich war noch nie in einem Laden gewesen, in dem man sich das Gewünschte aussucht und an der Kasse bezahlt. Also beobachtete ich die anderen Einkäufer, um herauszufinden, was ich tun sollte. Was ich in diesem Moment am meisten vermisste, war südindisches Essen, und ich dachte, dass ich ein bisschen Curd, ein Grundnahrungsmittel, kaufen würde, um mich zu trösten.

Ich habe mich in diesem Wawa nach Curd dumm und dämlich gesucht, aber ich konnte ihn nicht finden. Ich wusste nicht, dass indisches Curd in den USA Joghurt genannt wird. Stattdessen gab ich ein paar Dollar für einen Laib Weißbrot, eine Tomate und eine Tüte Kartoffelchips aus. Ich quetschte die Tomate auf das Brot und aß das Ganze wie ein Sandwich, fade und unbefriedigend. Ich vermisste meine würzigen Chilischoten.

Am nächsten Morgen kam das Glück zu mir. Ein iranischer Wirtschaftsstudent namens Mohsen Fardmanesh – klein, schlank, bebrillt –, der am Ende des Flures wohnte, klopfte mit einem breiten Willkommenslächeln an meine Tür. Was für eine Erleichterung. Er wisse um die Einsamkeit der Einwanderer, sagte er. Ich erzählte ihm bald meine Probleme, angefangen damit, dass ich kein vertrautes Essen finden konnte.

„Also gut", sagte Mohsen, „das Einfachste ist, dir ein Stück Pizza zu holen und es mit roten Chiliflocken zu bestreuen." Wir machten uns auf den Weg die Straße hinunter zu Yorkside Pizza, einem typischen New-Haven-Restaurant mit hölzernen Nischen und gerahmten Fotos von Sportmannschaften an den Wänden. Ich hatte noch nie Pizza gegessen. Ich hatte auch noch nie Mozzarella versucht. Mohsen bestellte mir ein Stück zum Probieren, und schon beim ersten Bissen musste ich würgen. Pizza war nichts für mich. „Aber es steht außer

Frage, sie nicht zu mögen“, sagte Mohsen zu mir. „Du musst dich daran gewöhnen. Pizza ist ein Grundnahrungsmittel in den USA.“

Mohsen war ein Geschenk des Himmels. In den nächsten Tagen half er mir, ein Postfach und ein Bankkonto zu bekommen. Er erzählte mir, wie das Leben in den USA und in Yale für einen ausländischen Studenten aussah und wie ich etwas von meinem eigenen Hintergrund in mein neues Leben einbringen konnte. Er riet mir, jeden Tag zu nehmen, wie er kam, und ihn zu genießen. „Es wird jeden Tag besser werden“, sagte er.

Etwa einen Monat lang aß ich als Vegetarierin im Speisesaal der Hall of Graduate Studies nur Salat und Brot. Ich war unglücklich. Ich verlor an Gewicht und war ständig müde, und die Schularbeiten nahmen zu. Ich wusste, dass ich etwas tun musste. Also zog ich mithilfe der Wohnungsverwaltung ein paar Blocks weiter in die Helen Hadley Hall, 420 Temple Street.

Die Helen Hadley Hall war – und ist – von außen betrachtet ausgesprochen unscheinbar. Sie war 1958 gebaut worden, um weibliche Doktoranden unterzubringen, und es ärgert mich immer noch, dass ausgerechnet die Frauen von Yale in dieses Gebäude verbannt wurden. Vincent Scully, der berühmte Professor an der Yale School of Architecture, bezeichnete es einmal als „spätmodernistisches Design in seiner banalsten Form“. Dass es neben den gotischen und georgianischen Gebäuden existierte, die den Yale-Campus und sogar die Temple Street zierten, war wirklich überraschend.

Das Innere war ähnlich anstaltsmäßig: Einzelzimmer mit je einem quadratischen Fenster, Badezimmer auf dem Flur und zwei Telefonzimmer für jede Etage. Die Neonbeleuchtung und die grauen Fußböden ließen es noch eintöniger erscheinen als nötig.

Aber in diesem Wohnheim lebten internationale Masterstudenten und Doktoranden mit knappem Budget – und in diesem unauffälligen Gebäude konnten wir Yale am einfachsten mit den Annehmlichkeiten von zu Hause verbinden. Auf jedem Stockwerk gab es große Küchen und Esszimmer, die der tristen Umgebung Leben einhauchten. Fast jeder kochte, und die Aromen zogen durch die Flure – scharfe indische Currys, chinesisches Essen, jamaikanisches Essen. Es war uns egal, wie wir uns kleideten, welchen Akzent jemand hatte oder wie er sprach.

Mein Nachbar, Rob Martinez, war ein kubanisch-amerikanischer Doktorand aus New Jersey. Rob liebte die Vielfalt der Kulturen in unserem Wohnheim. Er war weltgewandt und eine Fundgrube für Zahlen und Fakten in den Bereichen Geschichte und Wirtschaft. Er liebte es, mit unseren chinesischen und polnischen Freunden über Politik zu diskutieren, während er indisches Essen aß. Rob half vielen von uns beim Lebensmitteleinkauf, indem er uns in seinem grünen Subaru zum ein paar Kilometer entfernten Lebensmittelgeschäft Stop & Shop in Hamden, Connecticut, fuhr. Er war auch ein großartiger Tänzer. Er brachte mir den Hustle bei, einen Discotanz, der damals ein großer Hit war, und andere Line Dances. Seine Freundschaft, seine herzliche Art und sein Einfühlungsvermögen trugen wesentlich dazu bei, dass die Studenten in der Helen Hadley Hall eine unglaublich enge Bindung zu Amerika aufbauen konnten. Eines Abends versammelte sich eine Gruppe von uns sogar zu einer Zeremonie, bei der Rob zum Ehreninder ernannt wurde. Er wurde ein Freund fürs Leben.

Das Leben fühlte sich auch besser an, als ich Zugang zum Telefon in der Hadley Hall hatte. Einen eigenen Festnetzanschluss konnte ich mir nicht leisten, und das zentrale System, auch wenn es nur für kurze Anrufe war, bot eine willkommene Atempause. Freunde aus Madras meldeten sich ständig von ihren Schulen in Illinois, Oklahoma und Kalifornien, um mir über den ersten Schock hinwegzuhelfen.

Nach einer Weile musste ich sie bitten, nicht mehr anzurufen. Ich war dankbar für ihre Unterstützung, aber ich hatte zu tun.

Die School of Organization and Management (SOM), das erste neue Graduiertenprogramm in Yale seit 50 Jahren, brachte neuen Schwung in die von Harvard und Stanford dominierte Wirtschaftsausbildung der alten Schule. Yale hatte ein hybrides Programm geschaffen, das die Privatwirtschaft mit dem öffentlichen Sektor in einem Masterstudiengang für öffentliches und privates Management verband. Viele der etwa einhundert Studenten in meiner Klasse hatten Erfahrung in der politischen Welt, beim Militär oder in gemeinnützigen Organisationen. Mehr als ein Drittel waren Frauen.

Unsere Klassen waren in zwei schönen alten Häusern in der Hillhouse Avenue in New Haven untergebracht, die auf der Rückseite mit dunkelgrünen, modernen Gebäuden verbunden waren, die wie Pizza-Hut-Restaurants aussahen. „Wir treffen uns im Pizza-Hut-Gebäude", war eine gängige Redewendung.

Zuerst war ich entsetzt über die entspannte Herangehensweise meiner amerikanischen Mitschüler an fast alles, und dann war ich voller Ehrfurcht. Sie legten eine Arroganz an den Tag, die sich in Indien niemand getraut hätte, wo ich zwei Jahrzehnte lang gesehen hatte, wie die Studenten aus Respekt aufstanden, wenn ein Lehrer den Raum betrat. Die Studenten in Yale legten ihre Füße auf die Pulte, aßen Sandwiches und nannten die Professoren beim Vornamen – „Vic" und „Dave". Sie kamen zu spät oder gingen zu früh und stellten die Standpunkte der Professoren ungestüm infrage. Ich fand die frei geführten Diskussionen spektakulär. Themen wurden eingehend untersucht, Vor- und Nachteile erörtert. Ich hatte noch nie an so etwas teilgenommen.

In der ersten Woche wurden wir aufgefordert, Achtergruppen zu bilden, indem wir uns mit den Leuten neben uns unterhielten, und dann wurde uns gesagt, dass dies unsere Studiengruppe für die nächsten zwei Jahre sei. Wir nannten unsere Gruppe, die aus drei Frauen und fünf Männern bestand, Don't Look Back. Gemeinsam durchliefen wir Simulationsübungen zum Überleben in der Arktis und in der Wüste, und Professoren beobachteten unsere Gruppendynamik durch einen Einwegspiegel und gaben uns anschließend freimütiges Feedback. Diese Erfahrung war demütigend. Mir wurde klar, dass ich noch viel lernen musste – wie man andere ausreden lässt, auf seine Körpersprache achtet und alle in Gruppengespräche einbezieht. Ich musste klar und mit Bedacht sprechen und in meinen Einwürfen prägnant bleiben. Nach der ersten Feedbackrunde war ich ein wenig desillusioniert. Aber als ich alle Vorschläge umgesetzt hatte, wurde ich besser.

Dies war mein zweites Masterstudium, aber es war ganz anders als am IIM Kalkutta: praktisch, nicht theoretisch. Anhand aktueller Fälle wurden wirtschaftliche Fragen untersucht. Führende Persönlichkeiten aus Industrie und Regierung kamen, um über Beispiele aus der Praxis zu sprechen. Ich war von Leuten umgeben, die mindestens zwei oder drei Jahre Berufserfahrung hatten. Der Unterricht war eine wechselseitige Erfahrung.

Die Lehrenden waren einfach hervorragend. Dekan war William Donaldson, der die Wall-Street-Investmentbank Donaldson, Lufkin & Jenrette mitgegründet hatte und im Außenministerium unter Richard Nixon tätig gewesen war. Stephen Ross, der die Arbitragepreistheorie entwickelt hatte, unterrichtete Mikroökonomie; Victor Vroom und David Berg lehrten individuelles und gruppenbezogenes Verhalten; Marty Whitman, der Value-Investor, unterrichtete Investments; Larry Isaacson, der für McKinsey und dann für CBS Records in Kalifornien gearbeitet hatte, lehrte Strategie und Marketing. Jeder war ein Experte auf seinem Gebiet und wurde von vielen respektiert. Ich fand, dass sie das Komplexe einfach und verständlich machten.

Vor allem Larry glaubte wirklich an mich und drängte mich dazu, mehr zu tun. Er ließ mich von einigen grundlegenden Marketingkursen abmelden und für ihn an Beratungsprojekten arbeiten. Ich unterrichtete für ihn einen Kurs mit etwa 15 Frauen aus der Gegend, die in den Beruf zurückkehren und ihre Kenntnisse in Marketing, Kundensegmentierung und Werbung auffrischen wollten. Ich sah in diesen Frauen Hoffnung und Angst, sie waren optimistisch, dass sie mit ihren neuen Kenntnissen wieder eine bezahlte Arbeit finden könnten, aber sie hatten auch Angst, dass sie keinen Job finden würden oder dass sie nicht vollständig auf einen Job vorbereitet wären. Ich unterrichtete sie und, was noch wichtiger war, ich half ihnen, ihr Selbstvertrauen zu stärken.

Einmal pro Woche traf sich der stellvertretende Dekan in der Mittagspause mit uns Studenten, um sich unsere Ideen und Anliegen anzuhören. Ich war erstaunt darüber, dass die Schulleitung die Meinung der Studenten zur Lebensqualität an der SOM und zum Lehrplan hören wollte. Was für ein Unterschied zu dem Top-down-Ansatz in indischen Bildungseinrichtungen. Die einzige Gemeinsamkeit mit dem IIM Kalkutta bestand darin, dass die Wirtschaft immer noch eine Männerwelt war. Wir studierten keine Geschäftsfälle mit weiblichen Führungskräften, und ich hatte keine weiblichen Professoren. Frauen kamen in dem, was uns gelehrt wurde, nicht vor.

In meinem zweiten Jahr war der Studienumfang märchenhaft – Wahlfächer in Finanzen und Strategie, Spieltheorie, Handel und multilaterale Organisationen. Wir analysierten Burton Malkiels *„Börsenerfolg ist (k)ein Zufall“*. Wir untersuchten den Aufstieg des Rasierklingenherstellers Gillette und analysierten die angeschlagenen Finanzen des Metropolitan Museum of Art in New York und der Clark University in Worcester, Massachusetts. Wir lernten etwas über politische Meinungsforschung und sprachen mit Eric Marder, dem Demoskopen von Henry „Scoop“ Jackson, einem US-Senator, der 1972 und 1976 für das Präsidentenamt kandidiert hatte.

Sosehr ich die schulischen Aufgaben auch liebte, die soziale Erfahrung war ebenso stark. In der Studentenschaft war ich definitiv eine Außenseiterin und mir der Seilschaften junger Männer und Frauen bewusst, die einen Abschluss von den Ivy-League-Colleges oder Nordost-Internaten hatten. Viele von ihnen waren echte „Preppies“ (Schnösel), die Sperry-Top-Sider-Schuhe (Bootsschuhe) trugen, im Winter in den Skiurlaub fuhren und sich an den Wochenenden im Frühjahr und Herbst auf den Weg zu den Stränden von Cape Cod oder Long Island machten. Ich galt als klug und fleißig, und die Leute mochten mich, glaube ich, gern. Aber ich war auch weitgehend unsichtbar, und mir war bewusst, wie internationale Studierende, vor allem aus Entwicklungsländern, in den Köpfen der Leute eingeordnet wurden. Tüchtig, aber ohne Stil, mit komischem Akzent, sozial ungeschickt. Man lehnte uns nicht ausdrücklich ab, aber man hieß uns auch nicht herzlich willkommen. Ich war nicht schüchtern, aber ich war vorsichtig mit dem, was ich sagte.

Ich fühlte mich unwohl mit meinem Aussehen. Bevor ich Madras verlassen hatte, war ich mit einem Stapel amerikanischer Zeitschriften zu einem örtlichen Schneider gegangen, und er hatte mir ein paar Blusen und Oberteile genäht, von denen ich dachte, sie entsprächen dem aktuellen amerikanischen Stil. Aber ich merkte bald, dass die Sachen nicht passten und ziemlich hässlich waren. Also ging ich zu S. S. Kresge, dem Discounter in der Chapel Street, dem Vorläufer der Kmart-Kette, und kaufte drei langärmelige, pflegeleichte Polyesterblusen, die ich zu meinen Jeans tragen konnte. Nach ein paar Monaten kam Chandrika für ihren Job bei der Citibank nach New York und kaufte mir einen hellblauen Daunenmantel aus dem Kaufhaus Alexander in Midtown Manhattan – eine echte Rettung in den schneereichen Wintern.

Trotz der Kresge-Blusen und der Alexander-Jacke, auf die ich stolz war und die alles waren, was ich mir leisten konnte, wurde mir später von einigen wohlmeinenden Freunden gesagt, dass meine Kleidung viel Spott auf sich zog.

Ich konnte kein Geld entbehren. Mein Stipendium und Darlehen belief sich auf insgesamt etwa 15.000 Dollar im Jahr, die ich ungefähr gleichmäßig aufteilte, und ich gab fast alles für Studiengebühren, Unterkunft und Verpflegung aus. Ich nahm einen Job an der Rezeption und der manuellen Telefonzentrale der Helen Hadley Hall an drei bis vier Tagen in der Woche an und verdiente 3,85 Dollar pro Stunde für die Zeit von Mitternacht bis fünf Uhr morgens. Das waren 50 Cent pro Stunde mehr als tagsüber und 1,20 Dollar mehr als der Mindestlohn, der damals 2,65 Dollar betrug. Wenn das Telefon an der Rezeption klingelte, klingelte ich im Zimmer eines Bewohners und stellte den Anruf zum Telefon auf dem Flur durch. Die ganze Nacht über liefen die Studenten in ihren Nachthemden und Hausschuhen den Flur entlang, um ihre Anrufe entgegenzunehmen. Ich überwachte die Eingangstür, sortierte die Post und machte meine Hausaufgaben.

Etwa alle vier Monate schickte ich eine 100-Dollar-Postanweisung nach Madras. Die Familie brauchte das Geld nicht, aber es war ein gutes Gefühl, etwas beizusteuern. Für Nandu waren immer 20 Dollar bestimmt. Er hatte noch nie Taschengeld bekommen und liebte mich dafür, dass ich ihm diese riesige Summe schickte, die er ausgeben konnte, wie er wollte.

In diesem ersten Herbst verliebte ich mich auch in die New York Yankees, eine wunderbare und irrationale Liebe, die bis heute anhält. Die World Series 1978 war ein Rückspiel zwischen den Los Angeles Dodgers und den Yankees, die 1977 die Meisterschaft gewonnen hatten. Der Gemeinschaftsraum der Helen Hadley Hall – mit seinen abgewetzten Sesseln, dem ausgefransten Sofa und dem einzigen Fernseher – war jeden Abend der Play-offs überfüllt. Ich war Kricketspielerin, die ihren Schläger-und-Ball-Sport vermisste, und hatte keine Ahnung vom amerikanischen Baseball. Aber ich war hocherfreut, als mich eines Abends ein paar Jungs einluden, mich zu ihnen zu setzen, und mir die Regeln erklärten. Ich fing an, alles über Reggie Jackson, Ron Guidry und Bucky Dent zu lesen, was ich konnte, und war überglücklich, als die Yankees wieder einmal die Meisterschaft gewannen. Ich weinte, als der Kapitän und Fänger Thurman Munson im Sommer 1979 bei einem Flugzeugabsturz ums Leben kam.

Zu dieser Zeit lernte ich, dass die Sprache des Sports – und die Einzelheiten bestimmter Spiele und Spieler – in der Wirtschaft von Bedeutung sind. Wenn die Studenten morgens zusammenkamen, sprachen sie über Sport, bei Vorstellungsgesprächen sprachen die Arbeitgeber über Sport. Wenn man beim Baseball oder Football nicht auf dem Laufenden war, gehörte man nicht dazu.

Dieser Gedanke schien verbunden mit einer Lebensweisheit, die mir meine Eltern mitgegeben hatten, als ich Indien ein paar Monate zuvor verlassen hatte: „Sei du selbst, aber versuche auch, dich anzupassen."

Kurz nach der Winterpause begann das Rennen um einen Sommerjob. Ich brauchte einen Gehaltsscheck, und ich war ein guter Student. Meine Professoren waren bereit, mir sehr gute Referenzen zu geben. Sie schätzten mich als fleißig ein und fanden es einfach, mit mir zu arbeiten. Sie waren der Meinung, dass ich eine einzigartige globale Betrachtungsweise in Bezug auf Probleme hatte, die in amerikanischen Unternehmen dringend benötigt wurde. Die Unternehmen kamen nach Yale, und ich musste sie beeindrucken.

Meine einzige Sorge war, dass ich keinen Geschäftsanzug hatte. Mit 50 Dollar, meinen gesamten Ersparnissen zu dieser Zeit, ging ich zurück zu Kresge und suchte mir ein dunkelblaues Polyesteroutfit aus – eine Jacke mit zwei Knöpfen und eine passende Damenhose. Dazu trug ich eine türkisfarbene Polyesterbluse mit hellblauen und dunkelblauen Längsstreifen. Ich wollte die Sachen anprobieren, war aber noch nie in einer Umkleidekabine gewesen und fühlte mich unwohl, mich hinter einem Vorhang auszuziehen, damit niemand gucken konnte.

Also hielt ich die Teile vor dem Spiegel hoch. Die Hose war in Ordnung, die Jacke schien ein wenig überdimensioniert. Aber ich erinnerte mich an den Rat meiner Mutter, Kleidung ein paar Nummern zu groß zu kaufen, weil ich „hineinwachsen" würde. Ich war 24 Jahre alt, aber in diesem Moment vergaß ich, dass ich erwachsen war. Ich kaufte alles, war stolz darauf, diese große Anschaffung bewältigt zu haben, und gab mein ganzes Geld aus. Das war bis dahin die allergrößte Ausgabe in meinem Leben.

Als ich Kresge verließ, fiel mir die Schuhabteilung auf, aber ich hatte nichts übrig, um Schuhe zu kaufen. Macht nichts, dachte ich. Meine orangefarbenen Wildlederschuhe mit der klobigen Plastiksohle, die ich den ganzen Winter über getragen hatte, würden ausreichen. Ich könnte meine Füße unter den Tisch schieben. Keiner würde es bemerken.

Am Tag des Vorstellungsgesprächs zog ich den Anzug an. Die Bluse passte gut, aber die Hose war viel kürzer, als ich gedacht hatte. Die Jacke hing unvorteilhaft an mir herunter. Aber das war alles, was ich hatte, und ich steckte in der Klemme. Es war zu spät, um die Kleidungsstücke gegen welche in einer anderen Größe umzutauschen. Ich machte mich auf den Weg zum SOM-Verwaltungsgebäude, wo sich alle in der Berufsberatungsstelle versammelt hatten, um potenzielle Arbeitgeber zu treffen. Da waren meine Schulkameraden, tadellos in ihren gut sitzenden Brooks-Brothers-Anzügen, die Frauen mit Seidenblusen und eleganten Wollröcken und Blazern.

Ich hörte ein kollektives Keuchen. Alle sahen mich an. Ich tat so, als ob mich das nicht interessierte.

An diesem Tag traf ich mich mit Insilco, einem Mischkonzern mit Sitz in Connecticut, der unter anderem Marken im Bereich Haushalts- und Bürobedarf führt. Das Gespräch verlief gut, aber ich verließ den Raum völlig beschämt und niedergeschlagen.

Ich rannte den Flur hinunter zur Leiterin der Karriereentwicklung, Jane Morrison. Ich setzte mich auf ihr Sofa und brach in Tränen aus. „Sehen Sie mich an“, sagte ich. „So bin ich zu dem Vorstellungsgespräch gegangen. Alle lachen über mich.“

Jane war sehr nüchtern: „Ja, es ist ziemlich schlimm“, sagte sie. „Ziemlich schlimm.“

Ich erzählte Jane von meiner finanziellen Notlage und wie ich einen Anzug gekauft hatte, der in mein Budget passte. „Ich wollte dazugehören“, erklärte ich.

Dann fragte sie mich, was ich zu einem Vorstellungsgespräch in Indien anziehen würde. Einen Sari, sagte ich ihr. Ich hatte viele davon in meinem Zimmer. Ihr Rat: „Trag das nächste Mal einen Sari. Und wenn sie dich nicht um deiner selbst willen einstellen, ist das ihr Pech. Sei einfach du selbst.“

Insilco machte an diesem Abend zwei Angebote. Eines davon war für mich. Mir wurde klar, dass ich mich in einer neuen Umgebung befand – und dass dies ein lebendiges Beispiel für das amerikanische Versprechen der Leistungsgesellschaft sein könnte. Es war klar, dass Insilco mich aufgrund dessen, was ich gesagt hatte und ich leisten konnte, ausgewählt hatte und nicht wegen meines grauenhaften Outfits. Ich hatte drei Wochen Zeit, das Angebot anzunehmen.

Mein nächstes Vorstellungsgespräch fand mit Booz Allen Hamilton statt, einem Beratungsunternehmen. Beratung galt als erstrebenswert. Die Arbeitszeiten und die Reisetätigkeit waren brutal, aber der Job wurde gut bezahlt, und es hieß allgemein, dass die Erfahrung einen Vorsprung von drei bis fünf Jahren gegenüber einer normalen Unternehmenskarriere bot. Dieses Treffen war zu gut, um es auszulassen, auch wenn ich ein Angebot in der Tasche hatte. Ich beschloss, es durchzuziehen.

Ich trug meinen Lieblingssari aus türkisfarbener Seide mit cremefarbenen Blumen und eine türkisfarbene Bluse, und ich traf mich mit einem Partner von Booz Allen aus Texas, bei dem ich mich sofort wohlfühlte. Er führte ein hartes Interview anhand eines Geschäftsfalles durch, und ich hatte das Gefühl, dass er meine Fähigkeiten beurteilte und sich kein bisschen darum kümmerte, was ich trug oder wie ich aussah.

Booz Allen stellte mich für einen Sommerjob in Chicago ein, zusammen mit Praktikanten aus Harvard, Stanford, von der Northwestern und der University of Chicago. Ich kam in ein Team, das Strategien für ein in Indiana ansässiges Unternehmen entwickelte, das Lebensmittelzutaten herstellte, eine wunderbare Gruppe von Männern, die mich in alle Diskussionen und Überlegungen einbezog, mich coachte und mich voll und ganz unterstützte.

Ich trug jeden Tag einen Sari zur Arbeit, besuchte aber nie den Kunden. Mich in einem Sari zu einem Treffen mit einem Kunden in Indianapolis mitzunehmen, hätte damals zu sehr zu Missklängen geführt. Damals hatte ich volles Verständnis dafür und akzeptierte, dass meine Kollegen mich zurückließen. Es schien ein kleiner Preis zu sein.

Ich war begeistert, dass ich auf dem Weg war, eine berufstätige Frau in Amerika zu sein.

Arbeit. Sie ist nicht wirklich freiwillig. Und das ist auch gut so, denn die Vorteile von bezahlter Arbeit müssen wohl kaum erwähnt werden: Menschen blühen auf, wenn sie gefordert werden, sie sind stolz, wenn sie eine Arbeit gut gemacht haben, und profitieren davon, mit Menschen zusammen zu sein, die dieselben Ziele verfolgen. Und wir alle brauchen Geld zum Leben.

Ich glaube, dass die Entscheidung von Frauen, außerhalb des Hauses zu arbeiten, für ihr Wohl und das Wohlergehen ihrer Familie unerlässlich ist. Irgendwie stellen einige Menschen, selbst in den fortschrittlichsten Gesellschaften, immer noch infrage, ob Frauen überhaupt einer bezahlten Arbeit nachgehen sollten. Diese Sichtweise scheint mit der Vorstellung zusammenzuhängen, dass Kinder darunter leiden, wenn eine Arbeit ihre Mütter von der Betreuung ablenkt. Mancherorts ist es für die ganze Gesellschaft schlichtweg einfacher, an den überholten Gewohnheiten festzuhalten, die sie kennt.

Ich sehe das nicht so. Tatsächlich schneiden die Kinder berufstätiger Frauen in der Regel besser in der Schule ab,[1] sind unabhängiger und sehen ihre Mütter als wertvolle Vorbilder.[2] Außerdem haben wir eindeutige Beweise dafür, dass die Erwerbsbeteiligung von Frauen für die gesamte Wirtschaft von entscheidender Bedeutung ist. Mehr erwerbstätige Frauen machen uns alle wohlhabender[3] – sie verringern die Armut, erhöhen die Löhne und lassen das Bruttoinlandsprodukt wachsen.

Aber für mich ist der Grund, warum Frauen einen freien Weg zu bezahlter Arbeit brauchen, viel direkter. Wir alle verdienen die Macht des Geldbeutels für unsere eigene Freiheit. Die volle Akzeptanz von

Frauen als bezahlten Arbeitskräften bedeutet den Fortschritt der Menschheit. Sie sind dann nicht mehr der Gnade einer von Männern dominierten Welt ausgeliefert.

Ich war froh, dass ich für mein Sommerpraktikum in Chicago gelandet war, und der Frage, wo ich nach meinem Abschluss landen würde, stand ich aufgeschlossen gegenüber.

Ich zog mit einer Yale-Klassenkameradin, Kimberly Rupert, einer anderen Sommerpraktikantin, zur Untermiete in eine Einzimmerwohnung in einem Hochhaus in Sandburg Village. Die Wohnung gehörte einem Basketballspieler der Chicago Bulls. Sie hatte ein Aquarium, das seit Wochen nicht mehr gereinigt worden war, einen Schrank voller übergroßer Herrenturnschuhe und eine Spüle, in der sich schmutziges Geschirr stapelte. Der Mann, mit dem wir den Mietvertrag abschlossen, schien froh zu sein, verlässliche Mieter zu finden, die die gründliche Reinigung vornahmen, die nötig war, um tatsächlich dort zu wohnen. Obwohl mich sein offenes Hemd, seine vielen Goldketten und sein lässiges Auftreten ein wenig erschreckten, lernte ich ihn mit der Zeit zu mögen und zu respektieren. Er war ein hilfsbereiter Vermieter, und wir waren vorbildliche Mieter, die die Wohnung blitzsauber hielten.

Nach einem Tag des Schrubbens und Einziehens wurde unser Wohnzimmer mit Blick auf die Großstadt zu einem lebhaften Sommerknotenpunkt für die sieben Booz-Allen-Praktikanten.

Ich hatte noch eine weitere Verbindung in Illinois. Ein indischer Freund von mir, der in Dallas studierte, bestand darauf, dass ich einen Mann namens Raj Nooyi kennenlernte, einen jungen Ingenieur aus Mangalore, Indien, der gerade seinen Master an der University of Texas gemacht hatte. „Er wird dir bei der Eingewöhnung helfen", wurde mir gesagt.

Raj arbeitete bei Eaton, einem Industrieunternehmen in den weitläufigen Vororten von Chicago, und lebte allein in einer spärlich eingerichteten Einzimmerwohnung in der Nähe seines Büros in Carol Stream, Illinois. Ich lud ihn zu mir ein, und er wurde schnell ein fester

Bestandteil unserer kleinen Gruppe. Er hing in der Wohnung in Chicago herum und nahm uns zum Schwimmen oder zum Tennisspielen mit in seinen Gebäudekomplex. Er war unglaublich klug, belesen und weltgewandt. Außerdem sah er gut aus, hatte ein wunderbares Lächeln und verstand sich mit jedem. Das Wichtigste war, dass er uns in seinem Auto herumchauffieren konnte.

Ende August waren die meisten von uns schon wieder in der Schule, aber ich hatte noch eine Woche zu arbeiten. An einem Freitagabend gingen Raj und ich in das Sandburg Theatre, ein altes Kino einen Block entfernt, um *„Trans-Amerika-Express", eine Gauner-im Zug-Komödie* mit Gene Wilder und Richard Pryor in den Hauptrollen, zu sehen. Der Film gefiel uns und wir lachten gemeinsam über die Slapstickkomödie.

Dann gingen wir in ein Restaurant und beschlossen, als wir gegessen hatten, zu heiraten.

Wer hat wem einen Antrag gemacht? Wer hat das Thema angeschnitten? Was ist aus den Monaten des Datings geworden, die vor einem Antrag kommen sollten? Ich weiß es nicht. 42 Jahre später diskutieren wir immer noch über dieses Thema!

Bevor ich nach New Haven zurückflog, nahm Raj mich mit zu seiner Tante Jaya und seinem Onkel Ramesh, die etwa eine Stunde entfernt in Flossmoor, Illinois, lebten. Ramesh Adiga war Gefäßchirurg am South Suburban Hospital im Süden Chicagos, und seine Frau Jaya war Ärztin in einer Hausarztpraxis. Sie gehörten zu der Welle von indischen Ärzten, die in den 1960er-Jahren in den Mittleren Westen eingewandert waren. Onkel Rameshs Schwester und Mutter, die zu Besuch aus Indien da waren, waren an dem Tag, an dem ich Ramesh und Jaya zum ersten Mal traf, ebenfalls im Haus.

Ehrlich gesagt war Rajs Familie besorgt, als wir die frohe Botschaft verkündeten. Sie hatten schon lange eine Braut für ihn finden wollen. Er war ein guter Fang: groß und hochgebildet, und er lebte in den USA. Jetzt stand ich da, eine völlig Unbekannte, die Tamil und nicht Kannada, seine Muttersprache, sprach und deren Horoskope noch nicht einmal geprüft und abgeglichen worden waren.

Gleichzeitig stammte ich aus einer hart arbeitenden, etablierten, hochgebildeten Hindu-Familie der Mittelschicht. Das war alles gut. Einige der Einwände lösten sich in Luft auf, als Raj später darauf bestand, dass er mich heiraten würde, egal was sie von der Situation hielten. Seine Verwandten erkannten schnell, wie gut wir uns ergänzten, und akzeptierten mich von ganzem Herzen.

In der Zwischenzeit erzählte ich meinen Eltern am Telefon, dass ich einen Mann namens Raj Nooyi heiraten würde, und nannte ihnen ein paar Einzelheiten. Sie waren verständlicherweise erschrocken und besorgt, weil sie ihn nicht kennengelernt und seine Familie nicht eingehend geprüft hatten. Aber ihnen war auch klar, dass sie keine Wahl hatten. Auch hier vertrauten sie auf mein Urteilsvermögen und willigten ein.

Einen Monat später trafen sich unsere beiden Elternpaare und andere Verwandte in Madras und hielten eine offizielle Verlobungsfeier ab – ohne mich und Raj. Meine Eltern fanden meine neuen Schwiegereltern wunderbar und folgerten daraus, dass auch wir zusammenpassen müssten.

Mein zweites Studienjahr in Yale war geprägt vom Blick in die Zukunft mit der neuen Realität in meinem Leben: verheiratet und berufstätig. Ich wollte einen Job bei der Boston Consulting Group (BCG), die als führendes Strategieberatungsunternehmen galt und gerade ein neues Büro in Chicago eröffnete. Das wäre doch perfekt, dachte ich. Mitte Herbst, nach einer Reihe von sechs oder sieben schwierigen Vorstellungsgesprächen, erhielt ich das heiß begehrte Angebot.

Mein Sommerjob schien auch mein Ansehen unter meinen Kommilitonen an der SOM erhöht zu haben. Mehr Studenten waren mir gegenüber aufgeschlossen, obwohl ich misstrauisch blieb. Ich hatte immer noch nicht das Gefühl, dass ich dazugehörte.

Raj und ich telefonierten und sahen uns alle paar Wochenenden. Ich flog nach Illinois und erledigte meine Projekte und Schularbeiten in seiner kleinen Wohnung. Wir verbrachten diese Monate damit, unsere Hochzeit genau zu kalkulieren, und kamen zu dem Schluss, dass wir nur 40 Gäste haben konnten und die Feier im Keller seines Onkels und seiner Tante abhalten würden. Nachdem wir die Blumen und den Geistlichen bezahlt hatten, konnten wir uns keine einzige zusätzliche Person leisten.

Ende Mai kamen meine Eltern und Nandu aus Indien ebenso wie Chandrika und Raj nach New Haven, um bei meinem Abschluss dabei zu sein. Es war hell und sonnig – und ein wunderbarer Tag für mich. Meine ganze Familie war zusammen, und meine Eltern waren aufgeregt und begeistert, meinen zukünftigen Ehemann kennenzulernen. Sie liebten ihn.

Ich war auf dem Weg in einen wunderbaren neuen Abschnitt, aber auch etwas traurig, Yale und das akademische Leben zu verlassen. Die Schule war allem, was ich mir erhofft hatte, gerecht geworden – ich wusste jetzt so viel mehr darüber, wie der private Sektor, der öffentliche Sektor und Nichtregierungsorganisationen zusammenarbeiteten, um eine harmonische Gesellschaft zu schaffen. Ich hatte die USA kennengelernt und fühlte mich gut vorbereitet, um mich hinauszuwagen in die amerikanische Wirtschaft. Ich hatte ein wenig damit gekämpft, meinen Platz zu finden, aber ich hatte wunderbare, kluge und engagierte Denker getroffen. Viele meiner Klassenkameraden haben später unglaublich Karriere gemacht, und wir verlassen uns noch immer aufeinander. Tatsächlich habe ich das Gefühl, dass die Freundschaften, die wir an der Yale SOM geschlossen haben, nach mehr als 40 Jahren stärker sind als je zuvor.

Nachdem ich mich verabschiedet hatte, stieg die ganze Familie in zwei Mietautos und fuhr die 850 Meilen nach Chicago zu unserer Hochzeit ein paar Tage später. Meine Mutter hatte meinen Hochzeitssari und einen Teil des Schmuckes mitgebracht, den sie für mich erworben hatte, seit ich ein kleines Mädchen war.

Raj und ich wurden in einem holzgetäfelten Freizeitraum mit niedriger Decke im Haus von Onkel Ramesh und Tante Jaya in Flossmoor getraut. Die Zeremonie dauerte etwa eine Stunde. Anschließend taten wir uns an einem indischen Büfett gütlich, das von einem örtlichen Restaurant geliefert worden war. Rob Martinez, mein Nachbar aus der Helen Hadley Hall, und Larry Isaacson, mein Professor, waren angereist, um dabei zu sein.

Wenn wir in Indien geheiratet hätten, hätte unsere Hochzeit mindestens eineinhalb Tage gedauert. Meine Eltern und viele unserer Verwandten auf beiden Seiten fühlten sich benachteiligt, weil wir es nicht auf diese Weise gemacht hatten. Aber mir war das egal. Ich war sehr glücklich. Die Tatsache, dass unsere Familien zusammen waren – alle von so weit weg – war eine Quelle großer Freude.

Irgendwann in der folgenden Woche nahm Rajs Vater, N. S. Rao, uns beide zur Seite mit aufmunternden Worten über unser zukünftiges Leben. Er wünschte uns Glück, riet uns, hart zu arbeiten, und versicherte uns, dass unsere Familien immer da sein würden, um die Last zu teilen.

Dann sagte er direkt zu mir: „Indra, gib deine Arbeit nicht auf. Du hast die ganze Ausbildung, und du solltest sie nutzen. Wir werden dich auf jede erdenkliche Weise unterstützen."

TEIL II

# WIE ICH FUSS FASSTE

# 4

Moline, Illinois, am Mississippi gelegen, befindet sich 265 Kilometer westlich von Chicago, umgeben von Mais- und Sojafarmen im Herzen Amerikas. Im Jahr 1980 befand sich dort auch der Sitz von Servus Rubber, einem 60 Jahre alten Unternehmen, das Arbeitsstiefel herstellte und mit der neuen Konkurrenz aus Übersee zu kämpfen hatte. Servus war mein erster Kunde als Unternehmensberaterin.

Eine Woche nach unserer Hochzeit reiste ich in einem kleinen Flugzeug nach Moline, zusammen mit dem brillanten Alan Spoon, der für die Einstellungen zuständig war, als ich bei BCG angestellt wurde. Dann pendelte ich monatelang, wohnte zwei oder drei Nächte pro Woche in einem mittelpreisigen Hotel, sprach mit Betriebs-, Vertriebs- und Marketingmanagern, wanderte durch die Fabrik, sprach mit Arbeitern an den Fließbändern und erfasste alles über Gummi und Arbeitsschuhe, was ich konnte.

Die Unternehmensberatung ist nicht umsonst die Quelle für so viele globale Wirtschaftskarrieren. In den sechs Jahren bei BCG habe ich mehr gelernt, als ich als junge Betriebswirtin irgendwo anders hätte lernen können. Ich fand es aufregend, voller Diskussionen und faszinierender Menschen. Unternehmen beauftragen eine Firma wie BCG, um Hilfe bei der Antwort auf grundlegende Geschäftsfragen zu erhalten: Was sind die Werttreiber des Unternehmens? Wie könnten sie sich verändern? Welche strategischen Optionen gibt es, um mit der Zeit Werte zu schaffen? Welche Investitionen müssen die Unternehmen tätigen? Wie sollten sie sich organisieren? Sie kaufen die Sichtweise und Erfahrung der Firma, die sie in so vielen verschiedenen Branchen gesammelt hat.

Berater tauchen tief ein und widmen sich mit Hingabe dem Verständnis der Fertigkeiten und des Wissens einer Branche und eines bestimmten Unternehmens. BCG hatte sich in der Strategieberatung einen Namen gemacht. Der Gründer des Unternehmens, Bruce Henderson, hatte 1970 die „Growth-Share-Matrix“ erfunden, ein oft gelehrtes Modell, das Unternehmen je nach ihrem relativen Marktanteil und ihrer Wachstumsrate als Kühe, Hunde, Sterne oder Fragezeichen einstuft. Wir wurden vom ersten Tag an darin geschult, uns darauf zu konzentrieren, die tatsächlichen Herausforderungen des Kunden mithilfe von Daten und klarem, objektivem Denken anzugehen, anstatt ihm nur das zu sagen, was er hören wollte. Wir deckten unbequeme Wahrheiten auf und setzten uns dann mit der Unternehmensführung zusammen, um unsere Analyse durchzugehen und einen Weg nach vorn zu finden. Ich hatte das Gefühl, dass dieser Prozess von einer intellektuellen Ehrlichkeit geprägt war, die die Politik in den Hintergrund treten ließ, obwohl es natürlich auch jede Menge Unternehmenspolitik zu durchwaten gab.

Das Beratungsgeschäft lag mir sehr. Ich liebte es, mich in ein Unternehmen zu vertiefen, Wachstums- und Gewinnhebel zu finden und dann wieder aufzutauchen, um herauszufinden, wie man das Geschäft oder das Unternehmen am besten neu positionieren konnte. Jedes Projekt fühlte sich sehr persönlich an, und ich war die ganze Zeit ausgelastet. Ich schlafe nicht viel, und es fiel mir leicht, die erforderlichen Überstunden zu machen, wenn ich die Analyse zum Abschluss brachte.

Als ich zu BCG kam, war das Büro in Chicago dabei, schnell zu wachsen, und wir zogen bald von der Monroe Street in ein Stockwerk eines gläsernen Wolkenkratzers am Wacker Drive gegenüber dem 110-stöckigen Sears Tower. Jeden Frühling wurden Dutzende von Hochschulabsolventen eingestellt und mit Arbeit betraut, die hereinströmte. Da nur wenige Partner für die Ausbildung zur Verfügung standen, brachten wir uns selbst und einander etwas bei. Wir führten die ganzen komplexen Modellierungen mit Taschenrechnern und Bleistiften durch und füllten Hunderte von Zellen in Tabellenkalkulationen auf Papier aus. Wir zeichneten die Diagramme von Hand auf und übergaben sie dann an die Produktionsabteilung mit genauen Anweisungen, wie die Diapositive vorzeigbar gemacht werden sollten. Das war mühsame Vor-PC- und Vor-Excel-Arbeit. Oft fotokopierten wir unsere Tabellen abschnittsweise und klebten die Teile zusammen, um sie Kollegen und Vorgesetzten weiterzugeben.

Die Bandbreite unserer Projekte war fantastisch. Ich arbeitete an Treuhandbanken, Kraftstoffzusätzen und Farbstoffen. Für LexisNexis, das auf Großrechnern gespeicherte Nachrichten und juristische Informationen verkaufte, organisierte ich Gesprächsgruppen in 15 Städten, um herauszufinden, wie die Menschen den Dienst nutzten und seine Kosten und Vorteile wahrnahmen, und um festzustellen, was sie daran nicht mochten. Wir übersetzten dies in einen integrierten Marketingplan, in dem die Serviceebenen und die Preise durch eine sorgfältige Verbraucheranalyse festgelegt wurden. Zum Schluss wurde alles in einem Umsatz- und Rentabilitätsmodell dargestellt.

Zu Beginn meiner Tätigkeit wurde BCG von Trane beauftragt, einem Unternehmen mit Sitz in La Crosse, Wisconsin, das Heizungs-, Lüftungs- und Klimaanlagen für den industriellen Einsatz herstellte. Unser Team, das von einem schottisch-amerikanischen BCG-Partner geleitet wurde, bestand aus einem Juden, einem Italiener und mir.

Nach ein paar Wochen fragte der CEO von Trane den Partner scherzhaft: „Wissen Sie, dass wir hier in La Crosse, Wisconsin, sind?

Sie haben ein Team mit einem jüdischen Mann, einem italienischen Mann und einer indischen Frau geschickt. Was ist denn hier los?“ Man muss dem Partner zugutehalten, dass er antwortete: „Sie haben mich um die Besten gebeten, und ich habe Ihnen die Besten gegeben.“

Der CEO von Trane war Bill Roth, ein großzügiger, bedächtiger Mann, der mir später sagte, dass er sich über diese Antwort sehr gefreut habe. Ich arbeitete mehr als drei Jahre lang an Projekten für Trane und lernte dabei die besondere Großzügigkeit der Menschen im Mittleren Westen kennen.

Unsere Aufgabe war es, Trane zu helfen, sein Wachstum und seine Rentabilität zu beschleunigen. Zunächst sprachen wir monatelang mit HLK-Unternehmern, die an riesigen Bürogebäuden oder kleinen Einkaufszentren und Wohnungen arbeiteten, und dann mit Generalunternehmern, Servicetechnikern und städtischen Baubehörden – alles, um die Position von Trane zu erkennen und herauszufinden, wie man sie verbessern könnte. Wir analysierten jeden Auftrag, den Trane in den vergangenen drei Jahren an die Konkurrenz verloren hatte. Der Kunde war von unserem ungewöhnlich detaillierten Ansatz beeindruckt.

Als ich mich an die Beratungstätigkeit gewöhnt hatte, entwickelte ich meine eigenen Rechercheroutinen. Für ein Unternehmen, das Maschinen zur Verarbeitung von Zitrusfrüchten herstellte, kroch ich durch Saftfabriken in Brasilien und Florida und lernte die Feinheiten des Auspressens von Orangen mit verschiedenen gewerblichen Maschinen kennen. Ich kaufte Bücher, um die Terminologie, das Wissen und die Technologie eines jeden Problems zu verstehen, und ich habe immer noch mein kommentiertes Lehrbuch über Orangenverarbeitung.

Für ein japanisches Unternehmen mussten wir den US-Markt für hochmoderne Hochgeschwindigkeits-Abfüllanlagen sondieren. Für G. D. Searle, ein pharmazeutisches Unternehmen mit Sitz in Skokie, Illinois, beschäftigte ich mich mit Aspartam, dem künstlichen Süßstoff, der 1965 in den Labors von Searle entdeckt wurde, und half dem Unternehmen dabei, zu überlegen, wie es seinen Herstellungsprozess optimieren sollte. Ein zweiter Auftrag bestand darin, neue kalorienfreie Süßstoffe zu recherchieren, die in den nächsten ein bis zwei Jahrzehnten auf den Markt kommen könnten. Hier kam mir mein chemischer Hintergrund zugute, aber um noch mehr relevanten Input zu erhalten, beauftragte ich einen Professor, der Experte für Süßstoffe war, mit mir Labors in Kalifornien und Europa zu besuchen.

Ich hätte nie gedacht, dass Orangensaft, Abfüllanlagen und Süßungsmittel später in meinem Leben noch wichtiger für mich werden würden!

Ich arbeitete an Papiertaschentüchern und Toilettenpapier. Wir erstellten ein Kostenmodell für jede Taschentuch-Produktionslinie im Land – die Geschwindigkeit, den Abfall, die verwendeten Rohstoffe und die Kosten. Ich lernte die Unterschiede zwischen Kleenex und Puffs und zwischen Charmin, Scott und Toilettenpapier einer Eigenmarke kennen. Ich saß in einer Bar in Green Bay, Wisconsin, und trank eine Limonade, um den Fabrikarbeitern der Konkurrenz zuzuhören, wie sie über ihre Probleme bei der Herstellung von Papiertaschentuch sprachen, und zog daraus die Lehren für meine Kunden. Ich traf mich mit Anlagenherstellern in Deutschland, Schweden und Finnland, um die nächste Generation von Taschentuchmaschinen und -prozessen zu verstehen. Auch hier engagierte ich einen Experten, einen Papierwissenschaftler von der Miami University in Oxford, Ohio, der mit mir reiste, um mir alles zu erklären.

Das führte mich zu Patenten und dazu, herauszufinden, was andere auf der Grundlage ihrer Patentanmeldungen vorhatten. Ich stürzte mich in ein ausführliches Studium von Patenten, wobei ich ein von Battelle, einer Organisation, die sich für die Nutzung der Wissenschaft zur Lösung gesellschaftlicher Probleme einsetzt, entwickeltes Rahmenwerk nutzte und den Bogen der Technologieinvestitionen in der Branche nachzeichnete. Wir analysierten 30 Jahre Taschentuchgeschäft, um einen Einblick in die gesamte Wettbewerbslandschaft zu geben.

Ich war unablässig auf Reisen. Woche für Woche hetzte ich durch den Flughafen und schleppte meine Aktentasche und einen Hartmann-Kleidersack. Das Gewicht dieser Tasche führte zu einer Fehlstellung meiner rechten Schulter – ein Andenken, das ich bis heute behalten habe. In der Regel verbrachte ich drei oder vier Nächte weg von zu Hause und arbeitete dann jedes Wochenende, um über den Zahlen zu sitzen, Diagramme zu zeichnen und Präsentationen zu schreiben. Ich lernte die ganze Zeit, es war ein intellektuelles Hoch und ein körperliches Tief.

Eines Abends in Neenah, Wisconsin, konnte ich kein Hotelzimmer finden, weil im nahe gelegenen Oshkosh eine sehr beliebte Flugschau stattfand. Ich beschloss, die drei Stunden nach Hause nach Chicago zu fahren und am nächsten Tag zurückzukehren. Irgendwo in der Nähe der Stadt Fond du Lac wurde ich wegen überhöhter Geschwindigkeit angehalten, und der Beamte sagte, ich könne die 125 Dollar Strafe mit einer Visa-Karte bezahlen. Ich hatte nur American Express und landete auf einem Polizeirevier in Fond du Lac, um Raj anzurufen. Da entdeckte ich ein ordentliches Bett in einer Gefängniszelle, und – ich kann es heute kaum glauben – ich fragte tatsächlich, ob ich die Nacht auf diesem Bett schlafen könne, bis mein Mann am nächsten Morgen mit dem Geld kommen konnte. Ich hatte einfach keine Lust, nach Chicago und zurück zu fahren, und brauchte dringend einen Platz zum Ausruhen. Der Polizist sagte mir, ich solle einfach nach Hause gehen. Ich bezahlte die Strafe am nächsten Tag per Scheck.

Während ich mich in all das stürzte, vermissten Raj und ich unsere gemeinsame Zeit. Aber auch er arbeitete außerordentlich hart. Das war der Preis, denn wir zahlten, um uns zu etablieren, dachten wir und waren besorgt, dass sich unser Glück ändern könnte. Wir riefen uns spät nachts kurz an, um uns über unseren Tag auszutauschen. Wir sprachen, als hätten wir ewig nicht mehr miteinander gesprochen.

Raj und ich begannen unser Eheleben in seiner Wohnung in Carol Stream. Wir sparten und schnitten Lebensmittelgutscheine aus der Zeitung aus. Wir glichen unser Scheckbuch jeden Monat aus, legten zuerst Geld für die Rückzahlung meines Studiendarlehens beiseite, zahlten dann etwas auf ein Sparbuch ein und schickten schließlich 100 Dollar an jede unserer Familien in Indien, um zu zeigen, dass wir uns kümmerten. Sie brauchten es nicht wirklich, aber wir fühlten uns gut dabei, ihnen diesen Betrag zu schicken.

Ich hatte zwei cremefarbene Schluppenblusen und zwei Wollanzüge von Evan Picone erworben, einen in Camel und einen in Schwarz, ich trug die Jacken und Röcke abwechselnd, um vier Kombinationen zu schaffen. Diese Kleidungsstücke packte ich jede Woche in mein Handgepäck, wenn ich nach Neenah, Appleton, oder La Crosse, Wisconsin, Baton Rouge, Louisiana, oder New York reiste. Die Kleidungsstücke waren oft nicht wiederzuerkennen, wenn ich ankam, und ich bügelte sie wie verrückt in den Hotelzimmern vor meinen Meetings.

Raj arbeitete immer noch bei Eaton als Wirtschaftsingenieur in einem Werk, das elektronische Steuerungen herstellte. Auch er hatte nur ein paar Klamotten im Schrank – zwei oder drei Hemden, ein paar Hosen und ein paar gebrauchte Krawatten von Onkel Ramesh. Jeden Abend wusch er ein Hemd, hängte es zum Trocknen auf und bügelte es dann am nächsten Morgen. Er ging immer tadellos gekleidet aus dem Haus.

Obwohl er bereits einen Master-Abschluss hatte, erkannte Raj, dass er nur mit einem MBA-Abschluss im Management vorankommen konnte. Schon bald begann er mit dem Studium, nahm am frühen Abend den Zug zum Campus der University of Chicago in der Innenstadt und kam gegen halb elf zum Abendessen nach Hause. Seinen Abschluss machte er 1983.

Wir gingen nicht viel unter Leute. Wir waren beschäftigt und kannten niemanden wirklich. Wir wurden nie eingeladen. An manchen Wochenenden besuchten wir Rajs Tante und Onkel. Oder wir gingen zu Connie's Pizza in der Twenty-Sixth Street, um eine Pastete mit Tomatensoße zu essen, oder zu einem indischen Büfett in der Devon Avenue, bei dem man für 5,99 Dollar so viel essen konnte, wie man wollte. Wir würzten viele unserer Speisen immer noch mit scharfen grünen Chilischoten oder roten Chiliflocken.

Wenn wir ausgingen, suchten wir möglichst viel Unterhaltung zu einem möglichst kleinen Preis. Bei unserem ersten Livekonzert in den USA sahen wir die Band America im Park West Theater. Wir besuchten einige Baseballspiele der Cubs auf dem Wrigley Field und sahen die White Sox im Comiskey Park, als die Yankees in die Stadt kamen.

Wir haben uns auch einmal in Thermounterwäsche und unsere dicksten Pullover und Mäntel gehüllt, um bei einem Footballspiel der Chicago Bears auf dem Soldier Field auf den billigsten Plätzen zu sitzen. Die Anzahl der Schichten spielte nicht wirklich eine Rolle. Der brutale Wind vom Michigansee, der im Stadion herumwirbelte, ließ uns innerhalb von Minuten fast erfrieren. Raj war nach seiner Zeit in Texas ein großer Fan der Dallas Cowboys, und ich musste schnell die Regeln von American Football lernen, um daran Gefallen zu finden, mit ihm an den Wochenenden die Spiele zu sehen.

Nach etwa einem Jahr beschlossen wir, ein Haus zu kaufen. Wir entschieden uns für ein hübsches Haus im Tudor-Stil mit drei Schlafzimmern im Dorf Glen Ellyn. Es handelte sich um einen neuen Wohnblock, und das Gras war kaum gesät, die Bäume waren nichts als Zweige. Das Haus kostete 125.000 Dollar, mit einer Mindestanzahlung von 5 Prozent. Wir hatten 3.000 Dollar gespart, und Rajs Onkel lieh uns 4.500 Dollar. Selbst dann noch mussten wir eine Hypothekenversicherung abschließen, weil wir so wenig beigesteuert hatten. Der Zinssatz betrug 17,5 Prozent.

Die Zahlen sprachen nicht gerade dafür, dass es ein gutes Geschäft war. Aber es schien uns, dass der amerikanische Traum bedeutet, dass wir ein Haus kaufen sollten und dass wir Geld für die Zukunft sparen würden, weil der Wert des Hauses steigen würde. Wir zogen ein, hatten aber kein Geld für viel anderes. So waren der Frühstücksbereich, das Wohnzimmer und das Elternschlafzimmer die einzigen Räume, die eingerichtet waren. Der Rest des Hauses blieb leer. Wir kauften im örtlichen Baumarkt sogleich einen Toro-Rasenmäher. Wir fühlten uns sehr amerikanisch.

Meine Eltern waren gleich nach unserer Hochzeit nach Madras zurückgekehrt, und mein Vater erzählte mir, er wolle unbedingt zurückkommen, um eines Tages mit seinen Enkeln die USA zu erkunden. Ich vermisste sie sehr, aber ein Auslandsgespräch nach Indien war teuer, vor allem tagsüber. Also telefonierte ich einmal pro Woche nach halb elf abends eine halbe Stunde lang mit meinen Eltern und Nandu, und dann machten wir dasselbe mit Rajs Familie.

Nandu, mein genialer Bruder, belegte bei den staatlichen Prüfungen für High-School-Schüler in Madras den ersten Platz, und er bewarb sich am Yale College. Er wurde mit einem Teilstipendium und einem Teilbetrag als Darlehen angenommen. Meine Schwester war gerade von der Beratungsfirma McKinsey eingestellt worden und von Indien nach New York gezogen. Gemeinsam beschlossen wir, den Rest des Geldes, das Nandu brauchte, zu bezahlen. Er zog im August 1981 nach New Haven, wo er zur Yale-Abschlussklasse von 1985 gehörte. Rajs und meine Pläne, für die Zukunft zu sparen, wurden vorerst auf Eis gelegt.

Aber dann, an einem schrecklichen Tag im Januar 1983, rief meine Mutter an und sagte, dass mein Vater seit fast einem Monat an Gelbsucht litt. Er hatte 30 Kilogramm verloren, mehr als ein Drittel seines Körpergewichts, und er musste operiert werden, um die Schmerzen in seinem Bauch zu lindern. Er wollte nicht, dass sie uns davon erzählte, aus Angst, wir würden unser Leben hier abbrechen und nach Indien zurückkehren. Selbst bei unseren wöchentlichen Anrufen hatte er nie angedeutet, dass es ihm nicht gut ging.

Chandrika, Nandu und ich beschlossen, sofort nach Indien zu fliegen und uns in Bombay zu treffen, um gemeinsam nach Madras zu reisen. Wir eilten vom Flughafen zum Krankenhaus, besorgt und voller Angst. Als wir unseren Vater sahen, waren wir erschüttert. Er war nur noch ein Schatten seiner selbst und litt sehr, doch er versicherte uns immer wieder, dass wir uns keine Sorgen machen müssten. Der Anblick meines kranken Vaters erinnerte mich an die Tage nach seinem Vespa-Unfall. Ich wusste, dass ich für meine Mutter stark sein musste, die in den vergangenen Monaten alle Sorgen um seine Krankheit allein geschultert hatte. Aber er hatte so große Schmerzen und zeigte wieder einmal, wie sehr er nur für uns lebte. Ich war sprachlos.

Das große Haus füllte sich mit Verwandten, die angereist waren, um uns zu unterstützen. Nach einer vierstündigen Operation teilte uns der Arzt mit, dass mein Vater an Bauchspeicheldrüsenkrebs erkrankt sei und dass die Aussichten düster seien.

Und dann rief der Leiter des BCG-Büros in Chicago, Carl Stern, an, um mir mitzuteilen, dass er mich bis zu sechs Monate – bezahlt – freistellen würde , damit ich meinen Vater pflegen konnte. Das war die allerwertvollste Sonderleistung eines Arbeitgebers meiner frühen Karriere. Carl, ein freundlicher, kluger Manager, der erst vor Kurzem aus London zugezogen war, kannte den Tribut, den die Arbeit als Berater forderte, und setzte alles daran, für jene, die für ihn arbeiteten, ein förderliches Umfeld zu schaffen. Er erzählte mir, dass der CEO der Searle-Süßstoffabteilung sagte, meine Projekte könnten warten. Ein zweiter Kunde stimmte zu, meine Arbeit ebenfalls auf Eis zu legen.

Das war damals nicht nur ein Segen, sondern Carl erkannte mit dieser großzügigen Geste auch meinen Wert für BCG an und gab mir die Chance, die Tochter zu sein, die ich sein musste. Ich glaube, dass ich meine Karriere abgebrochen hätte, indem ich bei BCG gekündigt hätte, um bei meinem Vater zu sein und meiner Familie zu helfen, wenn ich diesen bezahlten Urlaub nicht bekommen hätte. Da Raj ganztags Unterricht hatte, wären wir in großen finanziellen Schwierigkeiten gewesen, bis er einen neuen Job gefunden hätte.

Es war auch wichtig, dass BCG dies veranlasste. Ich hätte nie einen Antrag auf Beurlaubung gestellt, da ich der Meinung war, dass ich als junge Beraterin keinerlei Recht dazu hatte, um irgendeine Art von Leistung zu bitten, die mir durch diese schwierige Zeit helfen würde.

Dieser Vorfall in meinem Leben unterstreicht, wie sehr ein bezahlter Urlaub zum Durchstehen aller möglichen persönlichen Situationen – einschließlich Geburt und Krankheit, aber auch anderer Umstände – für so viele Karrieren von entscheidender Bedeutung sein kann. In vielerlei Hinsicht kann man die entscheidende Bedeutung dieses Vorteils erst dann wirklich erkennen, wenn man ihn selbst erlebt hat.

Nach der Krebsoperation meines Vaters kehrten Chandrika und Nandu in die USA zurück, während ich in Madras blieb. Ich begleitete meinen Vater zu den Folgebehandlungen und unterstützte meine Mutter, aber es gab nicht mehr viel zu tun in Indien, um sein Leben zu verlängern. Vier Wochen später beschlossen wir, ihn nach Chicago mitzunehmen. Rajs Onkel hatte Kontakte zu den besten Krankenhäusern, die ihm helfen konnten, und wir hatten das Haus, einen Ort, an dem wir ihn wieder gesund pflegen konnten. Äußerlich blieb mein Vater optimistisch und hoffte, dass es in den USA Heilung für ihn geben würde, was er im Inneren dachte, werde ich nie erfahren.

Raj kaufte eine Matratze und ein Boxspringbett für ein leeres Schlafzimmer im Obergeschoss, und meine Eltern und ich kamen nach einer langen Reise durch Dubai und New York in Glen Ellyn an. Nandu beschloss, ein Semester Urlaub von Yale zu nehmen, um bei uns zu sein. Chandrika pendelte jedes Wochenende aus New York und rief vier- oder fünfmal am Tag an, um sich nach meinem Vater zu erkundigen und mit ihm zu sprechen. Mehrere Wochen lang fuhren wir zu Spezialisten, aber es gab keine Hoffnung. Zu sehen, wie sich der Zustand meines geliebten Appa verschlechterte, war unglaublich schmerzhaft, und ich schloss mich manchmal in meinem Zimmer ein, um zu weinen.

Er starb an einem Juninachmittag in dem Schlafzimmer im Obergeschoss, während ich neben ihm saß. Er war sehr jung, 61, ein Mann, der hart gearbeitet und für seinen Ruhestand gespart hatte, in der Hoffnung, mit meiner Mutter die Welt zu bereisen. Aber das sollte nicht sein. Er war mein größter Fan und bedeutete mir die Welt – der Mann, der Verstecken spielte, unsere LogRhythms-Lieder summte, mich nach Kalkutta mitnahm und nach Bombay kam, um mich nach Yale zu verabschieden. Obwohl wir Monate Zeit hatten, uns auf seinen Tod vorzubereiten, war ich am Boden zerstört.

Er verstarb am selben Tag, an dem Raj seinen MBA-Abschluss an der University of Chicago machen sollte, eine Zeremonie, die wir alle verpassten.

Meine Mutter kehrte mit meinem Bruder nach Indien zurück, dessen Aufgabe es als einziger Sohn war, die Beerdigungsriten durchzuführen. Nach 13 Tagen der Trauer wurde seine Asche in einen heiligen Fluss in Indien gegeben.

In denselben Wochen erfuhr ich, dass ich schwanger war. Diese freudige Nachricht konnte ich noch kurz vor seinem Tod mit meinem Vater teilen. Er war so schwach, aber in seinen letzten Tagen mahnte er alle um mich herum, sich gut um mich zu kümmern. Er wäre ein großartiger Großvater gewesen.

Seine Krankheit war schnell fortgeschritten, und ich nahm nicht die vollen sechs Monate bezahlten Urlaub, die BCG mir so großzügig angeboten hatte. Nach etwa drei Monaten kehrte ich zur Arbeit zurück und begann sofort, mit einem vollen Projektpensum und der elenden Morgenübelkeit fertigzuwerden. Ich machte mich mit einem Koffer voller Snacks auf den Weg in den Norden nach La Crosse, denn ich wusste, dass ich alle zwei Stunden eine Kleinigkeit essen musste, um mich nicht zu übergeben. Vegetarische Kost in La Crosse, Wisconsin, war in den 1980er-Jahren eine Herausforderung. Aber eine Schwangerschaft war eine ganz andere Sache. Ich musste vorbereitet sein.

In der nächsten Woche kam ich wieder mit meinen speziellen Vorräten bei Trane an, etwas gewürztem Gemüse mit Reis, das ich in meinem Büro oder meinem Hotelzimmer aufwärmen und in Ruhe essen konnte. So ging es ein paar Wochen lang. Doch dann kam ich eines Tages in den Aufenthaltsraum, und da war er – ein Kalender an der Wand, ausgefüllt mit einem Zeitplan und Angaben zum für mich geplanten Essen. Die Sekretärinnen im Büro hatten sich zusammengetan, um zu helfen. Sie machten Sandwiches und Suppen, die mir während meiner Arbeit gebracht wurden, und setzten dies im Laufe der Monate fort. Ihre Freundlichkeit hat mich umgehauen.

Für mein letztes Treffen mit Trane hatte Bill Roth, der CEO, zwei Flugzeuge gechartert, um sein gesamtes Führungsteam zu unseren Büros in Chicago zu bringen. Normalerweise hätte das Treffen in seinem eigenen Sitzungssaal stattgefunden, aber ich war im neunten Monat schwanger und konnte nicht reisen. Bill wollte, dass ich bei der Abschlusspräsentation von BCG in seinem Unternehmen dabei bin.

Meine Mutter war erst 50 Jahre alt, als mein Vater starb. Da ihr erstes Enkelkind unterwegs war und alle drei Kinder in Amerika lebten, zog sie zu mir und Raj. Das Haus in Glen Ellyn, in dem wir weniger als ein Jahr gelebt hatten, wurde bald zum Verkauf angeboten. Es war voller schmerzhafter Erinnerungen, und mein stundenlanger Weg in die Innenstadt von Chicago war ermüdend. Raj hatte einen neuen Job bei Hewlett Packard (HP) in Downers Grove, Illinois, als Vertriebsleiter in der Gruppe für Fertigungssysteme.

Wir zogen in eine Hochhauswohnung in der East Ohio Street, im 15. Stock mit Blick auf den Michigansee. Das Gebäude war brandneu und wirkte glamourös. Meine Mutter, die fast die ganze Zeit zu Hause verbrachte, konnte zu Fuß zum Geschäft auf der anderen Straßenseite gehen und mochte es, mehr Leute und Lärm um sich zu haben. Einer meiner BCG-Kollegen, Bill Elkus, wohnte nur einen Block entfernt, und meine Mutter adoptierte seine Frau Leslie schnell als eine weitere

Tochter. Die beiden verstanden sich prächtig, und Leslie war oft bei uns zu Hause. Ein weiterer Vorteil war, dass das Gebäude in der Nähe von BCG lag. Ich kam gewöhnlich mit einem Flash Cab nach Hause, einem Taxidienst, dessen Wagen bis Mitternacht vor dem Büro warteten. Ich freundete mich mit einem bestimmten Fahrer an, einem Mann namens Patterson, der sich großartig um mich kümmerte, als meine Schwangerschaft voranschritt. Er wartete vor dem Bürogebäude auf mich, egal wie lange ich arbeitete.

An einem eiskalten Januarabend im Jahr 1984 war ich zu Hause, als meine Fruchtblase platzte und die Wehen einsetzten. Ich hatte mich an meinen Geburtshelfer in der Vorstadt gehalten, einem freundlichen indisch-amerikanischen Arzt, der mir versprochen hatte, mich während der gesamten Wehen zu begleiten, aber jetzt musste ich in ein Krankenhaus, das näher an unserem alten Haus lag, fast eine Stunde entfernt. Raj, der gerade Überstunden machte, sagte, er würde mich dort treffen. Ich rief einen anderen BCG-Kollegen an, meinen Freund Bob Solomon, der sich als Ersatzmann angeboten hatte, falls Raj nicht zur Verfügung stand. Er tauchte ein paar Minuten später in einem Flash Cab mit Patterson am Steuer auf. Mom und ich stiegen ein. Die Außentemperatur betrug etwa 15 Grad minus, es fühlte sich aber viel kälter an.

In den nächsten 18 Stunden, während ich in den Wehen lag, war unsere kleine Gemeinschaft da und wartete ab. Leslie Elkus tauchte im Krankenhaus auf, um Amma Gesellschaft zu leisten.

Schließlich wurde die schöne Preetha Nooyi per Kaiserschnitt geboren.

Von ihrem ersten Atemzug an liebten Raj und ich unser Baby mehr als alles, was wir uns vorstellen konnten. In den nächsten fünf Jahren schlief sie zwischen uns oder in einem Kinderbett direkt neben mir. Ich hatte drei Monate bezahlten Mutterschutz und den absolut unbezahlbaren Vorteil, dass mir als frischgebackener Mutter meine eigene Mutter zur Seite stand. Raj hatte keinen Elternurlaub und musste sofort wieder an die Arbeit gehen. Darüber haben wir nicht lange nachgedacht.

Preetha war das erste Enkelkind auf beiden Seiten unserer Familie und stand sofort im Mittelpunkt des Interesses aller. Die Einzelheiten ihrer Geburt – Zeit, Längen- und Breitengrad – wurden nach Indien geschickt, um ein Horoskop erstellen zu lassen, das uns einen Eindruck von ihrem zukünftigen Leben geben sollte. Einige Wochen später kam das Horoskop zurück und versicherte allen, dass ihre Zukunft rosig sei.

Mit einer riesigen VHS-Kassetten-Kamera auf einem Stativ filmten wir stundenlang jedes Strampeln und jedes Bäuerchen. Rajs Eltern kamen etwa sechs Monate später aus Indien und blieben für mehrere Monate. Raj eilte von der Arbeit nach Hause, um mit ihr im Kinderwagen in einen nahe gelegenen Park zu gehen, und liebte sie abgöttisch. Chandrika kam jedes zweite Wochenende, um bei Preetha zu sein, und rief die ganze Zeit an, nur um ihre Babysprache zu hören. Nandu verbrachte jeden Urlaub bei uns.

Das Leben hat sich für mich völlig verändert, als ich Mutter wurde, mit diesem Rausch der Liebe aus tiefstem Inneren, den ich nie zuvor erlebt hatte. Auch unser Übergang zur Familie war tiefgreifend. Raj und ich mussten uns um unsere Tochter kümmern, und wir würden nicht länger allein sein. Es würden die ganze Zeit über andere Menschen bei uns leben: Verwandte und andere Betreuer für Preetha. Es gab kein Zurück mehr. Wir würden die Entscheidungen für diese ganze Gemeinschaft treffen.

Unsere wachsende Familie war eine Fessel – eine wunderschöne Fessel, aber dennoch eine Fessel – und genauso wollte ich es haben.

Ich habe nicht ein Mal daran gedacht, meinen Job zu kündigen, als ich ein Baby bekam. Ich wollte nach drei Monaten wieder arbeiten gehen. Punkt. Ende des Themas. Das war in keiner Weise eine emotionale oder philosophische Entscheidung, sondern eine wirtschaftliche Entscheidung, die für uns richtig war. Wir brauchten unsere beiden

Einkommen, um die Kosten für den Haushalt zu bestreiten und für Notfälle und unsere Zukunft zu sparen. Und mein Weg zurück ins Berufsleben war nur aus einem Grund möglich: Meine Mutter war zu Hause und kümmerte sich um Preetha. Sie machte die ganze Arbeit, und ich musste mich nicht sorgen.

Die Unterstützung durch die Familie hörte damit nicht auf. In den nächsten Jahren kamen Raj und ich beruflich voran, weil wir ein ausgedehntes Netzwerk hatten, sowohl auf seiner als auch auf meiner Seite, das uns zur Seite stand und wollte, dass wir Erfolg hatten.

Nichts von alledem bedeutete, dass ich nicht den ständigen Schmerz der Trennung von meinem Kind erlebte. Nach drei Monaten hörte ich auf zu stillen, ich verpasste ihre ersten Schritte, ihre ersten Wörter. Aber das war die Realität. Ich kehrte in mein Arbeitsleben bei BCG zurück, reiste durch den Mittleren Westen, traf Kunden und gab mein Bestes.

Dann, an einem Freitagnachmittag Ende Mai 1986, fuhr ich in meinem roten Toyota Camry von Hoopeston, Illinois, etwa 185 Kilometer südlich von Chicago, nach Hause. Ich hielt an einem Stoppschild auf einer Anhöhe, wo sich der Highway teilte. Ich schaute in beide Richtungen und wollte links abbiegen.

Das Nächste, woran ich mich erinnere, war, dass ich auf der Intensivstation eines Krankenhauses in Kankakee, Illinois, aufwachte.

# 5

In den nächsten drei Monaten erholte ich mich von dem Autounfall, bei dem einige Knochen in meiner Hüfte zerschmettert wurden und ich mit Schnittwunden übersät war. Ich hatte innere Blutungen, ein Schleudertrauma und eine Gehirnerschütterung. In dieser ersten Woche fuhr Raj zur Polizeiwache, um meine Habseligkeiten abzuholen, und als der Polizist ihm mein zertrümmertes rotes Auto zeigte, knickten seine Beine unter ihm ein. Das Auto hatte keine Airbags, die Fahrerseite war völlig zerknautscht. Meine lederne Aktentasche, die auf dem Boden im Fond lag, war kaputt. Es ist ein Wunder, dass ich überlebt habe.

Die Ärzte im Krankenhaus von Kankakee, die innere Blutungen vermuteten, wollten eine meiner Nieren entfernen, aber Rajs Onkel riet davon ab und ließ mich in sein größeres Krankenhaus in Hazel Crest, Illinois, verlegen. Die Krankenschwestern erzählten mir später, dass er jede Stunde vorbeikam und eines Nachts im Schlafanzug auftauchte, um die unerträglichen Muskelkrämpfe in meinem Nacken und Rücken zu behandeln. Der Rest der Familie strömte wieder herbei. Chandrika arbeitete an einem Auftrag in Puerto Rico und kam sofort nach Chicago. Nandu kam aus New Haven. Raj war rund um die Uhr da. Als meine Mutter die zweijährige Preetha ins Krankenhaus brachte, legte sich mein Kind weinend neben mich und wich nicht von meiner Seite, so verängstigt war es, mich in einem fremden Zimmer und Bett an Schläuche angeschlossen zu sehen.

Nach ein paar Wochen kam ich nach Hause in die Wohnung, und meine Familie kümmerte sich Tag für Tag um mich. Ich bekam Physiotherapie, wegen der Gehirnerschütterung musste ich die Namen einiger Leute neu lernen, und ich konnte nicht viel fernsehen oder lesen. Mir wurde gesagt, dass ich wegen der inneren Verletzungen einige Jahre lang kein weiteres Kind bekommen könnte. Erstaunlicherweise nahm ich diese Nachricht sehr gelassen auf. Ich war so froh, dass ich Preetha hatte, und ihr Plappern richtete mich auf.

Die intensive Erholung, die ich zur Heilung brauchte, zwang mich zu einer Entschleunigung, wie ich sie vorher nicht gekannt hatte. Ich schlief viel, und an guten Tagen wollte ich unbedingt wieder zur Arbeit zurück. An schlechten Tagen war ich froh, am Leben und unversehrt zu sein. Der Unfall war meine Schuld, weil ich in die Kreuzung gefahren war, ohne das entgegenkommende Auto zu sehen. Die Beschilderung an der Kreuzung war sehr schlecht, wie der Polizeibeamte später bei meinem Erscheinen vor Gericht feststellte. Er hatte schon viele andere Unfälle an dieser Stelle gesehen.

BCG setzte sich erneut für mich ein, als es darauf ankam, und bezahlte mein Gehalt während dieser Tortur. Außerdem waren wir über das Unternehmen hervorragend krankenversichert, und ich weiß nicht, was wir ohne das getan hätten. Aber die Zeit, in der ich nicht arbeiten konnte, ließ mich meine Prioritäten neu überdenken. Ich hatte jetzt eine Tochter, und die endlosen Reisen und langen Arbeitszeiten waren nicht mehr so spannend. Ich wollte in der Nähe meines Zuhauses sein.

In der Zwischenzeit rief mich immer wieder ein Recruiter an und drängte mich, eine Stelle in der Automobilelektronikabteilung von Motorola in Betracht zu ziehen. Schließlich schlurfte ich an einer vierbeinigen Aluminium-Laufhilfe zu einem Vorstellungsgespräch im Hauptsitz des Unternehmens in Schaumburg, Illinois.

In den 1980er-Jahren wandelten sich Autos und Lastwagen von schweren, mechanischen Stahltieren zu den leichteren, computergeführten Maschinen, die wir heute fahren. Motorola – ein wichtiger Akteur in der Entwicklung von Funkgeräten, Pagern, Halbleitern, Mobiltelefonen und Satelliten für Regierungszwecke – erfand neue Systeme für Fahrzeuge, von der Elektronik für Motorsteuerungen und Antiblockiersystemen bis hin zu intelligenten Navigationssystemen. Der Leiter der Automobilelektronikabteilung war Gerhard Schulmeyer, ein deutscher Ingenieur und Geschäftsmann, der in Europa bei Braun, Gillette und Sony gearbeitet hatte und einen MBA-Abschluss vom MIT besaß. Es hieß, Gerhard sei knallhart. Er brauchte einen neuen Chefstrategen, jemanden, der ihm dabei helfen konnte, zu überlegen, wie die enormen Ressourcen von Motorola den Individualverkehr radikal verbessern könnten.

Ich wusste von dem Moment an, als ich Gerhard traf, dass er wirklich Kraft hatte. In dem Gespräch ging es um Wesentliches, nicht um Elektronik oder Autos, sondern um meine Gedankengänge als Unternehmensstratege. Wie gehe ich vor, um zu verstehen, was eine Branche antreibt, über die ich nichts weiß? Wie halte ich mich in der Welt der Strategie auf dem Laufenden? Wie umfangreich ist mein Netzwerk an Kontakten? Ich mochte Gerhard. Er hatte eine unglaubliche Fähigkeit, mit Worten ein Bild der Zukunft zu zeichnen. Er wollte einfach nur wissen, ob wir gut zusammenpassten. Kurz nach dem Treffen unterbreitete mir Motorola ein Angebot.

Ich war überrascht, wie schnell das alles passiert war, und begann zu schwanken, ob ich BCG und die Beratung, die ich so sehr liebte, aufgeben sollte. Also holte ich Raj dazu, um mir bei der Entscheidungsfindung zu helfen. Wir gingen zum Abendessen mit Gerhard und seiner klugen und fröhlichen Frau Helga. Die Herzlichkeit und das gegenseitige Geben und Nehmen zwischen den beiden beeindruckte uns sehr. Als wir nach Hause kamen, sagte Raj zu mir, dass, wenn ich BCG wirklich verlassen und für jemanden arbeiten wollte, dem es egal war, ob ich ein Mann, eine Frau, ein Immigrant, eine Mutter oder was auch immer war – jemanden, der sich nur für meine Intelligenz interessierte, dass ich dann für Gerhard arbeiten sollte. „Er wird sich nur für Ergebnisse interessieren", sagte er. Ich nahm den Job an.

Ich habe mit Unterbrechungen die nächsten acht Jahre mit Gerhard zusammengearbeitet. Er war mein Lehrer, Coach, Kritiker und Unterstützer und förderte meine Karriere mit seiner Weisheit und seiner Fürsorge für meine Familie, was für meinen Aufstieg und meine Fähigkeit, CEO zu werden, von grundlegender Bedeutung war. Er lehrte mich, komplexe Probleme zu vereinfachen und sie effektiv zu kommunizieren. Und er hielt nach Möglichkeiten für mich Ausschau. Einmal schickte er mich, um einen Kurs am MIT zu unterrichten, obwohl die Universität ihn wollte.

Wieder einmal hatte ich das Glück, einen Chef zu haben, der mir ein Mentor, Fürsprecher und Freund war. Im Gegenzug leistete ich sehr viele Überstunden. Meine Loyalität ihm gegenüber war unerschütterlich.

Ende 1986, als ich noch immer mit einem komischen Hinken lief, begann ich, jeden Morgen mit dem Auto von unserer Wohnung in der Innenstadt von Chicago zu Motorola zu fahren, das knapp 50 Kilometer entfernt lag. Einige Wochen später erzählte uns meine Mutter, dass sie einfach keine Lust mehr auf einen weiteren Winter in Chicago hatte, mit monatelangem eisigem Wind und Temperaturen unter dem Gefrierpunkt. Der sanft fallende Schnee könne zwar schön sein, sagte sie, aber sie fühle sich eingesperrt und wolle unbedingt für einige Monate nach Indien zurückkehren. Raj und ich hatten dafür volles Verständnis. Wir kauften ihr das Flugticket. Preetha war nicht glücklich darüber. Und dann hatten wir keine Kinderbetreuung.

Während Amma bei uns lebte – während meiner Schwangerschaft, als wir uns auf die Elternschaft einstellten und als ich mich von dem schrecklichen Autounfall erholte – hatte ich mir nicht ein einziges Mal Sorgen gemacht, ob Preetha sicher war und geliebt wurde. Ich machte mir keine Sorgen über ihr Essen oder ihre Kleidung oder darüber, ob man sich wirklich um sie kümmerte. Ihr wurde vorgelesen, es wurde mit ihr gesprochen, sie wurde abgeholt, ermutigt und zu Babykursen angemeldet. Ich war immer in Kontakt mit meiner Mutter und kannte jedes Detail ihres Tages. Unsere Tochter lebte inmitten einer großen, engagierten Gemeinschaft.

Aber jetzt waren Raj und ich zumindest für eine kalte, dunkle Jahreszeit auf uns allein gestellt. Und in den folgenden fünf Monaten wurde uns klar, wie schwierig es für zwei berufstätige Eltern mit kleinen Kindern ist, in einem Umfeld zurechtzukommen, in dem hochwertige und erschwingliche Kinderbetreuung nicht die Regel ist und in dem es völlig an Unterstützungssystemen für berufstätige Familien mangelt.

Zunächst erzählten wir Verwandten, Freunden und Nachbarn, dass wir eine Betreuung suchten, und sprachen mit ein paar Leuten. Wie so viele andere Eltern auch, fanden wir jedoch niemanden, dem wir vertrauten und mit dem wir uns verbunden fühlten, und die blanke Aussicht auf ein erstklassiges, gut ausgebildetes Kindermädchen war schon sehr teuer.

Dann bot uns glücklicherweise eine Frau namens Vasantha, die wir ein paar Mal bei indischen Musikkonzerten getroffen hatten, ihre Hilfe an. Sie lebte mit ihrem Mann, drei Töchtern und einem Sohn, alles Teenager, in einem Haus in Oak Park, Illinois, etwa 20 Minuten von unserer Wohnung entfernt und auf dem Weg zu Rajs Büro. Sie würde Preetha jeden Morgen nehmen, sagte sie, und jeder von uns könne sie auf dem Heimweg abholen. Ein absoluter Segen dieser Vereinbarung war, wie ich im Nachhinein weiß, dass Vasantha uns erlaubte, das Kind zu jeder Zeit am Abend abzuholen.

Jeden Morgen um halb sieben zogen wir Preetha ihren Ganzkörper-Schneeanzug, Mütze, Handschuhe und Stiefel an und packten ihre Tasche mit Windeln, zusätzlicher Kleidung, Spielzeug, Cremes und kleinen Snacks. Dann trug Raj sie um sieben Uhr morgens durch den Chicagoer Winter die Straße hinunter zu seinem Auto. Er schnallte sie in ihren Autositz und fuhr sie nach Oak Park.

Abends war es oft Raj, der zu Vasanthas Haus zurückkehrte und sich seinen Weg durch die Schneewehen zur Haustür bahnte. Ich stand weniger zur Verfügung, um Preetha abzuholen, da ich in meinem ersten Jahr bei Motorola ziemlich oft nach Phoenix reisen musste, um mit den in Chicago ansässigen Führungskräften zu arbeiten, die ihren „Winter-Hauptsitz" in Arizona hatten. Ich erinnere mich an einige Momente, in denen ich in einem Flugzeug auf der Rollbahn des Flughafens O'Hare festsaß und in Panik geriet, weil ich meine kleine Tochter zu spät abholen würde. Manchmal schaffte ich es erst um neun oder zehn Uhr abends zu Vasanthas Haus.

Preetha liebte Vasantha, aber die frühmorgendlichen Fahrten in der Kälte und das späte Abholen gingen ihr auf die Nerven. An manchen Morgen weigerte sie sich einfach, das Haus zu verlassen, und bekam Wutanfälle. Dieser Winter war nicht unser schönster Moment. Im Frühjahr waren Raj und ich von alldem erschöpft. Es musste sich etwas ändern.

Wir entschieden uns, zurück nach Glen Ellyn zu ziehen, in ein Haus mit vier Schlafzimmern, einem halb fertigen Keller, einer Veranda und einer Doppelgarage in der Nähe eines Parkes und einer Montessorischule. Das neue Haus in einem brandneuen Baugebiet lag viel näher an meinem Büro und bot Platz für eine Haushaltshilfe sowie für Familienbesuch.

Unser amerikanisches Vorstadtleben begann zum zweiten Mal, jetzt mit Möbeln in fast jedem Zimmer und einem lebhaften dreijährigen Mädchen. Sie liebte es, die Ecken und Winkel und die vielen Treppen im Haus zu erkunden und in der Badewanne zu planschen. Sie hatte ein paar Freunde auf der anderen Straßenseite, Mark und David, und sie schauten viel *„Teenage Mutant Ninja Turtles“* im Fernsehen. Ich habe diese Serie nie wirklich verstanden, aber Raphael, Donatello, Michelangelo und Leonardo, die vier Hauptfiguren, wurden meine neuen besten Freunde.

Raj und ich fragten auch unsere Eltern, Onkel und Tanten in Indien, ob jemand von ihnen sich freinehmen und in die USA kommen könnte, um uns mit Preetha zu helfen. Einige stimmten zu, und dann musste die Zeitdauer festgelegt werden. Wir nutzten einen großen Jahreskalender und planten Monate im Voraus, um alle Reisezeiten und Tickets sowie die Visa und Begleitdokumente, die jeder für die Einreise in die USA und die Rückreise benötigte, zu organisieren.

In den nächsten Jahren lebten abwechselnd meine Mutter, meine Schwiegereltern und Verwandte bei uns. Gelegentlich stellten wir auch einen örtlichen Babysitter ein, der Preetha bei der Vorbereitung auf den Vorschulunterricht, beim Kochen und bei der Hausarbeit half. Abends übernahmen Raj und ich. Ein soziales Leben hatten wir immer noch nicht. Unsere Nachbarn waren zwar freundlich, aber sie hatten auch alle Hände voll zu tun, um ihr Arbeits- und Familienleben in den Griff zu bekommen.

Die indischen Verwandten kamen jeweils für zwei oder drei Monate. Sie schliefen in einem hellen Schlafzimmer mit angeschlossenem Bad im Erdgeschoss und halfen bei Preethas Bedürfnissen und Aktivitäten mit. Offen gesagt, sahen sie viel fern und gingen nirgendwo hin, außer an den Wochenenden, wenn wir ihnen Chicago zeigten oder sie ins Einkaufszentrum oder ins Kino fuhren. Die Ruhe in der Vorstadt machte ihnen zu schaffen, sie vermissten Gäste, die hereinschauten, und den Trubel von zu Hause. Wir kauften jedem von ihnen ein Visit-USA-Flugticket, ein Angebot für ausländische Besucher, mit dem sie durch das Land fliegen und sich die Sehenswürdigkeiten ansehen konnten. Aber niemand nutzte es. Sie kamen nur nach Glen Ellyn, um bei uns zu sein.

Die Männer führten gute Jobs auf mittlerer Ebene in der indischen Regierung aus und hatten noch nie viel Urlaub genommen, also nahmen sie bezahlten Urlaub für die Reise. Ihre Ehefrauen hatten noch nie außerhalb ihres Hauses gearbeitet und hatten auch nicht viele eigene Verpflichtungen. Die Hilfe für unsere wachsende Familie sahen sie als eine generationenübergreifende Verantwortung – und als eine Freude. Sie fühlten sich an unserem Erfolg beteiligt.

Entscheidend für mich war, dass sie die traditionelle indische Vorstellung ablehnten, wonach die Frau in der Familie, auch wenn sie außerhalb des Hauses Geld verdiente, dafür verantwortlich war, dass alle ernährt, gekleidet, sauber und zufrieden waren. Wenn ich müde von der Arbeit nach Hause kam, sagten sie mir, ich solle mich ausruhen. Ich hatte meine Arbeit behalten – so wie Rajs Vater mich nach unserer Hochzeit gedrängt hatte –, und sie waren sehr stolz auf mich. Ich war eine gebildete, dynamische Frau, die in der amerikanischen Wirtschaft unterwegs war, und sie sprachen mit ihren Freunden und Bekannten in Indien über meine Karriere. Nooyi ist ein kleines Dorf in der Nähe von Mangalore, und meine Schwiegereltern fanden es toll, dass ich den Namen bei meiner Beschäftigung in den USA trug und ihre kleine Stadt bekannt machte.

Wir haben weder die besuchenden Verwandten noch meine Mutter für ihre Hilfe bezahlt. Raj und ich bezahlten für alles im Leben meiner Mutter, als sie bei uns lebte, aber wir gaben ihr kein Gehalt für die Kinderbetreuung, das Kochen, Putzen und Tausende anderer kleiner Aufgaben, die sie im Laufe der Jahre erledigte, um unseren Haushalt am Laufen zu halten. Hätten wir vorgeschlagen, sie zu bezahlen, wäre sie beleidigt gewesen.

Obwohl Raj und ich während des einen Winters, in dem wir Preetha in die häusliche Kinderbetreuung brachten, jonglierten, uns Sorgen machten, stritten und zurechtkamen, weiß ich, dass unsere Probleme ziemlich einfach waren. Das Arrangement war nur von kurzer Dauer, und wir hatten sichere Arbeitsplätze und ein gesundes

Kind. Ansonsten hatten Raj und ich, als unsere Kinder klein waren, das große Glück, uns auf ein Betreuungs-Ökosystem verlassen zu können, das aus einer Großfamilie bestand, die von einer Haushaltshilfe unterstützt wurde, damit sich unsere eigene kleine Familie entfalten konnte. Und natürlich konnten wir auch beruflich weiterkommen.

Aber was ist mit den Millionen von Familien, die diesen Luxus nicht haben? Die Mühen berufstätiger Eltern, die diesen Tanz jahrelang jeden Tag vollführen – durch Schneestürme, aber auch durch Arbeitsplatzverlust, Scheidung, Krankheit und die Millionen anderer Hürden, mit denen wir alle konfrontiert sind – lassen mich verwundert fragen, warum eine zugängliche, erschwingliche und hochwertige Kinderbetreuung keine nationale Priorität ist.

Dank der zuverlässigen Betreuung, die ich zu Hause hatte, konnte ich mich in meinen Job bei Motorola stürzen. In meiner ersten Woche setzte ich mich in meinem neuen Büro im alten Gebäude der Automobilelektronik, um mich über die jüngste Strategiearbeit zu informieren, und ich fand bald heraus, dass Gerhard in den 18 Monaten vor mir drei oder vier Chefstrategen verheizt hatte. Kein gutes Zeichen! Ich fragte den Leiter der Personalabteilung danach.

„Ja. Das liegt daran, dass es unmöglich ist, mit Gerhard zu arbeiten", sagte er. „Er hat eine Idee pro Minute, und niemand kann mit ihm mithalten. Wir hoffen, dass Sie durchhalten."

Das war wichtiges Wissen. Gerhard brauchte mich, um zusammen mit ihm schnell voranzukommen und seine Vision innerhalb der Organisation voranzutreiben. Er fing an, jeden Morgen mit neuen Überlegungen in meinem Büro vorbeizukommen, und ich fing an, jede in eine von drei Kategorien einzuordnen: (1) es lohnt sich, sofort daran zu arbeiten, (2) es ist in Ordnung, ein paar Wochen dafür zu brauchen, (3) es lohnt sich nicht, es zu verfolgen. Mit der Zeit ordnete ich die Liste neu, und er sah Fortschritte. Er hat mein Urteil bei der Priorisierung seiner Ideen nie infrage gestellt.

Gerhard stellte mich ein, einen völligen Außenseiter, weil ich so viele verschiedene Branchen kennengelernt hatte und ein strategisches Rahmenwerk anwenden konnte, um zu verstehen, was den Wert eines Unternehmens ausmacht. Ich war geradeheraus und bereit, den Status quo kritisch zu hinterfragen.

Trotzdem wusste ich nichts über Autos und Elektronik. Also ließ ich zwei Community-College-Professoren zweimal pro Woche in mein Büro kommen, um mich zu unterrichten – einen über die Funktionsweise von Autos und den anderen über Festkörperphysik und Elektronik. Was ist ein Mikroprozessor? Was ist ein Halbleiter? Was sind elektronische Motorsteuerungen? Was ist ein Getriebe? Was ist ein Vergaser? Ohne diese zusätzliche Ausbildung hätte ich keinen Erfolg haben können. Ich musste mich als neugieriger und schneller Lernender beweisen, der das gesamte Portfolio von Motorola verstand, insbesondere die Automobilelektronik.

Das 1928 in Chicago gegründete Unternehmen war das erste, das Autoradios entwickelte (daher der „Motor" und das „ola", ein typisches Suffix der 1920er-Jahre, das auf Klang hinweist). Sechs Jahrzehnte später war Motorola voll von brillanten Köpfen, die die technologische Revolution anführten. Das Unternehmen arbeitete mit der National Aeronautics and Space Administration zusammen, um die Funkgeräte zu bauen, mit denen Neil Armstrong vom Mond aus mit der Welt sprechen konnte. Sie entwarfen und bauten Mikroprozessoren und Halbleiter für die Computer von Apple und anderen Herstellern. Im Jahr 1971 erfanden sie das erste tragbare Telefon. Als ich zu ihnen kam, war aus dem Telefon das DynaTAC 8000 geworden, das erste kommerziell nutzbare Mobiltelefon. Es war ein buchgroßes Gerät für 3.995 Dollar mit einer Akkulaufzeit von 30 Minuten, und ich war sehr stolz auf das Gerät, das ich als Motorola-Mitarbeiter bekam. Ich trug auch einen Pager am Bund meines Rockes, denn Führungskräfte wie ich mussten natürlich jederzeit angerufen werden. Es war ein Zeichen von Wichtigkeit – auch wenn die einzigen Leute, die einen anpiepten, Familie und Freunde waren.

Zwei Jahre lang arbeitete ich mit Gerhard an der Neupositionierung des Bereichs Automobilelektronik für nachhaltiges Wachstum. Dann wurde ich auf seinen Vorschlag hin vom Büro des CEO gebeten, ein unternehmensweites Projekt zu leiten, das wir „Steuerung und Kommunikation für Menschen und Maschinen in Bewegung" nannten. Wir hatten drei Arbeitsgruppen, die untersuchen sollten, wie die Technologie den Menschen durch den Tag begleiten könnte – „Auto der Zukunft", „Lastwagen der Zukunft" und „Haus der Zukunft". Wir sollten untersuchen, wie Menschen nahtlos zwischen einem technologisch fortschrittlichen Zuhause und einem Auto oder Lkw wechseln können, um das Leben bequemer und vernetzter zu gestalten.

Mir gefielen der Auftrag und die weitreichende Natur der Aufgabe. Ich bekam ein großzügiges Budget und stellte ein Team aus mehreren Motorola-Führungskräften und sieben MBA-Studenten zusammen, die ein Urlaubssemester nahmen, um an dem Projekt zu arbeiten. Wir hatten so viele Ideen, wie die Technologie unsere Zukunft gestalten könnte und würde: Armaturenbretter mit integrierter Unterhaltung und Navigation, eingebaute Mobiltelefone, Fernverwaltung eines Hauses vom Auto aus. Die Liste ließe sich beliebig fortsetzen. Wir mussten darüber nachdenken, wie Motorola seine Investitionsstrategien in den kommenden Jahren gestalten sollte.

Der Höhepunkt war ein ganztägiges Treffen mit zehn leitenden Angestellten, die sich bereit erklärten, abteilungsübergreifend zusammenzuarbeiten und unsere Ergebnisse lebendig werden zu lassen. Für mich persönlich war es erfüllend, dass meine Arbeit so willkommen war.

Ende 1988 wurde ich mit nur 33 Jahren zum Direktor für Unternehmensstrategie und -planung bei Motorola befördert. Ich begann, mit dem Büro des CEO zusammenzuarbeiten, und fühlte mich in diesen inneren Kreis aufgenommen. Chris Galvin, der für die Unternehmensfunktionen zuständig war und später CEO wurde, setzte sich dafür ein, dass ich den Titel einer Vizepräsidentin erhielt, eine Seltenheit für eine Frau in diesem Unternehmen.

Ich bezog ein Büro im sechsten Stock der großen Zentrale aus braunem Backstein und Glas. Zu diesem Job gehörten ein Auto und ein Stellplatz im Parkhaus, ein echter Bonus, denn so musste ich nicht mehr jeden Winterabend Eis und Schnee von meiner Windschutzscheibe kratzen, bevor ich nach Hause fuhr. Ich bekam eine kleine Gehaltserhöhung, aber ich dachte nicht an das Geld. Ich freute mich darauf, eine wichtigere Funktion zu übernehmen.

Meine Aufgabe war es, die Unternehmensstrategie zu verjüngen, eine unterschätzte Funktion in der Führungsetage von Motorola. Ich stellte ein halbes Dutzend Mitarbeiter ein, darunter ehemalige Kollegen von BCG und aus anderen Bereichen von Motorola, und stürzte mich in die Arbeit. Ich liebte es, Menschen zu führen und zu erklären, wie wir Motorola vergrößern und es mit den agilen Unternehmen im Silicon Valley aufnehmen konnten.

Als Führungskraft konnte ich sehr unverblümt sein, wenn es darum ging, sicherzustellen, dass wir die richtigen Entscheidungen trafen. In manchen Sitzungen kommentierte ich Pläne direkt und wies manchmal darauf hin, warum die Strategie einer Einheit meiner Meinung nach nicht funktionieren würde. „Ihre Strategie ergibt keinen Sinn“, sagte ich dann. „Sie können auf keinen Fall die Rendite erzielen, die Sie in Ihrem Finanzmodell angenommen haben.“ Das war nicht populär – und auch nicht effektiv.

Irgendwann bemerkte George Fisher, der Geschäftsführer, meinen Stil und nahm mich zur Seite. „Seien Sie vorsichtig mit dem Werfen von Handgranaten“, sagte er. „Sie könnten die Leute abschrecken, auch wenn Sie es gut meinen.“ George brachte mich dazu, einen anderen Weg einzuschlagen, indem man zum Beispiel sagte: „Helfen Sie mir zu verstehen, wie das zusammenhängt. So wie ich das sehe, erfordert diese Technologieplattform eine Menge Investitionen und Geduld. Ist es ratsam, eine schnelle Rendite einzuplanen?“ Sosehr ich diese neue, sanftere Art, Fragen zu stellen, auch gehasst habe, ich sah, dass sie zu Ergebnissen führte. Ich schätzte die Art und Weise, wie George mit mir sprach – direkt, ohne Umschweife und in einem konstruktiven Ton. Insgesamt eine gute Lektion.

Doch nach einer Weile wurde der Umgang mit dem komplizierten, kopflastigen CEO-Büro, mehreren Abteilungsleitern und anderen wohlmeinenden Managern, die glaubten, ebenfalls Einfluss auf die Unternehmensstrategie und -planung von Motorola nehmen zu müssen, zu einem mühsamen Unterfangen im Tagesgeschäft. Ich fand heraus, wie ich in meinem Strategiejob etwas erreichen konnte, indem ich mit Leuten zusammenarbeitete, die informelle Macht hatten, aber das schien mir unnötig zeitaufwendig.

Eines Tages Ende 1989 rief mich Gerhard an, um mir mitzuteilen, dass er Motorola verlassen würde. Er hatte eine Stelle in Zürich bei ASEA Brown Boveri (ABB) angenommen, einem ehrgeizigen neuen Unternehmen, das aus der jüngsten Fusion der schwedischen ASEA AB und der schweizerischen BBC Brown Boveri hervorgegangen war. ABB würde mit General Electric (GE), Mitsubishi und anderen konkurrieren, um der weltweit wichtigste Hersteller von schweren elektrischen Ausrüstungen zu werden, einschließlich Stromerzeugungs- und -übertragungsanlagen sowie Industriesteuerungen. Gerhard würde in die Schweiz pendeln. Helga würde vorerst mit ihren drei Kindern in Chicago bleiben.

Ich war enttäuscht, aber nicht überrascht. Gerhard hatte einige Monate zuvor die Leitung des europäischen Motorola-Geschäfts übernommen, und ich wusste, dass die globalen Produktabteilungen seinen direkten Stil nicht mochten und unkooperativ waren. Er war frustriert und schon unterwegs zu etwas Anderem. Unter seiner Anleitung hatte ich mich enorm weiterentwickelt. Ich wünschte ihm alles Gute und versprach, in Kontakt zu bleiben, aber ich wusste, dass ich ihn sehr vermissen würde.

In der Zwischenzeit wurde das Strategieteam in der Zentrale gebeten, ein großes neues Unterfangen in Angriff zu nehmen – eine vollständige

Portfolioanalyse aller Motorola-Geschäftsbereiche. Wir arbeiteten Tag und Nacht, um die Vor- und Nachteile des Unternehmens zu untersuchen, in welche Segmente wir investieren sollten und welche langfristigen technologischen Wetten am sinnvollsten waren. Ich stellte fest, dass sich die ganze frühere „Zukunftsarbeit" auszahlte. Wir hatten einige großartige Ideen, auf die wir setzen konnten.

Nach fast einem Jahr hielt mein Team vor der Unternehmensleitung eine sechsstündige Präsentation, eine umfassende Bestandsaufnahme mit einem klaren Aktionsplan. Ich war sehr stolz auf das Ganze. Es war die größte und umfassendste Arbeit, die ich je geleistet hatte. Die Diskussion war spannend und aufschlussreich. Alle äußerten sich lobend, und die Führungskräfte sagten, sie würden sich in einigen Wochen mit Ideen für das weitere Vorgehen an uns wenden.

Gerhard rief wieder an. Er war in Zürich angekommen und beschloss bald, dass er mich zu ABB holen wollte. Ich sagte ihm, dass ich unter keinen Umständen nach Zürich ziehen und auch nicht ins Ausland pendeln würde. Okay, sagte er, er verstehe das. Aber wenn ich den Job nicht machen wollte, ob ich ihm bitte helfen würde, jemanden zu finden, der ihm helfen könnte. Er hatte seinen Recruiter bereits gebeten, für ihn „eine Indra Nooyi" zu finden. Der Recruiter hatte keine Ahnung, was das bedeutete, und musste mich anrufen, um die Stellenbeschreibung zu erstellen.

Ich erklärte mich bereit zu helfen und begann, Kandidaten zu prüfen. Ich reiste sogar nach London, um auf Gerhards Geheiß vier oder fünf potenzielle neue Strategen zu treffen. Ich bin sicher, dass sie sich wunderten, warum jemand von Motorola sie für eine Stelle bei ABB interviewte. Aber das spielte keine Rolle. Gerhard lehnte sie alle ab. Seine Sekretärin in Zürich rief mich ebenfalls oft an, wenn sie versuchte, Gerhards Wünsche zu verstehen. Wir scherzten, dass ich ihr „Gerhard-Dolmetscher" sei. Ich half ihr durch ihre ersten Tage.

Es vergingen einige Monate. Ich wartete auf eine Anweisung für die nächsten Schritte im Zusammenhang mit meiner Portfolioanalyse, aber die Chefs von Motorola sagten mir immer wieder, ich solle mich gedulden. Abends hörte Raj, wie ich mich beschwerte, und sah zum ersten Mal, dass ich mit Ängsten zu kämpfen hatte. Das war eine ungewöhnliche Situation für ihn – und für mich. Normalerweise war ich sehr zielstrebig, aber jetzt war ich frustriert.

In Anbetracht der Unternehmenskultur von Motorola hätte ich vielleicht wissen müssen, dass große Entscheidungen über die gesamte Zukunft des Unternehmens langsam und vorsichtig getroffen werden würden. Aber ich war ungeduldig und gestresst, und ich wusste nicht, ob meine Ungeduld ein Laster oder eine Tugend war (und ist).

Gerhard rief noch einmal an. ABB sei auf Einkaufstour gewesen und habe Hunderte kleinerer Maschinenbau- und Ausrüstungsunternehmen in der ganzen Welt aufgekauft, sagte er. Das Unternehmen war auf 200.000 Beschäftigte und einen Umsatz von etwa 20 Milliarden Dollar pro Jahr angewachsen. Jetzt übernahm ABB Combustion Engineering, ein Unternehmen mit Sitz in Stamford, Connecticut, das Stromerzeugungssysteme und andere Industrieanlagen herstellte. Gerhard fügte seinem Job die US-Aktivitäten des Unternehmens hinzu. Er würde etwa ein Drittel von ABB beaufsichtigen. Er und Helga zogen nach Connecticut.

Würde ich auch mitkommen?

Raj ging es zu dieser Zeit bei Hewlett Packard außerordentlich gut. Er war glücklich in seinem Job als Vertriebsleiter und gehörte zu den ersten Preisträgern des President's Club Award des Unternehmens, einer Auszeichnung, die an die besten 0,1 Prozent der Vertriebsleiter vergeben wurde. Er arbeitete mit Menschen zusammen, die er als enge Freunde betrachtete, er liebte das Geschäft und das Umfeld.

Preetha wurde an der Montessorischule in Glen Ellyn unterrichtet. Wir waren beide an den meisten Abenden zu einer vernünftigen Zeit zu Hause, aßen gemeinsam zu Abend, spielten mit unserer heranwachsenden Tochter und lasen ihr Bücher vor. An manchen Wochenenden nahm Raj sie mit ins Morton Arboretum, wo sie über Vögel, Bäume und Blumen ihre Bindung vertieften. An anderen Wochenenden besuchten wir das Wissenschaftsmuseum oder das Shedd Aquarium in der Innenstadt von Chicago. Unser Leben war stabil und machte Spaß. Die Bäume, die wir im Garten gepflanzt hatten, wurden immer größer. Ja, ich war frustriert bei der Arbeit, aber unser Leben war auch sehr ausgeglichen.

Doch Gerhard hörte nicht auf. Nachdem er mit mir gesprochen hatte, wandte er sich an Raj wegen des Connecticut-Plans und nannte alle Gründe, warum wir umziehen sollten: die Nähe zu New York und meiner Schwester, bessere Schulen, schöne Häuser, mehr Gehalt und ein handlungsorientierter Chef sowie Unternehmen. Er war ein echter Händler. Raj nahm den Anruf entgegen und hörte geduldig zu – ein wahrer Tribut an den Prinzen von einem Mann, der er ist.

Eines Abends fragte mich Raj, ob ich glaubte, dass mit meiner Motorola-Portfolioanalyse etwas passieren würde. Ich sagte ihm, es sehe nicht gut aus. Das Problem lag in der Struktur der Motorola-Führung: Die Präsidenten der einzelnen Geschäftsbereiche hatten letztlich viel mehr Einfluss auf diese Entscheidungen als ich, und das Büro des CEO musste bei wichtigen strategischen Entscheidungen mit ihnen zu einem Konsens kommen. Meine Abteilung war immer ein kritischer Ratgeber, aber es konnte Jahre dauern, bis unsere Empfehlungen umgesetzt wurden. Wie frisch würden sie in der schnelllebigen Welt der Technologie sein?

„Okay", sagte Raj. „Dann lass uns gehen. Ich möchte, dass du glücklich bist, und es ist klar, dass du es nicht bist."

Dass mein Mann mein Glück und meine Karriere in den Mittelpunkt dieser Diskussion stellte, war wirklich berührend. Er hatte es sich gut überlegt und war bereit, seine Frau und seine Tochter quer durchs Land ziehen zu lassen, während er in Chicago bleiben und uns später, Gott weiß wann, nachziehen würde. Er wusste, dass er bei HP den Job wechseln oder in ein anderes Unternehmen gehen musste. Er war bereit, dafür zu sorgen, dass mich meine Aufgabe erfüllte.

Rajs Selbstlosigkeit ist umso bemerkenswerter, als er sich in vielerlei Hinsicht gegen die Konventionen der damaligen Zeit stellte. Er war ein ehrgeiziger, gebildeter Mann in den Dreißigern, der sich auf dem Weg zu einem eigenen Unternehmen befand, mit großartigen finanziellen und Managementperspektiven. Außerdem war er ein indischer Einwanderer in den USA, der sowohl durch die Verhaltenserwartungen seiner Familie und Freunde in der Heimat als auch durch die Männer, die er in diesem neuen Land kennenlernte, gebunden war. Mit seiner Entscheidung, sein Leben um meiner Karriere willen zu ändern, focht er all das an. Sein Mut und seine Hingabe an mich und seine Familie sind der Grund, warum ich ihn verehre und ihn als das Beste betrachte, was mir je passiert ist.

Als ich beschloss, bei Motorola aufzuhören, war Chris, dessen Großvater das Unternehmen gegründet hatte und dessen Vater CEO gewesen war, sichtlich bestürzt. An einem Wochenendmorgen kam er zu uns nach Hause, um mich zum Bleiben zu überreden. Sein überzeugendstes Argument war, dass ich nicht eine Institution (Motorola) für eine Einzelperson (Gerhard) verlassen sollte. Ich sagte ihm, dass ich nicht gehen wollte, aber dass ich nicht das Gefühl hatte, dass ich etwas bewirken würde.

Alles, was ich wollte, war, die Ergebnisse meiner Arbeit zu sehen.

# 6

Meine Mutter Preetha und ich zogen Ende 1990 in eine kleine Mietwohnung mit zwei Schlafzimmern in der Strawberry Hill Avenue in Stamford, Connecticut. Das Gebäude war ein riesiger Zementblock, die Wände waren dünn, der Teppichboden war abgenutzt, und Preetha, inzwischen sechs Jahre alt, hatte keinen Platz zum Herumlaufen. Wenigstens war es nur vorübergehend.

Der Plan sah vor, dass Raj ein paar Wochenenden im Monat von Chicago aus pendeln würde, während er mit HP an einer Versetzung in den Nordosten arbeitete. Er war ein Leistungsträger und stand kurz vor einer Beförderung, und er liebte die Arbeit. Er war optimistisch, aber leider erfuhren wir nach ein paar Monaten, dass die größere Stelle in Connecticut erst in über einem Jahr zur Verfügung stehen würde. Raj hatte zwar kein Problem damit, weiterhin hin- und herzureisen, aber ich wollte nicht, dass er für so lange Zeit von uns getrennt war. Preetha vermisste ihn, und ich glaubte nicht, dass ich ohne ihn zurechtkommen würde.

Raj entschied sich widerwillig, nach Connecticut zu ziehen, nicht wissend, was er als Nächstes tun sollte. Es war eine schwierige Entscheidung und ein Opfer, das er aus Liebe brachte. Er kündigte einen großartigen Job in einem führenden Unternehmen der Technologierevolution genau zu dem Zeitpunkt, als er dort einen fantastischen Aufschwung erlebte.

Unabhängig davon wurde unser Haus in Glen Ellyn innerhalb von ein paar Wochen verkauft, und wir waren ziemlich zufrieden damit, näher an New York zu ziehen. Meine Schwester und mein Bruder waren in der Nähe, und meine Mutter hatte weitere Freunde aus Indien in der Gegend. Neuengland war uns vertraut. Wir waren nur eine Autostunde von Yale entfernt, und ich konnte mich mehr an der SOM engagieren und vielleicht sogar ins Yankee-Stadion gehen, um leibhaftig Spiele zu sehen.

Ich war begeistert, wieder mit Gerhard zu arbeiten – und war sofort zufrieden, in einer Umgebung zu sein, in der ich mich mit ihm beraten, Entscheidungen treffen und Maßnahmen ergreifen konnte. Unsere Büros befanden sich in einem luxuriösen Gebäude mit breiten Fluren und großen Räumen, das auf einem bewaldeten Grundstück stand. Mein Titel war Senior Vice President für Strategie und strategisches Marketing, und mein Aufgabenbereich umfasste alle Geschäftsbereiche von ABB in Nordamerika und das globale Industriesegment des Unternehmens. Ich gehörte zu den 50 Top-Führungskräften von ABB.

ABB war zu dieser Zeit eine Übernahmemaschine. Combustion Engineering, das Unternehmen, das ABB in Connecticut gekauft hatte, war in seiner Blütezeit ein amerikanisches Kultunternehmen gewesen, das fast alle US-Versorgungsunternehmen mit Dampferzeugungs- und Stromübertragungsanlagen belieferte. Jetzt war es ein defizitärer Hersteller von Dampfturbinen mit Zehntausenden von Mitarbeitern. ABB wollte seine Präsenz in Nordamerika ausbauen und sein Angebot im Bereich der Stromerzeugung vervollständigen. Ich hielt dies tatsächlich für einen schrecklichen Kauf, der ohne große Due-Diligence-Prüfung durchgeführt worden war. Überall gab es Probleme. Gerhard musste den gesamten Betrieb rationalisieren und die Weltanschauung eines ehrgeizigen europäischen Mischkonzerns einbringen.

Der CEO von ABB in Zürich war Percy Barnevik, ein junger schwedischer Manager, der drei Jahre zuvor die Fusion von ASEA mit Brown Boveri eingefädelt hatte. Percys Arbeitsstil war einzigartig: Er dezentralisierte das Unternehmen in Hunderte von Rechtseinheiten und übertrug den leitenden Angestellten die vollständige Kontrolle. Wenn sie dann nicht lieferten, fuhr er wie eine Tonne Ziegelsteine auf sie nieder. Percy war zum europäischen „CEO des Jahres" ernannt worden, und in der Presse wurde viel über seinen Stil berichtet. Alle schienen beeindruckt zu sein und ein wenig Angst vor Percy zu haben. Ich war weit genug von ihm entfernt, um nur zuzusehen und zu lernen.

Unser größter Konkurrent war GE mit dem legendären CEO Jack Welch an der Spitze, der nur gut 30 Kilometer von unseren Büros in Stamford entfernt eine weitläufige Konzernzentrale leitete. ABB beobachtete jeden Schritt von GE mit Neid und Angst. Jack Welchs GE war *das* Unternehmen, dem man nacheifern musste. Das Einzige, was uns alle bei ABB verwirrte, war die Tatsache, dass ein so großer Teil des Gewinns von GE Capital stammte, eine riskante Strategie, die die Leistung von GE entgleisen lassen konnte, wenn die Finanzmärkte unbeständig wurden. Dies bedeutete auch, dass die Bewertung von GE nicht von seinem Produktionsgeschäft bestimmt wurde. Wir hatten uns mit dem falschen Unternehmen gemessen.

Wieder einmal tauchte ich in die Feinheiten des Geschäfts ein. Diesmal ging es um globale Industrieausrüstung für Produktionsanlagen: Textilien, Papier, Öl und Gas, allgemeine industrielle Fertigung. Wie kaufen die Kunden Antriebe und Motoren, speicherprogrammierbare Steuerungen und Messgeräte? Kaufen sie Systeme oder Teilsysteme? Oder kaufen sie unabhängige Produkte und integrieren sie mithilfe eigener Ingenieure? Meine BCG-Ausbildung, insbesondere meine Arbeit bei Trane an komplexen HVAC-Systemen, half mir, dies zu durchdenken.

Ich fing an, die Angebote von ABB genau zu studieren. Ich begann, regelmäßig nach Europa zu reisen, vor allem nach Zürich (Schweiz),

Mannheim (Deutschland) und Västerås (Schweden), um Werke zu besuchen und mit Kollegen und Kunden aus aller Welt zu arbeiten.

In Nordamerika war die Arbeit ganzheitlicher. Neben den Industriekunden hatten wir es auch mit öffentlichen Versorgungsunternehmen zu tun. Wie hoch wird der Strombedarf in der Zukunft, in den nächsten 20 Jahren voraussichtlich sein? Welche Versorgungsunternehmen werden Erzeugungskapazitäten benötigen? Dampf oder Gas? Wie alt ist die installierte Basis? Ich richtete Branchenbeiräte ein und ließ uns von Experten bei der Ausarbeitung der Strategie helfen. Ausrüstungslieferanten und Versorgungsunternehmen waren voneinander abhängig, und es war nützlich, die Kunden vor diesem Hintergrund zu betrachten. Mein Team war eine eng verbundene, produktive und gesellige Gruppe.

Bei alldem hatte ich auch die Hilfe von Anita Griffin, die meine Reisen plante, meinen Terminplan verwaltete und bei der Arbeit großartige Präsenz zeigte. Am Tag meiner Vereidigung als amerikanische Staatsbürgerin plante sie eine Überraschungsparty für mich im Büro – mit kleinen Fähnchen, einem Kuchen und Hüten in Rot, Weiß und Blau. Sie verstand wirklich, dass dies ein großer Tag für mich war: Ich freute mich sehr, Bürgerin der USA zu werden, aber ich gab auch meine indische Staatsbürgerschaft auf, die Staatsbürgerschaft des Landes, in dem ich geboren worden und das so wichtig für meine Identität war. Es war sehr emotional.

Während ich in meinem Strategiejob sehr eingespannt war, war ich auch ein kritisches zusätzliches Paar Augen und Ohren für Gerhard. Er war oft in der Zentrale in Zürich, weil er Mitglied des ABB-Vorstands war. Ich war seine Mittelsperson in den USA und übermittelte Nachrichten an und von den Managern, die versuchten, seine großen Ideen in die Tat umzusetzen. Wir sprachen mehrmals am Tag miteinander.

Gerhard kommunizierte auf Englisch, aber sein Stil war deutsch. Er mochte einfache Strukturen, sauber und logisch dargestellte Daten und prägnante Präsentationen. Manchmal saß er in einer Besprechung und drehte sich dann vor allen zu mir um und sagte: „Ich nehme an, du hast dieses Material nicht durchgesehen, bevor es zu mir kam." Ich konnte spüren, wann das passieren würde, weil seine Ohren vorher rot wurden. Ich war die Einzige, die das bemerkte.

Diese Art von Kommentaren führte dazu, dass die meisten meiner Kollegen die Arbeit an mir vorbeigehen ließen, bevor sie an Gerhard ging. Sie schätzten meinen Beitrag, und es war eine weitere Möglichkeit für mich, etwas über Themen zu erfahren, für die ich nicht direkt verantwortlich war. Ich musste die Macht meines Zugangs vorsichtig nutzen. Ich stellte sicher, dass die Leute wussten, dass ich nicht für Gerhard sprach und dass Gerhard wusste, dass ich nicht die Absicht hatte, Märchen zu erzählen.

Diese Rolle hatte jedoch auch eine Kehrseite. Chris Galvin von Motorola hatte recht. Meine Loyalität gegenüber Gerhard war vollkommen, aber ich arbeitete wirklich für die Person, nicht für die Institution. Mein Erfolg und meine Lebensdauer bei ABB waren an Gerhard gebunden.

Strawberry Hill war nicht nach unserem Geschmack, und nach ein paar Monaten begann ich, mich nach einem Haus zur Miete umzusehen, während wir zusätzlich Geld für den Kauf eines dauerhaften Wohnsitzes sparten. Raj und ich hatten diesen nächsten Schritt sorgfältig durchdacht. Wir würden in der Nähe des Ortes, an dem wir ein Haus kaufen wollten, zur Miete wohnen und dann dort Wurzeln schlagen.

Wir entschieden uns für Fairfield County in Connecticut, das größtenteils aus Schlafstädten besteht, gesäumt von Metro-North-Bahnhöfen für die Hunderttausende von Arbeitnehmern, die jeden Tag nach New York City hin- und zurückreisen. Das County erstreckt sich knapp 50 Kilometer entlang der Atlantikküste, von Greenwich an der Grenze zum Bundesstaat New York, mit großen Häusern an gewundenen, grünen

Straßen, bis nach Bridgeport, das 1990 am Rande des Bankrotts stand. Dazwischen liegen die kleineren Gemeinden Darien, New Canaan, Norwalk, Fairfield, Westport und ein halbes Dutzend weiterer Städte, die das Leben in den Vorstädten Neuenglands verkörpern: gute Schulen, öffentliche Bibliotheken, alte Kirchen und Kürbisse, die im Herbst vor der Tür stehen.

Als ich nach ein paar Ausflügen keine Wohnung gefunden hatte, hatte Gerhard einen Vorschlag. Helga und ihre Kinder wollten aus Chicago hierherziehen, würden aber erst in ein paar Wochen ankommen. Gerhard und Helga hatten vorübergehend ein Haus in New Canaan gemietet. Warum nahmen Raj und ich nicht dieses Haus? Die Schulmeyers würden dann ein anderes Haus finden.

Das Haus, das Gerhard und Helga gemietet hatten, war wunderschön – größer als wir es uns vielleicht ausgesucht hätten –, mit alten Bäumen und einem herrlichen Garten. Okay, dachten Raj und ich, als wir es sahen, es wird ein bisschen mehr kosten, aber lass es uns tun. Aber als Gerhard die Hauseigentümer über den Wechsel zu Mietern indischer Herkunft informierte, machten sie einen Rückzieher. „Das Haus ist nicht zu vermieten", erklärten sie.

Wir können uns denken, warum diese Eigentümer einen Rückzieher machten, aber Raj und ich machten einfach weiter. Wir mussten ein Haus finden und hatten keine Zeit oder Energie, uns damit zu befassen. Die Schulmeyers nahmen das Haus auch nicht.

Wir fanden ein Haus in Darien in einem Viertel namens Noroton Bay, mit Feuchtgebieten rundherum, in denen es viele Vögel und Streifenhörnchen gab, denen Preetha gerne nachstellte. Das Haus war ein großes, modernes Gebäude, das zwar etwas renovierungsbedürftig war, sich aber perfekt zur Miete für uns eignete. Von fast jedem Zimmer aus konnten wir das glitzernde Wasser sehen.

Raj fand bald eine Stelle in der Beratungsfirma von KPMG in Stamford, die sich auf das Lieferkettenmanagement in der Elektronikindustrie konzentrierte. Nach weniger als einem Jahr wechselte er zu PRTM, einem weiteren Beratungsunternehmen, das mit KPMG verbunden war. Dort arbeitete er neun Jahre lang und wurde Partner. Die Arbeit verlieh ihm Energie.

Preetha ging in die erste Klasse der New Canaan Country School, und meine Mutter lebte bei uns und verbrachte Zeit mit meiner Schwester, die inzwischen verheiratet war, ein kleines Mädchen hatte und in New York lebte. Mein Bruder hatte sein Studium in Yale abgeschlossen und arbeitete an seiner Doktorarbeit am MIT in Cambridge, Massachusetts.

Bald darauf war ich wieder schwanger. Wir waren überglücklich, auch wenn die Zeit der elenden morgendlichen Übelkeit damit wieder begann. Einmal wurde ich in meinem Büro ohnmächtig und musste für ein paar Tage zu Hause bleiben. Gerhard schickte seinen Chauffeur Frank, um in unserer Einfahrt zu warten, falls ich ins Krankenhaus gefahren werden müsste. Als ich Frank sagte, er solle wieder fahren, weigerte er sich. „Mr. Schulmeyer lässt das nicht zu."

Und auch zu diesem Zeitpunkt brauchten wir eine zuverlässige, bezahlbare Betreuung für Preetha – jemanden, der ein Grundschulkind unterstützte.

Diesmal beschlossen wir, ein Kindermädchen, das im Haus leben sollte, über eine seriöse Agentur einzustellen, da wir unbedingt jemanden finden wollten, der geprüft und vertrauenswürdig war und der Preetha zur Schule fahren konnte. Wir entschieden uns für eine junge Frau Mitte 20 aus dem New Yorker Hinterland. Wir mochten sie, obwohl Preetha in unserer Abwesenheit viel fernzusehen schien. Wir sprachen mit dem Kindermädchen darüber, sich mehr mit dem Kind zu beschäftigen, ihm Bücher vorzulesen und mit ihm zu spielen, aber es änderte sich nicht viel. Eines Abends fuhr das Kindermädchen mit einer Freundin zu einer Party nach New York City und informierte uns am nächsten Tag, dass es in dem Haus, in dem die Party stattfand, einen Zwischenfall gegeben hatte, in den ihre Freundin verwickelt war.

Sie sei nicht daran beteiligt gewesen, sagte sie, aber die Polizei könnte kommen und sie befragen. Wir ließen sie gehen.

Wir kehrten zu der Agentur zurück, die für jede Vermittlung eine beträchtliche Gebühr verlangte, und wählten ein anderes Kindermädchen aus der Datenbank aus, von der wir hofften, dass sie länger bleiben würde. Sie stammte aus dem Mittleren Westen und wirkte in ihrem Lebenslauf und auf ihrem Foto sympathisch. Wir interviewten sie per Telefon. Sie wirkte kompetent und organisiert. Nach ein paar Wochen merkten wir jedoch, dass sie den Anforderungen der Stelle nicht gewachsen war. Sie war nett, aber wir konnten uns nicht ständig Sorgen machen, wie sie den Tag überstehen würde. Wir mussten auch sie gehen lassen.

Wir hatten unbedingt gewollt, dass es mit den Kindermädchen klappte, und wir hätten die Möglichkeit gehabt, um die richtige Person sicher in unsere Familie aufzunehmen. Aber der Prozess war so nervenaufreibend und stressig, dass wir, wie Millionen von anderen berufstätigen Eltern uns von jedem offiziellen Plan verabschiedeten. Amma hielt ab und zu die Stellung, und wir fanden eine Rentnerin in der Nachbarschaft, die auf Preetha aufpasste, wenn wir sie brauchten. Frank fuhr Preetha zur Schule, wenn Raj oder ich es nicht schafften.

Für mich und Raj war dies eine Zeit der Hoffnung, des Stresses, der Aufregung und des Bangens. Mit fortschreitender Schwangerschaft wechselte ich von brutaler morgendlicher Übelkeit zu intensiver Erschöpfung – ich arbeitete, reiste und versuchte, den Erwartungen an eine große Führungskraft, Mutter, Ehefrau und Tochter gerecht zu werden. Dass meine Mutter bei uns lebte, brachte große Vorteile und mit der Zeit auch einige Schwierigkeiten mit sich. Sie hatte ihre eigene Art, Preetha zu erziehen. Die Schlaf- und Essenszeiten waren ziemlich lax, und das Fernsehschauen war ebenfalls willkürlich. Raj wünschte sich ein wenig mehr Routine und Disziplin in Preethas Leben. Meine Mutter erinnerte uns immer wieder daran, dass sie bereits drei Kinder großgezogen hatte und wusste, was sie tat. Ich wollte sie nicht wütend machen. Raj hatte recht, wenn er Preethas Leben ein wenig mehr organisieren wollte. Ich konnte meine Mutter nicht ändern. Ich versuchte zu intervenieren, aber mit wenig Erfolg.

Es herrschte eine große Spannung im Haus.

Das Leben mit mehreren Generationen, das in asiatischen Haushalten und vielen anderen Kulturen auf der ganzen Welt so selbstverständlich ist, kann für berufstätige Familien ein enormer Vorteil sein. Mütter und Väter haben ein zusätzliches Paar Hände, wenn sie sie brauchen, und Kinder und Großeltern finden zueinander und bauen die Art von tiefen und dauerhaften Beziehungen auf, die ich mit Thatha hatte und die Preetha mit meiner Mutter und Rajs Eltern hat. Dieses Modell funktioniert auch bei der Betreuung älterer Menschen und ermöglicht es jungen Erwachsenen, sich auf die Unterstützung von der Heimatbasis zu verlassen, wenn sie sich in die Welt hinauswagen.

Ich bin mir sehr bewusst, dass das nicht einfach ist. Diese Art, zu leben, erfordert Anpassung von allen Seiten. Es schränkt die Privatsphäre jedes Einzelnen ein und kann zu Auseinandersetzungen führen, die Ältere verletzen und zu Rissen in der Ehe führen. Das ist natürlich nicht das beabsichtigte Ergebnis. Der ganze Haushalt muss sich auf Grenzen und Verhaltensweisen einigen, damit die Beziehungen gesund bleiben.

In einigen Kulturen, in denen das Leben mit mehreren Generationen üblich ist,[4] kann es für Frauen, die als Mütter, Töchter oder Schwiegertöchter zwischen den Fronten stehen, besonders hart sein. Diese Frauen arbeiten vielleicht außer Haus, haben aber auch die enorme Last, hervorragende Hausfrau, Mutter und Betreuer für die Älteren sein zu müssen. Jeder Schritt kann analysiert und kritisiert werden. Der Gehaltsscheck einer Frau kann gegen ihren Willen in eine Familienkasse eingezahlt werden, wo sie keine Kontrolle über ihre eigenen

Ausgaben hat. Am Ende fühlt sie sich schuldig, weil sie die Erwartungen der anderen nicht erfüllen kann, und hat nicht die Freiheit, eigene Entscheidungen zu treffen.

Angesichts der rapide alternden Bevölkerung und der Notwendigkeit, junge Familien zu unterstützen, wird es weltweit immer dringlicher, den besten Weg für das Zusammenleben mehrerer Generationen zu finden, sowohl physisch als auch praktisch. Wenn dies gut gemacht wird – mit erfinderischer Struktur und Entwicklung und in Verbindung mit der Gemeinschaftsinfrastruktur –, könnte dies ein echter Segen für berufstätige Familien sein, da es den Druck verringert und gleichzeitig die wunderbaren Vorteile des Zusammenlebens nutzt.

Raj und ich begannen mit der Suche nach einem festen Wohnsitz in der Nähe unseres Hauses in Noroton. Uns gefiel die Nähe zum Wasser, die Nachbarn waren freundlich, und Preetha liebte ihre Schule. Eines Tages flog ich nach Europa und saß neben einer anderen leitenden Angestellten, die ebenfalls in den Vororten in Connecticut lebte. Als ich ihr von unserer Suche nach einem Haus erzählte, das wir kaufen wollten, antwortete sie rundheraus: „Ich hoffe, Sie denken nicht an das lilienweiße Darien oder New Canaan."

Ich war erstaunt über ihre Bemerkung, fragte sie aber nicht, was sie meinte.

Kurioserweise sprachen wir einige Wochen später mit einem Nachbarn über unsere Haussuche, und er benutzte genau denselben Satz. „Was macht ihr hier im lilienweißen Darien?", fragte er uns. Auf lange Sicht, sagte er, würden wir nicht dazugehören und uns unwillkommen fühlen.

Diese beiden Gespräche, die kurz nacheinander stattfanden, öffneten uns die Augen dafür, dass unsere Erfahrung mit Gerhards Mietshaus viel tiefer ging, als wir uns vorgestellt hatten. Mein Vater hatte mir immer gesagt, ich solle „positive Absichten annehmen". Aber die Botschaft war ziemlich klar: Diese Gemeinschaften waren nichts für Leute wie uns.

Wir verlegten unsere Suche nach Greenwich, einer größeren Stadt, die näher an der Metropolregion New York liegt. Greenwich war auch nicht von besonderer Vielfalt geprägt, aber man sagte uns, dass dort mehr Familien mit internationalem Hintergrund lebten. Der Immobilienmakler zeigte uns alles, was verfügbar war, und wir fanden ein schönes Haus, das nur eine kurze Autofahrt vom gewerblichen Teil der Stadt entfernt war. Es war teurer als geplant, erfüllte aber alle unsere anderen Kriterien. Wir schlossen den Kaufvertrag ab. Das Haus gehörte nun uns.

Als wir nach Greenwich zogen, wussten wir, dass wir in einer wohlhabenden Gemeinde leben würden – eine Art Blase, die sich deutlich von dem bescheideneren Haus und der Umgebung unterschied, die wir aus Chicago gewohnt waren. Wir waren ein wenig zwiegespalten, aber die Qualität der Schulen, die sichere Nachbarschaft und unsere Überzeugung, dass wir unsere Kinder beschützen konnten, bestärkten uns in unserer Entscheidung.

Kurz nach dem Kauf beauftragten wir einen Bauunternehmer mit einigen Reparaturen, bevor wir einzogen. Als ich einige Wochen später von einer Reise zurückkehrte und hinfuhr, um die Fortschritte zu überprüfen, stellte ich fest, dass das halbe Haus bis auf die Grundmauern abgetragen worden war. Der Bauunternehmer behauptete, mit dem Gebäude sei viel mehr nicht in Ordnung als erwartet. Er hatte mit einem kleinen Abriss begonnen und dann nicht mehr aufgehört.

Was für eine Katastrophe. Wir hatten einfach nicht das Geld für eine große Renovierung. Ich war im vierten Monat schwanger. Wir mussten ein neues Bauteam finden – dieser Typ schien unehrlich zu sein –, und wir mussten dieses Projekt innerhalb eines sehr engen Zeitrahmens durchführen. Raj und ich fühlten uns völlig überfordert. Es handelte sich um ein Holzständerhaus, und wir waren in Indien in Betonbauten mit abgeflachter Spitze aufgewachsen. Wir wussten nichts über Zweimal-vier-Bauholz oder wie man die erforderliche Dachneigung für Schnee bestimmt. Wir waren den Bauunternehmern ausgeliefert.

Dankenswerterweise lieh uns ABB im Rahmen eines damals üblichen Darlehensprogramms des Unternehmens etwas Geld, damit wir über die Runden kamen. Und Helga, die Designerin war und schon viele Häuser renoviert hatte, kannte sich aus und sprang ein. Sie arbeitete gerade an ihrem eigenen neuen Haus in Greenwich und nahm unseres mit dazu.

Wir waren nach wie vor zwei Familien, die sich aufeinander verlassen konnten, um den Anforderungen eines breiten Spektrums beruflicher und familiärer Verpflichtungen gerecht zu werden – vom Aufbau von ABB zu einem führenden globalen Unternehmen bis hin zur Sicherstellung, dass wir alle ein Dach über dem Kopf hatten.

Mitte Dezember 1992, vier Tage nachdem wir in unser wieder aufgebautes Haus eingezogen waren, setzten bei mir die Wehen ein. Am nächsten Morgen brachte ich per Kaiserschnitt ein wunderschönes, gesundes kleines Mädchen zur Welt – Tara Nooyi. Wieder einmal übermannte mich einfach die Liebe zu diesem Baby. Im Krankenhaus wollte ich sie nicht aus den Augen lassen und ließ nicht zu, dass sie jemand ins Säuglingszimmer brachte. Ich betrachtete sie voller Verwunderung und betete, dass Gott mir die Kraft und die Fähigkeit geben möge, ihr und Preetha eine gute Mutter zu sein.

Unsere Familie war komplett. Raj und ich waren überglücklich, zwei Töchter zu haben. Wir liebten sie innig und spürten die große Verantwortung, die auf uns lastete. Wir wollten sie beschützen und für ihre Ausbildung und Hochzeit sparen, so wie es unsere Familien vor uns getan hatten. Wir wollten sicherstellen, dass sie große Träume haben und hoch hinauskonnten. Wir sprachen darüber, wie sie zu sozial engagierten Bürgern ihrer Gemeinde und ihres Landes heranwachsen und vielleicht eines Tages selbst verantwortungsvolle Eltern sein würden.

Zwei Kinder sind schwieriger als eines. Schon in Taras ersten Monaten war klar, dass die emotionale, körperliche und organisatorische Arbeit der Erziehung unserer Mädchen weitaus komplizierter sein würde, als wir es uns vorgestellt hatten.

Heute weiß ich zum Beispiel, dass ich mehr darauf hätte achten sollen, wie sich Preetha an eine kleine Schwester gewöhnt. Sie war immer die VIP der Familie gewesen und schätzte besonders die schönen Momente mit mir allein, wenn wir zusammen sangen und tanzten.

Sie hatte schon angedeutet, dass sie mich vermisste, weil ich so viel arbeitete. Als sie etwa acht Jahre alt war, fragte Gerhard sie einmal, was sie werden wolle, wenn sie groß sei. „Ich möchte deinen Job haben", antwortete Preetha. „Denn wenn ich deinen Job habe, werde ich immer bei meiner Mami sein."

Als Tara auf die Welt kam, war Preetha eine Drittklässlerin in einem brandneuen Haus. Wir hatten eine monatelange Renovierung hinter uns, eine Schwangerschaft, unsere beruflichen Verpflichtungen und allgemeine Hektik. Ich dachte, sie würde es lieben, ein kleines Geschwisterchen zu haben. Aber jetzt, im Nachhinein, verstehe ich, dass sie eifersüchtig war und sich darüber aufregte, das Rampenlicht teilen zu müssen. Sie machte Theater und war ungehorsam. Ich war zerstreut, reizbar und ignorierte zu oft die Tatsache, dass auch Preetha mich brauchte.

Inzwischen weigerte sich die kleine Tara zu schlafen, wenn sie nicht auf meinen ausgestreckten Unterschenkeln lag, während ich aufrecht im Bett saß. Schon bald verbrachte ich meine Nächte in dieser Position, eine Gepflogenheit, die der Stimmung nicht gerade zuträglich war.

Oft, wenn ich versuchte, ein wenig Arbeit zu erledigen, während das Baby auf meinen Beinen schlief und Preetha neben mir döste, fragte ich mich, was ich da eigentlich tat. Ich begann mich zu fragen: Sollte ich weiterarbeiten? Was wären die Folgen, wenn ich aufhörte? Würde ich es bereuen und verbittert werden, was zu Hause zu einem schlechten Klima führen würde?

Ich hatte keine Ahnung, wie ich eine Arbeitspause einlegen und nach ein paar Jahren zurückkehren sollte. Mir fielen keine Beispiele von Frauen ein, die das getan hatten. Ich hatte die Befürchtung, dass eine Unterbrechung meine Fähigkeiten bedeutungslos machen würde und dass es mir schwerfallen würde, wieder auf dem Arbeitsmarkt Fuß zu fassen, um zum wirtschaftlichen Wohl meiner Familie beizutragen und intellektuell aktiv zu bleiben. Es gab auch keine jungen Mütter, die von zu Hause aus arbeiteten, auch nicht zeitweise. Der Gang ins Büro war unausweichlich.

Ich machte mir über all das Sorgen und hatte Mühe zu schlafen. Aber ich machte weiter.

Mein Job bei ABB blieb unerbittlich. Ich hatte drei Monate bezahlten Mutterschutz, aber ich hatte nicht das Gefühl, dass ich mich als leitende Angestellte zurückziehen konnte, um diese Zeit gänzlich meiner Familie zu widmen. Die Arbeit hörte nicht auf.

Tatsächlich rief mich Gerhard am Tag nach Taras Geburt im Krankenhaus an, um mir von einem Projekt zu erzählen, das von meinem Beitrag profitieren würde. Ich erinnerte ihn daran, dass ich gerade entbunden hatte und mich von einer Operation erholte. „Aber es ist dein Körper, der das Baby bekommen hat", scherzte er. „Dein Gehirn arbeitet noch."

Gerhard zeigte mir, dass er mich brauchte und schätzte und dass ich für seine Arbeit wichtig war. Er wusste auch, dass es eine große Sache war, ein Baby zu bekommen, und ließ mich entscheiden, wann ich zurückkehren wollte.

Aber nachdem er mir von dem Projekt erzählt hatte, rief ich sofort mein Team zusammen, um darüber zu sprechen. Sie waren alle Männer, aber auch sie wussten etwas über Geburten – und sagten mir, ich sei verrückt, so schnell wieder einzusteigen. Sie sagten, sie würden mich anrufen, wenn sie mich bräuchten. Nichtsdestotrotz kamen sie während meines Mutterschutzes regelmäßig zu mir nach Hause, um das Projekt zu besprechen. Das war alles zu 100 Prozent meine Entscheidung.

Ich frage mich, warum ich so verdrahtet bin, dass mein innerer Kompass mir immer sagt, ich solle meine beruflichen Pflichten weiter erfüllen, egal unter welchen Umständen. Wenn ich das Gefühl habe, dass ich dazu beitragen kann, etwas besser zu machen, kann ich mich nicht davon abhalten, einzuspringen. Ich habe ein ausgeprägtes Pflichtgefühl und kann nur schwer Nein sagen, wenn mich jemand um Hilfe bittet.

Ich liebe meine Familie sehr, aber dieser innere Drang, zu helfen, wo immer ich kann, hat ihr sicherlich viel Zeit mit mir genommen – sehr zu ihrer Betroffenheit.

Manchmal wünsche ich mir, ich wäre anders gestrickt.

Zu diesem Zeitpunkt hatten wir mehr Geld für Hilfe im Haushalt zur Verfügung, was mir die Rückkehr zur Arbeit deutlich erleichterte. Wir stellten eine pensionierte Krankenschwester ein, die sich um Tara als Baby kümmerte, Preethas Tun beaufsichtigte und ein bisschen kochte. Wir hatten auch eine Reinigungskraft. Unsere Nachbarin Mary Waterman wurde eine gute Freundin. Ihr Sohn Jamie war in Preethas Alter, und Mary lernte die Krankenschwester, Rajs Eltern und all die anderen Verwandten kennen, die uns weiterhin besuchten. Mary war ihnen eine große Hilfe, denn sie beantwortete alle Fragen, die sie hatten, und informierte mich dann über die Abläufe.

In Taras erstem Jahr begann diese große Gemeinschaft allmählich für uns alle zu funktionieren. Wir bekamen eine Routine, bei der ich das Gefühl hatte, dass sich eine Gruppe um die Mädchen kümmerte und kein Einzelner die ganze Last trug. Das fühlte sich für mich gesund und vertraut an.

Fast 20 Jahre lang haben Raj und ich nur wenig Urlaub gemacht, obwohl wir jedes Jahr eine Familienreise nach Indien unternahmen. Wir verbrachten die Zeit in Madras und Mangalore, und Preetha und Tara liebten diese Ferien. Sie waren voller Spaß, Spiel und Lachen mit anderen Kindern und erinnerten mich an die Sommer meiner Kindheit. Sie streiften ohne ihre Eltern durch den Garten und beschwerten sich nie über Moskitos, Stromausfälle oder den ständigen Lärm. Sobald wir in Indien aus dem Flugzeug stiegen, schien es, als nähmen sie ein gewisses „Indischsein“ an. Sie fühlten sich wohl, wenn sie indische Kleidung trugen und Mahlzeiten aus Bananenblättern aßen. Sie betrachteten alles als ein einziges großes Abenteuer.

In der vierten Klasse wechselte Preetha auf die öffentliche Schule in der North Street in Greenwich, ganz in der Nähe unseres neuen Hauses. Nach etwa sechs Monaten erhielten wir eine überraschende Nachricht von der Lehrerin, dass sie ihre Hausaufgaben nicht abgab. Preetha war klug, lebhaft und witzig, und sie ging gern zur Schule. Wir waren äußerst gewissenhaft, was ihre Ausbildung anging. Sie war von Büchern umgeben und hatte immer hervorragende Zeugnisse. Sie war erst zehn Jahre alt – so viele Hausaufgaben hatte sie nicht –, aber wir waren sehr besorgt, als wir die Nachricht erhielten.

Als wir ihr Zimmer kontrollierten, fanden wir die Arbeit erledigt, aber nicht abgegeben. Wir fragten Preetha danach, und sie hatte keine richtige Antwort. Sie zuckte nur mit den Schultern. Da wir dazu neigten, Lehrern und Schulleitern vollkommen zu vertrauen, waren wir verärgert über sie und setzten ihr eine Frist, die wir für angemessen hielten.

Ich besprach die Situation mit Mary, unserer Nachbarin, und sie sagte, dass sie Preetha als ein ungewöhnlich fleißiges Kind sah und vermutete, dass etwas in der Schule vor sich ging, das ihr Schwierigkeiten machte. Mary empfahl uns, einen Kinderpsychologen zu konsultieren, und mit der Erlaubnis des Schulleiters arrangierten wir, dass die Expertin als stille Beobachterin in Preethas Klassenzimmer saß.

Es dauerte nur einen Tag, um das Problem zu erkennen. Der Psychologin zufolge hob Preetha bei fast jeder Frage in der Klasse die Hand mit einer Antwort, wurde aber den ganzen Tag über nicht aufgerufen. Uns wurde gesagt, dass einer ihrer Lehrer, ein Mann, sie einfach ignorierte. Aber das war nicht das ganze Problem. In der Mittagspause saß Preetha allein mit ihrem Essen, während andere Kinder zusammensaßen und sich unterhielten. Preetha versuchte zwar, sich zu den anderen zu setzen, aber diese schoben sie weg und zwangen Preetha, hinter ihnen aufzuräumen, als sie fertig waren. Später fanden wir heraus, dass sie wochenlang zu dieser Aufgabe gezwungen worden war, ohne dass die Lehrer, die im Speisesaal Aufsicht hatten, eingegriffen hätten.

Wir waren tief bestürzt. Raj und ich weinten, direkt im Büro der Psychologin, als sie uns die ganze Szene darstellte. Wir konnten nicht glauben, dass wir unsere Tochter in eine Situation gebracht hatten, in der sie so schikaniert wurde, offenbar weil sie eine von nur wenigen dunkelhäutigen Schülern an der Schule war. Wir hatten es versäumt, unser Kind in dieser Wohlstandsblase zu schützen, die viel ausgrenzender war, als wir erwartet hatten.

Wir wussten, dass wir schnell etwas unternehmen mussten. Wir riefen bei der Sacred Heart, der katholischen Mädchenschule in Greenwich, an und sprachen mit der Direktorin, Schwester Joan Magnetti. Zwei Tage später war Preetha eingeschrieben und in der Klasse. Mit Preetha und Tara war ich für die nächsten 18 Jahre ein Sacred-Heart-Elternteil. Die Rede bei Taras Abschlussfeier im Jahr 2011 zu halten, war einer der emotionalsten Momente in meinem Leben. Ich hatte sie an jedem Morgen, den ich konnte, an der Sacred Heart abgesetzt und ihre Freunde mit ihnen aufwachsen sehen. Es war ein solch großer Meilenstein für mich, zu sehen, wie Taras Klasse an diesem Tag in die Welt hinaustrat.

Gerhard war rastlos. Er war eine großartige Führungspersönlichkeit und sehr erfolgreich bei ABB, aber die Politik an der Spitze des Unternehmens – ein regelmäßiges Aufeinanderprallen der Egos und Ideen der schwedischen und schweizerisch-deutschen Führungskräfte – frustrierte ihn. Er wollte selbst ein Unternehmen leiten und verließ ABB Ende 1993, um CEO von Siemens Nixdorf zu werden, der Informationssystemsparte der Siemens AG in München.

Ich wusste, dass unser siebenjähriges gemeinsames Abenteuer zu Ende war. Er fragte mich zaghaft, ob ich ihn begleiten wolle, was auch bedeuten würde, die Familie nach Deutschland zu holen, aber ich sagte Nein. Es war ein zu großer Umbruch. Ich war traurig, fühlte mich aber mit dieser Entscheidung sehr wohl.

Ich blieb noch einige Monate bei ABB, aber die Atmosphäre wurde mir zuwider. Der neue Chef – er kam von einem amerikanischen Energieerzeugungsunternehmen – fühlte sich unwohl bei der Arbeit mit Frauen und nannte mich regelmäßig „Schätzchen". Zum ersten Mal in meiner Karriere hatte ich das Gefühl, nicht dazuzugehören. Ich begann, meinen Ausstieg zu planen, und half dem halben Dutzend Leute, die für mich arbeiteten, bei der Suche nach einer Stelle in einem anderen Unternehmen.

Dann hatte ich ein Treffen mit dem Chef. Ich rekapitulierte, wie Gerhard und ich als Team gearbeitet hatten und wie ich ihm bei der Leitung des großen Unternehmens, für das er nun verantwortlich war, helfen könnte. „Aber ich bin es nicht gewohnt, ‚Schätzchen' genannt zu werden, und das tun Sie und die Leute, die Sie mitgebracht haben", sagte ich. „Ich denke, es ist das Beste, wenn ich etwas außerhalb von ABB mache."

Unser Gespräch war freundlich, aber er sagte mir, er könne sich nicht ändern. Was ich bis jetzt bei ihm gesehen habe, sagte er, müsse ich akzeptieren.

Ich war froh, zu gehen.

ABB auf diese Weise zu verlassen, war kein Draufgängertum. Ich hatte einen guten Ruf außerhalb des Unternehmens, und es riefen ständig Recruiter an. Ich wusste, dass ich sehr schnell eine andere Stelle finden würde. Außerdem stand Gerhard immer hinter mir. Er arrangierte für mich binnen Kurzem ein Mittagessen mit Jack Welch.

Jack hatte zu diesem Zeitpunkt die Hälfte seiner 20-jährigen Tätigkeit als CEO von GE hinter sich und war auf dem Weg, das wertvollste US-Unternehmen zu schaffen. Er hatte Zehntausende von Mitarbeitern entlassen und wurde als „Neutron Jack" bezeichnet.

Zwei Stunden lang saßen wir im privaten Speisesaal von GE und sprachen über das globale Geschäft, die Zukunft der Stromerzeugung und -übertragung und die Herausforderungen bei der Entwicklung von Führungskräften. Am Ende des Mittagessens legte er mir eine Liste mit Jobs vor, aus denen ich wählen konnte, um mich als Führungskraft bei GE zu qualifizieren. Die Führungspositionen befanden sich in kleinen Städten wie Schenectady, New York, oder Lexington, Kentucky. Er sagte, ich könne in ein paar Jahren nach Connecticut zurückkehren und dann in das Büro des CEO eintreten.

Ich lehnte das Angebot sofort ab. Ich erklärte, dass ich zwei kleine Kinder hatte und dass mein Mann eine neue Stelle angetreten habe. Ich würde nicht umziehen. Jack schlug mir daraufhin vor, mit Gary Wendt, dem CEO von GE Capital, zu sprechen, der weltweit Finanzunternehmen aufkaufte, um ein mächtiges Kreditinstitut zu schaffen. Auch dort könnte ich nützlich sein, sagte er, und die Stelle würde in Stamford, Connecticut, sein. Das erschien mir annehmbar. Ich beendete das Mittagessen und begann, über alles nachzudenken.

Dann erhielt ich einen Anruf von Bob Shapiro, dem CEO von Monsanto, dem Agrochemieunternehmen mit Sitz in Saint Louis, Missouri. Ich kannte Bob noch aus meiner Zeit bei BCG, als er Kunde von G. D. Searle beim Aspartam-Projekt war. Er wollte, dass ich mit ihm bei Monsanto in Saint Louis arbeite. Auch das lehnte ich ab – wieder, weil ich nicht umziehen wollte. Ich hätte viel gelernt, wenn ich mit Bob zusammengearbeitet hätte.

Das Muster hier ist ziemlich klar. Ich hatte mir meinen Weg in die obere Liga des Recruitings verdient und wurde von allen Seiten von wichtigen Führungskräften umworben, die wussten, dass ich ihrem Unternehmen zum Erfolg verhelfen konnte. Ich hatte ein treues Netzwerk anderer wichtiger Leute, alles Männer, die sich für mich verbürgten. In diesem Spiel interessierte es niemanden, wie ich aussah oder wie viel sie mir zahlen mussten.

Gleichzeitig verlangten alle Jobs von mir, dass ich mein häusliches Leben auf den Kopf stellte, und das Gleiche wurde von meinem Mann und meinen Kindern erwartet. Das war der Preis für den Zugang, und viele Männer hatten diese Entscheidung selbst getroffen. Ihre Familien hatten mitgemacht.

Ich konnte es nicht tun. Und ich wollte es auch nicht.

Das Telefon klingelte wieder. Diesmal war es ein Recruiter, der mich fragte, ob ich ein Vorstellungsgespräch für die Stelle des Senior Vice President of Corporate Strategy and Planning bei PepsiCo, dem Unternehmen für Getränke, Snacks und Restaurants, führen wolle. Die Stelle umfasste die Leitung von 50 Führungskräften mit großem Potenzial, neuen Mitarbeitern, die für etwa 18 Monate in die Planungsabteilung kommen und dann in Führungspositionen im gesamten Unternehmen eingesetzt werden sollten. Mentoring und Schulung sollten einen großen Teil der Arbeit ausmachen.

Ich überlegte es mir zweimal, ob ich ins Verbrauchergeschäft gehen sollte. Ich wusste zwar, dass ich alles lernen konnte, aber nach acht Jahren bei Motorola und ABB war ich mit Technik, Technologie und großen Infrastrukturprojekten bestens vertraut. Als ich hörte, dass PepsiCo auch KFC, Taco Bell und Pizza Hut besaß, fragte ich mich, ob der Job wirklich etwas für mich wäre. Ich esse kein Fleisch. Wie könnte ich mich mit diesen Restaurants identifizieren?

PepsiCo hatte seinen Sitz in Purchase, New York, also ganz in der Nähe von zu Hause, und die Beschaffenheit der Stelle faszinierte mich. Ich fuhr hin, um Bob Dettmer, den Finanzchef, und Ronnie Miller Hasday, den Leiter der Personalabteilung, zu treffen. Bob und ich hatten sofort einen Draht zueinander.

Ein paar Tage später traf ich Wayne Calloway, den CEO von PepsiCo. Wayne war berüchtigt dafür, still zu sein, er hörte zu, nickte und sagte nie viel. Das war seine Art. Ich glaube, in meinem einstündigen Erstgespräch mit ihm redete ich 57 Minuten lang und er drei Minuten.

Aber er nahm alles, was ich sagte, aufmerksam auf. Die Zeit, die er mir zum Sprechen gab, und seine kurzen Zwischenrufe lockten mich aus der Reserve.

Kurz darauf bedrängten mich sowohl GE als auch PepsiCo mit attraktiven Stellenangeboten. Ich wog meine Optionen ab, wobei mir Raj und mein Freund Orit Gadiesh, der Vorsitzende von Bain and Company, als Ratgeber zur Seite standen. Preetha und Tara drückten für PepsiCo die Daumen, nachdem wir einen großen Geschenkkorb mit Süßigkeiten und T-Shirts erhalten hatten. Ronnie wusste genau, wie er das Interesse der Familie wecken konnte.

Ich brauchte eine Verschnaufpause und sagte Jack und Wayne, die sich kannten, weil Wayne im GE-Vorstand saß, dass ich ihnen meine Antwort in einer Woche mitteilen würde.

Dann erhielt ich einen ungewöhnlichen Telefonanruf von Wayne. Er begann damit, dass er an einer GE-Vorstandssitzung teilgenommen hatte und dass Jack ihm gesagt habe, dass ich wahrscheinlich zu GE wechseln würde. „Ich verstehe, warum Sie das tun würden", sagte er mir. „Es ist ein großartiges Unternehmen, und Jack ist ein hervorragender CEO."

„Aber", fuhr er fort, „ich möchte ein letztes Mal für PepsiCo werben, weil Sie gesagt haben, dass Sie Ihre Entscheidung nächste Woche treffen würden. Ich brauche Sie dringender als Jack", sagte er. „Wir hatten noch nie jemanden wie Sie in unserer Führungsriege. Ich weiß, dass Sie einen wichtigen Beitrag für PepsiCo leisten können. Sie werden unsere ganze Unterstützung haben, um sicherzustellen, dass Sie erfolgreich sind."

Ich legte den Hörer auf. Ich war überwältigt. Waynes Appell hatte unheimlich viel Bescheidenheit. Und so viel hatte ich ihn noch nie sagen hören.

An diesem Nachmittag fuhr die Mutter von zwei Töchtern – Preetha, zehn Jahre, und Tara, anderthalb Jahre – und Ehefrau eines Unternehmensberaters, der viel reiste, zu PepsiCo und nahm die Stelle an.

Ich konnte es kaum erwarten, anzufangen.

TEIL III

# DIE JAHRE BEI PEPSICO

# 7

Die globale Firmenzentrale von PepsiCo in Westchester County, New York, ist ein schickes, modernes Wahrzeichen – eine Gruppe von sieben blassgrauen Betongebäuden, die vom Architekten Edward Durell Stone entworfen wurden und in einem U mit drei Gartenhöfen angeordnet sind.

Der Bürokomplex liegt auf 168 Hektar grüner Rasenflächen mit gestutzten Hecken und Bäumen, einem großen Teich, Blumengärten, einem reflektierenden Wasserbecken mit Lilien, mit Eichen- und Birkenhainen und einem Weg namens Golden Path, alles entworfen vom britischen Designer Russell Page und später vom belgischen Landschaftskünstler Francois Goffinet erweitert. Monumentale Skulpturen von Auguste Rodin, Barbara Hepworth, Alberto Giacometti und einem Dutzend weiterer Meister des 19. und 20. Jahrhunderts zieren die Landschaft. Die Gärten sind für die Öffentlichkeit zugänglich. Tausende von Besuchern und Schulkindern kommen, um die Kunst und die Pflanzenwelt zu betrachten.

Ich fuhr am 30. März 1994 zu PepsiCo, um meinen neuen Job anzutreten. Aber ich ging nicht über den Goldenen Pfad und näherte mich den Skulpturen erst 2014.

20 Jahre lang hatte ich einfach keine Zeit dafür.

In diesen ersten Frühlingsmonaten lebte ich mich ein. Ich lernte mein Team und andere Abteilungsleiter kennen. Mein Chef, der liebenswürdige und disziplinierte Bob Dettmer, beantwortete Hunderte meiner Fragen über die Struktur, die Finanzen und die Prioritäten von PepsiCo. Ehrlich gesagt, verliebte ich mich sofort in diesen Ort. PepsiCo war so voller Optimismus und Vitalität. Das passte vom ersten Tag an zu meiner optimistischen Einstellung.

In gewisser Weise wusste ich nicht, was ich verpasst hatte. Ich hatte die Herausforderung bei ABB genossen, wo ich an wichtigen Infrastrukturprojekten arbeitete, deren Aufbau Jahre dauerte. Motorola hatte mir die Welt der Technologie eröffnet. Ich hatte meine Beraterkarriere geliebt, obwohl ich die Kundenunternehmen immer wieder verlassen hatte, bevor meine Ideen umgesetzt worden waren. Jetzt hatte ich die Gelegenheit, das Geschäft zu sehen, zu riechen, zu fühlen und zu schmecken. Unsere Marken waren vertraute Namen, unsere Kunden waren ganz normale Menschen, meine Kinder konnten mit dem Ganzen etwas anfangen. Tara versuchte einmal, einer jungen Mitschülerin meinen Job zu erklären – und vereinfachte es, indem sie sagte, dass ich bei KFC arbeite. „Das ist so cool!", rief ihre Freundin aus. Mein Job war absolut nachvollziehbar.

PepsiCo war sehr anspruchsvoll, sympathisch und eine Freude. Ich war begeistert und völlig entzückt.

Pepsi-Cola, das Erfrischungsgetränk, war ursprünglich 1898 von einem Apotheker in North Carolina namens Caleb Bradham erfunden worden. In den 1930er-Jahren, nach einigen Konkursen, trat das Unternehmen Pepsi-Cola mit einem Radiowerbespot gegen den Marktführer Coca-Cola an: „Pepsi-Cola hits the spot, twelve full ounces, that's a lot. Twice as much, for a nickel too. Pepsi-Cola is the drink for you." („Pepsi-Cola kommt gut an[5], volle zwölf Unzen, das ist 'ne Menge. Doppelt so viel, auch für einen Nickel. Pepsi-Cola ist das Getränk für Sie."

Die Marketingkriege begannen. 1963 wurde in einer Werbekampagne, die den gesamten Pepsi-Lebensstil zelebrierte, mit Bildern heiterer Jugendlicher die „Pepsi-Generation“ ausgerufen. Als Coca-Cola mit seiner eigenen Imagekampagne zu Pepsi aufschloss, konterte Pepsi mit der „Pepsi Challenge“, Becher-an-Becher-Blindverkostungen in Geschäften und Einkaufszentren, die Pepsi, das etwas süßer war als Coca-Cola, in der Regel gewann.

Dann, Ende 1983, ein weiterer Coup: ein 5-Millionen-Dollar-Vertrag mit Michael Jackson und den Jackson 5, die erste Welle superstarker Prominentenwerbung, die bis heute Pepsi und Diät-Pepsi mit Britney Spears, Beyoncé, den Spice Girls, David Bowie, Tina Turner, Shakira, Kylie Minogue, David Beckham, Sachin Tendulkar und Dutzenden weiterer Topstars aus aller Welt in Verbindung gebracht hat.

Pepsi wurde auch zu einem Symbol im Kalten Krieg. Nikita Chruschtschow nippte 1959 bei einer Ausstellung amerikanischer Innovationen in Moskau an der Limonade, und Don Kendall, der 23 Jahre lang CEO war, erhielt später einen Cola-Vertrag, der die Abfüllung in der UdSSR ermöglichte. Pepsi wurde als das erste kapitalistische Produkt gefeiert, das in der Sowjetunion verkauft wurde.

Im Jahr 1994 war PepsiCo das fünfzehntgrößte US-Unternehmen mit einem Jahresumsatz von 25 Milliarden Dollar. Das Unternehmen verkaufte Getränke und Lebensmittel in mehr als 150 Ländern und beschäftigte 450.000 Mitarbeiter. In den Werbekampagnen für Pepsi und Diät-Pepsi waren inzwischen Shaquille O’Neal und Ray Charles zu sehen. Das Fotomodell Cindy Crawford war auf dem Titelblatt des damaligen Geschäftsberichts zu sehen, wie sie unsere Finanzwerte studierte, mit der Bildunterschrift: „Ein typischer Investor inspiziert uns.“[6]

Strukturell war das Unternehmen ein dreibeiniger Hocker. Ein Bein waren die Getränke, darunter Pepsi-Cola, Diät-Pepsi, Mountain Dew, Mug Root Beer und seit Kurzem auch Joint Ventures mit Starbucks und Lipton für Kaffee- und Teegetränke in Flaschen. Der Umsatz der Sparte betrug fast 9 Milliarden Dollar.

Ein zweites Standbein waren Snacks mit einem Umsatz von 7 Milliarden Dollar. Dazu gehörten die Kartoffelchips Lay's, Fritos, Doritos, Cheetos, Tostitos, Rold Gold Brezeln, SunChips und Smartfood. Wir stellten Sabritas in Mexiko, Matutano in Spanien und Smith's und Walkers im Vereinigten Königreich her. Frito-Lay, der US-Zweig des Snackgeschäfts, hatte seinen Sitz in Plano, Texas.

Pepsi-Cola, der ursprüngliche Limonadenhersteller, und Frito-Lay, ein in Dallas ansässiger Chipshersteller, hatten sich drei Jahrzehnte zuvor zusammengetan, um den Kerngedanken von PepsiCo zu etablieren – dass salzige Snacks ein Getränk brauchen, um sie herunterzuspülen. Beides sind schnell drehende Produkte, die geradezu aus den Regalen fliegen und häufig nachgefüllt werden müssen. Der Zusammenschluss führte zu wesentlichen Effizienzsteigerungen bei Verkauf und Vertrieb und belebte das Geschäft außerhalb der USA erheblich.

Das dritte Standbein des Unternehmens im Jahr 1994 waren Restaurants. PepsiCo hatte in den späten 1970er-Jahren die Fast-Food-Ketten Pizza Hut und Taco Bell gekauft, und ein paar Jahre später war Kentucky Fried Chicken hinzugekommen, das in KFC umbenannt wurde. Wir besaßen Casual-Dining-Marken wie California Pizza Kitchen und East Side Mario's sowie ein Food-Service-Unternehmen, das alle Ketten belieferte. Das Unternehmen betrieb weltweit 28.000 Restaurants (zum Teil als Franchisegeber) und servierte mehr als sechs Milliarden Mahlzeiten pro Jahr. Der Umsatz der Restaurantabteilung belief sich auf etwa 9 Milliarden Dollar.

Dutzende weiterer Betriebe und Aktivitäten machten das alles möglich – Saatgutfarmen, ein Netz von Vertragsbauern für den Kartoffelanbau, Forschung und Entwicklung und Testküchen, ein Direktvertriebssystem (DSD), das mit Tausenden von Lastwagen und Vertriebszentren bereits zu den größten der Welt gehörte. Das Verkaufspersonal des Unternehmens mit etwa 25.000 Mitarbeitern kümmerte sich um die Beziehungen zu den Kunden – vom CEO von Wal-Mart bis hin zu den einzelnen Managern jedes 7-Eleven oder unabhängigen Tante-Emma-Ladens. Es war alles sehr komplex und koordiniert.

Wayne Calloway, der große, rothaarige CEO, war genau die lakonische Führungspersönlichkeit, die ich bei meinem Vorstellungsgespräch kennengelernt hatte. Aber er war auch ein harter Konkurrent, ein ehemaliger College-Basketballspieler, der Harley-Davidson-Motorräder fuhr. Er hatte in der US-Armee gedient, bevor er bei Frito-Lay als Verkäufer anfing. PepsiCo war als Talentschmiede bekannt, in der aufstrebende Führungskräfte schwierige Aufgaben übernahmen und entweder untergingen und das Unternehmen verließen oder schwammen und aufstiegen. Wayne konzentrierte sich auf die Einstellung und Entwicklung von Mitarbeitern. Er war entschlossen, den Umsatz alle fünf Jahre zu verdoppeln. Bis dahin war er erfolgreich.

Wayne war der Meinung, dass PepsiCo mich mehr brauchte, als GE mich brauchte. Er war clever. Ich verfügte über eine seltene internationale Perspektive und Erfahrung, die ihm helfen würden, seinen Gewinn zu steigern. Ich glaube, er spürte auch, dass eine Frau in seiner Führungsriege längst überfällig war.

15 der 15 höchsten Stellen bei PepsiCo waren mit weißen amerikanischen Männern besetzt, als ich eintrat. Fast alle trugen blaue oder graue Anzüge mit weißen Hemden und Seidenkrawatten und hatten kurzes Haar oder gar keine Haare. Sie tranken Pepsi, Mixgetränke und Likör. Die meisten von ihnen spielten Golf, angelten, spielten Tennis, wanderten und joggten. Einige jagten gemeinsam Wachteln. Viele waren verheiratet und hatten Kinder. Ich glaube nicht, dass eine ihrer Ehefrauen einer bezahlten Arbeit außerhalb ihres Hauses nachging.

Ich führe diese Merkmale nicht im Einzelnen auf, um mich speziell auf diese Männer zu konzentrieren. Meine Kollegen waren klug, kreativ, engagiert und schulterten eine enorme Verantwortung und Belastung. Sie liebten das Unternehmen, das sie aufbauten. Tatsache ist, dass die Führung von PepsiCo 1994 fast alle Führungsetagen in amerikanischen Unternehmen widerspiegelte. Selbst die fähigsten Frauen tummelten sich noch im mittleren Management. Die Zahl der weiblichen CEOs unter den fünfhundert größten Unternehmen lag in jenem Jahr bei null.

Männer dieser Art hatten in der US-Wirtschaft nach dem Zweiten Weltkrieg großen Erfolg, weil sie sogenannte ideale Arbeitskräfte sein konnten. In einer Gesellschaft, die auf Einverdienerfamilien mit einer weiblichen „Hausfrau“ und einem männlichen „Ernährer“ ausgerichtet war, waren die Männer in der Tat die idealen Arbeitskräfte für Unternehmen. Sie waren nach einem festen Zeitplan und ohne Störgeräusche zu bestimmten Zeiten voll verfügbar. In der Regel war das montags bis freitags von neun bis fünf Uhr, aber in den boomenden gewerkschaftlich organisierten Produktionsstätten des Landes variierten die Schichtzeiten.

Die Männer, die auf der Karriereleiter nach oben kletterten und nach größeren Titeln, Gehältern, Aktienoptionen und Vorstandssitzen strebten, konnten mehr arbeiten, mehr reisen, abends lernen und sich stundenlang mit Kunden, Konkurrenten und Freunden treffen. Sie waren flexibel, weil die Frauen sich um die Hausarbeit kümmerten. Außerdem konnten sie ihre Sachen packen und mit ihren Frauen und Kindern dorthin gehen, wo das Unternehmen sie brauchte. Die Gesellschaft ebnete diesen Männern den Weg zu Geld und Einfluss in Unternehmen, in der Regierung und in globalen Angelegenheiten. Alle anderen unterstützten sie.

Als ich in die Chefetage von PepsiCo kam, vermutete niemand, dass man ein engagierter Elternteil ist, oder eine gute Mutter und Ehefrau. Lehrer, Ärzte, Zahnärzte, Lebensmittel, Kleidung, Kochen, Putzen, Wäschewaschen, Hausdekoration, Gartenarbeit, Hausgäste, Geburtstage, Feiertage und Urlaube waren einfach nicht ihr Gebiet. Vielleicht kümmerten sie sich – etwas – um die emotionale Gesundheit, den schulischen Erfolg und das allgemeine gute Benehmen ihrer Kinder.

Selbst wenn sie sich für diese Dinge interessierten, hatten diese Burschen einfach keine Zeit.

Wichtig war, dass die Männer, mit denen ich zusammenarbeitete, einander nicht danach beurteilten, wie sie ihr Berufs- und Familienleben miteinander vereinbarten. Sie waren sehr wettbewerbsorientiert, aber auch fürsorglich und unterstützten sich gegenseitig in Krisenzeiten wie Scheidung, Krankheit oder bei Problemen mit ihren Kindern.

All das ging mir nicht durch den Kopf, als ich sie traf. Ich war mir sehr bewusst, dass ich eine Außenseiterin war: Ich war immer noch das 18-jährige Mädchen am IIM Kalkutta, die indische Einwanderin im Polyesteranzug in Yale, die werdende Mutter und Vegetarierin in La Crosse, Wisconsin. Bei BCG war ich in vielen Branchen tätig gewesen, aber ich hatte nie einen weiblichen Kunden getroffen. Ich fand es nicht seltsam, in Sitzungen mit Dutzenden von Männern und keiner anderen Frau zu sitzen. Bei Motorola und ABB hatte meine Welt aus Ingenieuren, Wissenschaftlern, Robotern und Maschinen bestanden. Ich hatte nie eine enge weibliche Kollegin mit einem Job wie dem meinen gehabt, und ich hatte auch noch nie eine Frau am Arbeitsplatz gesehen, die ranghöher war als ich.

Als ich bei PepsiCo ankam, wurde ich herzlich empfangen. Mein neues Büro befand sich im begehrten „4/3" – der Spitzname des Unternehmens für das Gebäude 4, Stockwerk 3 –, auf dem Flur des CEO und der anderen Top-Führungskräfte, und es hatte fünf große Fenster, ein Zeichen von Status im informellen Regelwerk des Unternehmens.

Mir wurde ein angemessenes Budget für die Einrichtung meines Büros zur Verfügung gestellt, das ich jedoch nicht vollständig ausschöpfte. Ich entschied mich für eine zweckmäßige Kommode aus Kirschholzfurnier und einen Schreibtisch, der in einer flachen Box geliefert wurde, einen Konferenztisch mit sechs Stühlen, eine weiße Tafel und ein Flipchart.

Im Juni, etwa drei Monate nach meinem Einzug, war 4/3 in Aufruhr. Pizza Hut USA, mit 5.100 Restaurants, sagte, dass es wahrscheinlich die Gewinnschätzungen für das zweite Quartal verfehlen würde und dass die Aussichten für den Rest des Jahres pessimistisch seien. Die Ergebnisse von Taco Bell, KFC und einigen anderen unserer Imbissketten sahen ebenfalls wackelig aus.

Das Verfehlen der Gewinnprognose war eine schwere Krise: Die PepsiCo-Aktien würden wahrscheinlich fallen, und das taten sie auch. Nach Bekanntwerden der Nachricht stürzten die Aktien um 15 Prozent ab, und es wurden an diesem Tag dreimal so viele Aktien gehandelt wie üblich. Wayne handelte schnell. Innerhalb weniger Tage schuf er eine neue Position – CEO der Restaurants weltweit – und überzeugte Roger Enrico, einen erfahrenen PepsiCo-Veteranen, der sich von einem Herzinfarkt erholt hatte, diese Aufgabe zu übernehmen.

Ich traf Roger später in dieser Woche, als er mein Büro betrat. Er lächelte nicht. „Hallo, ich bin Roger Enrico“, sagte er. „Normalerweise hätte ich den neuen Leiter der Strategieabteilung interviewt. Sie sind die erste, die ohne mein Zutun eingestellt wurde.“

„Hallo, Roger“, sagte ich fröhlich. „Ich habe schon so viel von Ihnen gehört. Ich habe mich schon sehr darauf gefreut, Sie kennenzulernen.“

„Ich muss alles über das Restaurantgeschäft wissen und darüber, was genau in unseren Restaurants vor sich geht“, sagte er. „Ich sehe Sie in zehn Tagen in Dallas. Sie sind jetzt mein Chefstratege. Dettmer hat es genehmigt.“

Das war das ganze Gespräch. Er ging.

Jetzt hatte ich also meine ursprüngliche Aufgabe in der Unternehmensstrategie und -planung, die Bob unterstellt war, und eine zweite Aufgabe als Chefstratege der Restaurantgruppe, die Roger unterstellt war. Meine Arbeit sollte sich verdoppeln, über mein Gehalt wurde nicht gesprochen.

Roger Enrico war ein großartiger Chef und Denker, der zwei Jahre später CEO von PepsiCo wurde. Er war in den Eisenminen im Norden Minnesotas aufgewachsen, hatte im Vietnamkrieg gekämpft und war 1971 zu Frito-Lay gekommen, um bei der Vermarktung von Funyuns, den Zwiebelringen aus Mais, zu helfen. 20 Jahre später arbeitete er in Japan und Südamerika, leitete die Pepsi-Cola-Getränkesparte und managte eine umfassende Umstrukturierung von Frito-Lay. Rogers bevorzugter Ansatz und wofür er bei PepsiCo berühmt war, war, dass er große Veränderungen an großen Dingen vornahm.

Rogers Tage begannen um zehn Uhr, und er weigerte sich, nach neun Uhr abends irgendetwas zu lesen, das mit dem Geschäft zu tun hatte. Er hatte schöne Häuser in Montana, Dallas und auf den Cayman Islands und verbrachte die Wochenenden in dem einen oder anderen, ging fliegenfischen, ritt, tauchte, spielte Golf oder besuchte Museen. Er war gerissen und politisch, und viele Leute hielten ihn für schroff und abweisend. Aber im Grunde seines Herzens war er ein Showman. Es war seine Idee, Michael Jackson und seine Brüder Anfang der 1980er-Jahre als Werbeträger für Pepsi zu gewinnen, und als diese Kampagne unseren Marktanteil steigerte, strauchelte Coca-Cola, indem es sein Rezept in New Coke änderte. Roger schrieb ein Buch mit dem Titel „*The Other Guy Blinked*", in dem er den Sieg in den Cola-Kriegen erklärte.

Jetzt sprach Roger über Restaurants, weil dieser Teil des gesamten PepsiCo-Geschäfts plötzlich und überraschend ins Wanken geraten war. Das Problem war, dass das Geschäft mit Schnellrestaurants (QSRs = quick-service restaurants) gesättigt war. Einfach ausgedrückt: Jedes neue Restaurant, das eröffnet wurde, fraß sich in das Geschäft der anderen. Aber PepsiCo konnte nicht aufhören, zu expandieren, weil unsere Konkurrenten weiter expandierten. Wenn wir zum Beispiel keine Pizza-Hut-Filiale in einem neuen Einkaufszentrum eröffneten, würde wahrscheinlich Domino's Pizza oder ein anderes Restaurantkonzept den Platz einnehmen. So oder so würden die Pizza-Hut-Restaurants und andere QSRs in der Nachbarschaft leiden.

Dieses Dilemma machte sich in den Zahlen bemerkbar, auch wenn wir noch nicht alles herausgefunden hatten. Das Geschäft war riesig und sehr komplex. Es umfasste Immobilien, Franchisenehmer, Dine-in-Betriebe, Lieferdienste, Drive-ins, komplizierte Initiativen zur Anwerbung von Mitarbeitern, Lebensmittelsicherheitssysteme, Marketing und, und, und.

An dem Tag, an dem Roger sich so unvermittelt vorstellte, wusste ich fast nichts über Restaurants. Aber ich wollte beweisen, dass ich jede Herausforderung meistern konnte, die er mir stellte. In den nächsten anderthalb Wochen arbeitete mein siebenköpfiges Restaurantstrategieteam rund um die Uhr, um sich auf unser Treffen in Dallas vorzubereiten.

Die Präsentation – ein paar Dutzend Folien und Diagramme, die in dem großen Sitzungssaal neben Rogers Büro präsentiert wurden – war eine detaillierte Analyse, die die Werttreiber des Geschäfts darlegte, PepsiCos Restaurantgeschichte der letzten fünf Jahre analysierte und die Zukunftsaussichten betrachtete. Wir schlossen mit einer Liste von Fragen, die sofortiger Antworten bedurften. Roger war beeindruckt, aber er sagte nicht viel. Er hielt nichts von Komplimenten. Mein Team kehrte nach New York zurück, und kurz darauf rief mich seine Sekretärin an und bat mich, ihn am folgenden Montag um elf Uhr im privaten Flugzeughangar in Atlanta zu treffen. Ich versuchte, ein paar Einzelheiten aus ihr herauszubekommen, aber sie konnte nichts sagen. Sie schlug mir vor, für drei oder vier Tage zu packen.

Ich füllte noch einmal meinen Kleidersack und meine Aktentasche, flog mit Delta Air Lines nach Atlanta und fand den Weg zu den Stellplätzen der Firmenflugzeuge. Roger kam mit einem Challenger-Jet von PepsiCo an. Wir stiegen in ein Auto mit Fahrer und hielten zehn Minuten später an jedem QSR an einer belebten Handelsstraße in der Nähe des Flughafens an. Wir gingen in das Restaurant, und Roger bestellte etwas, holte das Essen, schaute es sich an, probierte vielleicht ein bisschen, warf es weg und stieg wieder ins Auto. Als jemand, der damit aufgewachsen ist, nie Essen zu verschwenden, war ich über diese Herangehensweise bei der Probenahme ein wenig entsetzt. Ich behielt meine Meinung für mich.

Nach vier Stopps wandte er sich an mich und fragte: „Und, was sagt die Wertungsliste?“ Ich war sichtlich verwirrt. „Was glauben Sie, was wir hier tun?“, rief er aus. „Das ist eine Marktbesichtigung! Wir müssen das Geschäft von Grund auf verstehen!“ Er stieg aus dem Auto aus, um eine Pause zu machen.

Ich rief schnell Richard Goodman, den Finanzchef von Taco Bell, an, den ich kaum kannte, und erklärte ihm die Situation. Richard wies mich freundlich darauf hin, die Bestellzeiten, die Wartezeiten, die Temperatur der Speisen, die Sauberkeit, die Personalausstattung im hinteren und vorderen Bereich und alle anderen Variablen zu erfassen, die sich auf das Kundenerlebnis auswirken könnten. Anhand dieser Angaben entwarf ich eine Wertungsliste auf einem Blatt Papier. Für den Rest des Tages bewertete ich alle Kriterien, die mir einfielen, auf einer Skala von 1 bis 5. Dies war meine erste Erfahrung mit der PepsiCo-Kultur „Untergehen oder Schwimmen“. Ich bin nicht untergegangen.

Gegen fünf Uhr nachmittags gingen wir zurück zum PepsiCo-Flugzeug und flogen nach Chicago. Am nächsten Tag besuchten wir wieder Fast-Casual-Restaurants wie Olive Garden, California Pizza Kitchen und Cracker Barrel – wir bestellten, gingen und bewerteten. Am dritten Tag machten wir das Ganze in einem Vorort von Washington, D.C. Ich gewöhnte mich an diesen Erkundungsprozess und begann, ihn zu genießen.

Als Roger und ich zum Westchester County Airport zurückflogen, schlug ich zufällig die Lokalzeitung auf und stieß auf die astrologische Prognose. Ich bin Skorpion. In meinem Horoskop stand: „Heute werden Sie mit jemandem reisen, der sehr schwierig ist und in den nächsten Jahren ein wichtiger Teil Ihres Lebens sein wird.“ Das war Roger auf den Punkt gebracht. Ich kreiste es ein und gab es ihm. Er las es, reichte es mir lächelnd zurück und bemerkte: „Ich bin auch Skorpion!“

Unser dreitägiger Fast-Food-Streifzug festigte meine Beziehung zu Roger für die kommenden Jahre. Wir sprachen auf dieser Reise kaum miteinander, aber er merkte, dass ich genauso neugierig auf die betrieblichen Details war wie auf die umfassende Sicht. Wir wussten beide, dass er unter Druck stand und das Geschäft selbst kennenlernen musste.

In den nächsten Monaten erarbeiteten Roger und ich gemeinsam, was die besten Restaurants des Systems ausmachte. Die Antwort, so fanden wir heraus, war, dass die Gäste Aufmerksamkeit auf einer sehr persönlichen Ebene brauchen. Gastronomen auf Lebenszeit, die ihre Arbeit liebten, neigten dazu, für ihre eigenen Märkte Neuerungen einzuführen, mit lokalen Werbeaktionen und anderen Anreizen. Ihre Lokale waren sauberer, fröhlicher und beliebter. Die Manager mochten die Menschen und behandelten jeden Kunden wie Familie. PepsiCo war ein Unternehmen für abgepackte Ware, das dieses sehr berührungsintensive Geschäft auf eine unpersönliche Art und Weise anging. Wir waren gut im Hinzufügen von Einheiten, im Einstellen und im Entwickeln von Menüpunkten, und solange das Restaurantgeschäft auf diese Weise wuchs, schnitten wir gut ab. Als wir jedoch mehr Umsatz von bestehenden Restaurants erzielen mussten, hatten wir Schwierigkeiten. Wir waren nicht so gut, wie wir es hätten sein müssen, was den „Berührungs"-Teil angeht.

In einem mutigen Schritt fuhr Roger den Bau neuer Restaurants zurück und übertrug bestehende Standorte aller unserer QSR-Marken an unsere besten Betreiber. Dies verbesserte sofort unseren Cashflow und die Kapitalrendite. Da die Franchisenehmer die Restaurants besser führten, begannen die Umsätze und Erträge zu steigen. Roger wurde als Held betrachtet. In diesem Prozess lernte ich unheimlich viel über das Dienstleistungsgeschäft und wie sehr es sich von einem Unternehmen für abgepackte Ware unterschied. Außerdem machte ich meine erste richtige Erfahrung an der Front und musste Investoren Rede und Antwort stehen. Roger drängte mich dazu, mit den Wall-Street-Analysten zu sprechen, die PepsiCo betreuten – es waren Dutzende –, und es machte mir Spaß, sie kennenzulernen. Ich hielt sie für klug und gut informiert über das gesamte Geschäftsmodell, auch wenn es ihnen überraschenderweise an operativem Wissen mangelte, da sie sich nie wirklich intensiv mit den Feinheiten dessen befassten, was den Umsatz oder den Wettbewerb antrieb.

Anfang 1995 reichte PepsiCo seinen Jahresbericht 10-K ein, den detaillierten Bericht über unsere Ertragslage für die US-Börsenaufsichtsbehörde (Securities and Exchange Commission). Unter „Executive Officers“ stand mein Name: Indra K. Nooyi, 39 Jahre. Ich war nervös und stolz darauf, auf dieser Liste zu stehen. Ich erinnere mich, dass mir die Verantwortung, die mit dem Job verbunden war, beim Anblick dieser Liste erst richtig bewusst wurde.

Zusätzlich zu unserer Arbeit an der Restaurantstrategie war ich immer noch für die Unternehmensplanung zuständig. Diesem Team gehörten nun fünfundvierzig Personen an, die als aufstrebende Führungskräfte ermittelt worden waren, einige Jahre lang in der Zentrale arbeiten und dann in Führungspositionen an anderer Stelle im Unternehmen aufsteigen würden. Einige waren gerade erst zu PepsiCo gekommen, andere waren schon ein oder zwei Jahre bei uns. Etwa ein Drittel davon waren Frauen. Alle drei oder vier Monate kamen ein paar Leute dazu oder schieden aus.

Dem Team, das ich übernommen hatte, fehlte es an internationaler Vielfalt. Sie arbeiteten hart und waren sehr präsent, aber ich war ein wenig besorgt über ein Ausbildungsprogramm, in dem nur wenige Nicht-US-Amerikaner vertreten waren. Schließlich investierte PepsiCo stark in internationale Märkte, und wir mussten Talente für diese Geschäfte bereitstellen. Ich bat unseren internen Recruiter um mehr Vielfalt in der nächsten Gruppe. Vier Monate später stellte er mir stolz die letzten Neueinstellungen vor. Ich war amüsiert und entsetzt. Es waren alles Kanadier.

Offenbar machte sich unser Personalverantwortlicher Sorgen über die Fähigkeit des Planungsteams des Unternehmens, Softball zu spielen. Die Abteilung hatte die PepsiCo-Trophäe mehrere Jahre in Folge gewonnen und wollte, dass das so bleibt. Die Kanadier kannten zumindest die Softballregeln und waren bereit, zu spielen.

Nach meiner anfänglichen Enttäuschung setzte ich mich mit dem Einstellungsteam zusammen und legte genau fest, was ich unter Vielfalt verstand. Im darauffolgenden Jahr gelang es ihnen, eine hervorragende Gruppe wirklich globaler Mitarbeiter einzustellen, aber das Unternehmensplanungsteam verlor die Softballtrophäe. PepsiCo hatte trotzdem die Nase vorn.

Anfang 1996, nachdem ich fast zwei Jahre lang wie eine Verrückte im Bereich Strategie und Planung gearbeitet hatte, war ich bereit für meine eigene operative Rolle mit Verantwortung für Umsatz, Gewinn und Verlust. Dies sei der Karrierepfad für die Aufsteiger bei PepsiCo und entscheidend für meinen Erfolg, wie man mir sagte. Wayne bat mich, die Leitung der westeuropäischen Snacksparte mit Sitz in London zu übernehmen, und Raj und ich freuten uns über einen Umzug für einige Jahre. Wir waren uns einig, dass Preetha, jetzt zwölf Jahre alt, und Tara, jetzt drei Jahre alt, tolle Erfahrungen im Ausland machen würden. Rajs Firma hatte ein Büro im Vereinigten Königreich, und es war möglich, dass er von dort aus arbeitete. Ich reiste nach London, suchte ein Haus für uns und wählte Schulen für die beiden Mädchen aus. Wir beschlossen, das Haus in Greenwich zu vermieten, PepsiCo arbeitete auf Hochtouren, um uns zu versetzen.

Leider erfuhr Wayne Calloway während dieser Wochen, dass der Krebs, gegen den er schon zuvor gekämpft hatte, wieder zurückgekehrt war. Er beschloss, zurückzutreten, und der Vorstand von PepsiCo stimmte dafür, dass Roger den Posten des CEO übernehmen sollte.

Um mich auf London vorzubereiten, prüfte ich auch Kandidaten, die mich in der Strategieposition ersetzen sollten, eine Einstellung, die Rogers Zustimmung erforderte. Genau wie Gerhard, als er nach „einer Indra Nooyi" suchte, lehnte Roger dann jedoch jeden Kandidaten ab, den ich ihm zum Interview schickte. Schließlich sagte ich: „Hör zu, Roger, ich ziehe bald nach Europa, um westeuropäische Snacks zu leiten. Du musst irgendjemanden akzeptieren."

Und ohne mit der Wimper zu zucken, teilte er mir mit, dass der Umzug vom Tisch sei. „Ich habe viele operative Führungskräfte, aber niemanden, der so strategisch denkt wie Sie, der mir helfen kann", sagte er. Das war ein großes Lob von Mr. Schroff. Unsere Absprachen in London mussten rückgängig gemacht, die Miete des Hauses storniert, die Schulen benachrichtigt und die Umzugshelfer gestoppt werden.

Raj und Preetha nahmen die Nachricht gelassen auf. Ich war jedoch enttäuscht und mir nicht sicher, wie sich dies langfristig für mich auswirken würde: Einerseits würde ich Roger bei der Neupositionierung des Unternehmens stärker unterstützen, andererseits würde ich die Gelegenheit verpassen, ein Unternehmen zu führen. Es war toll, für mein strategisches Denken geschätzt zu werden, aber die Leute draußen, die für Gewinn und Verlust verantwortlich sind, verdienten immer den meisten Respekt. Dazubleiben, würde meine berufliche Entwicklung sicherlich bremsen.

In leitenden Positionen kann in den meisten Unternehmen ein Verbleib auf einer Position oder ein Quereinstieg darauf hindeuten, dass man nicht befördert werden kann und sehr oft auch ersetzbar ist. Wenn man erst einmal in diese viel gepriesenen Ränge vorgedrungen ist, gibt es kein Halten mehr. Ich wusste auch, dass ich als Frau die Männer ausstechen musste.

Raj und ich sprachen darüber, und wir waren uns einig, dass ich mir jetzt keine Sorgen um meine eigene Karriere, sondern um das Wohl des gesamten Unternehmens machen sollte. Der neue CEO hatte seine Entscheidung getroffen, es war Zeit, sich wieder an die Arbeit zu machen.

Sicherlich war es für Roger eine sehr schwierige Zeit, als er das Unternehmen übernahm. Er hatte die Restaurants stabilisiert, musste aber ihre langfristigen Perspektiven innerhalb von PepsiCo bestimmen.

Auch eine andere Krise braute sich zusammen. Pepsi-Cola International, auf das ein Drittel des gesamten Getränkeumsatzes entfiel, war der nächste Geschäftsbereich, der die Gewinnschätzungen deutlich verfehlte. Unser venezolanischer Abfüller war zu Coca-Cola übergelaufen, wodurch unser 85-prozentiger Marktanteil in diesem Land gefährdet war. Unsere Abfüllfirma in Brasilien und Argentinien befand sich in finanziellen Schwierigkeiten. Einige wichtige Führungskräfte, darunter Bob Dettmer, beschlossen, in den Ruhestand zu gehen. Roger war gezwungen, diesen Teil des Unternehmens in den nächsten sechs Monaten zu regeln.

Gleichzeitig bat er mich, vertraulich eine umfassende, unabhängige strategische Überprüfung des Gaststättengewerbes und unserer Geschäftsaussichten einzuleiten. Ich stellte ein erfahrenes Team zusammen und vertiefte mich in diese Arbeit.

Zu dieser Zeit befasste ich mich zwar nicht offiziell mit der Gewinn-und-Verlust-Rechnung, aber ich war sehr mit den Finanzdaten des gesamten Unternehmens vertraut, da meine Abteilung mehrere mathematische Modelle erstellte, um vierteljährliche Umsatz- und Wachstumsprognosen für jede Abteilung abzugeben. Diese Arbeit war von den Finanzprognosen der einzelnen Abteilungen getrennt – und führte zu einigen Reibereien. Die Zahlen meiner Abteilung unterschieden sich manchmal ein wenig von denen der anderen und waren oft genauer.

Alle Prognosen wurden vierteljährlich mit Roger und den elf leitenden Angestellten des Unternehmens in einer großen Sitzung überprüft, die ich als sehr stressig empfand. Ich war die einzige Frau an diesem

Tisch. Ich stellte unsere Analyse aus der Zentrale vor, die dazu diente, die Erwartungen der Investoren zu steuern, und dann brachten die Leiter der Geschäftsbereiche ihre eigene Sichtweise ein.

Wenn die Zahlen abwichen, konnte die Kritik an meiner Abteilung sehr fies werden. Ich war besonders beleidigt, wenn mir vorgeworfen wurde, dass „die Unternehmensplanung versucht, das Unternehmen zu führen". In Wirklichkeit war das Ganze eine Farce – einige Abteilungsleiter regten sich lautstark auf, wenn die Modelle meiner Abteilung darauf hindeuteten, dass sie es besser hätten machen können, aber auch leicht verschnupft, wenn wir sagten, sie seien zu optimistisch. Sie wollten den CEO nur nicht verärgern, indem sie sich irrten, weder so noch so.

Jedes Quartal spürte ich in diesen Sitzungen die Feindseligkeit einiger Leute, und ich ärgerte mich zunehmend darüber, dass niemand im Raum mich jemals unterstützte. Einmal hielten wir die Sitzung in London ab, und als sich das gleiche Szenario wiederholte, verließ ich die Sitzung um die Mittagszeit und flog zurück nach New York. Das war völlig untypisch für mich. Roger bemerkte es, sagte aber nichts. Mit der Zeit begann mich auch zu stören, dass er nicht eingriff.

Im September 1996 beendeten wir die vollständige Überprüfung des Restaurantgeschäfts und erstellten eine Zusammenfassung, um sie dem Vorstand vorzulegen. Dies würde meine erste wirkliche Begegnung mit dem Vorstand von PepsiCo sein, und ich hatte keine Ahnung, wie ich von diesen Kennern der Branche beurteilt werden würde.

Einen Tag vor der Vorstandssitzung – an einem Tag, an dem wir eines der vierteljährlichen Treffen der Abteilungsleiter abhielten – suchte ich Roger in seinem Büro auf.

„Roger, ich bin bereit für den Vorstand morgen", sagte ich. „Und danach werde ich PepsiCo verlassen. Ich habe unzählige Sitzungen ertragen, in denen ich gedemütigt wurde. Ich mache das nicht mehr mit. Ich will nichts von PepsiCo. Ich gehe einfach." Obwohl ich immer bereit war, für meine Arbeitgeber bis zum Äußersten zu gehen, hatte ich das Gefühl, dass ich eine Grenze ziehen musste, wenn es darum ging, dass andere die Aufrichtigkeit meiner Arbeit respektierten. An diesem Tag dachte ich nicht darüber nach, wie es mit meiner Karriere weitergehen sollte, ich wollte nur aus einer Situation herauskommen, die ich inakzeptabel fand.

Roger zuckte zusammen. Er hielt einen Stift in der Hand und drehte ihn nervös auf dem Schreibtisch hin und her. Ich konnte sehen, dass ich ihn irritiert hatte. Aber dann sagte er: „Ich melde mich bei Ihnen."

Ich weiß nicht, was er nach unserem Gespräch tat. Das Treffen an diesem Tag wurde um mehrere Stunden verschoben, und als es am späten Nachmittag stattfand, fand ich die Atmosphäre völlig verändert. Von allen erfuhr ich unglaubliche Unterstützung.

Am nächsten Tag stellte ich dem Vorstand unsere strategische Überprüfung des Restaurantgeschäfts vor und war sehr zufrieden damit, wie meine Arbeit aufgenommen wurde. Ich erinnere mich noch daran, dass Ray Hunt, der damalige CEO von Hunt Oil, sagte, es sei die beste strategische Präsentation gewesen, die er bei PepsiCo oder in irgendeinem anderen Unternehmen je gesehen habe. Ich war auf Wolke sieben.

Wir hatten nun zwei Monate Zeit, um detaillierte Optionen für das Geschäft zu entwickeln, einschließlich der Überlegung, ganz aus dem Restaurantgeschäft auszusteigen. Das würde bedeuten, ein Drittel des Umsatzes von PepsiCo auszugliedern. In kultureller Hinsicht wäre dies für viele Menschen bei PepsiCo hart: Unsere drei Geschäftsbereiche waren eine Familie, und ich wusste, dass sich der Restaurantbereich verraten fühlen würde. Aber ich betrachtete jede Form der Trennung als Befreiung der Restaurants von einem Unternehmen für abgepackte Waren, das sie ausbremste. Die Restaurants mussten eine unabhängige Aktiengesellschaft sein.

Dies war ein Moment der brutalen Objektivität. Eine Situation, in der ich mich über viele Jahre hinweg immer wieder befand. Gute Geschäfte erfordern harte Entscheidungen auf der Grundlage einer gründlichen Analyse und einer unbeirrten Umsetzung. Emotionen dürfen dabei keine Rolle spielen. Die Herausforderung, vor der wir alle als Führungskräfte stehen, besteht darin, innerlich zuzulassen, dass einen die Gefühle bewegen, dann aber nach außen hin ruhig zu bleiben, und das habe ich gelernt.

Nach dieser Vorstandssitzung kam Steve Reinemund, der Präsident von Frito-Lay, selbst ein ehemaliger Gastronom, voller Begeisterung in mein Büro. Roger war auch da. „Lasst uns loslegen", sagte er. Er erwähnte unser Gespräch mit keinem Wort. Er war offensichtlich der Meinung, dass die ausdrückliche Unterstützung der Abteilungsleiter und des Vorstands in den letzten 24 Stunden ausreichte, um zu beweisen, dass ich für alle wertvoll war. Ein weiteres Gespräch war nicht nötig.

Neun Monate später gliederten wir das Restaurantgeschäft in ein börsennotiertes Unternehmen namens Tricon Global Restaurants aus. Das Unternehmen benannte es später in YUM! Brands um und ist nach wie vor Eigentümer und Betreiber der florierenden Ketten Pizza Hut, Taco Bell und KFC.

Zusammen mit Hugh Johnston, einem jungen Finanzexperten, der mich bei einer Abteilungsversammlung beeindruckt hatte, verkauften wir unser Food-Service-Geschäft und alle unsere Casual-Dining-Ketten. Die Arbeit war anstrengend und intensiv, aber auf diese Weise lernte ich, wie das Investmentbanking und der Prozess der Veräußerung, Ausgliederung, Abspaltung, des Börsengangs und anderer Finanztransaktionen wirklich funktioniert. Ich beobachtete den Lebensstil und die Arbeitsweise von Investmentbankern und Vertragsanwälten bei den ganzen Transaktionen. Ich war froh, dass ich nicht zu ihnen gehörte.

Im Januar 1998 feierte PepsiCo das hundertjährige Bestehen von Pepsi-Cola mit einer riesigen Gala auf Hawaii. Die Party war überwältigend: Meeresbrise, wunderbares Essen und Hunderte von Führungskräften und ihren Ehepartnern, die bis in die Nacht tanzten, während die Rolling Stones auf einer kleinen privaten Bühne auftraten.

Aber die Arbeit lag nicht auf Eis. Eines Morgens nahm mich Roger zur Seite und bemerkte, dass das Kurs-Gewinn-Verhältnis von Coca-Cola bei etwa 45 und das von PepsiCo bei etwa 20 lag. Er wollte eine weitere gründliche Analyse – diesmal von Coca-Cola.

Ich kehrte nach New York zurück und stürzte mich mit einem Team von etwa zehn Leuten in das weltweite Getränkegeschäft. Wir lasen jedes interne und öffentliche Dokument, das wir in die Finger bekamen. Wir heuerten Mars & Co. an, ein auf Wettbewerbsanalysen spezialisiertes Beratungsunternehmen, und arbeiteten vier Monate lang durch, wie Coca-Cola Geld machte und warum die Investoren dessen Aktien höher bewerteten als unsere. Der abschließende Mars-Bericht umfasste 300 Seiten, und ich musste alles verarbeiten, zusammenfassen und die Schlussfolgerungen dem Vorstand präsentieren.

Wir fassten die Botschaft in sechs leicht verständlichen Grafiken zusammen und hängten sie als Poster im Konferenzraum auf. In einer weiteren Vorstandssitzung führte ich die Direktoren von PepsiCo von Diagramm zu Diagramm und legte dann meine Argumente dar: Der Aktienkurs von Coca-Cola war unhaltbar. Das Gewinnwachstum unseres Konkurrenten wurde größtenteils von einmaligen Posten getragen, einschließlich regelmäßiger Verkäufe von Teilen ihrer Minderheitsbeteiligungen an ihren Abfüllbetrieben. Coca-Cola hatte viele Jahre zuvor sein Abfüll- und Vertriebssystem für Erfrischungsgetränke in unabhängige Aktiengesellschaften ausgegliedert, die den Sirup mit Wasser und anderen Zutaten mischten, um das Endprodukt in Flaschen abzufüllen. Diese Beteiligung konnte innerhalb einer bestimmten Spanne so ziemlich nach Belieben erhöht oder verringert werden.

In der Sitzung zeigte ich, dass die Rendite des investierten Kapitals von Coca-Cola, die das Kurs-Gewinn-Verhältnis beeinflusste, höher war als die von PepsiCo, weil sich Coca-Cola in erster Linie auf die Herstellung und den Verkauf des Sirups konzentrierte.

PepsiCo besaß seine Abfüllbetriebe, aber Roger war von der Finanzierungstechnik unseres Wettbewerbers fasziniert. Wir begannen zu diskutieren, wie wir auch unsere nordamerikanischen Abfüllbetriebe ausgliedern könnten. Ich war ängstlich, weil ich dachte, dass es schwierig werden könnte, die Kontrolle über unseren US-Getränkevertrieb abzugeben: Unabhängige Abfüller würden ihre eigenen Wachstumsziele festlegen wollen, und ich machte mir Sorgen, dass uns das in den kommenden Jahren schaden könnte.

Trotzdem: Ich hatte nicht das Sagen. Roger wog alle Beiträge ab und entschied, dass PepsiCo ein neues, börsennotiertes Abfüllunternehmen gründen sollte, das hauptsächlich aus unseren nordamerikanischen Anlagen bestehen sollte. Wir würden 20 Prozent an diesem Unternehmen behalten.

Unsere strategische Überprüfung von Coca-Cola verriet unseren Führungskräften und dem Vorstand viel darüber, wie unser Wettbewerber seine Zahlen lieferte. Auch die Schlussfolgerung erwies sich als richtig. Als Roger beschloss, dieselbe Strategie zu verfolgen, wurden die Anleger hellhörig. Der Aktienkurs von Coca-Cola fiel im dritten Quartal 1998 um volle 34 Prozent.

In dieser Zeit war ich ununterbrochen mit Verhandlungen beschäftigt. Mitten in der Abfülltransaktion riefen Banker von Seagram bei Roger an und fragten, ob wir die Fruchtsafttochter Tropicana kaufen wollten.

Ich hielt das für eine großartige Idee. Ich kannte PepsiCo nun in- und auswendig und konnte die Lücken erkennen. Eine davon war, dass die Verbraucher vor zehn Uhr morgens nicht zu unseren Getränken oder Snacks griffen. PepsiCo hatte einmal testweise ein Produkt für die Kaffeetrinker namens Pepsi A.M. auf den Markt gebracht, aber das war ein Flop. Tropicana, die Nummer eins unter den Orangensaftherstellern, war eine große Lebensmittelmarke mit einem wachsenden internationalen Geschäft.

Nach einer intensiven dreiwöchigen Analyse, bei der ich nach Florida, Belgien und England hetzte, um die Due-Diligence-Prüfung abzuschließen, kauften wir Tropicana im Juli 1998 für 3,3 Milliarden Dollar in bar.

Ich fing an, darüber nachzudenken, wie wir dem Nährwert der Angebote von PepsiCo mehr Aufmerksamkeit schenken könnten. Der Absatz von Limonade ging langsam zurück. Die Verbraucher wichen auf kohlensäurefreie und gesündere Getränke aus. Aquafina, unser Wasser in Flaschen, gewann nach und nach an Zugkraft, und unsere Tees und Kaffees liefen gut. Wir hatten die Restaurants nicht mehr, und unsere Bilanz war für einen grundlegenden Wandel gerüstet.

Gesundheit und Wellness waren für mich unbestreitbar eine Kategorie, die große Chancen bot. Ich hatte das an der Heimatfront kommen sehen. Ich fand es mehr als merkwürdig, dass ein paar Kinder auf Taras Geburtstagsparty fragten, ob sie ihre Mütter anrufen könnten, um die Erlaubnis zu bekommen, die Pepsi zu trinken, die es bei uns gab. Das ließ bei mir die Alarmglocken schrillen.

Eines Tages bat ich unser Marketingteam, mir dabei zu helfen, das zu durchdenken. Wir beschlossen, einen Beirat für Gesundheit und Wellness mit sechs Experten von außerhalb des Unternehmens einzurichten, und nahmen einige Professoren und Ernährungsexperten in diese Gruppe auf. Irgendwann übernahmen wir auch einen wenig genutzten Konferenzraum und richteten eine Attrappe eines Lebensmittelladens mit Regalen voller gesünderer Produkte ein, die wir uns für unser Portfolio im 21. Jahrhundert vorstellten. Roger besichtigte diese Einrichtung und war fasziniert. Steve sah es und war skeptisch, unter anderem, weil er es für eine Ablenkung hielt. Wir bauten die Ausstellung ab und lösten den Wellness-Beirat auf.

Mehrere Monate lang fragte ich mich, ob ich zu früh nachgegeben hatte. Hätte ich mit Zahlen und Fakten zurückkommen sollen, um zu beweisen, dass Gesundheit und Wellness für uns wichtig sein können?

Die gesamten Ersparnisse meines Großvaters flossen in dieses Haus, in dem drei Generationen lebten und füreinander sorgten. Das Haus gab uns Stabilität und Komfort. Unsere Familie lebte in einfachen Verhältnissen, und wir legten größten Wert auf Bildung.

Die Schaukel im Wohnzimmer der Frauen, auf der wir schaukelten und sangen und wo meine Mutter und ihre Schwestern südindischen Kaffee tranken und über die Welt diskutierten.

Meine Eltern an ihrem Hochzeitstag. Mein Vater hatte meine Mutter in der Nachbarschaft gesehen und war von ihrem fröhlichen Wesen fasziniert. Ihre Eltern trafen sich und arrangierten die Verbindung. Sie hatten eine wunderbare Partnerschaft.

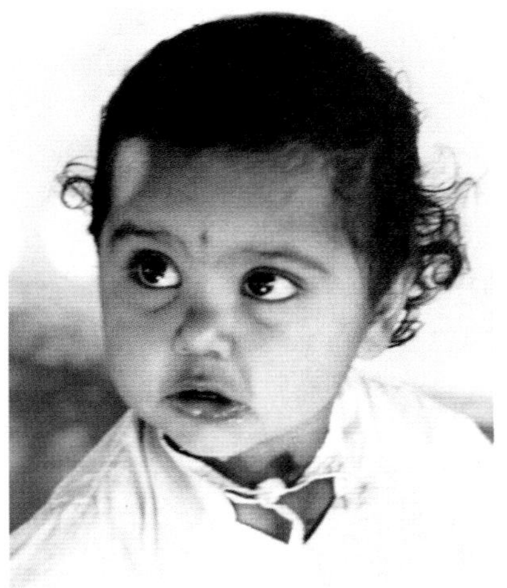

Ich als Baby im Jahr 1956, nicht ganz ein Jahr alt. Wir hatten keinen Fotoapparat, und mein Onkel nahm dieses Bild auf. Ich habe nur sehr wenige Fotos von meinen ersten Jahren.

Thatha, mein Großvater väterlicherseits, beherrschte den Raum, indem er sich einfach auf einen Stuhl setzte. Er vergötterte uns und vermittelte uns eine lebenslange Liebe zum Lernen. Er sagte: „Ich bin 80 und immer noch Student." Ich bin links, etwa 14 Jahre alt.

Meine Großeltern mütterlicherseits und einige meiner Tanten und Onkel. Meine Mutter und mein Vater stehen direkt hinter den Eltern. Chandrika (links) und ich tragen Seiden-Pavadais, unsere Röcke für besondere Anlässe.

Ich besuchte zwölf Jahre lang die Holy Angels Convent School und rannte buchstäblich von einer Aktivität zur nächsten. Ich liebte vor allem die Naturwissenschaften und die Musik. Mrs. Jobard, in der Mitte mit kurzen Haaren, war meine Lieblingslehrerin und förderte mich sehr. Ich bin in der mittleren Reihe, zweite von rechts, mit Zöpfen und Schleifen.

Am Flughafen verabschiedete ich mich von meiner Familie, bevor ich nach Yale abreiste. Mein Vater überredete meine Mutter, mich gehen zu lassen. Ich war voller Vorfreude und traurig, dass Thatha nicht da war, um mich abfliegen zu sehen.

The LogRhythms, unsere reine Mädchen-Rockband, mit Mary, Jyothi und Hema. Wir begannen mit fünf Liedern und wurden ein Hit auf Schulfesten in ganz Madras. Der Junge auf diesem Foto, Kamlesh, war ein Nachbar, der gelegentlich Schlagzeug spielte und sich um die Ausrüstung kümmerte.

Raj und ich heirateten im holzgetäfelten Keller des Hauses seines Onkels, umgeben von unseren engsten Familienangehörigen. Hier achten unsere Mütter darauf, dass Raj die Hochzeitskette richtig befestigt.

Carl Stern, Leiter des BCG-Büros in Chicago, bot mir bis zu sechs Monate bezahlten Urlaub, als mein Vater unheilbar krank war. Ohne diese Auszeit hätte ich bei BCG aufhören müssen, um meiner Mutter bei der Pflege meines Vaters zu helfen.

Raj und ich in den frühen Tagen unserer Ehe.

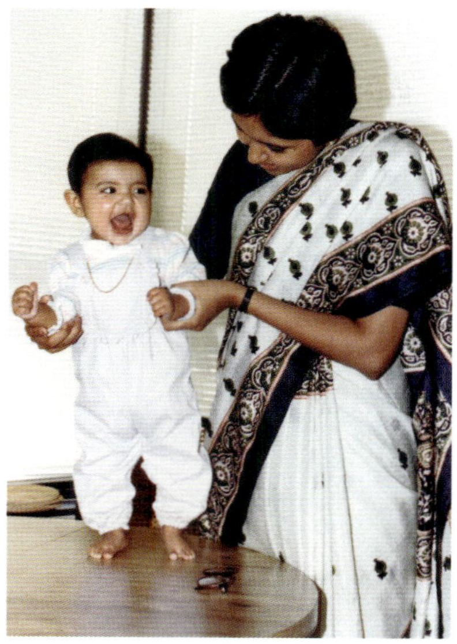

Preetha, meine Erstgeborene, lehrte mich Liebe auf tiefster Ebene, und Raj und ich waren völlig vernarrt in unser wunderschönes kleines Mädchen. Meine Mutter, Rajs Eltern sowie Tanten und Onkel aus Indien lebten zeitweise bei uns, um uns bei der Betreuung zu helfen.

Als Tara auf die Welt kam, war ich erneut von den Gefühlen für mein Kind überwältigt. Ich hatte bezahlten Urlaub und eine sehr gute Krankenversicherung, zwei wichtige Stützen. Aber wir stellten fest, dass es mit zwei Kindern komplizierter war als mit einem.

Raj widmet sich voll und ganz unserer Familie, und wir sind als Eltern echte Partner. Er ermutigte mich immer, weiterzugehen, und brachte mir zuliebe viele Opfer in seiner eigenen Karriere.

Mein erster Tag bei PepsiCo, mit CEO Wayne Calloway in seinem Büro. Er war ein Mann weniger Worte, aber er hatte mich angerufen, um mir zu sagen, dass er der Meinung war, dass PepsiCo mich mehr brauchte als General Electric. Das überzeugte mich.

Ankündigung der Übernahme von Quaker Oats für 13,2 Milliarden Dollar, mit Bob Morrison, Roger Enrico und Steve Reinemund. Ich war gerade zur Präsidentin von PepsiCo ernannt worden und war stolz, zum inneren Kreis zu gehören.

Preetha und Tara in ihren Schuluniformen. Mehrere Jahre lang arbeitete ich ununterbrochen und war ständig auf Reisen. Ich schrieb Zettel, in denen ich die Städte beschrieb, in denen ich war, und hinterließ sie den Mädchen, wenn ich weg war, aber ich vermisste sie schrecklich.

Rajs Eltern mit Preetha und Tara. Mein Schwiegervater unterstützte meine Karriere, und meine Schwiegermutter, eine sanfte, liebevolle Person, war bereit, in jeder Hinsicht zu helfen. Wir reisten fast jedes Jahr nach Indien, um Zeit mit der Familie beider Seiten zu verbringen.

Dear Mom

I relly LOVE you. I relly Would appreciate if you came home early! Please Please Please Please Please Please Please! if you say yes i Love you again

Taras Brief, den sie schrieb, als sie etwa sechs Jahre alt war, und in dem sie mich anflehte, nach Hause zu kommen. Später schickte sie mir auch Notizen, in denen sie mich bat, mich zu entspannen.

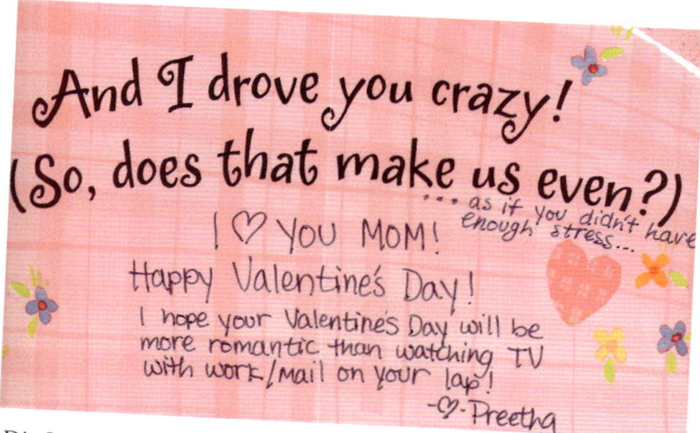


Die Innenseite einer Karte von Preetha. Sie wusste, dass ich viel Stress hatte, und hoffte, mein Valentinstag würde interessanter werden als ein Abend mit Fernsehen und Arbeit.

Mit Steve Reinemund und seiner Frau Gail im August 2006, als wir bekannt gaben, dass ich CEO von PepsiCo werden würde. Ich war aufgeregt und nervös, und die ganze Familie fragte sich, was das für uns bedeuten würde.

Der indische Präsident A. P. J. Abdul Kalam steckt mir im April 2007 den Padma Bhushan Award an. Ich wünschte, mein Vater und mein Großvater hätten mich an diesem Tag gesehen. Das war eine unglaubliche Ehre.

Jan Niski, Ann Cusano und Barbara Spadaccia, meine drei Assistentinnen, als ich Präsidentin und CEO von PepsiCo war. Sie hielten mein Leben zusammen, beschützten mich und waren meiner Familie gegenüber sehr loyal. Ich hätte es nicht geschafft, wenn diese Frauen nicht die konkurrierenden Anforderungen an meine Zeit so meisterhaft organisiert hätten.

Hillary Clinton kam zu PepsiCo, als sie US-Senatorin für New York und ich kurz davor war, den Posten der CEO zu übernehmen. In diesen wenigen gemeinsamen Minuten sagte sie mir, dass ich sie jederzeit anrufen könne. Wir gehen auf der ebenen Fläche, die ich verlegen lassen hatte, damit die Leute nicht ständig über das Kopfsteinpflaster stolperten, das man auf den Seiten sieht.

Kurz nachdem ich den Vorsitz von PepsiCo übernommen hatte, lud ich andere weibliche Führungskräfte zu mir nach Hause zu ein paar Abendessen ein. Wir stellten fest, dass wir viele Gemeinsamkeiten hatten.

Mit Mehmood Khan, der Person, die wahrscheinlich am meisten bewegte in Sachen Performance with Purpose. Mehmood trieb die Forschung und Entwicklung voran und erzielte Durchbrüche bei der Reduzierung von Zucker und Salz unter Beibehaltung des Geschmacks unserer Produkte sowie beim Wassersparen und der Reduzierung von Plastik.

Das Cover des PepsiCo-Jahresberichts 2017 zeigt, dass mehr als 50 Prozent unseres Portfolios nun aus „Better for You“- und „Good for You“-Produkten bestand.

Mit Mauro Porcini, der anders war als alle anderen, die je mein Büro betreten hatten. Er fasste meine Ideen, wie man großartiges Design in das gesamte Unternehmen integrieren konnte, in Worte.

Das PepsiCo-Team arbeitete hart, aber wir hatten auch eine tolle Zeit zusammen. Es überrascht nicht, dass unsere Karaoke-Partys ziemlich wettkampfmäßig werden konnten. Hier treten die Männer auf, danach singen die Frauen.

Auf einer Markttour in Guatemala. Ich ging in die Geschäfte, um zu sehen, wie unsere Produkte in den Regalen aussahen, und wollte, dass unsere Mitarbeiter an vorderster Front wussten, dass mir ihre Arbeit sehr am Herzen lag. Im Vordergrund steht Laxman Narasimhan, der damalige CEO von PepsiCo Latin America.

Mit Anne-Marie Slaughter und Norah O'Donnell auf der Konferenz „Women in the World" 2016 in New York. Ich liebte es, auf Veranstaltungen zu sprechen, um Frauen zu stärken und unsere Schwesternschaft aufzubauen.

PepStart, unser Kinderbetreuungszentrum am PepsiCo-Hauptsitz, war schon bald überfüllt, auch wenn die Mitarbeiter für den Service bezahlten. Ich sehe keinen Grund, warum große Unternehmen Familien nicht bei der Kinderbetreuung helfen sollten, damit alle davon profitieren.

Präsident Barack Obama holte die Meinung von Wirtschaftsführern ein, als er durch die Finanzkrise navigierte. Er war ein großartiger Zuhörer und begrüßte alle unsere Standpunkte.

Mit Derek Jeter von den New York Yankees. Ich verliebte mich während der World Series 1978 in die Yankees. Damals war ich frisch immigriert und vermisste Kricket, den Schläger-und-Ball-Sport meiner Jugend. Derek und ich sind immer noch gute Freunde.

Meine Mutter Shantha, die immer einen Fuß auf dem Gaspedal und einen Fuß auf der Bremse hatte. Sie war sowohl ein Katalysator für meine Karriere als auch mein Sicherheitsnetz.

Meine Reise nach Südafrika im Jahr 2018 war die denkwürdigste meines Lebens. Nachdem ich mit einer Gruppe von Mädchen im Teenageralter Zeit verbracht und von ihrem schwierigen Leben gehört hatte, baten sie mich nur darum, jede einzelne von ihnen einmal zu drücken. Wir verbrachten eine lange Zeit damit, uns zu umarmen.

Auf der Veranstaltung, auf der mein Rücktritt von PepsiCo angekündigt wurde. Ich war stolz und dankbar, und ich freute mich auf das nächste Kapitel meines Lebens.

Die Lieben meines Lebens, die mir so viel Freude bereiten – mein Mann Raj und meine Töchter Preetha und Tara.

Es war mir eine große Ehre, mit diesem Gemälde des Künstlers Jon R. Friedman in die National Portrait Gallery der Smithsonian Institution aufgenommen zu werden.

AUS MEINER DANKESREDE:

*„Ich hoffe, dass jedes Mädchen, jede Person of Color, jeder Einwanderer, jeder Amerikaner, der sich Jons Werk ansieht, nicht nur ein Porträt sieht. Ich hoffe, dass sie sehen werden, dass alles möglich ist. Und ich hoffe, dass sie ihren eigenen Weg finden werden, ihre Tatkraft und ihre Talente einzubringen, um dieses Land und unsere Welt emporzuheben."*

Die Wahrheit war, dass dies angesichts all meiner anderen Prioritäten ein Berg war, den ich später würde erklimmen müssen.

Von 1994 bis 1999 habe ich gearbeitet, gearbeitet und gearbeitet. Ich ging abends nach Hause, duschte, zog mein Flanell-Nachthemd an, um den Mädchen zu zeigen, dass ich nicht mehr wegging, brachte sie ins Bett und blieb bis ein oder zwei Uhr morgens auf, um meine Post zu lesen und Dokumente durchzusehen. Zum Abendessen war ich fast nie da.

Ich trieb keinen Sport. Ich schlief kaum.

Mindestens zweimal im Monat reiste ich zwischen unseren Unternehmen in der ganzen Welt hin und her. In dieser Zeit flog ich mindestens achtmal nach China – einschließlich mehrerer Reisen mit Henry Kissinger, dessen Firma Kissinger Associates uns in Übersee unterstützte –, um herauszufinden, wie wir in einen Markt investieren konnten, in dem Coca-Cola einen dreimal so hohen Marktanteil wie Pepsi hatte. Roger bat mich einmal, ihn für zwei Wochen nach Asien zu begleiten. Wir hatten von montags bis donnerstags geschäftliche Besprechungen und verbrachten die langen Wochenenden damit, uns mit lokalen Führungskräften zu treffen. Roger hielt es für wichtig, diese Menschen in einem informellen Rahmen kennenzulernen. Ich wollte zu Hause bei meiner Familie sein.

Ich hörte nicht auf. Meine eigene Arbeitsverantwortung war riesig, aber ich fühlte mich verpflichtet, dafür zu sorgen, dass auch die Arbeit der anderen die Anforderungen erfüllte. Ich coachte und betreute, überprüfte und schrieb Präsentationen für Dutzende von Kollegen um.

Von all den Zeiten, in denen ich es übertrieben habe, bereitet mir ein Tag immer noch Gewissensbisse. Mary Waterman, unsere liebe Nachbarin von nebenan, starb an Brustkrebs. Aber ich ging nicht zu Marys Beerdigung, weil ich bei der Arbeit Folien für die Ausgliederung der Restaurants für den Vorstand umschrieb, etwas, wofür eigentlich zwei andere in unserem Team zuständig waren. Diese Männer hatten mir die Aufgabe einfach übertragen und gesagt: „Du machst das so gut, und Roger vertraut dir." Ich hätte einfach Nein sagen sollen. Ich habe mir nie verziehen, dass ich an diesem Tag meine Arbeit über meine liebe Freundin Mary gestellt habe.

Unabhängig davon, welchen Tribut mein Arbeitsleben von meiner Rolle zu Hause forderte, hatte ich immer noch das Rettungsboot Raj. Er war jetzt Partner in der Beratungsfirma, arbeitete und reiste wie verrückt und war dennoch eine ständige Stütze. Wir hatten auch eine Haushälterin, die für uns fuhr und kochte, und ein Kindermädchen, das das Haus am Laufen hielt und für die Sicherheit der Kinder sorgte. Meine Mutter verbrachte in diesen Jahren mehr Zeit mit den Familien meiner Schwester und meines Bruders in New York, obwohl sie immer zur Verfügung stand, um bei Bedarf einzuspringen. Auch Rajs Eltern halfen uns, wann immer wir sie darum baten.

Tara kam in die Montessorischule, bevor sie zwei Jahre alt war, und wechselte mit drei Jahren in die Vorschule der Sacred Heart. Sie war tagsüber beschäftigt und gut betreut und kam abends oft zu PepsiCo, wo sie sich in der Chefetage aufhielt, herumlief und mit den Anwesenden plauderte. Niemanden schien es zu stören. Manchmal rollte sie sich zusammen und schlief unter meinem Schreibtisch.

Preetha vermisste mich in diesen Jahren sehr. Sie war eine Heranwachsende, und häufig sah sie eine eingespannte, total gestresste Mutter. All die Zeiten, in denen wir in Chicago zusammen gesungen und getanzt hatten, und unsere ersten Tage in Connecticut wurden durch das ersetzt, was sie als Taras Konkurrenz empfand. Ich war in schwierigen Zeiten liebevoll und präsent, aber im Alltag nicht wirklich da. Ihre Angst drückte sich in verbalen Ausbrüchen aus, und ich hatte Mühe, mit ihnen fertigzuwerden.

Tara war ein ruhigeres, stilleres Kind, das mir einmal einen Zettel schrieb, den ich immer noch in meiner Schreibtischschublade aufbewahre und der die Gefühle dieser Jahre offenlegt. Auf einem großen Blatt Bastelpapier, verziert mit Blumen und Schmetterlingen, bat sie mich, nach Hause zu kommen. „Ich werde dich wieder lieben, wenn du nach Hause kommst, bitte“, steht auf dem Zettel. In ihrer süßen, schiefen Druckschrift hat sie das Wort *bitte* siebenmal geschrieben.

Viele Jahre lang schrieb ich auf Reisen Notizzettel und Briefe an Preetha und Tara und ließ sie zu Hause, damit sie sie öffnen konnten, wenn ich weg war. Wann immer es möglich war, nutzte ich die Zeit, um diese Schreiben zu verfassen – an meinem Schreibtisch, im Auto oder im Flugzeug oder nachts im Hotel, bevor ich ins Bett ging. In den Geschenkeläden der Flughäfen hielt ich immer Ausschau nach Aufklebern oder kleinen Spielzeugen und Schnickschnack, die ich mit in die Umschläge stecken konnte. Am Ende hatten wir eine ganze Sammlung von Puppen in Nationaltracht – aus Finnland, aus Japan, aus Brasilien. Diese Notizen und Andenken waren für mich ein fortlaufendes privates kleines Projekt, während ich meinen anderen Pflichten nachging. Dadurch war ich meinen Kindern näher, obwohl ich weiß, dass es ein schlechter Ersatz für die tatsächliche Anwesenheit war. Viele Jahre lang nagten Schuldgefühle an mir, weil ich meinen Kindern in ihren ersten Lebensjahren keine Vollzeitmutter war. In mancher Hinsicht denke ich mit großer Traurigkeit an diese Zeit zurück.

Ich habe mich oft gefragt, warum ich weitergemacht habe. Die Arbeit war intellektuell anregend, und ich liebte wirklich, was ich tat. Ich war sicher, dass ich unglücklich wäre, wenn ich kündigen würde, und ich war nicht bereit, ganz auszusteigen. Tatsächlich waren wir immer noch dabei, die Schulden für die Hausrenovierung abzuzahlen, und unsere Ausgaben waren mit den Gebühren für zwei Privatschulen hoch.

Wir hatten uns auch ein finanzielles Ziel gesetzt: einen bestimmten Betrag wollten wir für unser Leben im Ruhestand und anderes ansparen, um sicherzustellen, dass die Mädchen wirtschaftlich unabhängig waren. Und im Hinterkopf hatten wir immer die Sorge, was passieren würde, wenn einer von uns seinen Job verlöre. Dass Raj und ich beide arbeiteten, war unser Sicherheitsnetz – wahrscheinlich eher die typische Einwanderermentalität.

Eines Tages im Frühjahr 2000 kam Roger beiläufig in mein Büro und sagte, dass Mike White, der CFO von PepsiCo, nach Europa wechseln würde, um das Snackgeschäft zu leiten. Roger wollte mich zum CFO machen und diese Rolle all den anderen Aufgaben hinzufügen, die ich bereits hatte. Ich sagte ihm, ich müsse darüber nachdenken. Ich hatte schon zu viel um die Ohren und war nicht geneigt, noch mehr zu übernehmen.

Zwei Tage später, an einem Freitag, kam er vorbei und sagte, dass er meine Ernennung für die folgende Woche ankündigen würde. Dann fügte er hinzu: „Im Grunde machen Sie diesen Job doch schon. Bewegen Sie Ihren Hintern in das Büro."

Bald darauf packte ich meine Sachen zusammen und zog in das Büro des CFO, das direkt neben dem Büro des CEO lag. Es hatte sechs Fenster. Nun unterstanden mir neun Abteilungen: Controlling, Steuern, Treasury, Investor Relations, Risikomanagement, Beschaffung weltweit, Informationstechnologie, Fusionen und Übernahmen sowie Unternehmensplanung.

An diesem Wochenende kramte ich meine alten MBA-Finanzbücher hervor und begann, alles aufzufrischen, was ich als CFO neu lernen musste. Es gab immer unheimlich viel zu tun.

Zeit war die entscheidende Währung in meinem Leben, und ich verbrachte fast die gesamte Zeit bei PepsiCo. Um unter den idealen Arbeitnehmern erfolgreich zu sein, musste ich selbst einer sein.

Die Personalabteilung von PepsiCo bot für einige Nachwuchskräfte Programme zur Arbeitsteilung an, und meine ersten beiden Verwaltungsassistenten teilten sich eine Stelle. Niemand sonst – jedenfalls nicht auf meiner Ebene – schien um eine Verkürzung der Arbeitszeit zu bitten, wahrscheinlich weil sie Angst vor dem sogenannten Flexibilitätsstigma hatten.

Eine weitere Frau stieg zu dieser Zeit in die obersten Ränge von PepsiCo auf. Brenda Barnes wurde 1996 nach 20 Jahren im Unternehmen zur CEO von Pepsi-Cola Nordamerika ernannt. Sie hatte drei Kinder unter zwölf Jahren und kündigte nach weniger als einem Jahr in ihrer neuen Position. Sie zog nach Chicago, verbrachte acht Jahre zu Hause bei ihren Kindern und arbeitete in Gremien mit. Sie war immer noch eine großartige Führungskraft. Im Jahr 2005 übernahm sie den Posten der CEO von Sara Lee.

Brendas Entscheidung, wie die von Tausenden talentierter, ehrgeiziger Frauen, die aus großen Unternehmen ausstiegen, war völlig logisch. Die Spielregeln in der Unternehmensführung waren absolut gnadenlos. Kompromisse, um dem Privatleben gerecht zu werden, waren undenkbar.

Brenda hatte nicht die Unterstützung der Großfamilie, auf die ich zählen konnte. Und da wir beruflich viel unterwegs waren, hatten wir keine technologischen Möglichkeiten, uns aus der Ferne mit den täglichen Aktivitäten unserer Kinder zu verknüpfen. „Das ganze Problem läuft auf das Thema Zeit hinaus", sagte sie 1997 der Presse, als sie zu ihrem Weggang befragt wurde. „Hoffentlich können die amerikanischen Unternehmen eines Tages damit fertig werden."

Unsere Tage haben immer noch nur 24 Stunden, und wir müssen sie weise nutzen. Wenn wir zusätzliche Verantwortung übernehmen, zum Beispiel in der Betreuung von Kindern oder eines kranken Familienmitglieds, ist das Einzige, was wir tun können, die uns zur Verfügung stehenden Stunden noch effizienter zu nutzen, ohne unsere Arbeitsleistung zu opfern.

Jetzt, wo wir Instrumente für eine nahtlose Kommunikation aus der Ferne haben, sollten meiner Meinung nach berufliche Flexibilität und Remote-Arbeit für alle, die das benötigen, völlig normal sein. Das gibt den Familien die Möglichkeit, sich während des Arbeitstages um die häuslichen Pflichten zu kümmern, ohne sich mit emotionalen Konsequenzen belasten zu müssen.

Schichtarbeiter müssen sich schon viel zu lange mit Anrufen oder Änderungen ihrer Dienstpläne auf den letzten Drücker herumschlagen, was ihre Tages- und Wochenplanung durcheinanderbringt. Stabile Arbeitszeiten, die durch die allgegenwärtig verfügbare Planungstechnologie unterstützt werden, sollten für alle Schichtarbeiter die Norm sein, vor allem für diejenigen, die in irgendeiner Form Betreuungsverantwortung haben. Die Arbeitgeber haben keinen guten Grund, ihnen dieses Entgegenkommen zu verweigern.

Zur Entschärfung des Zeitproblems gehört noch ein weiterer Faktor: die Auseinandersetzung mit der Kultur der Dringlichkeit, die unsere Wirtschaft und unsere Arbeitswelt beherrscht. Fristen sind unglaublich wichtig. Aber allzu oft sind sie unbegründet.

Ich war an Hunderten von Projekten mit knappen Fristen beteiligt, die sich wahrscheinlich auf ein paar Tage mehr hätten ausdehnen können. Hätte das einen Unterschied für das Projekt gemacht? Meistens nicht. Hätte sich dadurch das Leben meiner Kollegen zu Hause, als Betreuungspersonen oder als Mitglieder ihrer Gemeinschaft, verändert? Ich denke, die Antwort ist ein klares Ja.

Im September 2000, ich hatte mich gerade in den CFO-Job eingearbeitet, erhielt Roger einen Anruf von Bob Morrison, dem CEO von Quaker Oats, mit der Frage, ob PepsiCo den Kauf seines Unternehmens in Betracht ziehen würde. Das war eine große Sache.

Die Quaker Oats Company, die fast ein Jahrhundert lang ihren Sitz in Chicago hatte, war sicherlich jedem ein Begriff – bekannt für ihre rot-blauen Rollen mit dem beruhigenden Bild eines langhaarigen Quakers mit breitkrempigem Hut. Quaker war ein Lebensmittelunternehmen, hatte aber im Laufe der Jahre auch in anderen Geschäftsbereichen viel Geld verdient, darunter mit Fisher-Price-Spielzeug, das 1991 verkauft wurde.

Mit einem Umsatz von etwa 5 Milliarden Dollar pro Jahr gab es die Marken Quaker Oats und Quaker-Müsliriegel, Life und Cap'n-Crunch-

Cerealien, Aunt-Jemima-Pfannkuchenmischung und -Sirup sowie Rice-A-Roni und aromatisierter Near-East-Reis, -Couscous und andere Getreidesorten. Viel interessanter für die Anleger – und der Grund dafür, dass sich der Wert der Quaker-Aktie in diesem Jahr verdoppelt hatte – war die steigende Popularität seines Sportgetränks: Gatorade.

PepsiCo hatte schon lange auf Quaker Oats geschielt. Wir hatten bereits zwei Jahre zuvor in lockeren Gesprächen über eine Fusion gesprochen, aber es war nichts dabei herausgekommen. Wir wollten natürlich den unglaublichen Marktanteil, den Gatorade uns auf dem Markt für isotonische Getränke verschaffen würde. Aber uns gefiel auch die Marke Quaker, die sich so wunderbar mit Tropicana für unser morgendliches Sortiment kombinieren ließ. Unsere eigenen Bemühungen um Frühstücksoptionen liefen nicht so gut: Einige Versuche mit Frito-Lay-Riegeln waren matschig, schmeckten nicht und waren rundum unattraktiv.

Der Verkauf von Quaker war keine offene Auktion. PepsiCo wurde im Stillen gebeten, sich das Angebot anzuhören. Roger, Steve und ich sowie einige unserer Führungskräfte flogen nach Chicago, für einen ganzen Tag voller Präsentationen. Bob Morrison und sein Team trafen uns in einem Sitzungssaal eines Hotels und beeindruckten uns mit ihrer Geschichte. Sie hatten das Unternehmen nach einigen schwierigen Jahren stabilisiert und waren der Meinung, dass Quaker ein größeres Unternehmen benötigte, um außerhalb der USA zu wachsen.

Wir sprachen alles durch und gaben ein paar Tage später ein Angebot ab. Innerhalb weniger Stunden sickerte die Nachricht durch, dass PepsiCo und Quaker in Gesprächen waren, und dann wurde der Druck richtig groß. Quaker akzeptierte unseren Preis, fügte aber eine Leitplanke in die Vereinbarung ein, die seine Aktionäre schützen sollte, falls die PepsiCo-Aktie unter einen bestimmten Kurs fallen würde.

Wir steckten mit unseren Bankern die Köpfe zusammen und diskutierten erneut das Für und Wider. Roger hatte beschlossen, dass wir drei – Roger, Steve und ich – uns über alles, was diese Transaktion betraf, einig sein mussten. Steve fühlte sich mit der Leitplanke nicht wohl, und wir wiesen sie zurück, aber Quaker wollte nicht nachgeben.

Nach zweiwöchigen Verhandlungen gingen wir weg, sehr zu Bobs Überraschung.

Eine Woche später, als alle Welt wusste, dass Quaker sich verkaufen wollte, machte Coca-Cola den Deal. Unser Konkurrent würde Gatorade übernehmen und wahrscheinlich die anderen Quaker-Marken verkaufen, dachten wir. Wir waren etwas beunruhigt, beschlossen aber, nicht zurückzublicken.

Ein paar weitere Wochen vergingen. Dann, Ende November – in der Thanksgiving-Woche – waren Roger, Steve und ich alle zusammen in Dallas bei den jährlichen Haushaltssitzungen von Frito-Lay. Wir hatten das Gefühl, Quaker läge schon weit hinter uns, aber wir wussten, dass der Vorstand von Coca-Cola an diesem Tag über den transformationellen Kauf von Quaker abstimmen würde. An diesem Abend flogen wir zurück nach New York und hörten drei Stunden lang keine Nachrichten. Als wir landeten, leuchteten unsere Blackberrys auf. Der Vorstand von Coca-Cola, darunter ein skeptischer Warren Buffett, hatte den Plan, 14 Milliarden Dollar für Quaker auszugeben, abgelehnt. Wir nahmen an, dass es daran lag, dass sie kein Lebensmittelgeschäft wollten, mit dem sie sich nicht auskannten.

Wir drei waren verdutzt – etwa fünf Sekunden lang. Das bedeutete, dass der CEO von Quaker, Bob Morrison, keine Optionen mehr hatte und wahrscheinlich wieder auf PepsiCo zukommen würde. Er brauchte dringend einen Käufer. Wir beschlossen, an Thanksgiving nach Hause zu unseren Familien zu fahren und über alles nachzudenken.

Roger meisterte die Situation perfekt. In langen Telefongesprächen an diesem Wochenende machte er deutlich, dass Bob sein Gesicht verlieren würde, wenn wir ihm ein niedrigeres Angebot unterbreiten würden als zuvor. Wenn wir Quaker wirklich wollten – die Marken, die Mitarbeiter, die Kunden, das Image des lächelnden Mannes mit dem großen Hut –, brauchten wir den CEO in unserem Vorstand, um uns bei der Integration der Unternehmen zu beraten. Roger schlug vor, bei unserem ursprünglichen Angebot zu bleiben, aber Quaker zu bitten, seine Forderung einer finanziellen Leitplanke zu ändern.

Eine Woche später gaben wir bekannt, dass PepsiCo Quaker für 13,4 Milliarden Dollar kaufen würde.

Unerwartet fügte Roger eine Umstrukturierung des Managements hinzu. Er würde als CEO und Vorsitzender von PepsiCo zurücktreten, wenn die Transaktion abgeschlossen wäre, und Steve würde den Vorsitz übernehmen. Roger und Bob Morrison würden dem Vorstand als stellvertretende Vorsitzende angehören. Steve und Roger beschlossen außerdem gemeinsam, dass ich zur Präsidentin von PepsiCo ernannt werden und dem Vorstand beitreten sollte. Ich war am späten Freitagabend, dem 1. Dezember, in meinem Büro, als Steve mich aus Dallas anrief, um mir die Neuigkeiten mitzuteilen.

Ich war überglücklich. Das war großartig. Die Präsidentin von PepsiCo. Der Vorstand. Wow!

Ich machte auf der Arbeit sofort Schluss.

Ich fuhr nach Hause. Es war etwa zehn Uhr abends, und die winterlichen Straßen waren friedlich und dunkel. In diesen 15 Minuten hinter dem Steuer konnte ich meinen Erfolg genießen. Ich hatte sehr hart gearbeitet, wahnsinnig viel gelernt und mir meinen Platz verdient.

Ich betrat unser Haus durch die Küchentür und ließ meine Schlüssel und meine Tasche auf den Tresen fallen. Ich war so aufgeregt, dass ich es unbedingt allen erzählen wollte. Dann erschien meine Mutter. „Ich habe unglaubliche Neuigkeiten!", rief ich aus.

„Die Nachrichten können warten", sagte sie. „Du musst noch mal los und Milch holen."

„Warum hast du Raj nicht gebeten, die Milch zu holen?", fragte ich. „Es sieht so aus, als wäre er schon vor einer Weile nach Hause gekommen."

„Er sah müde aus, deshalb wollte ich ihn nicht stören", sagte sie.

Ich nahm meine Schlüssel, ging zurück zum Auto, fuhr zu dem etwa eineinhalb Kilometer entfernten Stop & Shop und kaufte eine Packung Vollmilch. Als ich wieder in die Küche kam, war ich stinksauer. Ich knallte die Plastikflasche auf den Tresen.

„Ich bin gerade Präsidentin von PepsiCo geworden, und du konntest nicht mal stehen bleiben und dir meine Neuigkeiten anhören", sagte ich laut. „Du wolltest nur, dass ich Milch hole!"

„Hör mir zu", antwortete meine Mutter. „Du magst die Präsidentin oder was auch immer von PepsiCo sein, aber wenn du nach Hause kommst, bist du eine Ehefrau und eine Mutter und eine Tochter. Niemand kann deinen Platz einnehmen. Also lass deine Krone in der Garage."

# 8

Der Kauf der Quaker Oats Company für 13,4 Milliarden Dollar war wie eine rasante Achterbahnfahrt, bei der Roger, Steve und ich gemeinsam durch die Kurven fuhren – ein wenig beängstigend, aber am Ende aufregend und sehr befriedigend.

Die Aktionäre von PepsiCo konzentrierten sich voll und ganz auf Gatorade, die Nummer eins unter den Sportgetränken in einem boomenden, expandierenden Markt. Sie sahen glänzende Möglichkeiten für die Zusammenarbeit mit internationalen Superstars. Michael Jordan, der beste aller Basketballspieler, war bereits als Gesicht der Marke im Fernsehen zu sehen und inspirierte junge Sportler mit einem Jingle, den alle mitsangen, so zu sein wie Mike („Be like Mike"). Die Aufnahme von Gatorade in unser Angebot an kohlensäurefreien Getränken, zusammen mit Aquafina-Wasser und Lipton-Eistees, würde den Anteil von PepsiCo in dieser Kategorie mehr als verdoppeln – auf 30 Prozent des US-Umsatzes.

Ich mochte auch den Quaker-Teil der Gleichung. Haferflocken, Müsliriegel, Pfannkuchen, Cerealien – ich stellte mir vor, wie sie alle zusammen mit Tropicana Pure Premium auf Amerikas Frühstückstisch kamen. Ich dachte an gesünderes Essen. Preetha und Tara, jetzt vierzehn und sechs Jahre alt, hasteten jeden Morgen in ihren Uniformen zur Schule, krümmten sich unter dem Gewicht ihrer prall gefüllten Rucksäcke und griffen sich auf dem Weg hinaus einen Frühstücksriegel oder kleine Tüten mit Müsli. Ich hatte ein gutes Gespür für die Mahlzeiten, die eine viel beschäftigte, wachsende Familie braucht – praktisch, nahrhaft, lecker und erschwinglich – und dachte, dass PepsiCo sicherlich dazu beitragen könnte, mehr Menschen zu mehr Tageszeiten zu ernähren.

Wir verkündeten das Quaker-Geschäft mit großem Tamtam in der PepsiCo-Zentrale. Roger gab den Investoren eine umfassende Präsentation, an der ich nervös die ganze Nacht gefeilt hatte. Dann sprach er, im Gegensatz zu all den CEOs, die milliardenschwere Transaktionen als ihre persönliche Leistung bezeichnen, darüber, wie unser Trio das geschafft hatte. Er pries mich als Mitglied des inneren Kreises und als entscheidend für die Zukunft von PepsiCo. Es war das erste Mal, dass ich bei einem so unternehmensentscheidenden Ereignis in der ersten Reihe stand.

Wir stellten uns für Fotos mit Bob Morrison von Quaker Oats hinter drei Dutzend Flaschen mit Gatorade und Pepsi auf. Roger hielt stolz Chewy-Müsliriegel fest, Steve hatte die Fritos, und ich hielt einen Karton Orangensaft hoch. War dies ein Bild für das sich entwickelnde Gesicht der amerikanischen Wirtschaft – eine dunkelhäutige Immigrantin, die einen Platz in den obersten Rängen einnimmt? War dies ein Vorbote für mehr Chancen für Frauen in Führungspositionen?

Die Verhandlungen und die Ankündigung unseres großen Deals waren eine aufregende Sache. Jetzt mussten wir sie zum Laufen bringen. Wir hatten der Welt versprochen, dass die Eingliederung von Quaker Oats in PepsiCo eine enorme Rentabilität bedeuten würde mit Kosteneinsparungen in Höhe von mindestens 350 Millionen Dollar über einen Zeitraum von fünf Jahren. Das würde unsere kurzfristigen finanziellen Verpflichtungen abfedern und PepsiCo helfen, in weitere große Ideen zu investieren, einschließlich der Ausweitung unseres Snackgeschäfts außerhalb der USA.

Damals im 4/3 wussten wir alle, dass eine schlecht durchdachte Post-Merger-Integration den Erfolg der Übernahme zunichtemachen könnte – wir hatten das in der Branche schon öfter erlebt. Eine mangelhafte Durchführung würde in unserer Bilanz und in den Köpfen der Investoren noch jahrelang nachwirken und unsere Glaubwürdigkeit beeinträchtigen. Wir rechneten damit, dass wir etwa drei Monate Zeit hatten, um einen sehr detaillierten Plan für die Verschmelzung der Unternehmen auszuarbeiten, und dass wir es absolut richtig machen mussten. Außerdem brauchten wir die Genehmigung der US-Regierung, das bedeutete, wir mussten der Federal Trade Commission (FTC) nachweisen, dass Gatorade, unterstützt durch die Marketing- und Vertriebsstärke von PepsiCo, die Wettbewerber nicht am Eintritt in den Sportgetränkemarkt hindern oder den Verbrauchern durch höhere Preise schaden würde. Die größte Hürde schien zu sein, dass wir ein anderes Sportgetränk, All Sport, besaßen, das winzig und rückläufig war. Coca-Cola besaß den einzigen echten Gatorade-Konkurrenten, Powerade.

Wenn die FTC das Geschäft blockieren würde, bliebe Quaker ein Rivale von PepsiCo. Unser Planungsteam musste also komplett im Verborgenen arbeiten. Wir wählten Brian Cornell, der Tropicana Europe leitete, und John Compton, den Leiter des Vertriebs und Marketings von Frito-Lay, aus, die mit einer Handvoll von Beratern arbeiteten und vom Rest des Unternehmens abgeschottet waren. Ich sprach mehrmals am Tag mit Brian und John. Jeden Freitag um sieben Uhr morgens hatten wir eine zweistündige Telefonkonferenz, in der wir jede mögliche Kosteneinsparung besprachen und wie wir sie erreichen konnten. Es war eine intensive Zeit.

In der Zwischenzeit war Roger Enrico, der Showman, der seinen eigenen Stil mit dem Ausspruch „make big changes to big things“ („große Veränderungen an großen Dingen vornehmen“) zusammenfasste[7], auf dem Weg nach draußen. Als CEO hatte er das Restaurantgeschäft in Ordnung gebracht und ausgegliedert, die nordamerikanischen Abfüllbetriebe in eine Aktiengesellschaft abgespalten und PepsiCo auf den Weg zu einem ausgewogeneren Produktportfolio gebracht. Ich glaube nicht, dass dieses umfassende Umdenken ohne Roger am Ruder stattgefunden hätte, denn er hatte das volle Vertrauen des Vorstands. PepsiCo war auch finanziell in einer guten Verfassung.

Ich lernte viel von Roger, er handelte intuitiv und mutig. Er mochte nur wenige Menschen – seine Maßstäbe waren, gelinde gesagt, „interessant" –, aber er mochte mich. Er war mein Mentor, und zeigte anderen damit, dass ich zu Größerem bestimmt war. Obwohl Rogers Stil manchmal verwirrend und nervend war, bewunderte ich ihn sehr, und wir verstanden uns. Seine Klugheit und Freundschaft trieben mich an.

Steve Reinemund, der in Rogers Fußstapfen als CEO trat, war ein völlig anderer Charakter – ein ernster, aufrechter, religiöser Mann, der glänzende Budapester und gestärkte weiße Hemden mit Monogramm auf den Manschettenknöpfen trug. Er war Mitte der 1980er-Jahre über Pizza Hut zu PepsiCo gekommen und hatte einen Lieferdienst geschaffen, der es mit unserem Konkurrenten Domino's aufnahm und das amerikanische Pizzageschäft umkrempelte.

In den sieben Jahren als CEO von Frito-Lay hatte sich Steve leidenschaftlich dem operativen Geschäft gewidmet. Er wusste alles darüber, wie man salzige Snacks herstellt und sie perfekt knusprig und pünktlich an die Einzelhändler ausliefert. Er war ein hervorragender Verkäufer, der CEOs und Filialleiter im Einzelhandel besuchte und Lieferwagen fuhr. Aufwendiger Markenaufbau und Marketing waren Priorität. Während Pepsi-Cola auf der einen Seite des Unternehmens damit beschäftigt war, die britischen Popstars Spice Girls einen Multimillionen-Dollar-Vertrag unterschreiben zu lassen, gewannen die Tostitos von Frito-Lay Marktanteile mit Werbespots, in denen die Beverly Hillbillies Nachos in der Mikrowelle zubereiteten.

Obwohl Steve nun das gesamte Unternehmen leiten sollte, hasste er es, viel Geld für zentrale Funktionen wie IT oder F&E auszugeben. Er glaubte an die Dezentralisierung und die unerschütterliche Unabhängigkeit jeder Abteilung. Steve war so kostenbewusst, dass man munkelte, er habe den Reinigungsdienst in der Frito-Lay-Zentrale auf zweimal pro Woche reduzieren und das Toilettenpapier von zweilagig auf einlagig umstellen lassen. Roger gab ihm in typischer Manier den Spitznamen „Einlagig".

Steve war in Queens, New York, geboren worden, bei einer alleinerziehenden Mutter aufgewachsen und hatte seinen Abschluss an der US Naval Academy in Annapolis, Maryland, gemacht. Er hatte fünf Jahre lang bei den Marines gedient, einschließlich des Dienstes in Galauniform im Weißen Haus und in Camp David für die Präsidenten Nixon und Ford. Ich fragte ihn einmal scherzhaft, ob er sich jemals entspannte und sein Haar offen trug. Eine Stunde später betrat er mein Büro mit schief sitzender Krawatte, zerzaustem Haar und einem breiten Grinsen. Steve konnte witzig und bescheiden sein, aber er musste sich dafür anstrengen.

Gleichzeitig versuchte er immer, das Richtige zu tun. Er hielt die Hundertjahrfeier von Pepsi-Cola auf Hawaii für zu extravagant und entschied sich, nicht daran teilzunehmen. Wenn Roger mit leitenden Angestellten im PepsiCo-Jet nach Montana oder auf die Cayman-Inseln flog, um lange Wochenenden mit Teambildung zu verbringen, blieb Steve in der Regel lieber zu Hause bei seiner Frau Gail und den vier Kindern.

Ich wurde natürlich nie zu Rogers Reisen eingeladen, weil sie immer nur für Männer waren. Für mich war das in Ordnung, denn ich wollte mehr Zeit zu Hause verbringen. Ich war zuversichtlich, dass Roger nichts Bedeutendes unternehmen würde, ohne mich zu konsultieren oder einzubeziehen.

Steves sparsamer Ansatz und seine Liebe zum Detail waren genau das, was PepsiCo brauchte, als er das Unternehmen im Jahr 2000 übernahm. Wir waren nun ein reines Unternehmen für abgepackte Waren – ohne die Restaurants – und mussten mit unserem neuen, rationalisierten Kern überdurchschnittliche Gewinne erzielen.

Im Jahr 1999, als Steve in die Unternehmenszentrale wechselte, drängte er mich, mich mehr mit dem zu beschäftigen, was er „die rechte Seite des Kommas“ nannte – die Pennys –, indem er mich bat, ein großes Logistikprojekt von Frito-Lay zu beaufsichtigen. Er hatte recht damit. Er wusste, dass ich Dutzende von Millionen- und Milliardentransaktionen ausgehandelt hatte und problemlos mit den großen Zahlen auf der linken Seite des Dezimalkommas umgehen konnte. Aber ich hatte nicht damit gerechnet, wie Bruchteile von Cents, auf riesige Mengen gesehen, die Rentabilität von PepsiCo bestimmten. Seit ich für Mettur Beardsell in Indien von Geschäft zu Geschäft gegangen war, um Garn und bedruckte Stoffe zu verkaufen, hatte ich mich nicht mehr wirklich mit winzigen Schritten im Geschäftsleben befasst.

Der Frito-Lay-Einsatz führte mich sieben Monate lang jede Woche nach Plano. Ich verließ montags um halb fünf morgens das Haus und fuhr zum Flughafen, bis Donnerstagabend wohnte ich in einem Zimmer im Marriott-Hotel. Ich vermisste meine Familie schrecklich, und natürlich gab es die Technologie, die uns heute via Smartphones, SMS, FaceTime oder Zoom miteinander verbindet, noch nicht. Ich telefonierte mit Raj oder den Mädchen, aber diese Anrufe am Ende des Tages waren in der Regel kurz, und unsere Kommunikation war nicht unmittelbar oder spontan. Wir hatten einen Babysitter und eine Haushälterin, und Raj war fast jeden Abend zu Hause, wenn ich weg war. Wir hatten uns darauf geeinigt, dass nachts unter allen Umständen ein Familienmitglied bei den Mädchen sein sollte. Das erforderte eine Menge Planung unsererseits. Preetha ging gerade in die Highschool und Tara in die erste Klasse, es war eine sehr wertvolle Zeit für mich, an denen ich sie für mehrere Tage am Stück verlassen musste.

Ich stürzte mich in die Aufgabe, das Direktvertriebssystem, das für die Markteinführung von Frito-Lay-Produkten kennzeichnend war, grundlegend zu überdenken.

Lay's, Doritos, Walkers und die meisten anderen salzigen Snacks werden mit Luft verpackt, damit sie nicht zerbrechen, und das führt zu einem sehr großen, aber leichten Frachtgut. Außerdem verkaufen sich die Produkte schnell, sodass die Regale in den Geschäften ständig aufgefüllt werden müssen. All das bedeutet, dass der beste Weg, um Millionen von Tüten mit Chips von der Fabrik, in der sie hergestellt werden, zum Verbraucher zu bringen, darin besteht, sie so oft wie möglich direkt in den Laden zu liefern, das heißt, ohne weiteren Warenumschlag. Frito-Lay verfügte über das größte und ausgeklügeltste Direktbelieferungssystem der Welt, mit 47 Produktionsstätten allein in Nordamerika, unterstützt von 230 großen Lagerhäusern, 1.760 kleineren Lagerhäusern und einer großen Lkw-Flotte mit Außendienstmitarbeitern, die tragbare Geräte zur Erfassung der Bestellungen hatten.

In den 1990er-Jahren brachte Frito-Lay am laufenden Band Dutzende neuer Geschmacksrichtungen, Formate und andere Produktlinienerweiterungen auf den Markt, und zwar alle drei oder vier Monate. Die Verbraucher liebten die Vielfalt, und das Angebot neuer Geschmacksrichtungen war für uns in der Produktion nicht teuer. Fast alles basierte auf irgendeiner Variante von Mais- oder Kartoffelchips. Außerdem bedeutete *neu* auch *Umsatz*: Wenn wir eine neue Geschmacksrichtung auf den Markt brachten und sie prominent im Regal präsentierten, probierten sie massenhaft Leute aus.

All das belastete das Direktbelieferungssystem. Jede Art von Geschäft benötigte eine andere Verpackung, und jede neue Variante machte den Vertrieb noch komplizierter. Minimärkte beispielsweise wollten Jumpin' Jack Cheese Doritos in 90-Gramm-Packungen verkaufen für das Publikum, das sie sofort verzehren wollte, Großhändler wie Costco hingegen bevorzugten Multipacks für Kunden, die sie einmal im Monat in großen Gebinden kauften. Wir mussten Hunderte von Optionen entwickeln und umsetzen.

Steve wollte die Kapazität des Direktbelieferungssystems verdoppeln und es so umgestalten, dass es 30 Prozent mehr Sorten verarbeiten konnte. Um diesen Raum zu finden, mussten wir den derzeitigen Betrieb entrümpeln und dann alles aufrüsten, von den tragbaren Computern über das Kommissioniersystem im Distributionszentrum bis hin zu der Art und Weise, wie wir die Regalsortimente nach Filiale und Verkaufsbereich zusammenstellten. Das war eine Herkulesaufgabe.

Als ich über den Einzelheiten bei Frito-Lay schwitzte, hatte ich natürlich noch keine Ahnung, dass wir ein Jahr später Quaker kaufen würden. Rückblickend war diese Erfahrung in Plano wirklich entscheidend, denn sie hat mich gelehrt, wie man die kleinsten Einsparmöglichkeiten suchte. Als ich dann mit Brian und John an der Planung der Post-Merger-Integration arbeitete, hatte ich schon einige Erfahrung darin, die Nuggets zu finden.

Die beiden arbeiteten in ihrer geheimen Blase und überlegten, wie wir die kombinierte Größe von PepsiCo und Quaker nutzen könnten, um weniger für alles zu bezahlen, von unseren Verpackungsmaterialien über Möbel und Lkw-Reifen bis hin zu Zutaten wie Weizen und Hafer. Sie planten, wie wir Firmensitze und Funktionen wie Personalwesen, Buchhaltung und Rechtsabteilung zusammenlegen könnten. Sie berichteten ausführlich, wie das Lagerverkaufsteam von Quaker Tropicana und kleinvolumige Frito-Lay-Artikel übernehmen könnte, die nicht gut mit dem Direktlieferungssystem funktionieren. Sie fanden fast 200 Projekte, mit denen wir zwischen ein paar Hunderttausend Dollar und mehreren zehn Millionen Dollar einsparen konnten. Jedes dieser Projekte musste innerhalb eines Jahres gründlich betrachtet, bewertet, begleitet und abgeschlossen werden. Der Großteil davon musste in den ersten vier Monaten realisiert werden.

Durch diese Bemühungen konnten wir PepsiCo innerhalb von fünf Jahren Einsparungen in Höhe von mehr als 700 Millionen Dollar bescheren, doppelt so viel wie die von uns veranschlagten 350 Millionen Dollar.

Leider verlief die Genehmigung der Regierung nicht ganz so reibungslos, wie wir erwartet hatten. Nach einer ersten Prüfung beschlossen die FTC-Kommissare, ein zweites Mal zu prüfen, ob der Kauf von Gatorade PepsiCo zu viel Macht in der Erfrischungsgetränkeindustrie verleihen würde. Wir mussten daraufhin wesentlich mehr Daten, detaillierte ökonometrische Modelle und Analysen vorlegen, um unsere Argumente zu untermauern.

Eines Tages kam Steve in mein Büro und bat mich, das FTC-Verfahren in Zusammenarbeit mit unserem Rechtsteam zu übernehmen. Was für ein Minenfeld, dachte ich. Die Führungskraft, die für dieses Projekt verantwortlich war, würde verständlicherweise verwundert und beleidigt sein. Ich hatte keine Erfahrung mit Washingtoner Regulierungsbehörden und war bereits mit anderen Aufgaben vollauf beschäftigt, ganz zu schweigen von meiner Familie zu Hause. Ich versuchte, Steve die Sache auszureden, aber auch er war neu in dieser Sache und sagte, er würde sich nur wohlfühlen, wenn ich den Fall übernehmen würde. Wenn unser hart erkämpftes Quaker-Geschäft scheitern sollte, so meinte er, könnten wir beide wenigstens sagen, dass wir unser Bestes gegeben hätten.

Ich musste meine Effizienz noch weiter steigern.

Ich überredete meine Mutter, wieder ganztags bei uns zu wohnen, da Raj ebenfalls beruflich sehr eingespannt war. In den nächsten Monaten saß ich um sechs Uhr morgens an meinem Schreibtisch. Mindestens dreimal pro Woche bestieg ich dann um neun Uhr ein Flugzeug von PepsiCo, das für mich bereitstand, und flog mit den Anwälten nach Washington. Wir trafen uns mit Mitarbeitern der FTC, besprachen den Fall und sammelten Fragen. Um drei Uhr nachmittags waren wir wieder in der Luft, und ich war um halb fünf in meinem Büro. Ich verteilte Aufgaben zur Beantwortung der Fragen, überprüfte die Antworten vom Vortag und machte mit meiner sonstigen Arbeit weiter. Gegen zehn Uhr fuhr ich nach Hause und saß noch bis nach Mitternacht im Bett, um die Post durchzusehen und Aufgabenlisten zu erstellen. Unser gesamtes Team arbeitete in diesen wenigen Monaten unglaublich hart.

Im August 2001 wurde der Plan von PepsiCo, Quaker Oats zu kaufen, schließlich von vier FTC-Kommissaren zur Abstimmung gestellt. Die Entscheidung fiel denkbar knapp aus: 2 : 2 unentschieden. Das bedeutete, dass unser Geschäft genehmigt wurde. Steve und ich waren unsagbar erleichtert.

Die Mitarbeiter der FTC haben mich bei diesem Prozess sehr beeindruckt. Sie waren engagiert, konzentriert und erfassten schnell die Feinheiten unseres Geschäfts. Sie kannten das Geschäft anfangs nicht, aber sie lasen alles, was wir ihnen schickten, und stellten schwierige und kenntnisreiche Fragen. Die Angestellten der Bundesregierung werden nicht so gut bezahlt wie wir in der Privatwirtschaft, und in diesen schwülen Sommermonaten hatten die Leute, mit denen ich arbeitete, nicht einmal eine Klimaanlage, weil ihr Gebäude gerade renoviert wurde. Dennoch durchforsteten sie sorgfältig fast 200 Kisten mit unseren Dokumenten, mit dem einzigen Ziel, den amerikanischen Verbraucher vor den negativen Auswirkungen eines eingeschränkten Wettbewerbs zu schützen. Die Transaktion wurde sehr gründlich geprüft.

Ich weiß noch, wie ich mir wünschte, dass alle Amerikaner ihre Steuergelder bei der FTC in Aktion sehen könnten, weil sie auf diese wohlmeinende Arbeit stolz sein würden. Jahre später nahm ich mit Freude eine Einladung an, bei der Hundertjahrfeier der FTC die Eröffnungsrede zu halten. Ich erzählte von meinen Erfahrungen mit der FTC und bedankte mich nachträglich bei allen für ihren Einsatz bei dieser Transaktion.

Einen Monat nach Abschluss des Geschäfts zog ich erneut um – in ein riesiges Eckbüro mit zehn Fenstern, sieben auf der einen und drei auf der anderen Seite. Es war in jeder Hinsicht großartig – geräumig, mit schönen hellen Holzböden und, auf mein Drängen hin, mit denselben Möbeln, die ich in meiner ersten Woche bei PepsiCo gekauft hatte. Der Raum war so groß und karg, dass einige von Rogers alten Möbeln – ein paar Sofas und Stühle – hineingestellt wurden, um ihn zu füllen. Ich hatte das Gefühl, „gelandet" zu sein, was immer das auch heißen mochte.

Ich bekam auch eine beträchtliche Gehaltserhöhung. Als Steve mein Chef wurde und ich Präsidentin, bemerkte er, dass meine Vergütung nicht angepasst worden war, um alle meine Verantwortlichkeiten über den CFO hinaus zu berücksichtigen. Roger hatte sich nicht darum gekümmert, die Personalabteilung hatte es nie angesprochen, und ich auch nicht.

Ich liebte meine Arbeit und empfand es als ein Privileg, in diesem Büro zu sitzen. Ich hatte das Gefühl, dass ich PepsiCo harte Arbeit schuldig war. Geld war nicht mein Antrieb, und mein Gehalt war beeindruckend, dachte ich, wenn man bedenkt, wo ich bei BCG angefangen hatte. Ich verglich mich nicht mit den Männern um mich herum, von denen einige, wie ich später erfuhr, denen jahrelang großzügige besondere Aktienoptionen bewilligt worden waren. In meinen ersten sechs Jahren in der Firma hatte ich nichts dergleichen erhalten. Nun gab mir der neue CEO eine beträchtliche Grundgehaltserhöhung und bat den Vorstand, mir einen Sonderbestand zuzuerkennen.

Ich frage mich immer noch, warum ich es über viele Jahre hinweg als typisch empfand, dass die Personalabteilung das Problem, dass Frauen nicht ganz so gut bezahlt werden wie Männer, überging. Warum tolerierten die Personalverantwortlichen das? Es schien keine Rolle zu spielen, ob der Personalleiter männlich oder weiblich war. Sie waren alle sehr tatkräftig, wenn es um ihre lobenswerten Programme zur Förderung der Vielfalt ging, aber auch sehr abwehrend, wenn ich fragte, warum eine vielversprechende junge weibliche Führungskraft nicht das gleiche Gehalt wie ein Mann mit ähnlichem Rang erhielt.

Wir wissen, dass das mittlere Gehalt von Frauen in den USA[8] insgesamt etwa 80 Prozent des Gehalts von Männern beträgt. In meiner Welt drückte sich das Lohngefälle in einer kleineren Abstufung aus: Eine Frau erhielt 95 Prozent des Grundgehalts eines Mannes, der die gleiche Arbeit verrichtete. Wenn ich fragte, warum sie 5 Prozent weniger bekam, wurde mir gesagt: „Das ist ein so kleiner Unterschied, kümmere dich nicht drum." Manchmal wehrte ich mich ein wenig, indem ich sagte: „Warum zahlen wir ihr dann nicht 105 Prozent dessen, was er bekommt?" Es war immer ein harter Kampf, obwohl die Personalabteilung eigentlich auf diese Probleme hätte hinweisen und sie systematisch in Angriff nehmen müssen.

Auf jeden Fall habe ich festgestellt, dass gerade die Leute, die die Gehaltsbudgets verwalten, an der Idee festhalten, dass die Männer ein bisschen mehr bekommen sollten. Ich frage mich, ob es daran liegt, dass die Personalabteilungen Männer immer noch als idealer ansehen. Ich habe mit Freunden in vielen Branchen gesprochen, und dieses Muster hält sich hartnäckig, egal wie sehr wir uns über die schlechtere Bezahlung von Frauen empören.

Der Abschluss des Quaker-Geschäfts mit der FTC-Genehmigung läutete auch eine etwas ruhigere Phase in unserem Familienleben ein. Die Mädchen wurden etwas älter und selbstständiger, Raj arbeitete an einem Start-up und war viel in den USA und in Indien unterwegs, und ich war mit Projekten in den USA beschäftigt. Jetzt hatte ich auch den Vorteil, dass ich ein Firmenflugzeug hatte.

Das war für mich revolutionär. Während meiner gesamten Zeit bei PepsiCo hatte ich miterlebt, wie andere leitende Angestellte die Firmenjets für Geschäftsreisen und manchmal auch für private Reisen nutzten. Bis zu meiner Arbeit bei der FTC bin ich immer mit Verkehrsflugzeugen geflogen. Selbst als ich für die Due-Diligence-Prüfung des

Tropicana-Geschäfts zwei Wochen lang allein zu Saftfabriken in Europa und Florida reiste, bot mir Roger kein Firmenflugzeug an. Ich fragte nicht danach, und vielleicht hätte ich es tun sollen. Niemand schien meine Situation als Mutter mit zwei kleinen Kindern zu Hause, für die ihre Zeit so wichtig war, zu bemerken oder zu berücksichtigen.

Ich weiß, dass es mehr als einen Hauch von Elitedenken gibt, wenn man über das Fliegen in Firmenflugzeugen spricht. Aber die Realität ist, dass Tausende von Jets Geschäftsleute ständig um die Welt befördern, vor allem, wenn sie globale Unternehmen leiten. Als ich erst einmal Präsidentin von PepsiCo war und diesen Komfort hatte, war ich unterwegs viel produktiver. Ich konnte in aller Ruhe arbeiten und in Ruhe vertrauliche Dokumente lesen oder vertrauliche Informationen besprechen, während ich unterwegs war. Das Flugzeug war ein fliegendes Büro. Ich konnte viele eintägige Reisen mit mehreren Stopps unternehmen.

Ich war öfter zum Abendessen zu Hause als zu Beginn meiner Karriere und half meinen Töchtern bei den Hausaufgaben. Sobald sie zu Bett gingen, las ich in unserem Wohnzimmer und ging die Arbeit durch, oft mit einem auf stumm gestellten Yankees-Spiel im Hintergrund.

Preetha war eine begabte Schülerin, eine Halbfinalistin des National-Merit-Scholar-Programms ihrer Schule und ein lebhaftes, geistreiches junges Mädchen. Aber ihre Teenagerjahre waren nicht einfach. Dies ist generell eine schwierige Zeit für Mädchen, aber die Tatsache, dass ich, ihre Mutter, an der sie so sehr hing, ständig auf Reisen war – mit keinerlei Flexibilität, sich freizunehmen, um von zu Hause aus zu arbeiten, wenn sie mich einfach nur da haben wollte, machte ihr schwer zu schaffen. Außerdem hatte sie nach so vielen Jahren keinen Spaß mehr an der Sacred Heart, weil sie von den Cliquen und den kleinlichen Streitereien frustriert war, die entstehen können, wenn heranwachsende Mädchen zu lange zusammen sind.

Zu allem Überfluss wurde mir klar, dass Raj und ich sie einengten, indem wir auf ein Wertesystem zurückgriffen, das im Indien der 1970er-Jahre verwurzelt war. Die stylishe Kleidung für Mädchen in Preethas

Alter bestand damals aus vielen Spaghettiträgern, was uns nicht gefiel, wir wollten, dass sie samstagabends um acht Uhr zu Hause war, wir fragten, warum sie nicht einfach – immer – ihre Freunde zu uns nach Hause einladen konnte. Damals erschien uns das alles sehr vernünftig. Rückblickend vielleicht nicht.

Das war alles zu viel für Preetha. Sie entschied sich für ein Internat ein paar Autostunden entfernt in Connecticut, um die Highschool abzuschließen. Nach ihrem Abschluss studierte sie am Hamilton College Geologie und Umweltwissenschaften und entwickelte einen großen Eifer, unseren Planeten für die Zukunft zu schützen. Wir sind sehr stolz auf sie.

Tara, die die Grundschule besuchte, war glücklich in der Sacred Heart, und ich nahm sie morgens auf dem Weg ins Büro oft mit hin. Wenn sie aus dem Auto ausstieg, kurbelte ich das Fenster herunter und rief ihr fröhlich hinterher: „Ich liebe dich am meisten auf der ganzen Welt!" Ich glaube, sie liebte es, obwohl sie sich, als sie älter wurde, umdrehte und laut flüsterte: „Mama, hör auf. Das ist peinlich!" Das hat mich nie aufgehalten.

Einige Jahre lang kam auch eine junge Lehrerin von der Schule am späten Nachmittag zu Tara und half ihr bei den Hausaufgaben. Diese Vereinbarung funktionierte sehr gut.

Raj half Tara über die Jahre hinweg bei Mathe, mit unterschiedlichem Ergebnis. Oft bekam ich panische Anrufe: „Mama, hilf mir. Dads Art, mir Mathe beizubringen, entspricht nicht der Art, wie mein Lehrer es uns beigebracht hat. Jetzt bin ich noch verwirrter." Ich konnte Raj im Hintergrund murmeln hören: „Diese Lehrer haben keine Ahnung ..." Offensichtlich war der Ansatz seiner Schule in Indien ein ganz anderer als der der Sacred Heart.

Die kleinen Frustrationen einer berufstätigen Mutter blieben für mich bestehen, und ich fühlte immer noch eine Menge quälender, tief liegender Schuldgefühle. In der Schule gab es zum Beispiel an manchen Mittwochvormittagen um halb zehn einen Klassenkaffee für Mütter.

Ich verpasste sie fast alle. Preetha hatte das nur widerwillig akzeptiert, aber Tara fing an zu sagen, dass sie sich wünschte, ich könnte auch eine „richtige Mutter“ sein und wie die anderen Mütter zu den Klassenkaffees kommen. Was konnte ich tun? Ich rief eine Lehrerin der Schule an, mit der ich ein freundschaftliches Verhältnis hatte, und fragte, wie viele Mütter tatsächlich teilnahmen. Dann bekam ich heraus, wer nicht da war. Als Tara das nächste Mal davon sprach, ratterte ich die Namen der anderen Mütter in ihrer Klasse herunter, die nicht teilnahmen. Das war meine Art, damit umzugehen, aber für meine kleine Tochter war es vielleicht keine befriedigende Antwort.

Bei all dem Arbeitsstress, den Reisen und den unmöglichen Terminplänen habe ich wirklich versucht, eine fürsorgliche, engagierte Mutter zu sein, soweit es mir möglich war. Jede Geburtstagsfeier meiner Töchter wurde mit viel Liebe und Aufmerksamkeit für jedes kleinste Detail geplant und durchgeführt, weil ich mir bewusst war, dass diese Tage besonders und flüchtig waren. Ich besuchte jede Schulveranstaltung und jeden Wettbewerb, an dem meine Kinder teilnahmen, und war fünf Jahre lang aktives Mitglied im Kuratorium der Schule. Ich glaube nicht, dass ich jemals eine Sitzung verpasst habe.

Wenn jemand krank oder verletzt war, war ich immer da, das liegt in meiner Natur. Schon in meinen ersten Jahren als Mutter, als Preetha Windpocken hatte, mich ansteckte und ich monatelang ein stark verschorftes Gesicht hatte, tröstete ich meine Kinder über das hinaus, was Raj für nötig hielt. Einmal ließ ich alles stehen und liegen und raste zur Schule, als Preetha sich im Sportunterricht am Knöchel verletzte, und stand schließlich am Rand, während auch diese Tochter mir sagte, ich solle aufhören, sie zu blamieren. Aber das war egal. Ich musste sicher sein, dass es ihr gut ging.

Ein anderes Mal war ich in Kalifornien und bekam einen Anruf von einer hysterischen Tara. Sie hatte zwei Kaninchen in einem Stall im Garten, und eines war gestorben. Ich tat mein Bestes, um sie zu trösten. Eine halbe Stunde später rief sie wieder an. Das zweite Kaninchen war ebenfalls leblos. Sie war völlig außer sich. Ich sagte den Rest meiner Besprechungen ab und flog nach Hause.

Ich kann auch gar nicht genug betonen, wie sehr ich mich auf meine PepsiCo-Assistentin zwischen 2000 und 2006, Barbara Spadaccia, verlassen konnte, eine kluge, liebevolle und unglaublich großzügige Frau in den Fünfzigern ohne eigene Kinder, die meine Kinder und mich annahm, als wären wir ihre eigenen Verwandten. Sie war meine unerschütterliche Unterstützerin und eine Stimme der Vernunft bei allem, was ich zu erreichen versuchte, oft alles auf einmal.

Ich wollte immer, dass die Mädchen mich jederzeit auf der Arbeit anrufen konnten, und sie waren Stammgäste im Büro. Aber ich bekam auch Anrufe, die ich nicht entgegennehmen konnte, und dann sprang Barbara ein. Sie kümmerte sich um alle möglichen kleinen Krisen, von fehlenden Schulsachen bis hin zu vergessenen Hausaufgaben. Manchmal lud sie Preetha zu einem späten Kaffee oder einem Spaziergang ein, um mit ihr über den Schulstress zu reden. Barbara war im Grunde ein Teil unserer Familie, und sie arbeitete sehr hart, um mir das Leben zu erleichtern.

Barbara vertrat mich einmal zusammen mit Tara bei der Mutter-Tochter-Liturgie an der Schule, einem besonderen Gottesdienst in der Kapelle mit einer Prozession, Gesang, besinnlichen Gedanken einer Mutter aus der Gruppe und einer Predigt. Anschließend tauschten alle Mütter und Töchter Briefe aus und aßen zu Mittag. Ich hatte diesen Tag immer geliebt und dafür gesorgt, dass ich dabei war. Aber dieses Mal hatte ich eine Investorenbesprechung, die ich einfach nicht ausfallen lassen konnte. Als ich am Abend nach Hause kam, entschuldigte ich mich sehr bei Tara, umarmte sie und weinte, weil ich die Zeit mit ihr verpasst hatte. Tara hatte sich keine Sorgen gemacht. „Der Tag war fantastisch“, sagte sie. „Kann Barbara das nächstes Jahr wiederholen, Mom? Sie war super.“

Steve und ich kamen uns auch als Freunde näher, als er CEO und ich Präsidentin von PepsiCo war, auch weil er Zwillinge im gleichen

Alter wie Tara hatte. Er gab sich große Mühe, ihnen jedes Wochenende seine volle Aufmerksamkeit zu schenken. Ich erinnere mich, dass ich einmal Preetha im Internat besuchte und Steve Tara nach der Schule abholte, um sie nach Hause zu bringen. Ich kenne keinen anderen CEO, der so eine Stütze gewesen wäre.

Unsere Stellvertreter – all die besonderen Menschen im Leben unserer Kinder, die sie unterstützen, ermutigen und auch lieben – spielen eine äußerst wichtige Rolle für uns alle. Schließlich braucht es ein ganzes Dorf, um ein Kind aufzuziehen.

Meine Arbeit bei PepsiCo hörte praktisch nie auf. Ich ging nie mit dem Gedanken ins Bett: „Was soll ich morgen machen?" Es war immer ein Nachholen, Fragenbeantworten, Vorwärtsgehen. Einmal flog ich an einem Freitagabend nach Moskau, um einem jungen europäischen Team dabei zu helfen, eine überzeugende Logik für eine russische Übernahme zu entwickeln, die sie vorschlagen wollten. Als ich zwei Tage später, am Sonntagnachmittag, das Flugzeug nach Hause bestieg, rief ich aus: „Wisst ihr eigentlich, dass ich mein Wochenende geopfert habe und den ganzen Weg nach Moskau geflogen bin, um euch zu helfen, eine Präsentation für *mich* am nächsten Freitag vorzubereiten?"

„Wir wissen es", antwortete einer. „Danke, dass Sie Indra Nooyi, unsere Lehrerin, sind. Wir haben jetzt ein viel besseres Gefühl dafür, wie wir mit Indra Nooyi, der Präsidentin und Finanzchefin mit extrem hohen Ansprüchen, zurechtkommen werden!"

In diesen Jahren begann ich auch mit einer umfassenden Neugestaltung des gesamten IT-Systems von PepsiCo. Das Projekt entstand aus einer Krise heraus. An einem Frühlingstag im Jahr 2002 stürzte das Bestellsystem von Frito-Lay ab, und wir mussten Hunderte von Aushilfskräften einstellen, um die Bestellungen zu bearbeiten, da es auf das arbeitsreiche Memorial-Day-Wochenende zuging. Der Rückstand war enorm: In der Haupturlaubszeit hatte Frito-Lay mehr als

150.000 Bestellungen pro Tag, und die Menschen konnten einfach nicht alles schaffen. Wir arbeiteten mit alten Altsystemen, und die meisten Mitarbeiter, die wussten, wie sie funktionierten und wie man sie reparierte, waren im Ruhestand. Wir mussten einige dieser Leute ausfindig machen und sie zurückholen.

Bei PepsiCo hatten wir viele Systeme wie dieses – die Technologie war Stückwerk und zunehmend unzuverlässig und teuer in der Wartung. Mit diesem Dilemma standen wir nicht allein da. Viele große Unternehmen sahen sich mit demselben Problem konfrontiert und nahmen zur Finanzierung von Technologie-Updates einmalige Kosten in Kauf, die von den laufenden Kosten getrennt wurden, damit diese Ausgaben als vorübergehend angesehen wurden und sich nicht auf das operative Ergebnis auswirkten.

Ich kam zu dem Schluss, dass wir ein völlig neues Unternehmenssystem brauchten, das das Wachstum von PepsiCo bewältigen konnte, eine große Investition, die jeden Teil unseres Betriebs betreffen würde. Wir mussten bei PepsiCo festlegen, dass eine hochmoderne IT für unseren Erfolg von zentraler Bedeutung war. Ich hatte auch einen persönlichen Grund, die Sache in Ordnung zu bringen. Neue Finanzvorschriften auf Bundesebene, der Sarbanes-Oxley Act, verlangten, dass CFOs und CEOs jedes Jahr Dokumente unterzeichnen, in denen sie die Richtigkeit der Finanzdaten ihres Unternehmens garantieren. Ich sagte Steve, dass wir robuste IT-Systeme bräuchten, um die Unterschrift ohne Bedenken leisten zu können.

Steve war zögerlich. Das würde richtig teuer und zeitaufwendig werden. Aber er sagte mir, dass ich mich darum kümmern sollte, wenn ich das Geld auftreiben könnte. Mehrere Monate lang arbeitete ich zusammen mit der IT-Abteilung und externen Beratern an einem Plan, der am Ende 1,5 Milliarden Dollar kosten würde – 300 Millionen Dollar pro Jahr über fünf Jahre – nur für Phase eins. Ein paar Monate später lag ein 25-seitiges Genehmigungsdokument auf meinem Schreibtisch, in dem alles festgelegt war.

20 Personen hatten bereits unterschrieben, und ich war die vorletzte Person, die es genehmigen musste. Steve war die letzte. Ich wusste, wenn er meine Unterschrift sah, würde er zustimmen.

Ich konnte es nicht tun. Ich konnte eine Investition in Höhe von 1,5 Milliarden Dollar nicht absegnen, die so technisch war, dass ich sie nicht ganz verstehen konnte. Also wälzte ich Bücher, so wie ich es früher getan hatte. Ich kaufte alles, was ich über Unternehmenssysteme, Prozesserfassung, Data Warehousing und Stammdatenmanagement finden konnte. Und in den nächsten sechs Wochen – über die Feiertage im Dezember und zu Neujahr – studierte ich alles. Ich sagte unsere jährliche Reise nach Indien ab, wogegen die Familie protestierte, aber sie musste es akzeptieren. Im Januar kehrte ich mit einer langen Liste von Fragen an das Team zurück und fügte, nachdem sie jede einzelne beantwortet hatten, meinen Namen hinzu, um die Ausgaben zu genehmigen. Wir bezahlten dieses System, dessen Aufbau mehr als sieben Jahre dauerte, durch den Verkauf einiger Anteile, die PepsiCo an unseren börsennotierten Abfüllbetrieben besaß.

Ich denke, dass die Führungskräfte die Einzelheiten dessen, was sie genehmigen, verstehen müssen, bevor sie ihre Unterschrift unter etwas setzen. Hier geht es nicht darum, den Leuten zu vertrauen, die für einen arbeiten. Es geht um grundlegende Verantwortung. Seien Sie keine „Durchreiche". Ich glaube, meine Mitarbeiter wussten es zu schätzen, dass ich alles las, was sie mir schickten, zum einen als Zeichen des Respekts für sie und ihre Arbeit, zum anderen, weil es meine Verantwortung war. Ich weiß, dass ich die Leute mit meinen Fragen verrückt gemacht habe, aber das war mein Job. Ich hatte die Absicht, ihn gut zu machen.

Aber was war damit, meine Krone in der Garage zu lassen? Ehrlich gesagt war ich in meinen ersten Jahren als Präsidentin von PepsiCo nicht genug zu Hause, um mir allzu viele Gedanken darüber zu machen, wie ich die Beziehung zwischen meinem beruflichen Erfolg und meiner Rolle als Mutter, Ehefrau und Tochter handhabte. Ich fühlte mich sicherlich nicht sehr königlich, als ich von einem Projekt zum anderen hetzte und die ganzen Reisen nach Washington unternahm. Ich versuchte einfach, mit der enormen Verantwortung dieses Jobs in einer Welt, in der es niemanden wie mich gibt, Schritt zu halten.

Dennoch hat mich die Bemerkung meiner Mutter an jenem Abend nicht mehr losgelassen – sie war gerade vage genug, um sie auf unzählige Weise zu interpretieren.

Erstens glaube ich, dass sie etwas sehr Wichtiges darüber gesagt hat, wie wir Arbeit und Familie miteinander verbinden. Sie hatte natürlich recht, dass, egal wer wir sind oder was wir tun, niemand unseren Platz in unserer Familie einnehmen kann. Ich freute mich über meinen großen Erfolg, aber die Stabilität unseres Zuhauses bedeutete, dass ich genauso geschätzt und wichtig sein würde, ob ich zum Präsidenten von PepsiCo ernannt worden wäre oder nicht, wie sie angedeutet hatte.

Hätte meine Mutter mich also einfach meine tollen Neuigkeiten mitteilen lassen sollen? Ja. Meine Aufregung an diesem Abend bezog sich nicht auf meinen neuen Titel per se. Ich wollte den Moment und meinen Erfolg mit den Menschen genießen, die mir am nächsten stehen, und an ihrem Stolz teilhaben. Ich habe das Gefühl, dass, wenn ich ein Mann, ein Ehemann, ein Vater wäre, ich vielleicht etwas mehr Bewegungsfreiheit gehabt hätte.

Ich glaube, dass für Frauen andere Maßstäbe gelten als für Männer, wenn es darum geht, ihre beruflichen Erfolge zu feiern. Egal was wir tun, wir genügen nie ganz. Eine Beförderung oder ein Preis außerhalb des Zuhauses zu bekommen, scheint manchmal zu bedeuten, dass dieser Preis entweder leicht zu bekommen war oder dass wir unsere häuslichen Pflichten vernachlässigen.

Dieses Nullsummenspiel für Frauen, wenn es um berufliche oder familiäre Leistungen geht, ist verhängnisvoll. Es ist wichtig, dass vor allem die Männer erkennen, dass dies uns alle behindert. Warum lassen wir Frauen nicht einfach in allen Lebensbereichen aufsteigen?

Warum sollten wir nicht feiern, was wir gut machen, wenn wir es tun? Wir alle freuen uns, wenn unsere Töchter als Kinder beim Sport oder in Buchstabierwettbewerben gewinnen, wenn sie noch jünger sind. Warum also untergraben wir erwachsene Frauen, die im Beruf erfolgreich sind, indem wir dauernd Kommentare darüber abgeben, ob sie zu Hause auch so fabelhaft sind?

Allerdings helfen die Frauen in dieser Hinsicht weder sich selbst noch gegenseitig. Ich weiß, das ist leichter gesagt als getan, aber wir müssen uns wirklich von Perfektion verabschieden. Ich hatte oft das Gefühl, dass ich, selbst als ich in der Geschäftswelt an Einfluss und Macht gewann, meine Familie enttäuschte, weil ich nicht mehr zu Hause war. Rückblickend bin ich ein wenig untröstlich, dass ich so viel Energie darauf verwendet habe, mir darüber Gedanken zu machen. Einmal fühlte ich mich von meinen Töchtern so sehr mit Kommentaren darüber bombardiert, dass meine Arbeit mich völlig vereinnahmt, dass ich ihnen sagte: „Okay, ich werde bei PepsiCo aufhören. Mein Herz ist bei euch beiden, und es ist eindeutig zu viel, und ich werde es einfach aufgeben und zu Hause sein." In diesem Moment schien es eine sehr gute Entscheidung zu sein. Aber dann kam die Kehrtwende: „Nein, Mama! Du kannst nicht kündigen!", rief Tara aus. „Du hast so hart dafür gearbeitet! Streb nach Großem, Mom! Streb nach Großem!" Preetha wünschte sich, es gäbe zwei von mir – eine hingebungsvolle, stets präsente Mutter, auf die sie sich verlassen konnte, und eine CEO-Mutter, auf die sie so stolz war. Ich wünschte, das wäre möglich gewesen.

Irgendwie musste ich lernen, diese Wellen der Emotionen zwischen uns allen einfach vorbeiziehen zu lassen. Vielleicht war das auch ein Teil der Mutterrolle. Ich bin sehr engagiert und mit meiner Familie verbunden, und egal was ich draußen tat, ich hatte immer noch eine wichtige Rolle zu spielen, um die Gefühle aller aufzufangen. Manchmal fühlte ich mich wie ein Sandsack, da alle ihre Probleme der Tatsache zugeschrieben wurden, dass ich eine Spitzenkraft bei PepsiCo war.

Auch wenn ich mit diesen Gefühlen zu kämpfen hatte, weiß ich, dass ich großes Glück hatte, mit Raj verheiratet zu sein. Ich denke, in den Krisenjahren für berufstätige Frauen – mit heranwachsenden Kindern und einem anspruchsvollen Job – treten unsere Ehepartner in den Hintergrund, und das müssen sie aushalten können. Oft sagte Raj zu mir: „Auf deiner Liste steht immer PepsiCo, PepsiCo, PepsiCo, dann deine Kinder (als ob es nur meine wären), dann deine Mutter, und dann, ganz unten, bin ich. Er hatte recht. Aber meine Antwort im Scherz war: „Wenigstens stehst du auf der Liste!"

In Wirklichkeit überschreitet Raj die Listen. Ich bin sicher, dass er das weiß. Unsere Ehe funktioniert und hält nur deshalb, weil wir uns gemeinsam auf diesem Weg befinden, für den Erfolg unserer gesamten Familie. Aber PepsiCo forderte einen großen Teil meiner Zeit, und ich weiß, dass Raj sich oft ziemlich ignoriert fühlte.

Für jede berufstätige Frau mit Kindern kann die Unterstützung durch den Ehepartner all die Schuldgefühle ausgleichen, die wir mit uns herumtragen. Wie ich schon oft gesagt habe: Mutter zu sein ist ein Vollzeitjob, Ehefrau zu sein ist ein Vollzeitjob, und eine Führungskraft zu sein ist mehr als ein Vollzeitjob. All das erfordert eine ständige Priorisierung und Neupriorisierung, manchmal mehrmals am Tag. Und je nachdem, mit wem wir sprechen, haben wir das Gefühl, dass wir es nie richtig hinbekommen. Für mich war Raj bei jedem Schritt dabei und gab mir Halt. Er hat mir nie ein schlechtes Gewissen eingeredet, weil ich nicht zu Hause bei den Kindern war.

Ich glaube auch, dass eine Schwesternschaft von Freundinnen Enormes bewegen kann. Es gibt Zeiten, in denen wir nicht gesagt bekommen wollen, dass wir falschliegen, und wir wollen nicht gesagt bekommen, was wir anders machen sollen. Wir wollen uns Luft machen und gehört werden, nicht verurteilt werden. Ich habe enge, liebe beste Freundinnen – Frauen in Indien, Israel und den USA –, auf die ich mich absolut verlassen kann und die mir einfach zuhören, wenn mich etwas ärgert. Sie gehören weder zu meiner Familie noch zu meinem Arbeitsleben, und ich habe in keiner Weise das Gefühl, sie beeindrucken oder mich in irgendeiner Weise beweisen zu müssen. Sie leben in verschiedenen Zeitzonen, aber das scheint nie ein Problem zu sein.

Die Bemerkung über die „Krone in der Garage" bezieht sich auch auf das allgemeine Verhältnis zwischen Macht und Demut. Dies ist eine wunderbare Lektion für diejenigen, die in ihrer Karriere aufsteigen und in Rollen gelangen, die ihnen echte Autorität am Arbeitsplatz und in der Gesellschaft verleihen.

Im Laufe der Jahre begann ich, meinen Beruf in meiner Großfamilie herunterzuspielen. Als ich eine Führungskraft auf mittlerer Ebene war, war es für sie einfacher, mit mir zu sprechen und mich einfach ich selbst sein zu lassen. Als ich in die höheren Ränge aufstieg, fingen einige an, mich eher wie eine Fremde zu behandeln. Sie nahmen an, ich sei zu beschäftigt, um mit ihnen zu sprechen, oder zu wichtig, um mit „normalen" Menschen zu verkehren. Andere nahmen mir meinen Erfolg einfach übel. All das führte zu einem gewissen Unbehagen in der Familie.

Ich passte mich an, indem ich meine Beobachtungen, Erfahrungen und Belastungen mehr für mich behielt, als ich es sonst vielleicht getan hätte, und dafür sorgte, dass ich gut gelaunt war, wenn ich nach Hause kam oder bei meiner Familie war. Das war sehr schwer, wenn ich über Entscheidungen nachdachte, die Hunderttausende von PepsiCo-Mitarbeitern und Verbraucher auf der ganzen Welt betrafen, oder über einen Gewinnbericht, der die globalen Märkte beeinflussen konnte. Aber ich denke, dass diese Herangehensweise notwendig war, um in meinem Leben außerhalb der Arbeit Vernunft und Gleichgewicht zu bewahren.

Gleichzeitig war mein Beruf äußerst interessant, ich war gut darin, und ich versuchte, ein sehr großes Unternehmen mit zu leiten. Ich liebte PepsiCo und die Richtung, die wir einschlugen. Ich liebte unsere

Produkte und unsere großartigen Ideen. Ich gebe zu, dass ich manchmal enttäuscht war, dass ich all das nicht einfach feiern konnte, ohne befürchten zu müssen, dass die Leute mich für eine Art Egomanin halten würden.

Als ich zum Beispiel 2007 von der indischen Regierung den Padma Bhushan Award, die dritthöchste zivile Auszeichnung Indiens, erhielt, war ich wirklich stolz. Ich stellte mir vor, wie sehr sich Thatha und mein Vater darüber gefreut hätten, dass ich auf einer Liste mit prominenten Künstlern, Wissenschaftlern, Anwälten und Sozialarbeitern stand. Die Auszeichnung wurde mir von Präsident A. P. J. Abdul Kalam im imposanten Rashtrapati Bhavan in Delhi überreicht. Es war dasselbe Gebäude, das ich als fünfzehnjähriges Mädchen zum Tee besucht hatte, und nun wurde ich dort geehrt. Raj flog aus den USA ein, um bei mir zu sein. Auch meine Mutter kam zu uns. Ich war traurig, dass Preetha und Tara in der Schule waren und bei diesem Ereignis nicht dabei sein konnten. Niemand sonst in meiner Familie rief an, um mir zu gratulieren.

An die Annehmlichkeiten, die eine Führungsposition in unserer Welt mit sich bringt – Geld, Reisen, Begegnungen mit berühmten und faszinierenden Menschen, schöne Lebens- und Arbeitsräume – kann man sich leicht gewöhnen und sie hinnehmen. Wahre Führungskräfte müssen jedoch mit beiden Beinen fest auf dem Boden bleiben und sich auf die Verantwortung ihrer Arbeit konzentrieren. Genau das habe ich immer versucht zu tun. Ich hatte das Gefühl, ein Vorbild zu sein, und dass alle auf mich schauten. Ich hatte sehr schwierige Aufgaben zu bewältigen und versuchte, damit fertigzuwerden.

Weibliche Führungskräfte haben es viel schwerer als männliche, weil die Welt der Macht auf Männer zugeschnitten ist. Frauen betreten immer wieder Neuland, wenn sie sich in den oberen Etagen der Wirtschaft, der Regierung oder der Finanzwelt bewegen. Wir müssen unsere Größe in einer Welt unter Beweis stellen, in der Autorität und Brillanz eher „älteren Herren“ zugeschrieben werden. Und wir müssen

Dutzende von dummen, kleinen Herabsetzungen hinnehmen, die zeigen, dass Frauen noch nicht voll akzeptiert sind.

Als ich Chef von PepsiCo war, stieg ich einmal mit einer Gruppe Männer aus einem Flugzeug in Mexiko. Jeder von uns wurde vom Beamten der Einwanderungsbehörde begrüßt: „Willkommen, Mr. X“, „Willkommen, Mr. Y“, „Willkommen, Mr. Z“, „Hallo, Indra“.

Frauen müssen natürlich viel mehr Zeit auf ihr Äußeres verwenden und können in diesem Bereich keine Abstriche machen, ohne ihre Glaubwürdigkeit zu riskieren. Aber das ist noch nicht alles. Ich habe auf Hunderten von Konferenzen gesprochen und musste mir immer Gedanken darüber machen, ob ich auf dem Stuhl, der mir zugewiesen wurde, bequem sitzen konnte, weil er vielleicht zu tief oder zu hoch für mich in einem Kleid oder einem Rock war. Zu zwei Galaveranstaltungen in New York trug ich im Abstand von zwei Jahren dasselbe wunderschöne blaue Ballkleid und hörte Kommentare von Fotografen, die sich wünschten, ich hätte ein neues Kleid gekauft, um ihre Sammlung von Archivfotos von mir erweitern zu können. Jeder Mann auf dieser Veranstaltung trug wahrscheinlich denselben Smoking, den er schon seit einem Jahrzehnt getragen hatte.

Ich war einmal auf dem Cover des *Greenwich Magazine* und trug mein Lieblingsjackett von Armani, in dem ich mich elegant und wohl fühlte. Ich fand, ich sah ziemlich gut aus. Dann rief eine Verkäuferin des örtlichen Kaufhauses Saks Fifth Avenue an und schlug vor, dass ich in Zukunft vor wichtigen Fotoshootings zu ihnen kommen sollte, um einen aktuelleren Look zu bekommen. „Ein Jackett aus der letzten Saison zu tragen“, bemerkte sie, „ist nicht in Ordnung.“

Die Stimmen von Frauen sind zu hoch oder zu leise, oder sie werden als zu klein oder zu groß, zu dick oder zu dünn angesehen, um große Führungspersönlichkeiten zu sein. Diese Urteile machen uns mürbe. Wenn wir sie über andere Frauen sprechen hören, wissen wir, dass auch viel über uns gesprochen wird. Ich denke, wir Frauen müssen uns immer wieder daran erinnern lassen, dass wir unsere Macht – was auch immer sie sein mag – gegen die Erwartungen der Gesellschaft abwägen müssen, die von uns verlangt, dass wir um jeden Preis daran denken sollen, dass wir unvollkommen sind.

Bei all den Möglichkeiten, das zu analysieren, darf ich auch nicht vergessen, von wem der Satz „Krone in der Garage" stammt.

An jenem Abend in der Küche war meine Mutter dieselbe Frau, die sie immer war – hin- und hergerissen zwischen dem Wunsch, ihre Tochter in der Welt da draußen aufsteigen zu sehen, und dem Sicherstellen, dass ich meiner Rolle als hingebungsvolle Ehefrau gerecht wurde, die sich damit begnügte, sich um alle anderen zu kümmern. Als ich ein kleines Mädchen war, bat sie mich, Reden zu halten und so zu tun, als wäre ich die indische Premierministerin. Sie sorgte sich auch darum, einen Ehemann für mich zu finden.

Ein Fuß auf dem Gaspedal, ein Fuß auf der Bremse.

Geh raus und hol dir die Krone, aber lass sie in der Garage.

Im April 2006 nahm Raj eine Auszeit von seiner Arbeit, um nach Indien zu gehen und seinen krebskranken Vater zu pflegen. Ich vermisste ihn und war traurig zu wissen, dass sein Vater, der mich immer so unterstützt hatte, im Sterben lag. Als Frau des ältesten Sohnes der Familie wurde von mir erwartet, dass ich einspringe und helfe. Aber meine immer verständnisvollen Schwiegereltern bestanden darauf, dass ich zu Hause blieb, um mich um die Kinder und meinen wichtigen Job zu kümmern. Raj war fast sechs Monate lang die wichtigste Pflegeperson für seinen Vater, bis er im November 2006 verstarb.

Im August desselben Jahres, als Raj in Indien war, beschloss ich, eine Woche Urlaub zu nehmen, um einige Zeit allein zu Hause zu verbringen. Mein Plan war es, mich zu entspannen, das Haus ein wenig zu organisieren und mit Tara zusammen zu sein. Preetha war zu Besuch bei Freunden in Maine. Ich hatte nichts anderes im Sinn und freute mich einfach darauf, auszuschlafen – falls ich das jemals könnte –, zu lesen und Schränke aufzuräumen.

Doch am Montagmorgen, dem 7. August 2006, tauchte Steve auf. Er kam in die Küche, setzte sich mit dem kleinen Notizblock in der Hand, den er immer bei sich trug, hin und teilte mir mit, dass er zurück nach Dallas ziehen würde. Der Vorstand von PepsiCo wolle mich zur CEO ernennen, sagte er mir.

In drei Monaten würde ich die Leitung des amerikanischen Kultanbieters von Pepsi-Cola, die erstmals 1898 ausgeschenkt worden war, übernehmen.

Ich war fassungslos. Ich wusste, dass ich in Betracht gezogen wurde, eines Tages die Leitung des Unternehmens zu übernehmen, aber ich hatte keine Ahnung, dass Steve so bald gehen würde. Wir hatten einen Arbeitsrhythmus entwickelt, der angenehm und produktiv war, und wir scherzten oft, dass wir uns gemeinsam zur Ruhe setzen würden.

Steve sagte mir, dass im PepsiCo-Hangar am Flughafen von Westchester ein Flugzeug auf mich wartete, und um zehn Uhr morgens war ich in der Luft und flog nach Nantucket, der Insel vor der Küste von Massachusetts. Dort machte John Akers, der Vorsitzende des Nominierungsausschusses des Vorstands, Urlaub, und er wollte mir die Nachricht offiziell mitteilen. Als ich in Nantucket landete, stieg John in Shorts und Polohemd in das Flugzeug, teilte mir die Entscheidung des Vorstands mit, die am folgenden Samstag offiziell bestätigt werden sollte, wünschte mir Glück und sagte, er sei stolz auf mich. Wir schüttelten einander die Hände. Er ging wieder.

Dann hob ich wieder ab und flog die 15 Minuten nach Cape Cod, um Mike White, den Leiter des internationalen Geschäfts von PepsiCo, in seinem Sommerhaus zu besuchen. Wir waren gute Freunde, und ich wusste, dass Mike der andere Kandidat für die Stelle war. Ein paar Monate zuvor hatte man uns gebeten, einer Sitzung fernzubleiben, als der Vorstand ein „vertrauliches Thema" erörterte.

Da wir an diesem Tag ein paar Stunden zur Verfügung hatten, machten wir uns auf den Weg zum Times Square, um uns die Broadway-Show „Jersey Boys" anzusehen. Danach gingen wir zum Abendessen und sprachen über all die schönen Momente, die wir im Laufe der Jahre mit unseren Kollegen von Pepsi und Frito-Lay erlebt hatten. Wir hatten uns auf so vielen Weihnachtsfeiern amüsiert, von denen ich viele ausgerichtet hatte, die sich in Karaoke-Abende oder Liedersingen mit Mike am Klavier verwandelt hatten. Ich hatte Bücher mit den Texten von 275 Popsongs zusammengestellt, und wir besaßen unsere mit Eselsohren versehenen Exemplare nur für diese Partys. Wir lachten darüber, dass Roger an jedem dieser Abende darauf bestand, Frank Sinatras „My Way" mindestens dreimal und Don McLeans „American Pie" mindestens zweimal zu singen. Unsere eng verbundene Gruppe hatte einen Großteil ihres Lebens der Arbeit bei PepsiCo gewidmet. Trotz des ganzen Druckes hatten wir auch eine Menge Spaß gehabt.

Jetzt, als zukünftiger CEO, wollte ich unbedingt, dass Mike im Unternehmen blieb, zumindest für ein paar Jahre. Ich sagte ihm das, und wir sprachen ein wenig über mögliche Führungswechsel und den Übergang. Dann setzte sich Mike an sein Klavier, und wir sangen ein paar Lieder. Wir gingen Eis essen und am Strand spazieren, und er fuhr mich zum Flughafen, umarmte mich und versicherte mir seine Unterstützung.

Als ich nach Hause kam, war es noch mitten am Nachmittag. Ich rief Raj in Indien an, und er sagte sofort zu, dass er für ein oder zwei Tage nach Hause fliegen würde, um bei der Ernennung dabei sein zu können. Dann setzte ich mich allein hin, weinte und ließ eine Flut von Gefühlen über mich hereinbrechen. Ich war aufgeregt, nervös und besorgt darüber, ins Rampenlicht zu treten. Ich dachte über alles nach – woher ich kam, was ich erreicht hatte und was ich mit PepsiCo machen sollte.

Ich dachte an meine wunderbare Familie und daran, dass es für mich für lange Zeit keine Pause geben würde.

Vierundzwanzig Stunden später lief alles an. Ich war für die Ernennung zuständig und musste sie mitgestalten. Ein CEO-Wechsel ist äußerst vertraulich, da die Märkte auf einen Führungswechsel reagieren könnten, und nur wenige Personen durften wissen, was geschah. Ich lud den Chefsyndikus, den Leiter der Öffentlichkeitsarbeit und den Leiter der Personalabteilung zu mir nach Hause ein, und wir erstellten die Entwürfe für die Ernennung und die Briefe an unsere Mitarbeiter, Einzelhandelspartner und Tochtergesellschaften. Jedes Wort war wohlüberlegt. Wir mussten Steves Errungenschaften feiern. Wir mussten Stabilität und einen geordneten Übergang demonstrieren. Wir mussten optimistisch und zuversichtlich sein.

Am Donnerstag rief ich Preetha an und teilte ihr mit, dass ihre Anwesenheit am folgenden Montag für etwas sehr Wichtiges erforderlich sei. Etwas widerwillig stimmte sie zu, in angemessener Kleidung zu erscheinen. Tara war zu Hause und neugierig wegen allem, was vor sich ging. Ich konnte keiner von ihnen meine Neuigkeiten mitteilen.

Am Samstag informierte ich im Vertrauen meine Mutter, die mit meinem Bruder in Manhattan war. Ihre unmittelbare Reaktion? „Oh nein! Lass mich Steve anrufen und ihm den Rücktritt ausreden", sagte sie. „Er wird auf mich hören. Du hast zu viel zu tun und musst dich um die Kinder kümmern. Du brauchst nicht noch mehr Verantwortung." Ich überzeugte sie sanft, sich zurückzuhalten.

Am Montag, dem 14. August 2006, um sechs Uhr morgens gab es die ersten Nachrichten: PEPSI BRINGT EINE FRAU ALS GESCHÄFTSFÜHRERIN, lautete eine Schlagzeile. PEPSI WÄHLT EINE FRAU AUS, UM DEN LADEN ZU SCHMEISSEN, eine andere. Meine Familie in Indien erzählte mir, dass ich an diesem Tag die Nachrichten beherrschte – sowohl in der Presse als auch im Fernsehen. Die Onkel und Tanten, die vor vielen Jahren in Madras unaufhörlich „Yummy Yummy Yummy" gesungen hatten, waren sehr stolz auf ihre Wildfang-Nichte.

Der Tag war ein Wirbelsturm. Die Mitarbeiter drängten sich in der Cafeteria von PepsiCo zu einem globalen Town Hall Meeting, das im ganzen Unternehmen ausgestrahlt wurde. Steve hielt eine Rede über die Übergabe des Staffelstabs an mich. Dann ergriff ich das Wort. PepsiCo sei bereits ein fantastisches Unternehmen, sagte ich, und wir würden es noch besser machen. Lasst uns die Ärmel hochkrempeln.

Raj, Preetha und Tara stellten sich in der Nähe auf, beobachteten das Geschehen und fragten sich, was das alles für sie bedeutete.

Ich spürte das Gewicht der Aufgabe. Äußerlich war ich optimistisch und zuversichtlich, aber innerlich machte sich die Realität breit.

# 9

Ich wollte nicht noch einmal das Büro wechseln. Ich hatte ein großartiges Eckbüro – mein zweites Zuhause – mit Morgensonne, Blick auf die sich im Herbst bunt färbenden Baumkronen und in der Ferne auf eine riesige rote Alexander-Calder-Skulptur namens „Hats Off". Ich liebte meinen einfachen Schreibtisch, meinen großen Tisch für Besprechungen, an dem Tara ihre Hausaufgaben machte, und meine wenigen Pflanzen in großen asiatischen Keramiktöpfen. Die Glasablagen waren mit Familienfotos und Erinnerungsstücken von meinen Reisen gefüllt.

Dennoch verließ Steve das „Büro des CEO", einen Raum von genau derselben Größe am gegenüberliegenden Ende des Korridors, der auch Waynes und Rogers Platz gewesen war. Ich war schon bei so vielen Besprechungen in diesem Raum gewesen, immer in Ehrfurcht vor dem Sitz der Macht. Auf der einen Seite stand ein schwerer Mahagonischreibtisch, auf der anderen eine Art Wohnzimmer mit Polsterstühlen um einen gläsernen Couchtisch, einem Perserteppich und einem Kamin. Der Raum verströmte traditionelle amerikanische Unternehmensautorität – eine Reminiszenz an die mit Porträts geschmückten privaten Herrenklubs und verrauchten Bankerhöhlen, in denen jahrzehntelang die wirklichen Geschäfte abgewickelt worden sein sollen.

Was sollte ich tun? Ich musste meinen Platz als CEO und Vorstandsvorsitzende vor aller Augen behaupten. Ich fragte mich kurz, ob ich diese alten Insignien brauchte. Dann entschied ich mich, an Ort und Stelle zu bleiben. Ich ließ den Kamin und die Holzvertäfelung an den Wänden entfernen und den Raum in zwei elegante Büros für mir unterstellte Mitarbeiter umbauen.

Ich hatte das Gefühl, dass ich den Rhythmus und die Verantwortlichkeiten des CEO von PepsiCo kannte. Ich hatte treu mit den letzten drei Geschäftsführern zusammengearbeitet und war bei allen großen Entscheidungen stark involviert, von der Ausgliederung der Restaurants über den Kauf von Tropicana bis hin zur Abspaltung der Abfüllbetriebe in eine Aktiengesellschaft und der Erneuerung der IT-Systeme. Ich hatte ein Gefühl für den Druck, den die Leitung eines großen, berühmten Unternehmens ausübte, und für die Jahreszeiten und Stimmungen der Weltwirtschaft.

Wie es meiner Persönlichkeit entspricht, war ich wahrscheinlich übervorbereitet. In meinen zwölf Jahren als Unternehmensstrategin, CFO und dann Präsident von PepsiCo hatte ich Touren mit Lastwagenfahrern unternommen, war durch riesige Produktionsanlagen gelaufen und hatte Einzelhandelspartner in jedem Winkel der Welt besucht. Ich hatte Hunderte von experimentellen Chip-and-Dip-Geschmacksrichtungen probiert und Dutzende von Getränkemischungen getrunken, und ich konnte mich zu jeder Art von Mundgefühl äußern. Ich hatte erfahren, wie man in der Inneren Mongolei Kartoffeln anbaute und den Wasserverbrauch auf Reisfeldern reduzierte. Ich kannte jeden Hebel unserer Gewinn-und-Verlust-Rechnung und unserer Bilanz und hatte bei unseren Investoren und Analysten Glaubwürdigkeit erlangt. Ich war vom Geist von PepsiCo so begeistert wie eh und je und mit den Strukturen und Schwächen des Unternehmens bestens vertraut.

Am wichtigsten war, dass ich ein Träumer und ein Macher war und ein lebendiges Bild von der Zukunft von PepsiCo malen und Menschen dazu bringen konnte, diese Vision zu verwirklichen. Rückblickend verstehe ich, warum der Vorstand mich als CEO ausgewählt hat.

Aber ich hatte auch ein Kribbeln im Bauch. Als ich am 2. Oktober 2006 das Gebäude als CEO betrat, hatte ich dieses seltsame Gefühl, das viele Spitzenmanager zu erklären versuchen: Ich war „es", wie beim Fangenspielen. Ich hatte das Gefühl, dass mich alle beobachteten und darauf warteten, dass ich ihnen sagte, was sie als Nächstes tun sollten.

Ich wurde in die breite Öffentlichkeit katapultiert. Ich war die elfte weibliche Vorstandsvorsitzende in den Fortune 500, einem kleinen Klub, zu dem auch Meg Whitman von eBay, Anne Mulcahy von Xerox und Patricia Russo von Lucent Technologies gehörten. Außerdem war ich eine dunkelhäutige Immigrantin aus einem Entwicklungsmarkt, die ein sehr bekanntes amerikanisches Konsumgüterunternehmen übernahm. Und das machte mich zu einer Kuriosität.

In den ersten Monaten war die Aufmerksamkeit der Presse konstant und ziemlich anstrengend. Ich hatte ein Gespräch mit einem hochrangigen New Yorker Journalisten, den ich privat kannte, das mir im Gedächtnis geblieben ist. Er sagte, ich würde eine Zeit lang im Mittelpunkt der Aufmerksamkeit stehen. Die Presse würde mich fröhlich als brillante, andersartige, neue CEO aufbauen, sodass ich, wenn die unvermeidlichen Probleme kämen, noch tiefer fallen würde. Das ist das Spiel, warnte er mich.

Bislang war mein Verhältnis zu den Medien ziemlich gut gewesen. In meiner Anfangszeit bei PepsiCo war ich keine öffentliche Person, auch wenn ich mit Wall-Street-Analysten über unsere Strategie und Finanzen für ihre Investorenberichte über die Aussichten der PepsiCo-Aktie sprach. Als CFO präsentierte ich die Zahlen von PepsiCo jedes Quartal in Telefonkonferenzen mit denselben Analysten und Investmentfondsmanagern. Ich fand das alles sehr herzlich und routiniert.

Nach dem Quaker-Geschäft war mein Bekanntheitsgrad stark gestiegen. *Business Week* veröffentlichte einen Artikel, in dem Steves

Führungsstil mit meinem verglichen wurde. Rückblickend wird mir klar, dass dies ein erster Vorgeschmack darauf war, wie ich immer wieder anders wahrgenommen und dargestellt werden würde als mächtige Männer. Wir waren ein „seltsames Paar",[9] hieß es in dem Artikel. Steve war ein ehemaliger US-Marine, der Marathons lief. Ich war eine Frau mit der „verwirrenden Angewohnheit, während Meetings zu summen, um sich zu beruhigen". Der Artikel bezeichnete meine Garderobe als „Business-Indisch", die „von einem fließenden Schal bis zu einem Sari" reichte. Weiter heißt es: „Sie gibt unkonventionelle Kommentare ab, die man von einer hochrangigen Führungskraft nicht erwarten würde", und „Sie hat eine Art arglose, unbelastete Natur".

Im Jahr 2003 bereitete *Forbes* einen Artikel über PepsiCo unter Steve vor und arrangierte in aller Eile ein Fotoshooting mit mir auf unserem Parkplatz, um Bilder für eine Randleiste zu machen. Dann wurde mein Foto für das Cover der Ausgabe verwendet. Indra Nooyi hat eine „lebhafte Offenheit", hieß es in dem Artikel.[10] Er enthielt ein Zitat von Roger: „‚Indra ist wie ein Hund mit einem Knochen', sagt Enrico. Das sollte ein Kompliment sein." Ich fühlte mich schrecklich wegen dieser Forbes-Titelgeschichte, weil Steve als CEO die Aufmerksamkeit verdient hatte. Ich sah darin keinen Sinn, dass ich diejenige war, die herausgestellt wurde.

Diese Episode beeinflusste meinen Umgang mit Journalisten für immer. Ich war stets misstrauisch. Ich lernte, dass es für Unternehmen wie das unsere, sosehr sie auch versuchen mögen, die Botschaft mit großen Kommunikations- und PR-Abteilungen zu steuern, ein steiniger Weg war. Die Medien werden schreiben, was sie wollen, in guten wie in schlechten Zeiten.

Oft fand ich Berichte über PepsiCo in Zeitungen, Magazinen und anderswo ziemlich direkt und sachlich, obwohl die Schlagzeilen effekthascherisch und weit entfernt von unseren Nachrichten sein konnten. Einige Reporter veröffentlichten Geschichten, die auf Gerüchten beruhten, die nicht der Wahrheit entsprachen, und verursachten einen Aufruhr im Unternehmen, der nur schwer zu beruhigen war. Trotz aller Herausforderungen, die die Medien für Persönlichkeiten des öffentlichen Lebens wie mich darstellen, bin ich nach wie vor davon überzeugt, dass die Presse ein entscheidendes Element der Demokratie ist und gehegt und gepflegt werden muss. Ich bitte Journalisten, die über Unternehmen berichten, eindringlich, sich wieder auf ihre Kernaufgabe der detaillierten Berichterstattung und Analyse zu besinnen und sich wirklich die Zeit zu nehmen, die komplizierten Unternehmen und Branchen, über die sie berichten, kennenzulernen. Die Autoren sollten auch nicht das Wesentliche einer Geschichte für eine dramatische Schlagzeile opfern. Korrektheit ist für das Funktionieren unseres Systems von grundlegender Bedeutung.

Als ich 2006 zur CEO aufstieg, war die Presse erneut begeistert, meine Exotik als Frau und indische Immigrantin zu feiern. Ich wurde in einem Sari präsentiert, manchmal noch gesteigert durch nackte Füße. Seit meinem Praktikum bei Booz Allen Hamilton in Chicago 25 Jahre zuvor hatte ich keinen Sari mehr zur Arbeit getragen. Gelegentlich zog ich nach sechs Uhr abends im Büro meine Schuhe aus; ich trug wie fast alle Frauen in Führungspositionen Pumps.

In einem Artikel des *Wall Street Journal* zu meinem Amtsantritt wurde unter der Überschrift DIE NEUE CEO VON PEPSI HÄLT NICHT MIT IHRER MEINUNG HINTERM BERG im ersten Absatz beschrieben, dass ich einen Sari trug und Harry Belafonte pries, indem ich das Lied „Day-O" sang. In Wirklichkeit stellte ich Mr. Belafonte kurz vor, und wir sangen alle zusammen „Day-O" bei einer Veranstaltung zum Thema Vielfalt und Inklusion im Jahr 2005. Ich trug einen Geschäftsanzug mit meinem Markenzeichen, dem wallenden Schal. Vielleicht dachten sie, das sei ein Sari.

Um es klar zu sagen: Seit meinem tränenreichen Gespräch mit Jane Morrison in ihrem Büro in Yale nach dem unangenehmen Vorstellungsgespräch hatte ich mir die Einstellung zu eigen gemacht, dass jeder – mich eingeschlossen – die ordentliche und respektvolle Kleidung tragen sollte, in der er sich wohlfühlt. Ich hatte die Philosophie, dass die Menschen in der Lage sein sollten, ihr ganzes Selbst zur Arbeit mitzubringen. Ich sehe dies als grundlegend für die Integration in jeder Organisation an. Ich gebe jedoch zu, dass es entmutigend war, dass ich, als ich an die Spitze des zweitgrößten Nahrungsmittel- und Getränkeunternehmens der Welt trat, oft als eine Art verrückte Außenseiterin mit einer Vorliebe für traditionelle indische Kleidung beschrieben wurde.

Unabhängig davon erfuhr ich eine breite Welle der Unterstützung durch die indische und indisch-amerikanische Gemeinschaft. Lange Zeit galten indische Einwanderer wie ich als Streber in der Wissenschaft, die nur in der Lage waren, Start-ups im Silicon Valley zu leiten. Ein Freund, der bei einer Investmentbank arbeitet, erzählte mir, dass er und andere indischstämmige Amerikaner, die in der US-Wirtschaft tätig waren, den Kopf jetzt etwas höher hielten und das Gefühl hätten, dass sie als potenzielle Führungskräfte in ihren eigenen Unternehmen ernster genommen würden, weil zum ersten Mal eine indischstämmige Amerikanerin ein durch und durch amerikanisches Konsumunternehmen leitete.

In meinen ersten Wochen als CEO musste ich mein Team zusammenstellen. Das war eine heikle Angelegenheit. Ich wollte mich mit starken Führungskräften umgeben, um sicherzustellen, dass ich immer ehrliches Feedback bekam. Der Managementwechsel von Steve führte zu einigen Rücktritten, und das war in Ordnung.

Zu meiner Überraschung verließ meine Assistentin Barbara das Unternehmen. Leider war ihre Mutter ein paar Monate zuvor gestorben, und sie kündigte, um sich um ihren kranken Vater zu kümmern. Eine Zeit lang hatte ich das Gefühl, meine rechte Hand verloren zu haben, obwohl ich das Glück hatte, Ann Cusano zu engagieren, eine PepsiCo-Veteranin, die mehr als zwei Jahrzehnte bei PepsiCo gearbeitet hatte und Steves Assistentin der Geschäftsführung gewesen war.

Ann wusste wirklich, wie man mit den widersprüchlichen und wechselnden Prioritäten im Büro eines CEO umgeht. Sie hatte immer ein Lächeln auf den Lippen, wenn sich jemand an sie wandte, aber sie spielte die Rolle der Türhüterin mit großer Souveränität. Sie hatte selbst erwachsene Kinder und hatte es geschickt geschafft, Mutterschaft und beruflichen Druck unter einen Hut zu bringen, und selbstverständlich gewann sie Taras und Preethas Zuneigung. Unterstützt wurde sie von Jan Niski, einer liebenswerten, fürsorglichen Person, die eine Erweiterung von Anns Effizienz zu sein schien. Gemeinsam deckten sie die CEO-Bürozeiten von acht Uhr morgens bis sieben Uhr abends ab und bearbeiteten die Berge von Post und alle Anrufe, die jeden Tag eingingen. Ann blieb bei mir, bis ich PepsiCo verließ. Ich kann gar nicht genug betonen, wie diese Frauen mehr als ein Jahrzehnt lang mein Leben in Ordnung gehalten und zu meiner geistigen Gesundheit beigetragen haben.

Ich beförderte Richard Goodman, den CFO unserer internationalen Geschäftseinheit, zum CFO von PepsiCo. Er war geachtet, akribisch und furchtlos in der Äußerung seiner Ansichten. In ähnlicher Weise überredete ich Cynthia Trudell, eine ehemalige Führungskraft von General Motors, die im Vorstand von PepsiCo saß, als Personalchefin einzusteigen. Ich wollte eine operative Führungskraft, die mir half, viele unserer Prozesse und Praktiken im Personalbereich für die kommenden Jahrzehnte zu überdenken. Cynthia hatte großartige Ideen, die sie auf Vorstandssitzungen häufig zum Ausdruck brachte. Ich brauchte sie in meiner Nähe.

Es war wichtig, dass ich Larry Thompson, einen ehemaligen stellvertretenden US-Generalstaatsanwalt, als unseren Chefsyndikus behielt. Aber er musste meine eigene Wahl sein, nicht ein Überbleibsel von Steve, der ihn eingestellt hatte. Der Top-Anwalt einer Aktiengesellschaft ist der engste Berater des CEO und in fast alles eingeweiht und stark in Vorstandsangelegenheiten eingebunden. Larry war ziemlich ruhig, hörte immer zu und nahm alles um sich herum auf. Aber in Einzelgesprächen mit mir sagte er genau, wann ich falsch- oder richtiglag, und er hielt sich nie zurück.

Eines Tages ging ich in Larrys Büro und sagte ihm dann, ohne es wirklich zu planen, dass er gefeuert sei. Er war verwirrt. Zehn Sekunden später stellte ich ihn mit einem breiten Lächeln als Chefsyndikus wieder ein. Ich weiß, dass dies für Larry ein Schleudertrauma war und vielleicht nicht gerade die beste CEO-Technik. Dennoch sagte er mir später, dass er zwar in diesen wenigen Sekunden geschockt war, aber dennoch verstanden hatte, wie bedeutsam es für mich war, ihn für die Stelle „wiederzugewinnen". Von diesem Moment an war Larry mein Chefsyndikus, und er war begeistert, Teil meines neuen Teams zu sein.

Damit mein CEO-Büro reibungslos funktionierte, setzte ich schließlich eine Praxis fort, die Steve begonnen hatte: Ich setzte abwechselnd für jeweils 18 Monate eine aufstrebende Führungskraft als meinen Stabschef ein. Ich begann mit John Sigalos, mit dem ich im Büro für Unternehmensstrategie zusammengearbeitet hatte und der jetzt in Bangkok war. Er zog zurück nach New York, und seine Ankunft brachte die nötige Ordnung und Struktur, um den Überblick über die neuen Anforderungen an mich zu behalten.

In den folgenden zwölf Jahren konnte ich mich auf eine geschätzte Gruppe hervorragender aufstrebender Führungskräfte in dieser Funktion verlassen. Von Anfang an hatte ich die Absicht, viel zu reisen, und ich erwartete, dass mein Stabschef mit mir reist. Auf diesen Reisen wollte ich natürlich Zeit mit unseren Geschäften verbringen, aber auch mit Gesprächsrunden mit jungen Mitarbeitern, separaten Treffen mit Frauen, Besuchen bei lokalen Regierungsvertretern und sehr oft, auf Wunsch unserer lokalen Teams, öffentlichen Auftritten bei Handelskammern oder Frauengruppen.

Ich verlangte vom Stabschef, dass er für jedes Treffen ein detailliertes Briefing-Dokument vorbereitete. Darüber hinaus mussten alle meine Reden meine anfänglichen Vorgaben enthalten und dann sorgfältig von einem Redenschreiber bearbeitet werden, um sicherzustellen, dass jedes Wort kulturell korrekt war. Der Stabschef führte auch eine Liste von Folgepunkten, um sicherzustellen, dass sie auch angesprochen wurden.

Als ob das nicht schon genug wäre, hatte mein Stabschef noch eine weitere sehr wichtige Pflicht: Er musste sich in der Öffentlichkeit um mich kümmern. War der Stuhl für eine Frau geeignet? Sollte ich auf einem Podium ein Kleid oder eine Hose tragen? Was war die Hintergrundfarbe, damit ich davor mit meiner Kleidung nicht verschwand oder sich die Farben bissen? Konnte ich vegetarisches Essen bekommen? Am wichtigsten: Ich brauchte auch Pausen, damit ich nicht von der ständigen Aktivität überfordert war. Ich glaube, alle waren am Ende ihres Einsatzes ziemlich ausgebrannt, aber jeder von ihnen ging mit einem tiefen Verständnis für das Innenleben eines globalen CEO-Büros.

Als ich an die Spitze trat, konnte ich Befürworter und Gegner, Enthusiasmus, Ressentiments und eine gewisse Skepsis spüren. Das internationale Team des Unternehmens war froh, dass ich eine globale Sichtweise hatte und dass Mike White ihr Chef bleiben würde. Die Führungskräfte der Pepsi-Getränkesparte und von Frito-Lay, mit denen ich schon seit Jahren zusammenarbeitete, akzeptierten mich problemlos. Roger und Steve standen beide zur Verfügung, aber sie ließen mich in Ruhe. Das habe ich immer zu schätzen gewusst.

Natürlich gab es einige Personen, die ihrer eigenen Vorstellung von PepsiCo treu blieben. Einer schrieb an Steve und war wütend darüber, dass der Vorstand jemanden ernannt hatte, der so anders war als die bisherigen CEOs. Steve schrieb ihm einen wunderbaren Brief zurück, in dem er alle Möglichkeiten aufzeigte, wie ich die beste Person für die Leitung des Unternehmens war.

In meinen Träumen schuf ich eine neue Ära für PepsiCo. Ich stellte mir ein Unternehmen vor, das das 21. Jahrhundert prägen würde, ein Unternehmen, das weit in die Zukunft reichen würde, stolz auf seine amerikanischen Wurzeln, aber dennoch global und beweglich genug, um den Wandel der Zeit widerzuspiegeln. Diese Art von unternehmerischer Langlebigkeit ist nicht sehr verbreitet. Von den 500 größten US-amerikanischen Unternehmen im Jahr 1965, als Frito-Lay und Pepsi-Cola fusionierten, standen 50 Jahre später nur noch 77, also etwa 15 Prozent, auf der Liste. Ich wollte PepsiCo so aufstellen, dass es jahrzehntelang erfolgreich sein würde, nicht nur kurzzeitig während meiner Zeit als CEO. Mein Instinkt sagte mir, dass PepsiCo seinen Zweck in der Gesellschaft überdenken und ein neues Geschäftsmodell entwickeln musste.

Beeinflusst wurde ich auch durch meine formale Ausbildung in Indien – durch die Konferenzen, auf denen ich in Demokratie und Kapitalismus geschult wurde, und durch mein Praktikum im Ministerium für Atomenergie in Bombay, wo ich gesehen hatte, wie mächtige westliche Unternehmen mit den Entwicklungsländern interagierten. Die Yale SOM hatte mich dazu angeregt, den Ozean zu überqueren, um eine Ausbildung zu absolvieren, die sich auf die Schnittstelle von Wirtschaft und Gesellschaft konzentrierte, und die Fälle, die ich dort studierte, öffneten mir die Augen dafür, wie Unternehmen in eine Welt aus Politik, Regierung, gemeinnützigen Organisationen, Gemeinden und Familien eingebettet sind. Alle müssen zusammenarbeiten, um eine bessere Zukunft zu schaffen.

In den Monaten, nachdem Steve an jenem sommerlichen Montagmorgen meine Küche betreten hatte, dachte ich über all das nach, während ich mich mit der Arbeit, der Aufregung und der Angst, das alles in Angriff zu nehmen, beschäftigte.

Die Aufgabe war monumental. PepsiCo war ein Kultunternehmen, das 17 Marken herstellte und vermarktete, deren Einzelhandelsumsätze jeweils mehr als 1 Milliarde Dollar pro Jahr betrugen – das war damals der höchste Umsatz aller Konsumgüterunternehmen. Die Menschen aßen und tranken jeden Tag mehr als eine Milliarde Portionen von PepsiCo-Produkten. Wir waren in mehr als 180 Ländern und Gebieten tätig.

Aber PepsiCo – und unsere gesamte Branche – sahen sich auch der Kritik ausgesetzt, dass der Zucker, das Fett und das Salz in unseren Produkten zu den Geißeln Fettleibigkeit, Bluthochdruck und Diabetes in den USA und zunehmend auch im Rest der Welt beitrugen. Wir hatten Quaker Oats übernommen und damit begonnen, unser nahrhaftes Angebot zu erweitern. Wir hatten Transfette eliminiert. Wir fügten Tropicana Omega-3-Fettsäuren hinzu. Wir hatten zuckerhaltige Getränke aus den Schulen verbannt. Doch all das schien angesichts des Umfangs unseres Geschäfts marginal. PepsiCo wurde immer noch als Junkfood-Unternehmen angesehen.

Der Druck von Gesundheitsexperten, Elterngruppen und Regierungen war heftig. Aber auch Verbrauchertrends trieben die Gesundheitsbotschaft voran. Das wurde sogar innerhalb unserer eigenen Organisation deutlich. Ich war einmal in Ägypten und aß mit unseren örtlichen Führungskräften und deren Ehepartnern zu Abend, und eine der Frauen erzählte mir, dass sie davor zurückschreckte, ihre Kinder unsere Produkte verzehren zu lassen, weil sie keinen Nährwert hatten. Das war unglaublich ehrlich – und hilfreich für mich. Dass jemand so offen sein konnte, obwohl das Einkommen ihrer Familie von PepsiCo abhing, verstärkte mein Gefühl der Dringlichkeit, etwas zu unternehmen.

Selbst die Gewohnheiten unserer Führungskräfte änderten sich. Manchmal stellte ich fest, dass ich die einzige Person war, die in Konferenzsitzungen Pepsi mit vollem Zuckergehalt trank. Es frustrierte mich, dass ich für mehr Marketingunterstützung für unsere gesünderen Marken plädieren musste. Mehr als einmal wies ich darauf hin, wie wir, wenn wir selbst kalorienarme Getränke und Wasser in Flaschen bevorzugten, glauben konnten, dass andere sich nicht in diese Richtung bewegten. Wir waren doch alle Verbraucher. Sicherlich sollten wir die Wahl der Verbraucher stützen, aber unsere Marketing- und Innovationsentscheidungen mussten den Wandel der Zeit widerspiegeln.

Unsere Rivalität mit Coca-Cola war nicht gerade förderlich. Coca-Cola hatte zwar keine Food-Sparte, aber Coca-Cola kontra Pepsi war in der öffentlichen Meinung fest verankert. Unsere Strategien und Aktien wurden immer wieder verglichen, und jede Abweichung überraschte oder beunruhigte den Markt. Das machte Veränderungen für uns schwieriger. Wir hingen immer noch an den Cola-Kriegen fest.

Aber in Wirklichkeit waren die beiden Unternehmen sehr unterschiedlich. Leider hingen die langjährigen Getränkeanalysten und -reporter, die über uns berichteten, bequemerweise an alten Vergleichen fest und nicht an der neuen Realität unserer Portfolios. Das war wirklich frustrierend.

Im Jahr 2006 entfielen beispielsweise rund 55 Prozent des Umsatzes von Coca-Cola auf seine namensgebenden Getränke. Pepsi-Cola hingegen erwirtschaftete etwa 17 Prozent unseres Umsatzes. Insgesamt machte unser Getränkegeschäft nur 40 Prozent des Umsatzes von PepsiCo aus. Natürlich waren kohlensäurehaltige Getränke für beide Unternehmen immer noch ein sehr profitables Geschäft, auch wenn ihre Popularität zurückging.

Einige Jahre nach meinem Amtsantritt als CEO erwogen wir, den Unternehmensnamen in einen Namen zu ändern, der sich auf Anderson Hill, die Adresse unseres Hauptsitzes, bezog, um unser riesiges, vielfältiges Portfolio ein für alle Mal von der Limonadenmarke zu trennen. Einige in unserer Führungsetage waren der Meinung, dass ein neuer Name PepsiCo ein Image verleihen würde, das besser zu seinen Produktlinien passen würde. Aber nachdem wir über Logos und einen Roll-out-Plan nachgedacht und dann die Kosten berechnet hatten, verwarfen wir die Idee. Wir konnten uns nicht vorstellen, Hunderte von Millionen Dollar auszugeben, um den Kultnamen PepsiCo in den Ruhestand zu schicken, wenn kaum ein Verbraucher, der Sabra-Hummus, Lay's-Kartoffelchips, Quaker Oats oder Naked Juice kaufte, wusste, dass diese Produkte mit PepsiCo in Verbindung standen.

Die Gesundheitsdebatte war nicht unsere einzige große Prüfung. Ich machte mir auch Sorgen um PepsiCo und die Umwelt – die ganzen Flaschen und Tüten, die ganze Wasser- und Kraftstoffverschwendung. Überall, wo ich hinkam, besonders in Entwicklungs- und Schwellenländern, wo die Müllabfuhr nicht organisiert war, sah ich weggeworfenes Plastik und Verpackungen. Dem konnte man nicht entgehen. Das war mir peinlich.

Und ich fühlte mich noch schlechter, als ich zu dieser Zeit zwei Briefe bekam. Zum einen schrieb eine Gruppe von US-Gesetzgebern aus Staaten an der Ostküste an die Chefs aller Konsumgüterhersteller und machte auf die Abfälle aufmerksam, die an ihren Küsten angeschwemmt wurden: „Wie können Sie helfen?" Ich erinnere mich an die Frage in dem Brief. Dann bekam ich mit der Post ein Bild des nordatlantischen Müllstrudels, einer massigen Insel aus im Ozean treibendem Abfall, die seit 1972 beobachtet wird. Das Bild war voll mit Getränkeflaschen und Verpackungsmaterial von verarbeiteten Lebensmitteln. Ich erkannte einige unserer Flaschen und Chipstüten.

Das Bild dieser Müllhalde, über die ich viel später im *National Geographic las*, rief in mir ein noch größeres Verantwortungsgefühl hervor. Ich war in einem Haushalt aufgewachsen, in dem ein kleiner Eimer Abfall pro Woche zu viel war. Jetzt war ich Kapitän der „Bequemlichkeitskultur", in der der einmalige Gebrauch und die Gewohnheit, alles wegzuwerfen, die vorherrschenden Leitmotive waren.

Als ich mit meinen leitenden Angestellten über den Brief und die Müllinsel sprach, erhielt ich keine große Reaktion. Ich fühlte mich seltsam allein. Es war ja nicht so, als wäre das aus heiterem Himmel gekommen. Al Gores Dokumentarfilm über den Klimawandel, „Eine unbequeme Wahrheit", war gerade angelaufen, und die ganze Welt sprach über den Planeten. Aber ich glaube, dass das Problem des Verpackungsmülls einigen zentralen PepsiCo-Führungskräften einfach zu kolossal erschien, etwas, das einen technologischen Durchbruch erfordern würde, um es zu lösen. Außerdem – und da hatten sie recht –

war die Kultur der Bequemlichkeit in unserer Gesellschaft verankert, und es würde viel brauchen, sie zu ändern.

Ein zweites beunruhigendes Umweltthema war für mich das Wasser. Ich habe ein Gespür für den Wert des Wassers. Unser Leben in Madras wurde durch den Fluss von klarem, sauberem Wasser und die Stunden am Tag, in denen die Wasserhähne an- oder abgestellt waren, geregelt. Ich sah meinen Vater an der Küchenspüle, wie er darauf wartete, dass das Rinnsal unsere Töpfe und Schüsseln füllte, ich sah mich selbst mit meiner kleinen Stahltasse baden und ich sah die Frauen von Madras in einer Schlange an einem öffentlichen Brunnen stehen und darauf warten, dass sie an die Reihe kamen.

Bei PepsiCo verbrauchten wir 2,5 Liter Wasser für jeden Liter Pepsi-Cola oder unserer anderen Getränke, die wir herstellten. Nur 24 Kilometer außerhalb von Chennai sah ich, wie unsere Fabriken mit leistungsstarken Pumpen Wasser aus den Grundwasserleitern zogen, während die Menschen in der Stadt Durst litten. Während meiner Amtszeit musste ich herausbekommen, wie wir unsere Fabriken extrem wassersparend machen und, was noch wichtiger war, unsere Wassermanagementmethoden nutzen konnten, um ganzen Gemeinden zu helfen, ihre Wassereffizienz zu verbessern.

Je mehr ich über die Zukunft von PepsiCo nachdachte, desto mehr spürte ich, dass es mir oblag, das, was gut für unser Unternehmen war, mit dem zu verbinden, was gut für die Welt war.

Ich brauchte einen nachvollziehbaren, universellen Plan. Er musste unsere jugendliche Kultur widerspiegeln und eine kluge Weiterentwicklung unseres historischen Unternehmens signalisieren. Ich musste Zehntausende von Mitarbeitern und Abfüllpartnern mitnehmen, von denen viele seit Jahrzehnten für PepsiCo arbeiteten und es so liebten, wie es war. Ich begann, alles zu lesen, was ich über die Umgestaltung großer Organisationen, die Bewältigung von Veränderungen und die Verantwortung von Unternehmen finden konnte.

Ich beriet mich mit Vorstandsmitgliedern und vertrauenswürdigen Freunden bei BCG.

Schließlich beschloss ich, dass der Weg nach vorn darin bestand, das Unternehmen unter dem Dach von Performance with Purpose (Leistung mit Sinn) neu zu denken.

Das war mein Werk. Wir würden hervorragende Leistung bringen, wie es von PepsiCo erwartet wurde, aber wir würden unsere Arbeit um drei Imperative erweitern: die Menschheit und die Gemeinschaften, in denen wir leben, *ernähren*, unsere Umwelt *regenerieren* und die Menschen in unserem Unternehmen *wertschätzen*. Dies war keine soziale Unternehmensverantwortung oder Philanthropie, die sich darauf konzentrierte, unser Geld zu verschenken. PwP würde die Art und Weise, wie PepsiCo Geld verdiente, verändern und unseren Geschäftserfolg mit diesen Zielen verknüpfen: *Ernähren. Regenerieren. Wertschätzen.*

Der Schwerpunkt von *Ernähren* lag auf Nachhaltigkeit in Bezug auf den Menschen. Wir mussten Menschen und Gesellschaften verantwortungsvoll ernähren und zu gesünderem Essen und Trinken beitragen, indem wir die Verbraucher zu einer bewussten Lebensmittelwahl anregten. Wir mussten die Produkte, die wir „Fun for You" nannten, wie die Original-Pepsi-Cola und Doritos, weiterhin unterstützen, aber herausfinden, wie wir ihren Fett-, Zucker- und Salzgehalt senken konnten. Wir mussten unsere „Better for You"-Produkte – unsere kalorienfreien und kalorienarmen Optionen, einschließlich Salzgebäck und Diätlimonade – verbessern und die Innovation und Vermarktung unserer „Good for You"-Produkte, einschließlich unserer Säfte, Tees und Haferflocken, steigern.

Unser neues Ziel war edel, aber es gab ein großes Hindernis: den Geschmack. Alles, was wir zubereiteten, war im Laufe der Jahre so optimiert worden, dass es fantastisch schmeckte. Nun schlug ich vor, an den Rezepten und Zutaten herumzubasteln, um genau die Elemente zu reduzieren, die zu diesem Geschmack beitrugen – Fett, Zucker und Salz. Das war eine komplizierte technische Herausforderung – aber auch eine große Chance.

*Regenerieren* bedeutete, ökologische Nachhaltigkeit zu gewährleisten. Wir mussten unseren Energie- und Wasserverbrauch überdenken, den Plastikanteil in unseren Verpackungen reduzieren und Recyclingsysteme einrichten, wir mussten unseren Partnern in der Landwirtschaft helfen, weniger Wasser zu verbrauchen. Wir mussten die Treibhausgasemissionen reduzieren. Wir mussten uns den weltweiten Bemühungen um die Wiederherstellung der Gesundheit unseres Planeten anschließen und konnten nicht länger auf weitere Beweise für die globale Erwärmung warten. Wir mussten sehr aufgeschlossen sein und völlig neue Ideen für unser Unternehmen in diesen Bereichen ausfindig machen und annehmen. Hybrid- und Elektro-Lkws, Solarenergie, modernere Flaschenreinigungs- und Bewässerungsmethoden: Die Liste der zu erforschenden und umzusetzenden Ideen war lang und wurde immer länger.

*Bei Wertschätzen* ging *es* darum, Nachhaltigkeit in Bezug auf Talente zu gewährleisten. PepsiCo sollte ein Arbeitsplatz sein, der die Menschen unterstützte und befähigte und an dem sich alle entfalten konnten. Dies war untrennbar mit einem anderen dringenden Problem verbunden – der Gewinnung und Bindung von Spitzentalenten, damit alles funktionierte. Wir wussten, dass die Frauen und Männer der Jahrtausendwende, die auf den Arbeitsmarkt strömten, sich nicht für PepsiCo entscheiden würden, wenn wir nicht die Kurve in Sachen Gesundheit und Umwelt kriegten. Dies waren entscheidende Voraussetzungen.

Noch wichtiger erschien es mir, diesen jungen Menschen zu helfen, Beruf und Familie miteinander zu vereinbaren. Millennials standen unter enormem Stress, Geld, Ehe und Kinder unter einen Hut zu bringen. Sie hatten miterlebt, wie ihre Eltern mit denselben Problemen zu kämpfen hatten. Sie hatten keine Ahnung, wie sie das alles bewältigen sollten. Jede Hilfe, die wir anbieten konnten, würde uns einen Wettbewerbsvorteil verschaffen. Wir mussten erkennen, dass es sich bei der Einstellung eines Mitarbeiters nicht nur um ein Paar Hände, sondern um eine Person handelte. Die ganze Familie war mit dabei. Das Unternehmen hatte mehr als 250.000 Mitarbeiter, und wir mussten jeden einzelnen von ihnen wertschätzen.

Es überrascht vielleicht nicht, dass das Wort *wertschätzen* im Laufe der Jahre viele Kontroversen auslöste. Es sei zu weich, zu weiblich, um ein wirtschaftlicher Imperativ zu sein, wurde mir gesagt. Ein Kollege kommentierte in einer Notiz an mich, dass das Wort „hörbares Stöhnen hervorruft, das von Augen begleitet wird, die in den Köpfen zurückrollen wie bei Spielautomaten" und dass es „absolut *keine* Glaubwürdigkeit hat und im Gegenteil jetzt die Quelle von Spott ist".

Nun, ich schätze, es traf einen Nerv.

Kurz nach meinem Amtsantritt reiste ich zum dreieckigen Hauptsitz von Frito-Lay in Plano, Texas, zu meinem ersten Town Hall Meeting als CEO. Das Auditorium war voll. Ich sprach über harte Arbeit und Herausforderungen und pries den Einfluss von Frito-Lay im Unternehmen. Ich stellte PwP vor, und dann legte ich in einer nicht öffentlichen Sitzung mit dem Führungsteam alles offen.

Das war ein Experiment. Die Manager von Frito-Lay waren immer skeptisch – sie lehnten in der Regel Ideen von außerhalb ihres eigenen Unternehmens ab. Aber ich wusste, dass ich sie brauchte, und so machte ich sie zu meinen Protagonisten. Nach einer interessanten Diskussion versprachen sie mir, mir in der folgenden Woche ihre Gedanken mitzuteilen. Ich war vorsichtig optimistisch.

Drei Tage später flogen der Finanzchef von Frito-Lay und der Leiter der Strategieabteilung nach Purchase und sagten mir, wie gut das gesamte Team PwP finde. Sie hatten verstanden und waren sich einig, dass die Zeit für die harte Arbeit gekommen war, um unsere Produkte gesünder zu machen und dabei ihren Geschmack und den Spaß an Frito-Lay zu erhalten. Sie waren absolut begeistert von den Hybrid-Lkws und vor allem der Solarenergie und erkannten, dass PwP ein großartiges Rekrutierungsinstrument sein könnte.

Ich erzählte auch Derek Yach, einem Experten für globale Gesundheit, der bei der Weltgesundheitsorganisation gearbeitet hatte, von PwP und allen seinen Bestandteilen. Derek war ein lautstarker Kritiker unserer Produkte und ihrer Auswirkungen auf die Umwelt gewesen. Ich dachte, dass ein Kritiker unter unserem Dach mir helfen würde, es gut zu machen. Ich stellte ihn ein, um mit mir gemeinsam zu überlegen, wie ich das Unternehmen umgestalten und die Veränderungen den Experten der öffentlichen Politik vermitteln könnte. Derek hielt die Richtung, die ich vorschlug, für mutig, und er befürwortete sie. Das war ein wichtiges Gütesiegel für mich.

Einige Wochen später stellte ich Performance with Purpose in einem Festsaal eines Hotels in Scottsdale, Arizona, erneut vor, diesmal vor 400 PepsiCo-Topmanagern aus der ganzen Welt, die zu unserer nicht öffentlichen Jahreskonferenz zusammengekommen waren. Ich sprach mehr als eine Stunde lang und reflektierte über unsere Geschichte, unsere Leistung, unsere Marken, unsere Fähigkeiten und unsere wunderbaren Mitarbeiter. Dann stellte ich PwP in allen Einzelheiten vor. Ich erklärte, dass es bei PwP nicht darum ging, das Geld, das wir verdienten, für wohltätige Zwecke zu spenden. Das fand an anderer Stelle statt, aber worüber ich sprach, war eine neue Art, Geld zu verdienen. Wenn wir unser Portfolio nicht an die sich wandelnden Bedürfnisse der Verbraucher anpassten, könnten wir nicht wachsen, wenn wir uns nicht auf die Umwelt konzentrierten, würden unsere Kosten steigen und einige Länder würden uns die Betriebserlaubnis entziehen, wenn wir die Menschen nicht ihr ganzes Wesen in die Arbeit einbringen ließen, würden wir nicht die besten Mitarbeiter bekommen.

Und wenn wir keine Leistung brachten, konnten wir auch keine sinnvollen Ziele finanzieren. Leistung und Sinn verstärkten sich gegenseitig. Es war ein positiver Kreislauf.

Ich hielt diese Rede mit großem Herzblut: Ich wollte, dass alle mein tiefes Engagement spüren. Es funktionierte. Man konnte eine Stecknadel fallen hören, während ich sprach. Sie waren wie elektrisiert. Keiner rührte sich auf den Sitzen. Und als ich fertig war, stand die Gruppe auf und jubelte. Ich war erleichtert und bereit, es auf den Weg zu bringen.

Ich glaube an Unternehmen. Ich glaube, dass die Welt mit großen, privaten Organisationen besser dran ist, nicht nur weil sie für Stabilität sorgen, sondern auch weil sie innovativ sind. Unternehmen schaffen Arbeitsplätze und bieten Produkte an, die die Bedürfnisse der Menschen befriedigen. Sie tragen zur Steuerbasis bei und bringen Gemeinschaft hervor.

Aber ich glaube auch, dass Unternehmen nicht nur im wirtschaftlichen, sondern auch im ethischen Sinne gut sein müssen. Manche hielten es für seltsam, dass eine moderne CEO sich so sehr bemühte, eine Organisation über die Vorstellung hinauszubringen, dass ein gutes Unternehmen dazu da war, im Rahmen der Gesetze die Aktionäre glücklich zu machen und die Konkurrenz zu schlagen. Aber der Gedanke, dass ein Unternehmen nur ein Profitcenter ist, ist sehr neu. Im Laufe der Geschichte waren Unternehmen immer stolz auf ihre Verwurzelung in der Gesellschaft und das Erbe, das sie ihr hinterlassen würden. Kein Unternehmen kann in einer Gesellschaft, die versagt, jemals wirklich erfolgreich sein.

Ich bin der Meinung, dass die Auswirkungen eines Unternehmens auf die Gesellschaft in die gesamte Unternehmensplanung einfließen müssen und dass dies nicht nur ein Nebengedanke sein darf. Was gut für die Wirtschaft ist und was gut für die Gesellschaft ist, muss zusammenpassen.

Mit PwP hatte ich eine Strategie – einfach und durchdacht –, um PepsiCo in die Zukunft zu führen. Ich war im Stillen begeistert, dass die Manager von Frito-Lay an diese Strategie schon früh glaubten und dass sie auch unseren globalen Führungskräften gefiel. Als ich die Details mit unserem Vorstand durchging, hatte ich vier lautstarke Unterstützer: Dina Dublon, die frühere CFO von JPMorgan Chase, Sharon Percy Rockefeller, eine Philanthropin und CEO des öffentlich-rechtlichen Fernsehsenders WETA in Washington, D.C., Victor Dzau, der damalige Leiter des Duke Medical System, und Alberto Ibargüen, den CEO der Knight Foundation. Alberto beendete das Gespräch mit den Worten, dass dies der einzig vernünftige Weg für PepsiCo zu sein schien. Ich hatte Rückenwind.

Wichtig war mir auch, dass PwP bei unseren jüngeren Mitarbeitern Anklang fand. Ich wusste, dass sie von Freunden und Verwandten in die Mangel genommen und gefragt wurden, ob es ethisch vertretbar sei, für ein Unternehmen zu arbeiten, das Köstlichkeiten und jede Menge Verpackungsmüll herstellte. Jetzt hatten sie eine Antwort: Wir arbeiteten daran, PepsiCo weiterzuentwickeln, um genau diese Bedenken auszuräumen. Diese Initiative ging von der Unternehmensspitze aus, zog aber auch ganz neue Mitarbeiter und Praktikanten an. Sie waren stolz darauf.

Die Investoren und die Medien waren wesentlich härter. Die Aktionäre würden nichts dulden, was die kurzfristigen Rentabilitätsziele von PepsiCo beeinträchtigen könnte, und als ich ihnen den Plan mitteilte, war die Reaktion ausgesprochen gemischt. Einige sagten klar, dass sie PepsiCo-Aktien kauften, weil sie an Limonaden und Chips glaubten. Sie wollten heute Gewinnwachstum und keine neue Strategie für morgen. Wenn sie an einem anderen Nahrungsmittel- und Getränkeunternehmen interessiert wären, so sagten sie, würden sie sich anderswo umsehen.

Der denkwürdigste Kommentar kam von einem Vermögensverwalter in Boston. „Was glauben Sie, wer Sie sind?", fragte er mich. „Mutter Teresa?"

Ich machte weiter. Wie sich herausstellte, waren alle meine Entscheidungen mehr als ein Jahrzehnt lang von PwP geprägt. Die Strategie hielt der globalen Finanzkrise stand, der Debatte um die Getränkesteuer und einer gescheiterten mehrjährigen Kampagne eines aktivistischen Investors, der die Richtung unseres Unternehmens ändern wollte. PwP stellte meine Entschlossenheit immer wieder auf die Probe – und bescherte mir viele der erfreulichsten und schönsten Erfahrungen meines Lebens. Zwölf Jahre, nachdem ich PwP[11] entworfen hatte, unterzeichneten im November 2019 180 Mitglieder des Business Roundtable, einer Vereinigung von CEOs der größten amerikanischen Unternehmen, eine Erklärung, in der sie sich zu einem Stakeholder-Fokus im Gegensatz zu einem engen Shareholder-Fokus bekennen. Es bleibt abzuwarten, wie viele von ihnen diese Erklärung mit konkreten Plänen und Kennzahlen untermauern werden, aber die Tatsache, dass sie ein breiteres, sinnvolles Mandat für die Wirtschaft unterzeichnet haben, ist wirklich begrüßenswert. Ich fühlte mich bestätigt.

Als ich 2019 die Ehre hatte, in die Smithsonian's National Portrait Gallery aufgenommen zu werden, saß ich Modell mit vier Objekten auf einem Regal hinter mir: ein Foto meiner Eltern, ein Foto von Raj, Preetha und Tara, eine Yale-SOM-Baseballkappe und ein PepsiCo-Jahresbericht mit der Aufschrift „Performance with Purpose" auf dem Cover.

Für große Veränderungen gibt es keine Abkürzungen. Sie erfordern Ehrlichkeit, Beweglichkeit und Mut. Nachdem ich mich entschlossen hatte, PepsiCo umzugestalten, spürte ich, wie meine Ausbildung und meine Erfahrung zusammenkamen, um dieser Aufgabe zu dienen. Ich war bereit dafür. Ich wusste, was zu tun war.

Der entscheidende erste Schritt bestand darin, die Botschaft so zu formulieren, dass sie von allen verstanden und angenommen werden konnte. Ich sprach überall über PwP und beschrieb in einfachen Worten, warum der Wandel so notwendig war. „Die Gesellschaft und die Verbraucher verändern sich, und wir dürfen nicht zurückbleiben", sagte ich in jedem möglichen Forum. „Es geht darum, wie wir Geld verdienen, nicht darum, wie wir das Geld ausgeben, das wir verdienen", fügte ich hinzu. „Das ist wichtig für unsere Mitarbeiter und ihre Familien. Das ist unser Weg zu gemeinsamem Erfolg."

Das war alles fantastisch. Aber ich wusste auch, dass niemand meinen grandiosen Plan ernst nehmen würde, wenn ich nicht die erforderlichen Talente einstellte, um uns in diese neue Richtung zu führen, und ihnen finanzielle Mittel zur Verfügung stellte.

Also machte ich mich daran, eine völlig neue globale F&E-Abteilung aufzubauen. Bisher hatte jeder PepsiCo-Geschäftsbereich seine eigene kleine F&E-Abteilung, ein paar verstreute Teams, die weitgehend auf die Wünsche der Produktmanager und Vermarkter reagierten. Sie waren Experten für Geschmacksrichtungen, Farben und Verpackungsgrafiken, hatten aber seit der Umstellung von Saccharin auf Aspartam bei der Diät-Pepsi im Jahr 1983 keine radikalen Veränderungen mehr vorgenommen.

Der Einsatz der F&E von PepsiCo hatte nie etwas mit Ernährung, Physiologie oder den Feinheiten des menschlichen Essverhaltens zu tun gehabt. Ich dachte, wir brauchten zumindest neue Labors und Chemiker, um herauszufinden, wie man das Salz in Lay's-Kartoffelchips reduzieren, den Zucker in Pepsi-Cola verringern und den Cheetos Vollkorngetreide hinzufügen könnte – ohne dass das Genusserlebnis darunter litt. Aber ich war noch viel ehrgeiziger. Das Wissen von PepsiCo könnte das Herzstück einer Neuordnung des globalen Lebensmittelsystems sein.

Ich hoffte, dass dieses Projekt meine Zeit bei PepsiCo weit überdauern würde.

Wir brauchten einen Chief Scientific Officer, der das Ganze beaufsichtigte, jemanden, der Teil des Führungsteams war und mir Bericht erstattete. Ich führte einige Vorstellungsgespräche für die neue Stelle … und dann traf ich Mehmood Khan. Er war Präsident der weltweiten F&E-Abteilung des japanischen Biomedizinunternehmens Takeda Pharmaceuticals und hatte zuvor die Abteilung für Diabetes-, endokrine und ernährungswissenschaftliche Studien an der Mayo Clinic geleitet. Während eines langen Mittagessens hatten wir ein faszinierendes Gespräch, und ich hatte das Gefühl, dass wir bestens zusammenpassten. Mehmood strahlte genau das aus, was PepsiCo brauchte – Führungsqualitäten, Erfahrung, Enthusiasmus und Visionen. Begeistert bot ich ihm die Stelle an.

Mehmood lehnte ab. Warum sollte er zu PepsiCo kommen, um Kartoffelchips zu überarbeiten, fragte er, wenn Takeda ihm so viel Spielraum für lebensrettende Arbeit in der Arzneimittelindustrie gab? Gutes Argument, dachte ich, aber ich hatte eine Antwort: „Weil man bei PepsiCo alles schmecken kann, was man kreiert." Die Arzneimittelforschung dauert Jahre mit winzigen Fortschritten, sagte ich. Bei uns könnte Mehmood einen ganzen Flügel von PepsiCo aufbauen. Er würde den Ton angeben in Bezug auf das, was die Menschen essen. Er würde einen unermesslichen Einfluss auf die öffentliche Gesundheit haben.

Er war nicht überzeugt. Ein paar Wochen später sprachen wir erneut miteinander, und Mehmood wiederholte, wie schwer es sein würde, die Außenwelt davon zu überzeugen, dass PepsiCo es mit Wissenschaft, Kalorien und Müll ernst meinte. „Haben Sie den Mut dazu?", fragte er mich. Ich versicherte ihm, dass ich den hatte. Es gab kein Zurück mehr. Ich war der Meinung, dass wir im Interesse der langfristigen Vitalität unseres Unternehmens keine andere Wahl hatten, als das zu tun, und ich wollte Mehmood unbedingt an Bord haben.

Im Dezember 2007, nach sechsmonatigen Gesprächen, stimmte Mehmood schließlich zu, bei PepsiCo einzusteigen, und zog mit seiner Familie von Chicago nach Greenwich. Er begann mit einem recht bescheidenen Budget, das sich innerhalb von acht Jahren verdreifachte. Er stellte Dutzende neuer Mitarbeiter mit Kenntnissen und Fähigkeiten ein, die PepsiCo noch nie nachgefragt hatte – Molekularbiologie, Physiologie, Pharmakologie, Computermodellierung, Umwelttechnik. Er holte Wissenschaftler von Merck, DuPont und Unilever zu uns.

Er erweiterte unsere Einrichtungen in Plano, Chicago und Valhalla, New York, und richtete Forschungszentren in China, Mexiko und Russland ein, zum Teil, um einen erweiterten Hintergrund und eine andere ethnische Zugehörigkeit derjenigen zu erhalten, die über unsere gesundheitlichen und wissenschaftlichen Herausforderungen nachdachten. Mehmoods Abteilung definierte, wie wir Ernährung und Kultur auf ganz neue Weise angehen sollten, und ebnete uns den Weg zu globalem Denken und lokalem Handeln.

Über ein Dutzend Jahre hinweg hat PepsiCo unter Mehmoods kreativer, beständiger Führung kohlensäurehaltige Erfrischungsgetränke neu formuliert und die Süße in Pepsi-Cola langsam reduziert, sodass dasselbe Produkt in den wichtigsten Ländern nun 10 bis 20 Prozent weniger Zucker enthielt als noch 2006, ohne dass sein großartiger Geschmack beeinträchtigt wurde. Wir reduzierten den Natriumgehalt unserer Snacks, zum Teil durch Verkleinerung der Salzkristalle, sodass die menschliche Zunge den Geschmack auf die ursprüngliche Weise wahrnahm, aber mit deutlich weniger Salz. In vielen Märkten enthielt eine Portionspackung Lay's jetzt weniger Salz als eine Scheibe Brot. Wir erforschten neue Wege zur Formulierung von kohlensäurehaltigen Zitrusgetränken mit Stevia, einem natürlichen, kalorienfreien Süßstoff, wir stellten glutenfreien Quaker Oats her und erfanden neue Herstellungsmethoden für 3-D-Chips wie Lay's Poppables.

Die F&E-Abteilung, die mit dem Betriebsteam zusammenarbeitete, überwachte auch Veränderungen in der Liefer-, Herstellungs- und Verpackungstechnologie, die unseren Kraftstoffverbrauch senkten und den Wasser- und Plastikverbrauch reduzierten. Die Abteilung entwickelte auch Technologien für die wasserlose Flaschenreinigung und neue Wege, um einen höheren Anteil an recyceltem Kunststoff in Limonadenflaschen zu verwenden. Die Arbeit von Mehmood und seinem Team brachte uns viel Lob ein. Wir veröffentlichten jedes Jahr ehrliche, detaillierte Nachhaltigkeitsberichte.

Im Jahr 2012 gewann PepsiCo den Stockholmer Wasserpreis, die weltweit höchste Auszeichnung für die Erhaltung und den Schutz von Wasserressourcen. Mit wassersparenden Geräten und Technologien, Wasserrecycling und -wiederverwendung sowie neuen Wassermanagementplänen in unseren Einrichtungen sparten wir in fünf Jahren 16 Milliarden Liter Wasser ein.

Dieser Preis war für mich symbolisch. Er verdeutlichte, dass keine zielgerichtete Aufgabe unmöglich ist, wenn man sie konzentriert verfolgt. Ich erzählte den Leuten von dem Wassermangel in meiner Jugend und fand viele andere in unserem globalen Unternehmen mit ähnlichen Erfahrungen. Sobald sich die Emotionen festgesetzt hatten, wurde die Aufgabe leichter. Wir hatten auch den großen Vorteil, dass wir wissenschaftliche Ressourcen aus der entwickelten Welt für ein Problem der Schwellenländer einsetzen konnten.

Die Umgestaltung von PepsiCo mit den Ideen von PwP konnte nicht im luftleeren Raum stattfinden. Wir mussten auch unsere Branche dazu bringen, sich den weltweiten Herausforderungen in den Bereichen Gesundheit und Umwelt zu stellen. Auch das nahm ich in Angriff. Ich nahm die Einladung an, 2008 die Eröffnungsrede auf der Jahreskonferenz des Food Marketing Institute zu halten, eines Branchenverbands des Lebensmitteleinzelhandels, wieder in Scottsdale. Ich stand wieder auf dem Podium in einem Festsaal und sah mich nun einem Meer von erfahrenen Führungskräften gegenüber, die einen Großteil der amerikanischen Lebensmittelversorgung kontrollierten, darunter die CEOs der größten Unternehmen für abgepackte Waren, Lebensmittel und Landwirtschaft. Ich stellte mich der Menge kurz noch einmal vor, nun zum ersten Mal als CEO von PepsiCo. Ich sprach ein wenig über meine Ziele für unser Unternehmen.

Dann begann ich über Fettleibigkeit zu sprechen. Die Menschen in diesem Raum vertraten Unternehmen mit einem Jahresumsatz von insgesamt 900 Milliarden Dollar, sagte ich, was uns zusammen zur dreizehntgrößten Wirtschaft der Welt machte. Wir mussten unseren Einfluss und unsere Ressourcen verantwortungsbewusst einsetzen. Wir mussten der modernen Krankheit durch zu viele Kalorien und zu wenig Bewegung und den damit verbundenen verheerenden gesundheitlichen und wirtschaftlichen Belastungen für unsere Gesellschaft entgegentreten. Wir mussten gemeinsam handeln.

Ich schlug vor, dass wir alle eine vernünftige Nährwertkennzeichnung einführten und Portionskontrolle und körperliche Fitness förderten. Ich sprach über begehbare Städte, Gesetzesreformen für die Sicherheit auf Spielplätzen und steuerliche Anreize zur Förderung einer „positiven Ernährung". Ich warf eine Menge Ideen in die Runde und rief schließlich dazu auf, dass wir uns als Führungskräfte aus Wirtschaft und Gesellschaft – und als Eltern und engagierte Bürger – zusammentun sollten, um die Entwicklung der großen Lebensmittelkonzerne zugunsten einer gesünderen Bevölkerung zu verändern. Dies sei eine Systemfrage, sagte ich, und wir müssten gemeinsam komplexe Verhaltensänderungen fördern.

„Lassen Sie uns eine gute Branche sein, die tut, was sie kann – nicht zähneknirschend, sondern bereitwillig, nicht als letztes Mittel, sondern als erstes", schloss ich.

Es war ein mitreißender Appell an die mächtigsten Entscheidungsträger in unserem Unternehmensuniversum. Nach der Rede erinnere ich mich besonders an Steve Burd, der mehr als 20 Jahre lang die Lebensmittelkette Safeway leitete, und an Ric Jurgens, den CEO von Hy-Vee, einem Einzelhandelsunternehmen im Mittleren Westen, die voller Enthusiasmus auf mich zukamen, um mitzumachen.

Ich glaube, dass diese Rede, die den Anstoß gab für die nachfolgende Initiative der Lebensmittelindustrie, die Healthy Weight Commitment Foundation, dazu beigetragen hat, die Einstellung der US-Lebensmittelindustrie zu Gesundheit und Wellness zu ändern. Die Stiftung wurde als Non-Profit-Organisation gegründet, um Fettleibigkeit zu bekämpfen, und umfasst inzwischen mehr als 300 Partner aus der

Industrie und von Non-Profit-Organisationen. Wir verpflichteten uns, innerhalb von fünf Jahren mindestens 1,5 Billionen[12] Kalorien aus dem Lebensmittelsystem zu entfernen, und drei Jahre später hatten wir bereits mehr als sechs Billionen Kalorien eliminiert. Wir schlossen uns mit der „Let's Move!"-Kampagne der First Lady Michelle Obama zusammen und finanzierten kommunale Gesundheitsprogramme in 34.000 Schulen.

Diese Art des gemeinsamen Vorgehens gegen ein gesellschaftliches Problem hat mich sehr ermutigt. Es ist möglich. Es geschieht nur nicht genug. Die Privatwirtschaft – mit ihrer unglaublichen Fähigkeit, schnell und effizient zu handeln – ist in Partnerschaft mit der Regierung, die über ein breites Mandat verfügt, vielleicht die stärkste Kraft, die wir für einen positiven Wandel in der Gesellschaft haben.

Während der ganzen systemischen Veränderungen bei PepsiCo war ich natürlich immer noch durch mein Privatleben geerdet. Tara besuchte die Highschool, und Preetha, jetzt in ihren Zwanzigern und berufstätig, zog ein Wirtschaftsstudium in Betracht. Ich hatte das Gefühl, mehr Zeit für die Familie zu haben, aber sie brauchte mich nicht mehr so sehr. Mein Arbeitsweg war vertraut und einfach. Wir hatten einige weitere Renovierungsarbeiten am Haus vorgenommen und den Garten mit Bäumen und Stauden bepflanzt. Wir legten einen Pool an, obwohl ich keine Lust hatte, schwimmen zu lernen.

Wir hatten Hilfe zu Hause. Antonia, unsere Haushälterin, war sehr engagiert, und Indira, die für uns kochte, hielt die Familie gesund, indem sie uns köstliche vegetarische Gerichte zubereitete. Die beiden sorgten für einen reibungslosen Ablauf im Haus. Rajs Reisen gingen weiter, aber wir hatten weniger mit der Koordination unserer Kalender zu tun. Die Technologie begann uns zu helfen. Ich hatte mein Blackberry, um regelmäßig mit den Kindern zu sprechen, wenn ich unterwegs war.

Die Zeit, die ich tagtäglich für meinen wahnsinnig anstrengenden Job aufwenden musste, war so gut wie meine eigene. Aber ich hatte immer das Gefühl, dass die Familie allgegenwärtig war, auch für die Menschen, die für mich arbeiteten. Wir stammten alle von irgendwoher. Ich liebte es, die Geschichten der Mitarbeiter zu hören, wenn ich zu PepsiCo-Standorten auf der ganzen Welt reiste, und nahm mir immer extra viel Zeit, um alle zu treffen, Hände zu schütteln, Leute zu umarmen und Fotos zu machen. Ich versuchte zu bemerken, wenn mich noch jemand in einer Fabrikhalle oder in einem Verkaufsbüro begrüßen wollte. Ich fand es gut für das Unternehmen, dass jeder PepsiCo-Mitarbeiter mich kannte und das Gefühl hatte, dass ich ansprechbar war. Ich wollte meine Rolle menschlich gestalten und zeigen, dass dies ein Unternehmen für alle war. Die Menschen, denen ich begegnete, und die Art und Weise, wie sie mich in ihr Leben einluden, gaben meiner Arbeit als CEO echten Sinn. Wertschätzung ist für mich ganz natürlich.

Es war nicht ungewöhnlich, dass Führungskräfte ihre erwachsenen Kinder zu den von mir veranstalteten Town Halls mitbrachten, damit ihre Töchter mich kennenlernen konnten. Nicht selten suchten mich leitende Angestellte auf, um mir Einzelheiten über persönliche Krisen mitzuteilen, die ihre Rolle bei der Arbeit beeinträchtigen könnten. Ich hatte immer ein offenes Ohr für ihre Probleme und achtete darauf, später nachzufragen.

Im Dezember 2007 reisten Raj, Preetha, Tara und ich, wie schon so oft, in den Ferien für ein paar Wochen nach Indien, um unsere Großfamilie zu besuchen. In dem Haus in der G. N. Chetty Road, in dem meine Mutter noch einige Monate im Jahr lebte, bat sie mich eines Morgens, mich zu ihr ins Männerwohnzimmer zu setzen, da ein paar Leute vorbeikommen würden. Ich war noch relativ neu als CEO von PepsiCo und hatte seit meiner Ernennung noch keine Zeit in Indien verbracht. Sie seien sehr gespannt darauf, mich zu sehen, sagte sie.

Mehrere Stunden lang saß ich auf einem Stuhl, während die Freunde meiner Mutter hereinkamen, um die Konzernchefin zu treffen. Jeder von ihnen ging an mir vorbei, nickte mir zu und ging dann direkt zu meiner Mutter, um ihr zu gratulieren und ihr zu sagen, was für eine großartige Arbeit sie geleistet hatte, indem sie mich, diese erfolgreiche Tochter, die Geschäftsführerin von PepsiCo, aufgezogen hatte. Ich genoss es wirklich, sie im Mittelpunkt der Aufmerksamkeit zu sehen, und ich wünschte, mein Vater hätte auch dabei sein können. Wie stolz er gewesen wäre. Ich vermisste ihn enorm.

Als ich in die USA zurückkehrte, dachte ich an diesen Morgen zurück und verband mein Leben als hochrangige Führungskraft in der US-Wirtschaft mit meinen Jahren als Mädchen, dem meine Eltern und Großeltern jede Gelegenheit gaben, zu lernen und sich zu entwickeln. Ich dachte an all die Menschen, die für PepsiCo arbeiten, und daran, wie engagiert auch ihre Eltern gewesen sein müssen, um sie dazu zu bringen, so treu und tatkräftig in unserem Unternehmen mitzuarbeiten.

Ich beschloss, den Eltern meiner leitenden Angestellten zu schreiben. In den nächsten zehn Jahren schrieb ich Hunderte von Briefen, in denen ich Müttern und Vätern für das Geschenk, das ihr Kind für PepsiCo war, dankte. Ich schrieb auch an die Ehepartner aller meiner direkten Mitarbeiter und dankte ihnen dafür, dass sie ihren Mann oder ihre Frau mit PepsiCo teilten. Ich arbeitete mit meinem Stabschef zusammen, um die Briefe für jeden Empfänger zu personalisieren.

Diese Briefe setzten eine Menge Emotionen frei. Fast jeder, dem ich geschrieben hatte, antwortete mir – manche mit langen Dankesbriefen und manche mit kurzen, liebevollen Mitteilungen. Ich bekam Kekse und ein wunderschönes handgestricktes Schultertuch. Einige Eltern begannen, regelmäßig unsere Produkte in der Nähe ihres Wohnorts zu überprüfen, und schickten mir Fotos, die zeigten, dass auch sie für uns arbeiteten. Andere Eltern, so erzählten mir meine Führungskräfte, eröffneten jedes Gespräch mit den Worten: „Wie geht es Indra?“

Die Mütter und Väter waren überglücklich, ein Zeugnis über die Fortschritte ihres Kindes zu erhalten, unabhängig von seinem Alter. Die Führungskräfte wiederum waren von den Reaktionen ihrer Eltern überwältigt. Ich erhielt viele Briefe wie den folgenden:

*Indra,*

*ich möchte mir einen Moment Zeit nehmen, um Ihnen eine persönliche Erfahrung mitzuteilen. Ich habe gestern Abend einen Anruf von meinen Eltern erhalten, was unter der Woche ungewöhnlich ist. Sie haben den Brief erhalten, den Sie ihnen geschickt haben, und wollten mich daran teilhaben lassen.*

*Ich habe sie selten so emotional erlebt. Sie waren zutiefst gerührt, dass „Indra Nooyi, CEO von PepsiCo, sich trotz ihres vollen Terminkalenders die Zeit nehmen würde, ihnen einen Brief zu schreiben".*

*Meine Mutter, die blind ist und sich von ihrem Krankenhausaufenthalt in der letzten Woche erholt, klang so überschwänglich wie schon lange nicht mehr. Mein Vater, der eher zurückhaltend ist, sagte, er wünschte, seine Eltern wären noch am Leben, damit er ihnen das erzählen könnte … „Ein Brief wie dieser ist mehr wert als Geld."*

*Ich wollte Sie wissen lassen, dass Ihr Brief eine enorme Wirkung auf sie hatte. Ich weiß es sehr zu schätzen, dass Sie ihnen und damit auch mir geholfen haben.*

*Vielen Dank für Ihre Aufmerksamkeit und Ihren Einsatz*

*Ken*

Ein leitender Angestellter schrieb mir ein Jahr nach meiner Pensionierung, dass seine Mutter, die ihn seit seinem sechsten Lebensjahr allein aufgezogen hatte, vor Kurzem in eine Seniorenresidenz gezogen war. In ihrem spärlich eingerichteten Wohnzimmer hing nur ein einziger Gegenstand – eine gerahmte Kopie des Briefes, den ich ihr geschrieben hatte.

Natürlich war die Umgestaltung von PepsiCo nur ein Teil meiner Aufgabe als CEO. Ich musste das Unternehmen auch so führen, wie es war. Kurzfristig bedeutete dies, dass ich Quartal für Quartal zuverlässige Gewinne erzielen musste. Die Investoren verlangten eine vorhersehbare Leistung ohne Fehlschläge. Wenig versprechen, viel liefern.

Für jeden Vorstandsvorsitzenden tickt die Uhr nach den Gewinnen. Börsennotierte US-Unternehmen müssen vierteljährliche Finanzberichte vorlegen, die möglichst immer gute Nachrichten enthalten. Als ich bei PepsiCo ausschied, hatte ich in meiner Funktion als CFO und CEO 75 Quartalsberichte hinter mir. Jeder dieser Berichte beinhaltete wochenlange Diskussionen und Vorbereitungen, formelle Telefonkonferenzen und die Berichterstattung in den Medien.

Tara war als kleines Mädchen sehr vertraut mit meiner regelmäßigen Bemerkung an die Familie – „Lasst mich ein paar Stunden allein. Ich muss mich auf die Gewinnmitteilung vorbereiten" –, dass sie mir liebevoll über den Rücken strich und sagte: „Keine Sorge, Mama. Es wird alles gut werden! Es ist nur eine Gewinnmitteilung!", auch wenn sie keine Ahnung hatte, was das bedeutete.

In einem so großen Unternehmen wie PepsiCo ist das Erreichen von Wachstumszielen ein sich ständig veränderndes Puzzle. Wir mussten die „Top Line" – die Einnahmen – jedes Jahr um 4 Prozent steigern, um die Investoren zufriedenzustellen. Das bedeutete, dass wir jedes Jahr etwa 2,5 Milliarden Dollar mehr Nettoumsatz erzielen mussten.

PepsiCo hatte sich unter Steve sehr gut entwickelt, wobei das Nettoergebnis durch all die Kosteneinsparungen im Zusammenhang mit der Fusion mit Quaker Oats gestärkt worden war. Auch Gatorade war ein Gewinner. Dank unseres Fachwissens in den Bereichen Marketing und Vertrieb entwickelte sich die Marke so, wie wir es uns erhofft hatten, und der Umsatz stieg in den ersten fünf Jahren, in denen wir sie besaßen, zweistellig. Steve nutzte Handelsausgaben – Rabatte und Werbeaktionen –, um Marktanteile zu gewinnen, was eine Zeit lang sehr gut funktionierte. Einige Jahre später brauchte Gatorade jedoch einen Neustart, als die Verkäufe nachließen, weil all die Rabatte den Premiumstatus der Marke untergraben hatten.

Unser Geschäft wuchs auch deshalb so stark, weil Wal-Mart, der größte Einzelhändler der Welt, in der ersten Hälfte des Jahrzehnts schnell expandierte und PepsiCo-Produkte in jedem neuen Geschäft verkaufte. Wal-Mart war unser bei Weitem umsatzstärkster Kunde, und Steve leitete persönlich die Verkaufsaktivitäten.

Leider geriet die gesamte Wirtschaft nur ein Jahr nach meinem Amtsantritt ins Schleudern, und ich musste in aller Eile lernen, wie man durch eine Zeit extremer Widrigkeiten kommt.

Ende 2007 griff die Krise auf dem US-Hypothekenmarkt auf die Banken über und bedrohte schließlich das gesamte Finanzsystem weltweit. Die Märkte stürzten ab und rissen die Volkswirtschaften der USA und Europas mit sich. Die sogenannte große Rezession, die unmittelbar danach einsetzte, dauerte fast drei Jahre und veränderte unsere Unternehmenslandschaft völlig. Vor allem die Expansion von Wal-Mart verlangsamte sich, und die Nachfrage nach kohlensäurehaltigen Getränken in Nordamerika ging noch stärker zurück. Coca-Cola hatte im Jahr 2004 eine umfangreiche Reinvestition in sein Geschäft getätigt und profitierte von dieser Umstellung. Die Rohstoffpreise, einschließlich des Ölpreises, stiegen sprunghaft an und verursachten zusätzliche Kosten für unsere Tätigkeiten. Ein steigender US-Dollar hatte den gleichen Effekt. Wir mussten in den Schwellenländern wachsen, um ein Gegengewicht zur Flaute in Nordamerika zu schaffen, hatten aber in den vorangegangenen zehn Jahren nicht viel in die Entwicklung von Chancen in China und Indien investiert.

Eine meiner ersten großen Reisen als CEO war ein Besuch in mehreren Städten Chinas, um diese Chancen und Herausforderungen besser zu verstehen. Ich war schon ein Dutzend Mal in China gewesen, aber immer mit einer engen geschäftlichen Agenda. Dieses Mal war ich mit Tara unterwegs und verbrachte mehrere Wochen damit, mehr über die Städte, Gemeinden und Menschen zu erfahren. Wir besuchten Privathaushalte, und ich bekam ein viel besseres Gefühl für Packungsgrößen, beliebte Geschmacksrichtungen und dafür, womit Familien ihre kleinen Kühlschränke bestücken. Ich lernte, wie Mehrgenerationenhaushalte in China funktionierten, mit verschiedenen Familienstrukturen und individuellen Rollen. Ich bekam ein viel umfassenderes Gefühl dafür, wie PepsiCo in der Region wachsen sollte.

Wir verstärkten unsere Investitionen in China, gefolgt von Indien und Brasilien, wo wir über drei Jahre hinweg mehr als 1 Milliarde US-Dollar für Marketing und Vertrieb bereitstellten. In Russland kauften wir Anfang 2008 Lebedyansky, ein Unternehmen für Frucht- und Gemüsesäfte, für fast 2 Milliarden Dollar und fügten später 66 Prozent von Wimm-Bill-Dann, der Nummer drei der Milch- und Saftproduzenten des Landes, für etwa 3,8 Milliarden Dollar hinzu. Wimm-Bill-Dann, die größte Übernahme von PepsiCo seit Quaker, war sehr wichtig für mich, weil sie jährlich 3 Milliarden Dollar an Einnahmen aus nahrhaften Produkten wie Milch, Joghurt und Babynahrung einbrachte.

Unser „Good for You"-Portfolio wuchs auch anderswo. Eines Tages erhielt ich einen Anruf von Ofra Strauss, der Geschäftsführerin von Strauss-Elite Food, unserem Snackpartner in Israel. Sie bat darum, mich im Einkauf zu treffen, und kam mit einem riesigen Korb voller mediterraner Dips – Hummus, Baba Ghanoush und so weiter. Sie legte alles zusammen mit frischem Fladenbrot auf meinem Konferenztisch aus, und wir genossen ein Picknick mit Produkten von Sabra, einem in New York ansässigen Unternehmen, das Strauss kürzlich gekauft hatte. Es war ein köstliches Sortiment – komplett vegetarisch – und ein großartiger potenzieller Partner für Stacy's Pita Chips, die wir ein paar Jahre zuvor erworben hatten. Weniger als ein Jahr später unterzeichneten Sabra und Frito-Lay ein Joint Venture, und Sabra ist heute Marktführer auf dem US-Hummusmarkt. Noch wichtiger für mich ist, dass Ofra eine meiner besten Freundinnen ist.

Diese Art von Vereinbarungen waren sehr zufriedenstellend und im Großen und Ganzen gar nicht so kompliziert. Aber wir führten auch eine sehr komplexe Verhandlung: den gleichzeitigen Rückkauf der Kontrolle über unsere beiden größten Getränkeabfüller.

1998 hatte ich mit Roger zusammengearbeitet, um den nordamerikanischen Abfüllbetrieb in ein börsennotiertes Unternehmen, die Pepsi Bottling Group, auszugliedern. Zehn Jahre später waren wir, genau wie ich es vorausgesagt hatte, ständig im Streit mit diesem Unternehmen, da der Absatz von Limonade, seiner wichtigsten Gewinnquelle, weiter zurückging.

Das Grundproblem war, dass unsere Interessen nicht völlig übereinstimmten. Die Abfüller verdienten mehr Geld, wenn sie jede Flasche Limonade zu einem höheren Preis verkauften. PepsiCo hingegen verkaufte den Sirup an die Abfüller und wollte daher mehr Flaschen verkaufen – zu einem besonders wettbewerbsfähigen Preis.

Im Laufe der Zeit hatten wir einen unbequemen Kompromiss ausgearbeitet, der vorsah, dass PepsiCo den Abfüllern immer mehr Marketinggelder zur Verfügung stellte. Aber in einem schrumpfenden Limonadenmarkt steigerten diese Ausgaben den Absatz nicht besonders. Sie stützten lediglich den Marktanteil. Und wir fanden es schwierig, mit dem Appetit der Abfüller auf diese Unterstützung umzugehen, weil dadurch die verbraucherorientierten Marketingausgaben von PepsiCo auf die Abfüller verlagert wurden, um ihnen zu helfen, ihre Gewinne zu steigern. Die Situation war unhaltbar. Wir waren dabei, das Getränkegeschäft auszuhöhlen.

In einer sehr komplizierten Transaktion kauften wir unsere beiden großen nordamerikanischen Abfüller für 7,8 Milliarden Dollar zurück, wodurch wir die operative Kontrolle über fast 80 Prozent unseres Abfüllsystems erlangten. Dies war zeitaufwendig, zum Teil, weil wir mit zwei verschiedenen Parteien verhandeln mussten. PepsiCo hatte klare Vorgaben für den Ausstieg, und wir hielten uns strikt daran. Als das Geschäft abgeschlossen war, sahen wir sofort Kosteneinsparungen, aber, was noch wichtiger war, unsere größere Kontrolle über unseren Getränkevertrieb bedeutete, dass wir unseren Umsatz steigern konnten, indem wir mehr Kunden aus der Gastronomie ansprachen, wie Restaurants und andere, die Getränke aus Schankanlagen verkauften. Wir konnten die Zeit, die wir mit dem Streit mit den Abfüllern verbracht hatten, für Innovationen, neue Marketingideen und den Verkauf unserer Produkte nutzen.

Ich lernte viel aus dieser Erfahrung. Ich fragte mich, ob wir unsere Überlegungen von vor zehn Jahren rückgängig machen sollten, als Roger beschlossen hatte, die Abfüllanlagen in ein unabhängiges börsennotiertes Unternehmen auszugliedern. Einige Beobachter sahen darin eine Kehrtwende, aber ich sah das nicht so, und eine Sinneswahrnehmung sollte das Unternehmen nicht führen.

Ich musste den Mut aufbringen, meine Meinung zu ändern, wenn sich das Umfeld änderte und einen anderen Ansatz für das Geschäft erforderte. Das bedeutete Führung.

# 10

Wenn ich in meiner Anfangszeit als CEO an einem Wochenende ein paar Stunden Zeit hatte, schlüpfte ich in meine bequemen Schuhe und setzte mich ins Auto. Ich fuhr irgendwo nach Connecticut oder in einen Vorort von New York, in Gemeinden wie Mount Kisco, Ridgefield, Newburgh oder New Haven. Ich suchte mir ein Einkaufszentrum oder eine Hauptstraße aus und betrat einen Target- oder einen Stop-&-Shop-Supermarkt oder einen familiengeführten kleinen Lebensmittelladen. Ich war anonym, irgendeine Frau, eine Mutter, die für ihre Familie einkauft. Ich wusste in jeder Einzelheit, wie die Regale in den Geschäften bestückt wurden, und kaufte in der Regel selbst zu Hause ein. Aber ich konnte dem Reiz einer geheimen Markttour nicht widerstehen.

Ich ließ den ganzen Laden auf mich wirken, schob vielleicht einen Einkaufswagen, suchte mir ein paar Artikel aus und achtete auf die Beschilderung, die Auslagen im Eingangsbereich und die anderen Kunden. Wenn ich dann zu den mittleren Gängen mit dem Starbucks Frappuccino in Flaschen, den Oat-Squares-Cerealien oder den SunChips kam, war meine Denkweise fast vollständig die eines normalen Einkäufers.

Ich begann, das Durcheinander in den PepsiCo-Abteilungen zu bemerken. Unser Unternehmen brachte Dutzende von Optionen auf den Markt – Lay's-Chips in normal, als Kesselchips, leicht gesalzen und ofengebacken, Quaker Oats in schnell, als Rolle, instant und geschrotet, Tropicana in Original, säurereduziert, Homestyle (mit wenig Fruchtfleisch) und Grovestand (mit viel Fruchtfleisch), und alles in verschiedenen Geschmacksrichtungen oder Mischungen. Wir waren absolute Meister der Vielfalt, des Vertriebs und der Präsentation. Ich fragte mich immer wieder: Was war die verbindende Botschaft der ganzen bunten Farben und grellen Logos? Wie sahen unsere Produkte in den Speisekammern zu Hause aus? Was war das Richtige für die Familien dieses Viertels? Und was sollte den begehrten Platz in Augenhöhe bekommen – „Fun for You" oder „Good for You"? Es störte mich, dass unsere Regale, selbst wenn sie sehr ordentlich waren, ein wenig langweilig aussahen.

Gleichzeitig fühlte ich mich von den Newcomern angezogen – den einfachen Tüten mit Meersalz-Popcorn von regionalen Marken oder den ruhigen Schriftzügen auf den Flaschen handwerklich hergestellter Getränke, die sich alle als natürlich, kalorienarm oder frei von Konservierungsstoffen ausgaben. Ich begann zu verstehen, warum eine junge Frau vielleicht Grüntee-Kombucha oder Kokosnusswasser probierte, anstatt zu einer weiteren Flasche Diät-Pepsi zu greifen, selbst wenn wir jetzt einen Spritzer Limette hinzugefügt hatten.

Das Geschäft war in Bewegung. Einige schicke Nischenmarken wuchsen sehr schnell, aber wenn sie nicht expandieren konnten, stürzten sie ab, ein „Boom-Platsch-Phänomen". In der Zwischenzeit richteten Ketten wie Kroger, die größte Supermarktfirma in den USA, spezielle Abteilungen für Gesundheit und Wellness ein, und ich machte mir Sorgen, dass die Kunden dieser Ketten unsere nahrhaften Produkte anderswo im Geschäft nicht sehen würden.

Ich liebte es, die Lebensmittelmärkte im Land zu beobachten. Einmal saß ich mit Brian Cornell, dem damaligen Leiter von PepsiCo

America Foods, in einem Auto auf dem Parkplatz eines Publix-Marktes in der Nähe eines Altersheims in Florida und beobachtete die Kunden. Sie gingen durch die Glasschiebetüren ein und aus – einigen wurde am Straßenrand aus ihren Autos geholfen, andere fuhren motorisierte Rollstühle. Für die ältere Generation war das Einkaufen offensichtlich ein fröhlicher Anlass, bei dem viel gegrüßt und geplaudert wurde.

Dann gingen Brian und ich in den Laden, um unsere Produkte in den Regalen zu sehen – 24er-Packungen Pepsi-Dosen und Aquafina-Flaschen. Wie sollten diese Leute diese Kästen überhaupt nach Hause bringen? Ich hatte unsere Ingenieure bereits damit genervt, wie fest die Aquafina-Plastikverschlüsse auf die Flaschen geschraubt waren und wie schwer sie zu öffnen waren, selbst für mich. Nach dieser Beobachtung in Florida war ich überzeugt, dass wir die Bedürfnisse der Babyboomer- und der Best-Ager-Generation sorgfältiger berücksichtigen mussten.

Später schickte ich ein PepsiCo-Team zum AgeLab des MIT, einem Forschungszentrum für die Lebensqualität älterer Menschen. Am MIT haben wir großartige Erkenntnisse über Etikettierung, Schriftarten, Ergonomie und die Sicht älterer Amerikaner auf ein Lebensmittelregal gewonnen. Durch all das erkannte ich die Möglichkeit und Notwendigkeit, Innovationen für spezifischere Kundengruppen zu entwickeln.

Bei meinen Besuchen in den Geschäften erinnerte ich mich oft an ein interessantes Treffen mit Steve Jobs in seinem Büro in der Apple-Zentrale in Cupertino, Kalifornien, im Jahr 2008. Mein lieber Freund Dean Ornish, ein Arzt, der sich mit Lifestyle-Medizin und -Gesundheit beschäftigt, stand Steve nahe und vermittelte unser Treffen.

Ich hatte Steve noch nie zuvor getroffen, und er war unglaublich liebenswürdig. Wir begannen ein Gespräch über unsere Gemeinsamkeit, Vegetarier zu sein. Dann erwähnte er einige PepsiCo-Marken, und ich erklärte ihm, wie wir das Portfolio in Richtung gesündere Lebensmittel weiterentwickeln und unsere Flaggschifflimonaden und -snacks überarbeiten, um den Salz-, Fett- und Zuckergehalt zu senken. Ich erläuterte meine Ideen in Bezug auf die Nachhaltigkeit für Menschen, Umwelt und Talente. Steve meinte, wir sollten einfach die Hälfte des Zuckers aus allem herausnehmen. „Aber dann hätten wir keine Firma mehr", sagte ich und lachte. Die seriöse, formelle Lebensmittel- und Getränkeindustrie und ihre langfristigen Investoren würden das Hochdramatische, das die Unternehmer im Silicon Valley veranstalteten, nicht hinnehmen, sagte ich. Außerdem mögen die Leute Zucker.

Dann sprachen wir über Design. Zwei Stunden lang saugte ich Steves Gedanken darüber auf, wie man großartiges, authentisches Design in die Produkte und die Kultur eines Unternehmens einbringt. Design war, wie Steve lebte und wie er dachte. Design ist von Anfang an in die Innovation eingebettet, sagte er, und kann nicht erst am Ende hinzukommen. Bei Apple war Design in allem. Steve kümmerte sich nicht nur darum, wie das neue, wunderschöne iPhone aussah und sich anfühlte, sondern auch um die Benutzeroberfläche, das Zubehör, den Store und darum, wer so innovativ sein könnte, um sich als Partner mit dem Unternehmen zusammenzutun. Apple ist ein Erlebnis. Die Benutzer sahen nicht nur das Produkt, sagte er. Sie schwärmten davon. Design ist emotional. Es fesselt.

Trotz der atemberaubenden Werbekampagnen, Grafiken und Verpackungen von PepsiCo und all unserer leckeren, allgegenwärtigen Lebensmittel und Getränke wusste ich, dass wir nicht ansatzweise einen ganzheitlichen Ansatz hatten, damit alles zueinanderpasste. Design Thinking würde jeden Teil des Unternehmens durchdringen müssen. Es würde eine neue Arbeitsweise sein, die in den Bereichen F&E, Marketing und Werbung, Herstellung und Vertrieb koordiniert werden müsste – und weitaus mehr Prototypen und Tests erfordern würde. Dies wäre eine radikale Veränderung für uns. Die Designfunktion müsse gepflegt und geschützt werden, sagte Steve. „Wenn Sie nicht die Unterstützung des CEO haben, brauchen Sie sich gar nicht erst auf den Weg zu machen."

Inspiriert davon beschloss ich, dass wir das Design als ausschlaggebendes Unterscheidungsmerkmal für unsere Produkte nutzen mussten. Aber zuerst musste ich die Lücke zwischen dem, wo wir waren, und dem, wo wir sein sollten, ausmachen. Ich gab jedem meiner Vorstandsmitglieder ein Exemplar von „Package Design Now", einem Bildband voller brillanter Beispiele für großartiges Produktdesign von Konsumgütern. Später in der Woche legte ich noch einen drauf – ich verteilte elegante Leder-Fotoalben in einem sanften Braun und bat sie, alles zu fotografieren, was sie als gutes Design empfanden. Egal was, sagte ich. Es könne ein Stuhl, ein Bleistift oder ein Teekessel sein. Sie könnten Collagen aus Zeitschriftenbildern erstellen. Es sei mir wirklich egal, was es sei. Denken Sie einfach an Design. Die Alben sollten drei Monate später an mich zurückgehen.

Das ging nicht gut aus. Von den 15 Personen, die die Alben erhielten, lieferte eine hervorragende Arbeit ab – die sie von einer professionellen Agentur hatte anfertigen lassen. Ein paar andere gaben Reisefotos ab oder scheinbar in letzter Minute gemachte Aufnahmen von Zahnpasta und einer Mundwasserflasche in ihrem Badezimmer. Einige Männer ließen das Album von ihren Frauen erstellen. Einige wenige ließen es ganz bleiben. Mir wurde klar, dass es unter meinen leitenden Angestellten so gut wie kein Design Thinking gab.

Ich legte die zurückgegebenen Alben in einen Schrank in meinem Büro. Aber die Ideen gingen mir nicht mehr aus dem Kopf.

Im Jahr 2010 stand ich als CEO ganz auf sicherem Boden. Performance with Purpose war unser Leitmotiv, Mehmood entwickelte die Wissenschaft des Geschmacks, wir waren sicher durch die schwierige Wirtschaftslage navigiert und hatten einige großartige internationale Übernahmen getätigt.

Das Wichtigste war, dass wir die problematische Beziehung zu unseren größten nordamerikanischen Abfüllern durch den Rückkauf aufgelöst hatten, und wir konnten die Gewinne sehen, die wir uns von diesem strategischen Schritt versprochen hatten.

Als Nächstes musste ich mir Gedanken über Talente machen. Wer sollte im kommenden Jahrzehnt große Teile unseres Unternehmens leiten? Wer sollte letztendlich meinen Job übernehmen? Im Durchschnitt bleibt der CEO eines börsennotierten US-Unternehmens etwa fünf Jahre im Amt. Das ist ungefähr die Zeit, die Roger und Steve PepsiCo jeweils leiteten.

Ich wollte nicht so bald aufhören, aber die Nachfolgeplanung war eine grundlegende Pflicht – und entscheidend für meine Vision von PepsiCo als gut geöltes Unternehmen, das noch lange nach meinem Weggang florieren würde. Jedes Jahr überprüfte der Vorstand, was passieren würde, wenn der CEO „von einem Bus überfahren" würde. Das gehört zu guter Unternehmensführung, und wir haben sie ernst genommen, einschließlich genauer Details zu den schnellen Übergangsoptionen, falls ich plötzlich nicht mehr zur Verfügung stehen sollte. Aber wir brauchten auch systematische und gründliche Überlegungen, um die nächste Generation von C-Level-Führungskräften zu entwickeln. Wir hatten fantastische Leute auf der ganzen Welt.

Jemand da draußen war die nächste Person an der Spitze von PepsiCo.

Wir hatten sozusagen einen Reiseführer. Im Laufe von vier Jahren hatte ich per Hand ein vertrauliches Memo von mehr als 20 Seiten verfasst und verfeinert, das ich „Future Back" nannte.

Das Memo dokumentierte die zehn wichtigsten globalen Megatrends, die unserer Meinung nach unsere Welt bis 2020 und darüber hinaus prägen werden. Megatrends sind dominante, nicht zu leugnende Kräfte, die Wirtschaft und Gesellschaft beeinflussen. Bei meinen Überlegungen zu PwP hatte ich demografische, soziologische, wissenschaftliche und Verbrauchertrends untersucht. „Future Back" fasste diese

Arbeit zusammen und ging darüber hinaus, indem es strategische Maßnahmen und Fähigkeiten darlegte, die PepsiCo in den kommenden Jahrzehnten benötigen würde. In dem Memo beschrieb ich auch wesentliche Eigenschaften für unsere zukünftigen Führungskräfte, von digitalem Know-how über ein tiefes Verständnis von Ressourcen- und Umweltfragen bis hin zu Erfahrungen außerhalb der USA, die wir bisher nie in den Vordergrund gestellt hatten.

Das Memo zu den Megatrends ist auch fast zehn Jahre später noch immer eine faszinierende Lektüre. Nummer eins auf der Liste ist der Aufstieg der östlichen und südlichen Hemisphäre. Nummer zwei ist der demografische Wandel und die Machtverschiebung hin zu älteren Menschen, Frauen und Jugendlichen sowie der wachsende Einfluss von Einwanderergemeinschaften in den urbanen Zentren der USA, Nummer drei spricht von der Veränderung hin zu gesünderem Essen und Trinken, Nummer fünf ist die Entwicklung der alles durchdringenden digitalen Welt und der Verbraucher, die im Internet einkaufen, Nummer neun behandelt das Vertrauen in den Kapitalismus und die Konzerne. Jeder Punkt des Memos enthält meine Sicht der Konsequenzen für die globale Lebensmittel- und Getränkeindustrie und für unser Unternehmen.

Über mehrere Monate hinweg, Ende 2011 und Anfang 2012, traf ich mich mit jedem einzelnen Vorstandsmitglied, um das Dokument zu besprechen, wobei die Diskussionen sich schnell auf zwei oder drei Stunden ausdehnten. Sie waren alle sehr engagiert, und von da an spürte ich die Unterstützung des Vorstands, als ich daran arbeitete, unsere Organisationsstruktur umzugestalten und neue Führungskräfte zu entwickeln für eine andere Welt, die vor uns liegt. Wenn es hart auf hart kam, konnte ich mich immer wieder auf die Gründe berufen, warum wir noch mehr Veränderungen in Angriff nahmen – die sorgfältig ausgearbeitete Megatrendforschung.

PepsiCo war lange Zeit eine dezentralisierte Organisation, ein Unternehmen mit Abteilungen, die mit ihren energiegeladenen, wettbewerbsfähigen Teams ihr eigenes Ding machen wollten. Die Welt verlangte jedoch zunehmend, dass wir ein viel stärker vernetztes Unternehmen wurden.

Einige Jahre zuvor hatte Steve ein wichtiges koordiniertes Verkaufsprogramm für Snacks und Getränke für Kunden wie Wal-Mart, Kroger und Safeway aufgebaut, das wir „Power of One" nannten. Wir wussten, dass es dem Wachstum des gesamten Unternehmens helfen würde, wenn die Menschen mehr Getränke und Snacks gemeinsam kaufen würden. Er machte sich daran, „Power of One"-Kundenteams zu bilden, die PepsiCo dabei halfen, einer der größten Lieferanten für fast alle nordamerikanischen Einzelhändler zu werden. In ähnlicher Weise wurde PepsiCo in Europa von den Einzelhändlern bevorzugt, weil wir sowohl Getränke als auch Snacks anbieten konnten – Produktlinien, die in diesem Teil der Welt für sich allein genommen keine wichtigen Akteure waren.

Ich hatte „Power of One" auf weitere Kunden ausgedehnt, aber wir mussten diese koordinierte Sichtweise über den Vertrieb hinaus auf jeden Teil von PepsiCo ausweiten. Wir brauchten sogenannte Kompetenzzentren in traditionellen Bereichen wie Operations, Direktvertriebssystem und Verbraucherforschung. Außerdem mussten wir neue Bereiche wie digitales Marketing, E-Commerce, Design und künstliche Intelligenz so einbeziehen, dass jeder Bereich und jede Region ohne doppelten Aufwand Zugang zu Weltklassefähigkeiten hatte. Wir brauchten Leute, die über alle Funktionen des Unternehmens hinweg kommunizieren und zusammenarbeiten konnten.

Ich beschloss, das Geflecht von Titeln und Berichtswegen in unseren Führungsetagen zu ändern und mehr Führungskräften globale Mandate zu übertragen. Dabei half mir das Ausscheiden einiger Mitarbeiter. Mike White, der unser Nicht-US-Geschäft leitete, verließ das Unternehmen, um CEO von DirecTV zu werden, und ich teilte seine Stelle in drei auf. Richard Goodman, der CFO, ging in den Ruhestand, und Hugh Johnston, der Leiter des weltweiten Betriebs, der in allen unseren nordamerikanischen Geschäftsbereichen tätig gewesen war, übernahm diese Aufgabe. Er erwies sich als fantastischer CFO und als großartiger Partner für mich.

Dadurch wurde eine weitere Führungsposition frei. Wir beförderten mehr interne Talente und holten ein paar Stars von außen. Das Leute-Puzzle hörte nicht auf.

Unsere IT-Arbeit, die begonnen hatte, als das Bestellsystem von Frito-Lay im Jahr 2002 zusammengebrochen war, half auch bei diesem Übergang. Mit jedem Go-live einer neuen Software hatten wir mehr Einblick in die Informationsströme im gesamten Unternehmen, einschließlich der Verkaufsdaten der Einzelhändler, die so immer zur Hand waren. Wir konnten sehen, welche Produkt-, Marketing- oder Herstellungsaktivitäten auf der ganzen Welt durchgeführt wurden und wie effektiv sie waren. Das war ein Segen für die Effizienz. Wir konnten die beste Idee aus einem beliebigen Land nehmen, sie gegebenenfalls ein wenig überarbeiten und sie anderswo umsetzen. Dieser Austausch von Ideen und bewährten Verfahren kurbelte sowohl das Umsatzwachstum als auch die Rentabilität an und trug schließlich zu Produktivitätssteigerungen in Höhe von mindestens 1,5 Milliarden US-Dollar innerhalb von drei Jahren bei.

Diese neue Zusammenarbeit war in vielerlei Hinsicht befreiend. Wir begannen, Echtzeitdaten zu nutzen, um schnelle Entscheidungen zu treffen, und holten gegenüber vielen anderen Unternehmen, die ähnliche Systeme nutzten, auf. Leider waren einige alte PepsiCo-„Hasen“ nicht daran gewöhnt, Informationen weiterzugeben, und taten sich schwer mit dem, was ich für einen notwendigen, erfrischend offenen Ansatz hielt. Einige leitende Angestellte und Marketingmanager der mittleren Ebene in den USA verließen das Unternehmen. Andere wurden entlassen, weil sie es nicht schafften, unsere neuen Prozesse anzunehmen. Im Nachhinein denke ich, dass ich einige Leute zu lange in ihren Positionen gehalten habe, in der Hoffnung, sie würden sich verbessern oder ändern. Bei einer so einschneidenden

Umstrukturierung wie der PwP können solche Leute jedoch äußerst problematisch sein. Heute weiß ich, dass es besser ist, sie eher früher als später zu entlassen.

Es war eine schwierige Umstellung, aber am Ende war allen klar, dass diese Veränderungen unerlässlich und von Dauer waren.

Im Februar 2012 kündigte ich meinen letzten großen strategischen Schritt an, um das PepsiCo, das ich mir für die lange Zukunft vorstellte, zum Fliegen zu bringen – eine große Reinvestition in unsere berühmten Namen.

Im Festsaal des Grand-Hyatt-Hotels in der Forty-Second Street in Manhattan kündigte ich kurz nach der Bekanntgabe eines Umsatzes von 66 Milliarden Dollar und eines Gewinns von 6,5 Milliarden Dollar im Jahr 2011 an, dass wir zusätzliche 600 Millionen Dollar für Werbung und Marketing ausgeben würden, um unsere Marken, darunter Pepsi-Cola und Mountain Dew, zu stärken. Dieser Schritt stand in direktem Zusammenhang mit dem Rückkauf unserer Abfüller. Wir konnten nun mehr Geld für die Kundengewinnung ausgeben, weil wir die Forderungen der Abfüller nach zusätzlichen „Push"-Mitteln nicht mehr finanzieren mussten.

Fünf Jahre lang hatte ich unermüdlich daran gearbeitet, die Schattenseiten von PepsiCo in Ordnung zu bringen und das Unternehmen für diesen Moment vorzubereiten. Aber ich musste auch vernichtende Kritik einstecken und wurde von Wall-Street-Analysten und den Medien verunglimpft, weil ich unseren kurzfristigen Finanzergebnissen und der Aktienentwicklung nicht mehr Aufmerksamkeit schenkte. In Wirklichkeit waren unsere Ergebnisse ziemlich gut – von Ende Dezember 2006 bis Ende Dezember 2011 betrug die Aktionärsrendite von PepsiCo 22 Prozent. Im Vergleich dazu sank der S&P-500-Index im selben Zeitraum um 1,25 Prozent.

Zu dieser Zeit musste ich auch einen aktivistischen Investor, Ralph Whitworth von Relational Investors, beschwichtigen, der PepsiCo-

Aktien im Wert von 600 Millionen Dollar gekauft hatte, weil er dachte, er könnte uns beeinflussen. Ich traf mich mit Ralph im Konferenzraum einer Anwaltskanzlei in Midtown Manhattan, umgeben von Anwälten und Finanzfachleuten, und hörte mir seine Bedenken aufmerksam an. Er sagte, er brauche Klarheit darüber, warum ich die Abfüller zurückgekauft hatte. Ich erklärte ihm die Strategie im Detail. Ralph war klug und freundlich, und nach ein paar Unterredungen befürwortete er unseren Plan. Er sagte mir, ich solle weitermachen, er wolle nicht noch mehr von meiner Zeit verschwenden. Später verkaufte er seine Aktien mit Gewinn und blieb bis zu seinem frühen Tod im September 2016 ein Freund und Unterstützer.

Als wir den Neustart unserer Marke ankündigten, wobei ein großer Teil davon für unsere Kerngetränke in Nordamerika vorgesehen war, wurde ich erneut gehetzt. Für einige Reporter und Analysten sahen diese neuen Ausgaben wie eine Kapitulation aus – eine Wiederaufstellung hinter traditionellen Limonadenmarken, die unserem Vorstoß in Richtung gesündere Ernährung widersprach.

Ich sah das nicht so. Wir fuhren ein sehr großes Auto in einem sehr langen Rennen, und wir mussten sicherstellen, dass der Motor gut in Form war. Pepsi-Cola, Diät-Pepsi und Mountain Dew waren entscheidend. Der 70-Milliarden-Dollar-Markt für Limonaden in den USA war rückläufig, aber wir mussten in diesem Geschäft wettbewerbsfähig bleiben, einer profitablen Kategorie, die dem Einzelhandel viel Umsatz bescherte. Unser Hauptwettbewerber hatte die Werbung für seine Limonadenmarken verstärkt, und wir mussten mit ihm Schritt halten. Der Spaß konnte beginnen.

Womit wir nicht gerechnet hatten, war der Spaß, den wir mit unserem zweiten aktivistischen Investor, Nelson Peltz von Trian Partners, bekamen, der, wie wir erfuhren, im Stillen PepsiCo-Aktien im Wert von 1,5 Milliarden Dollar aufgekauft hatte, also etwas mehr als 1 Prozent des Unternehmens.

Ich kannte Nelson schon seit Jahren privat, und eines Tages war er am Telefon. „Indra, Indra, Indra, ich muss dich sehen", erklärte er. Er sagte, er würde für ein kurzes Treffen bei mir zu Hause vorbeikommen. Bald darauf überreichte er mir ein sogenanntes White Paper, ein von seinem Team erstelltes Dokument mit allen Gründen, warum PepsiCo in zwei Teile aufgespalten werden sollte, die beide an der Börse gehandelt werden sollten. Ich nahm eine Kopie des Papiers und versicherte ihm, dass ich es sorgfältig lesen und jeden Aspekt mit dem Vorstand besprechen würde.

Das Jahrzehnt nach der globalen Finanzkrise, das 2009 begann, war eine Blütezeit für diese Art von aggressiven Anlegeraktionen. Aktivistische Fonds – Geldpools auf der Suche nach hohen Renditen – verfolgten Unternehmen mit ordentlichem Cashflow, von denen sie glaubten, sie könnten den CEO so sehr beunruhigen, dass er ihren Wünschen nachkäme. Aktivisten müssen eigentlich gar nicht so viele Aktien eines Unternehmens halten, damit das Ganze funktioniert. Sie machen ihrem Unmut so oft öffentlich Luft, dass andere mit ihnen investieren. Ich glaube, sie halten auch Ausschau nach Unternehmen, die etwas Neues ausprobieren, damit sie die Lorbeeren ernten können, wenn es klappt.

Peltz war ein milliardenschwerer Experte für all diese Dinge. Aber sein Plan für PepsiCo war, gelinde gesagt, aggressiv. Er wollte unser Unternehmen in Getränke und Snacks aufteilen und dann das Snack-Unternehmen, Frito-Lay, mit Mondelēz, dem in Chicago ansässigen Hersteller von Oreo- und Chips-Ahoy!-Keksen, Triscuit-Crackern und Cadbury-Schokolade, verschmelzen. Nelsons Fonds besaß Mondelēz-Aktien im Wert von etwa 2 Milliarden Dollar. Er sagte, er würde die Getränkesparte von PepsiCo als separates Unternehmen an die Börse bringen.

Jeder Aspekt dieses Vorhabens war problematisch. Erstens würde die Aufspaltung von PepsiCo unsere sehr erfolgreichen Verkaufsanstrengungen für „Power of One" zunichtemachen. Zweitens ergab Nelsons Idee, Frito-Lay mit einem Keks- und Schokoladenhersteller zusammenzuschließen, keinen Sinn. Das Geschäft von Frito-Lay wächst, weil es den süßen Anlässen Marktanteile abnimmt – all jenen Momenten, in denen die Menschen zu Keksen und Schokolade greifen. Ein Unternehmen, das eine ganze Palette von salzigen und süßen Snacks anbietet, würde mit sich selbst konkurrieren. Es wäre ein Nullsummenspiel. Außerdem würde die Aufspaltung von PepsiCo unsere einzelnen Geschäftsbereiche sicherlich verwirren, und ihre Dynamik würde ins Stocken geraten. Und Frito-Lay und Mondelēz müssten wahrscheinlich ein jahrelanges FTC-Kartellverfahren mit ungewissem Ausgang über sich ergehen lassen.

Nelson wollte, dass wir 50 bis 60 Milliarden Dollar ausgeben, um all das zu machen und zwei oder drei Jahre lang Chaos und Zerrüttung zu erleben. Das hätte die Wettbewerbsfähigkeit von PepsiCo zerstört. Unser geschwächtes Unternehmen wäre ein Geschenk für unsere Konkurrenten gewesen.

Trotz alledem analysierten der Vorstand von PepsiCo, unsere Führungskräfte und ich Nelsons White Paper sehr detailliert, setzten uns respektvoll mit ihm auseinander und trafen uns mit ihm, wann immer er darum bat. Ich erinnerte ihn daran, dass der größte Teil meines Vermögens in PepsiCo-Aktien gebunden war und dass ich die Aktie gerne steigen sehen würde. „Wenn du eine großartige Idee hast, höre ich sie mir gerne an", sagte ich. „Aber ich habe keine Lust, ein großartiges Unternehmen zu zerstören."

Im Jahr 2016 schließlich verkaufte Nelson seine Aktien mit einem Gewinn von mehr als 30 Prozent, nachdem er uns empfohlen hatte, ein neues Vorstandsmitglied, Bill Johnson, den pensionierten CEO der H. J. Heinz Company, aufzunehmen. Die Gewinne, über die sich Nelson freute, waren verbunden mit unserem erweiterten Portfolio an nahrhaften Lebensmitteln und PwP.

Die enorme Finanzspritze für Werbung und Marketing, die wir 2012 für den Neustart unserer Marken bereitstellten, leitete eine neue Ära für das globale Marketing von PepsiCo ein.

Soziale Medien und interaktive Ideen standen uns bevor, Prominente mit riesigen Verträgen hatten nicht mehr das Sagen, und unsere Millennial-Mitarbeiter und -Kunden wollten authentische und kreative Kost, die Spaß machte. In der Zwischenzeit dachte ich immer noch über großartiges Design nach und wie wir die DNA des Unternehmens in diese Richtung lenken konnten. Externe Agenturen und von vielen unserer Länderteams eingerichtete Designabteilungen hatten bei uns ein Durcheinander hinterlassen. Ich wollte echte Experten. Es war endlich an der Zeit für ein internes Designteam von Weltklasse, einen Bienenstock aus Kunstfertigkeit und kritischem Denken, das Seite an Seite mit unseren Marketingfachleuten, aber auch mit Mehmoods Team an neuen Produkten, besseren Verpackungen und bahnbrechenden Entwicklungen im Bereich der ökologischen Nachhaltigkeit arbeitete.

Ich hatte die braunen Lederalben mit den Designideen meiner Führungskräfte aus den letzten Jahren herausgeholt und sie Leuten gezeigt, von denen ich dachte, dass sie Verständnis dafür haben könnten, wie weit wir noch gehen mussten. Einer dieser Leute war Brad Jakeman, der von Activision Blizzard, dem größten Videospielunternehmen der Welt, zu uns gekommen war, um das globale Getränkemarketing zu leiten. Als ich mich später abmühte, einem Team, das an einem vertraulichen Projekt zur Entwicklung eines neuen Getränkeautomaten arbeitete, meinen Standpunkt zu vermitteln, wurde Brad und mir klar, dass wir schnell eine interne Designkapazität aufbauen mussten. Wir brauchten einen starken, kooperativen, kultigen Leiter für diese neue Funktion.

Nach einer langen Suche nach einem festen Chief Design Officer stellte Brad mir Mauro Porcini vor, einen italienischen Designer, der in Minneapolis bei 3M arbeitete.

Ich glaube nicht, dass jemals ein interessanterer Mensch als Mauro mein Büro betreten hat. Ich konnte meinen Blick nicht von seinen Schuhen wenden: schwarze Slipper mit roten Steinen, die elegant zu seiner ausgewählten Kleidung und seinem freundlichen Lächeln passten. Als wir uns das erste Mal trafen, sprach Mauro mit unheimlich viel Leidenschaft. Ich hatte das Gefühl, dass er genau verstand, was ich mit Design machen wollte – er gab mir Worte, die ich nicht hatte finden können. Ich beschloss auf der Stelle, dass er der Richtige für uns war. Ich hatte die Vision, dass das Unternehmen „Porcini-isiert" würde.

Mauro wollte, dass ich Räumlichkeiten – getrennt vom Hauptsitz – baute, die die besten Designer aus der ganzen Welt anziehen sollten. Ich willigte ein, und das PepsiCo Design and Innovation Center in der Hudson Street in New York City wurde ein Jahr später eröffnet. Es wurde zu einem Anziehungspunkt für unsere Führungskräfte, wo sie etwas über Design und die Überschneidung mit F&E sowie Produkt- und Verpackungsentwicklung lernen konnten. Ein wirklich positiver Kreislauf.

Ich begann, noch mehr darüber zu lesen, was wir mit Design erreichen könnten, und willigte dann gerne in Mauros Vorschlag ein, dass PepsiCo am Salone del Mobile.Milano, der berühmten jährlichen Mailänder Designwoche, teilnehmen sollte. Drei Jahre in Folge entwarf das Designteam unglaubliche Erlebnisexponate, um das Unternehmen in den Köpfen der besten Kreativen der Welt zu verankern. Mauro nutzte die Veranstaltung vor allem, um neue Designer anzuwerben. Er lud zu Gesprächen über Wirtschaft, Essen und Design ein und präsentierte unsere Ideen für die Zukunft der Erfrischungsgetränke mit unerwarteten Kombinationen, Geschmacksrichtungen und Beilagen. Wir hatten einen Quaker-Truck für Frühstück, schenkten Eistee in Murano-Gläsern aus und bauten ausgefallene Behälter mit Kupferrohren, die als Limonadenspender fungierten. In einem Jahr arbeitete er mit Designern wie Karim Rashid und Fabio Novembre zusammen, um kultige Displays für unsere Produkte zu entwerfen, und ließ Lapo Elkann von Garage Italia Custom – einem Unternehmen, das Autos in Kaleidoskope aus Farben, Details und Design verwandelt – einen Fiat 500 mit Pepsi-Motiven ausstatten. Mit diesem Auto wäre ich gerne gefahren.

Ich war selbst dreimal für jeweils ein paar Tage auf der Messe. Das erste Jahr war, gelinde gesagt, unangenehm. Ich kam in Italien mit meinen aufgabenorientierten Erwartungen als CEO und in Geschäftskleidung an und fühlte mich in der bunten Welt des globalen Designs sofort wie ein Fisch auf dem Trockenen. Später verinnerlichte ich das besondere Tempo der Veranstaltung und nahm die Eindrücke von so vielen Exponaten so gut wie möglich auf. Mir wurde klar, dass es bei jeder Idee – vom Lavazza-Café mit seinen wunderschönen neuen Kaffeemaschinen bis hin zu einer kleinen Ausstellung voller Uhren – darum ging, die Herzen der Menschen anzusprechen. Mauro machte mich mit unheimlich vielen Leuten bekannt, und ich begann, Designkultur kennenzulernen, etwas sehr Neues – und sehr Aufregendes – für mich.

Ich bekomme immer noch eine Gänsehaut, wenn ich daran denke, woher wir bei PepsiCo kamen und wohin wir uns mit Design entwickelten. Wir hießen es als Baustein der Innovation willkommen, der unser Augenmerk weg vom reinen Verkauf von Produkten hin zur Schaffung ganzer Erlebnisse im Zusammenhang mit unseren Marken verlagerte.

Unsere Designfähigkeiten brachten den Verkaufsteams von PepsiCo begehrte Verträge ein. Dies galt insbesondere für unsere Beziehung zur Sportwelt. PepsiCo hatte langjährige, großartige Partnerschaften sowohl im Sport- als auch im Musikgeschäft, Arrangements, von denen wir glaubten, dass sie den Menschen große Momente der Freude bescherten und den Geist von Pepsi widerspiegelten. Wir entschieden uns für Partnerschaften mit Ligen, die jährliche Spielzeiten hatten, im Gegensatz zu periodisch stattfindenden Ereignissen wie den Olympischen Spielen. Wir hatten einen riesengroßen Vertrag mit der National Football League, der 2011 um weitere zehn Jahre verlängert wurde und Vereinbarungen mit mehr als 20 Teams umfasste. Unser Name war in der Halbzeitshow des Superbowls zu sehen. Gatorade wurde am Spielfeldrand getrunken. Quaker sponserte die Football-Jugendsparte. Obwohl ich nicht mit American Football aufwuchs, hatte ich das Spiel lieben gelernt und ein gutes Verhältnis zu Roger Goodell, dem NFL-Commissioner, und zu mehreren Clubeigentümern aufgebaut.

Im Jahr 2013 wurde ich gebeten, auf einer Konferenz des *Sports Business Journal* in Manhattan einen Vortrag zu halten, an den ich mich aus zwei Gründen sehr gut erinnere. Erstens trug ich mein lang gehegtes Anliegen vor, dass meiner Meinung nach Frauen im Sportmarketing ignoriert wurden, ein Thema, das ich mithilfe von Jennifer Storms, Senior VP of Global Sports Marketing bei PepsiCo, untersucht hatte, die immer darüber nachdachte, wie wir den Sport für den Aufbau unserer Marken nutzen könnten. Zweitens saß Adam Silver, damals stellvertretender Commissioner und COO der National Basketball Association und heute deren Commissioner, im Publikum.

Zu Beginn meiner Rede zeigte ich eine Zeitschriftenwerbung aus den 1950er-Jahren für dicke Wollpullover für Bergsteiger. Die Anzeige zeigt zwei stramme Herren, die auf einem Berggipfel stehen, und eine Frau, die sich unter ihnen an einem Seil festhält. Der Text lautet: „Männer sind besser als Frauen! In Innenräumen sind Frauen nützlich – und sogar angenehm. Auf dem Berg sind sie eher ein Klotz am Bein."

Natürlich habe sich die Welt verändert, sagte ich, aber die Realität sei, dass Sportvermarkter und Unternehmen wie unseres noch immer nicht viel taten, um zu erkennen, dass Frauen Sportlerinnen, Trainerinnen und echte Fans seien. Wir mussten mehr tun als „pink it and shrink it" („es rosa zu färben und zu schrumpfen"), wenn es darum gehe, ihre Herzen zu erobern, und ich sei der Meinung, dass es ein riesiges – weitgehend ungenutztes – Potenzial für ein viel ausgefeilteres Sportmarketing für Frauen gebe. Das Publikum war hingerissen. Das war ein Ansatz, den die Branche, so glaube ich, von einem CEO für abgepackte Konsumgüter noch nicht gehört hatte. Natürlich gab es wahrscheinlich keine anderen weiblichen CEOs wie mich. Ich war ein Sportfan, der im Laufe der Jahre Dutzende von Football-, Baseball- und Basketballtrikots erhalten hatte, alle mit meinem Namen und der Nummer 1 auf dem Rücken – und alle in riesigen Männergrößen, die ich nicht tragen konnte.

Als Adam und ich uns nach meiner Rede unterhielten, wusste er, dass ich Sportmarketing auf eine breite und kreative Art und Weise betrachtete, und er stellte mir einige sehr gezielte Fragen, die in dieser gipfelten: „Warum erhält die NFL mit ihren Getränkepartnerschaften so viel Aufmerksamkeit und Begeisterung und wir nicht?" Ich sagte ihm, dass er mit dem falschen Unternehmen zusammenarbeite. Abgesehen von ihrer langjährigen Partnerschaft mit Gatorade, einer PepsiCo-Marke, schenkte die NBA größtenteils das Produkt unseres Konkurrenten aus.

Ein Jahr später, als der Getränkevertrag mit der NBA anstand, präsentierten wir dem Unternehmen erstaunliche Möglichkeiten – alle von Mauro und dem Designteam kuratiert –, wie PepsiCo den Basketball fördern und unterstützen könnte. Wir sprachen über das gesamte Fan-Erlebnis, vom Engagement am Spielfeldrand bis hin zur Interaktion der Leute mit Marken, während sie die Spiele im Fernsehen verfolgten. PepsiCo würde alles machen: Displays für Eingangsbereiche, lokales Marketing und spezielle Verpackungen für einzelne Teams. Unsere Aufgabe war es, die Zukunft der NBA zum Leben zu erwecken, und unsere Vertriebs- und Designfähigkeiten waren geschlossen einsatzbereit. Bei einer lebhaften Veranstaltung in einem Lagerhaus in Manhattan, umgeben von NBA-Accessoires, besiegelten Adam und ich per Handschlag einen Fünfjahresvertrag – der später verlängert wurde –, der PepsiCo-Marken zu den offiziellen Lebensmitteln und Getränken der NBA, der Minor League, der Women's National Basketball Association und USA Basketball machte. Das war ein großer Erfolg.

Außerdem unterzeichneten wir einen neuen Vertrag mit den New York Yankees, der weitaus mehr Werbung im Yankee-Stadion vorsah. Ich sah mir die Spiele im Fernsehen an, wann immer ich konnte, und ertappte mich bald dabei, dass ich die Minuten zählte, in denen unsere Marken auf dem Bildschirm zu sehen waren, anstatt die Spiele zu verfolgen. Ein paar Mal im Jahr besuchte ich die Spiele persönlich, und unser Vertriebsteam sorgte dafür, dass wir besonders gut sichtbar waren. Joe Girardi, der damalige Manager der Yankees, scherzte einmal mit mir, dass er vielleicht ein oder zwei Spieler aus dem Spiel nehmen müsste, um mehr Platz für zusätzliche Gatorade-Kühler im Bereich der Spielerbank zu schaffen.

Im Jahr 2015 unterzeichneten wir eine Partnerschaft mit der Union of European Football Associations (UEFA), um das Markenmarketing im europäischen Fußball zu verbessern, indem wir das Blitzlichtgewitter verstärkten, das das amerikanische Sportmarketing kennzeichnet.

Trotz allem, was bei der Arbeit und zu Hause passierte, hatte meine Liebe zum Sport nicht nachgelassen. Ich freute mich immer, ein paar Spiele zu besuchen, Athleten zu treffen und die harte Arbeit zu feiern, die im Leistungssport so gut zu sehen ist. Aber hier ging es nicht nur um den Mannschaftssport in der Profiliga. Die Bowling Proprietors' Association of America, eine Handelsorganisation, bat mich einmal, auf ihrer Bowl Expo einen Vortrag zu halten, eine Einladung, die unser Vertriebsteam angesichts unserer Verträge über Lebensmittel und Getränke mit den 3.400 US-Bowlingcentern, die der gemeinnützigen Gruppe angehörten, als begrüßenswert ansah.

Wie es sich gehört, bereitete ich mich auf diesen Vortrag gut vor. Ich ging ein paar Mal allein zum Bowling, um ein Gefühl für den Sport und den Geschmack der aktuellen Bowlingkultur zu bekommen. Ich sprach mit den Bowlingspielern und dem Personal, um das Erlebnis dieser Freizeitbeschäftigung zu verstehen. Das war sehr nützlich. Zwei Wochen später hatte ich das Gefühl, dass ich vor dem Publikum in Las Vegas einigermaßen authentisch über Bowling sprechen könnte.

Nach acht oder neun Jahren in diesem Job war ich als CEO von PepsiCo allseits bekannt. Dem Unternehmen ging es sehr gut, und die Geschäfts- und Funktionsleiter wollten, dass ich mich noch mehr außerhalb des Unternehmens engagierte. Ich traf mich mit Kunden und kam mit weiteren Top-CEOs in Kontakt, darunter Mike Duke und dann Doug McMillon von Wal-Mart, Jim Sinegal von Costco und Arne Sorenson von Marriott. Wir hatten immer noch unabhängige Abfüllpartner in der ganzen Welt, und auch sie lernten mich sehr gut kennen. Ich glaube, wir entwickelten großen gegenseitigen Respekt.

Ich sprach auf Hunderten von Veranstaltungen: auf Industrieforen, in Wirtschaftsklubs, auf Frauenkonferenzen und an Handelsschulen. Ich war eine beliebte Stimme zum Thema Vereinbarkeit von Beruf und Privatleben. Ich wurde auch gebeten, auf Veranstaltungen zur Unternehmensführung und auf Jahreskonferenzen von Großinvestoren zu sprechen. Ich erhielt viele Leadership Awards und warb stets für eine ausgewogene Betrachtung von Unternehmen, die gut abschneiden und Gutes tun. Ich redete endlos über PwP.

Ich wurde auch dazu gedrängt, mit den Regierungen der US-Bundesstaaten und anderer Länder auf der ganzen Welt über Fragen im Zusammenhang mit der Getränkesteuer zu sprechen. An unserem Standort setzte sich Michael Bloomberg, der Bürgermeister von New York City, dafür ein, die Größe von Limonaden auf 473 Milliliter (16 Unzen) zu begrenzen. Auch in anderen Bundesstaaten und Regionen der Welt, darunter Kalifornien, Mexiko und viele andere Teile Lateinamerikas und des Nahen Ostens, tauchten Getränkesteuern auf. Wir versuchten sicherzustellen, dass sie vernünftig waren, und schlugen Varianten vor, wie die Befreiung von kalorienfreien Getränken und Einzelpackungen mit weniger als hundert Kalorien. Meines Erachtens ging es bei diesen Steuern eher um die Einnahmen, die sie den Kommunen einbrachten, als um die Einschränkung zuckerhaltiger Limonaden. Auch die Besteuerung von Kunststoffbehältern kam auf, und wir fanden Partner für die Entwicklung geschlossener Recyclingsysteme – ein schwieriges Unterfangen. Ich versuchte, diese Themen mit den Augen der Gemeinden zu betrachten, ein Ansatz, der mir bei unseren Kritikern Glaubwürdigkeit verschaffte.

Vieles von dem, was ich bei PwP formuliert hatte, wurde umgesetzt, mit Erfolg und Misserfolg, aber mit einer Begeisterung von den Pepsi-

Co-Mitarbeitern, die mich anspornte. Wir veröffentlichten jedes Jahr unseren Nachhaltigkeitsbericht und konnten der Welt die ganzen Fortschritte zeigen, die wir bei unseren verschiedenen Initiativen machten. Ich war der festen Überzeugung, dass diese Berichte äußerst sorgfältig und sehr detailliert sein mussten, ohne davon zu schwafeln, wie schwierig es war, echte Veränderungen in diesen Bereichen herbeizuführen. Die Richtigkeit unserer Ziele, unseres Zeitplans und unserer Berichterstattung war für mich absolut entscheidend.

Wir ließen außerdem den Hauptsitz von PepsiCo renovieren und zogen für zwei Jahre aus dem Gebäude aus. Die Renovierung ermöglichte es uns, neuen Raum zu schaffen, und wir richteten eine hauseigene Kinderbetreuung mit dem Namen PepStart ein, die über einen speziellen Abholbereich, Klettergeräte im Freien und schön gestaltete Schlaf-, Ess- und Lernbereiche für Säuglinge und Kleinkinder verfügte. PepStart füllte sich schnell mit Dutzenden von Babys und Kindern unter fünf und hatte eine lange Warteliste. Die Familien bezahlten für den Service, aber der Nutzen, den sie aus diesem Angebot zogen, war unmittelbar und dauerhaft. Wir boten auch in vielen Büros auf der ganzen Welt Kinderbetreuung in der Nähe oder direkt vor Ort an, und wenn ich länger bei PepsiCo geblieben wäre, hätte ich diesen Service gerne auch in unseren Fabriken eingeführt.

Auf der einen Seite fühlte ich mich durch den Erfolg von PwP bestätigt. Andererseits wünschte ich, dass wir bei einigen unserer Nachhaltigkeitsinitiativen noch schneller vorangekommen wären. Interessanterweise besuchte einer der ersten und entschiedensten Gegner aller Produktänderungen, die ich mit PwP anstrebte, eines Tages unser Büro und gab mir eine DVD über die Schäden durch Zucker. Er erzählte mir, dass er seinen Zuckerkonsum massiv eingeschränkt hatte. Ich wünschte ihm alles Gute.

Im Laufe der Zeit traf ich viele führende Persönlichkeiten der Welt. CEOs haben oft oberflächliche Fototermine mit Präsidenten und

Premierministern, aber ich genoss die ausführlichen Gespräche mit Regierungschefs und hochrangigen Ministern aus aller Welt. Ich glaube, sie schätzten die Investitionen von PepsiCo in ihren Ländern und waren sehr daran interessiert, mit uns bei der Umsetzung von PwP zusammenzuarbeiten. Viele waren auch fasziniert davon, dass ich eine im Ausland geborene weibliche Führungskraft war, die mit Ehrgeiz ein großes amerikanisches Unternehmen neu positionierte. Ich hoffe, dass unsere Gespräche sie dazu brachten, darüber nachzudenken, wie Frauen auch in ihren Unternehmen und Ländern erfolgreich sein konnten.

In China stellte ich fest, dass sich die Führung auf die landwirtschaftliche Entwicklung konzentrierte, um die Lebensfähigkeit der Bauern zu erhalten. In Baotou in der Inneren Mongolei führte PepsiCo den Kartoffelanbau mit wassersparenden Tropfbewässerungssystemen ein, um die Kartoffeln anzubauen, die wir für die Herstellung von Chips für das Land benötigten, und diese Betriebe warfen auch einen Überschuss für den Export ab. Die chinesische Führung wollte wissen, wie man die Lebensdauer von landwirtschaftlichen Erzeugnissen verlängern konnte, da die Waren über ein riesiges Verteilungssystem transportiert wurden.

Auch meine Reisen nach Indien waren faszinierend. Ich plauderte immer mit dem Premierminister und anderen verbundenen Ministerien und wurde einmal von der indischen Botschafterin in den USA, Nirupama Rao, eingeladen, vor indischen Beamten des auswärtigen Dienstes in Neu-Delhi zu sprechen. Ich redete leidenschaftlich über etwas, wovon ich fest überzeugt bin – dass Botschafter und Generalkonsuln ihre Bemühungen ausweiten mussten, um die Wirtschaftsdiplomatie als eine der wichtigsten Säulen ihrer politischen Diplomatie in den Mittelpunkt zu stellen. Es war das erste Mal, dass sie einen globalen CEO eingeladen hatten, zu ihnen zu sprechen, und ich gab ihnen eine Menge Denkanstöße.

Ich erinnerte mich oft daran, dass ich diese faszinierenden Kontakte und Einladungen wegen meiner Position knüpfte und dass meine

„Freundesliste“ schrumpfen würde, wenn ich in den Ruhestand ging. Einige wenige Beziehungen entwickelten sich von einer beruflichen zu einer persönlichen Beziehung, aber nicht allzu viele. Eine CEO zu sein, öffnet Türen auf die schillerndste Art und Weise, aber niemand macht das, weil sie ein netter Mensch ist. Es geht darum, was man für sie tun kann. Außerdem war ich mir jedes Mal, wenn ich an einem unbekannten Ort aus dem Flugzeug stieg, bewusst, dass ich wie ein Einheimischer denken musste. Das war ein nützlicher Rahmen, um gemeinsam erfolgreiche Projekte durchzuführen.

Zu Hause in den USA wurde ich zu Staatsbanketten im Weißen Haus eingeladen, die von den Präsidenten George W. Bush und Barack Obama ausgerichtet wurden, und nahm an Treffen von Führungskräften aus der Wirtschaft mit den Präsidenten Bush, Obama und Donald Trump teil. Bei jeder Begegnung wurde ich von den Staatsoberhäuptern und ihren Mitarbeitern mit größtem Respekt behandelt. Ich reiste auch mit Präsident Obama zu einem Staatsbesuch nach Indien, bei dem unter anderem ein amerikanisch-indisches CEO-Forum stattfand. Nach dem Treffen lud er die US-CEOs in seine Hotelsuite ein, und wir zogen unsere Schuhe aus, tranken etwas und hingen ein paar Stunden lang ab. Wir unterhielten uns über alles Mögliche, privat und beruflich. Er war wirklich einer von uns.

Von allen internationalen Reisen, die ich unternommen habe, waren die sieben Tage in Afrika im Februar 2018 die eindrücklichsten für mich. Zehn Jahre zuvor hatte ich unseren nigerianischen und ugandischen Abfüllern versprochen, dass ich sie besuchen würde, wenn sie auf ihren Märkten die Marktführerschaft erringen würden, und als sie es geschafft hatten, konnte ich sie nicht enttäuschen. Auch unserem südafrikanischen Team hatte ich seit Langem zugesagt, dass ich kommen würde, um mit eigenen Augen zu sehen, was für ein großartiges Snackgeschäft sie aufgebaut hatten.

Das war meine letzte große Geschäftsreise als CEO, und ich wurde in die Geschichte und die Traditionen des Kontinents auf eine umfassendere Weise hineingezogen als je zuvor. Ich glaube wirklich, dass Afrika mit seinen reichen Bodenschätzen und landwirtschaftlichen Ressourcen und seiner jungen Bevölkerung in den nächsten drei bis vier Jahrzehnten ein wirtschaftliches Juwel sein könnte, wenn Unternehmen aus der ganzen Welt richtig in Afrika, für Afrika und mit Afrika investieren würden und dabei auch ein Gespür für die Bedürfnisse der einzelnen Länder hätten.

In Lagos und Kampala – belebten, geschäftigen Städten – wurde ich Zeuge, wie afrikanische Frauen die Wirtschaft am Laufen halten, indem sie kleine Unternehmen betreiben. Ich traf mich mit führenden Frauen, und unsere Gespräche waren sehr vertraut. Sie wollten Bildung. Sie wollten wirtschaftliche und finanzielle Freiheit für sich und ihre Töchter. Sie wollten sich nicht von Männern bremsen lassen. Sie gaben mir kein bisschen das Gefühl, eine Besucherin zu sein: Ich wurde als eine von ihnen aufgenommen. Wir tanzten gemeinsam in der Vormittagssonne, lachten und unterhielten uns. Es war sehr liebevoll.

In Südafrika nahm mich Sello Hatang, der Geschäftsführer der Nelson Mandela Foundation, mit auf eine persönliche Führung über Robben Island, wo Mandela 17 Jahre lang inhaftiert gewesen war. Ich spürte die Demütigung der unterdrückten Menschen in diesem Land, als ein Zufallsgenerator mich auswählte, um durch den Eingang für „Farbige" ins Apartheid-Museum zu gehen.

Unser letzter Abend ist mir noch in Erinnerung. Bei der Mandela Foundation traf ich Graça Machel, die Frau von Nelson Mandela, und bei einer öffentlichen Veranstaltung, an der sie mit mir teilnahm, verkündeten wir eine fünfjährige PepsiCo-Partnerschaft zur Armutsbekämpfung, einschließlich der Unterstützung eines Programms zur Verteilung von Menstruationsprodukten, damit Mädchen nicht wegen ihrer Periode die Schule versäumen müssen. Der Soweto Gospel Choir mit seinen farbenfrohen Gewändern und spektakulären Stimmen präsentierte ein wunderbares Repertoire an fröhlicher Musik, darunter das Anti-Apartheid-Lied „Asimbonanga". Dieses Lied – seine Melodie, seine Stimmung – verfolgt mich immer noch.

Außerdem traf ich mich mit einer Gruppe von etwa 20 Highschool-Mädchen zu einem Gespräch am runden Tisch. Jede von ihnen erzählte eine Geschichte – vom Aufwachsen ohne Eltern, von der Rolle als Elternteil für ihre Geschwister, vom Erleiden schrecklicher körperlicher und seelischer Misshandlungen durch Menschen mit Macht. Ihr Mut, ihre Zielstrebigkeit und ihre Entschlossenheit waren atemberaubend. Am Ende unseres Gesprächs stellte ich ihnen allen eine einfache Frage: „Was kann ich jedem von euch als Geschenk für die Zeit, die ihr mit mir verbracht habt, geben?" Keine zögerte. „Können wir uns umarmen?", fragten sie. Sie stellten sich in einer Reihe auf, und ich schloss ein Mädchen nach dem anderen in meine Arme. Sie wollten einfach nur eine elterliche Umarmung. Sie wollten mich nicht loslassen. Ich wurde von Gefühlen überwältigt.

Und was war mit meinem Privatleben? Tara ging aufs College in New York City, und Preetha schloss ihr Studium an der Yale SOM ab und nahm eine neue Stelle an. Raj wurde unabhängiger Berater, der große Unternehmen bei der Entwicklung von Lieferkettenlösungen der nächsten Generation unterstützte. Ich ging immer noch fast jeden Tag mit drei Taschen voller Korrespondenz und anderer Dokumente nach Hause. Einige Mitarbeiter nannten mich offen die „Frau mit den Taschen" („Bag Lady"), und ein leitender Angestellter bemerkte scherzhaft, dass ich diese Leinensäcke nur zur Schau trug. Kürzlich erhielt ich einen Brief von ihm – er ist jetzt CEO eines großen US-Unternehmens –, in dem er mir mitteilte, dass er an mich gedacht hatte, als er mit seinen drei Taschen voller Lesestoff nach Hause ging!

Außerdem hatte ich mehr Berichte und Artikel zu prüfen als je zuvor, da sich die technologischen und geopolitischen Trends so schnell weiterentwickelten. Ich hatte wirklich keine Wahl. Als ich bei PepsiCo anfing, sagte ein leitender Angestellter immer: „Der Abstand zwischen der

Nummer eins und der Nummer zwei ist eine Konstante." Er meinte damit, dass, wenn eine Führungskraft überdurchschnittliche Leistungen erbringt, das Team mitzieht, wenn die Führungskraft unterdurchschnittliche Leistungen erbringt, geschieht das Gleiche. Das beherzigte ich. Wenn ich wollte, dass PepsiCo sich weiterentwickelte, dass es ein informiertes, neugieriges Unternehmen würde, dann musste ich als CEO selbst immer diese Qualitäten an den Tag legen. Ich liebte auch die intellektuelle Anregung durch all das Lesen und die Korrespondenz.

Jetzt, da unsere Kinder aus dem Haus waren, konzentrierte ich mich ein wenig mehr auf mich selbst. Ich fing an, im Grand Slam Tennis Club in Banksville, New York, zweimal pro Woche um sieben Uhr morgens Tennis zu spielen. Mein Trainer, Nesar Nayak, passte sich geduldig an meinen frühen Start und die vielen Terminänderungen an.

Ich meldete mich für Einzeltanzstunden an, einfach um etwas anderes zu lernen als die indische Tradition, in der ich aufgewachsen war, und um die Bewegung und die Musik auf ruhige, private Weise zu genießen. Mein Tanzlehrer, John Campbell, ein britischer Tänzer in den Dreißigern, hatte anfangs etwas Angst vor mir – die CEO, die Walzer und Foxtrott lernen wollte. Er war aber auch sehr geduldig, und als wir eine Weile zusammengearbeitet hatten, sagte er mir beim gemeinsamen Tanzen mutig: „Meine Aufgabe ist es, zu führen, und Ihre ist es, zu folgen. Wenn Sie lernen, zu folgen, werden Sie eine bessere Führerin sein." Diesen großartigen Rat habe ich in vielen Situationen beherzigt.

Auch auf dem PepsiCo-Gelände bewegte ich mich nun täglich. Ich begann, auf der Straße um die Gebäude herum zu laufen, eine 2-Kilometer-Runde. Und schließlich nahm ich mir die Zeit, die Gärten und Waldstücke zu erkunden und die Skulpturen zu bewundern. Ich lernte den Goldenen Pfad kennen.

Irgendwann in meinen CEO-Jahren lernte ich auch, wie wichtig es ist, optisch zur Rolle zu passen.

Lange Zeit hatte ich wenig auf meine Garderobe geachtet. Ich arbeitete mit Männern zusammen, und die trugen graue und blaue Anzüge mit Oberhemden. Das tat ich auch. Ich fühlte mich unsicher wegen meiner Beine, die ich für zu dünn hielt, und wählte lange Röcke, um sie zu verdecken. Ich kaufte keine billige Kleidung, und ich schätzte feine Stoffe. Ich kaufte bei Richards in der Greenwich Avenue ein, einem eleganten Laden, das als exklusives Geschäft für Herrenanzüge begann und dann eine Damenabteilung aufnahm. In der Regel wählte ich einen schönen Wollanzug mit weiten Hosenbeinen, und als Scott Mitchell, einer der Partner von Richards, mich aufforderte, meinen Stil zu ändern, hörte ich nicht darauf, sondern ließ die Hose vom Schneider zu einem Rock umarbeiten. Ich wählte funktionelle Schuhe mit kleinem Absatz, aber ohne besondere Farbe, nicht spitz zulaufend, ohne Riemchen oder Schnallen.

Dann passierte etwas Eigenartiges und Wunderbares: Ein junger freiberuflicher Berater namens Gordon Stewart bat um die Erlaubnis, mit mir unter vier Augen zu sprechen. Wir hatten uns kurz bei einer Präsentation neuer Produkte von Gatorade getroffen. Ich kannte ihn nicht, aber ich stimmte einem kurzen Gespräch zu.

Gordon sagte mir, dass ich eine Runderneuerung in Sachen Kleidung bräuchte und dass er Ideen hätte, um mir zu helfen. Er bat mich, ihn am folgenden Samstagmorgen um elf Uhr im Saks Fifth Avenue Club zu treffen, einem privaten Einkaufsbereich in dem Kaufhaus in Manhattan. Ich war nicht beleidigt über seine Bemerkungen oder sein Hilfsangebot. Ich war peinlich berührt, fasziniert und nervös. Ich nahm seine Einladung an.

An jenem Wochenende fuhr ich mit dem Aufzug in den fünften Stock von Saks, wo Gordon mich begrüßte. Er führte mich in einen großen Umkleideraum, wo zu meiner Begutachtung Kleider, Röcke, Jacken, Schuhe, Taschen und Schmuck an den Wänden aufgereiht waren. Alles exquisit, alles aufeinander abgestimmt, sehr professionell. Meine erste Reaktion war, dass ich die Kleider und Röcke nicht anprobieren wollte, weil sie knielang waren – zu kurz.

Aber Gordon wollte nicht aufgeben. Er überredete mich, sie anzuziehen, und nach und nach konnte ich seinen Standpunkt nachvollziehen. Es kostete mich einiges, das Alte wegzugeben und meine Garderobe neu zu bestücken, aber die ganze neue Farbe und der neue Stil gaben mir auch ein neues Selbstvertrauen, das ich immer noch habe. Von Zeit zu Zeit schaue ich mir das von Gordon zusammengestellte Look-Book an. Sein Mut und seine Liebe zum Detail hinterließen einen unauslöschlichen Eindruck.

Passend zu den ganzen neuen Kleidern begann ich auch, auf meine geduldige langjährige Friseurin Anna Magnotta zu hören. Ich willigte ein, mein Haar so zu föhnen, wie sie es wollte, und wohl wahr, das hat meinem gesamten Erscheinungsbild gutgetan.

Seltsamerweise bekam ich aus erster Hand die Bestätigung, dass die Veränderung meines Aussehens auch in der Chefetage etwas bewirkte. Ich begann, jeden Tag gut geschnittene Kleider und Jacken mit Perlen und vielleicht einem Schal zur Arbeit zu tragen. Am Ende einer Vorstandssitzung schrieb mir einer unserer männlichen Direktoren, dass er mich, seit ich meine Kleidung geändert hatte, einschüchternder finde.

Ich wusste nicht recht, wie ich diese Bemerkung interpretieren sollte, außer vielleicht, dass Kleider auch Frauen machen können!

Im Jahr 2016 teilte ich dem Vorstand mit, dass wir meiner Meinung nach damit beginnen sollten, die Kandidatenliste für den nächsten Vorstandsvorsitzenden von PepsiCo einzugrenzen. Ich denke, dass CEOs in der Regel gehen, weil sie müde sind, weil sie etwas anderes machen wollen oder weil der Vorstand sie loswerden will. Ich begann, diese Erschöpfung zu spüren, und dachte über meine Zukunft nach, aber ich hatte auch ein gutes Gefühl, was die Entwicklung des Unternehmens anging. Und ich wusste, dass wir eine beachtliche Namensliste mit Führungskräften aufgebaut hatten, die die Nachfolge antreten konnten.

Zu dieser Zeit übertrug ich vier wichtigen Kandidaten erweiterte Aufgaben, damit sie neue Bereiche des Unternehmens kennenlernen konnten. Etwa ein Jahr später übergab ich unseren Direktoren mithilfe von Ruth Fattori, unserer damaligen Personalchefin, kuratierte Dossiers über jeden der vier, einschließlich detaillierter Leistungsbeurteilungen der letzten fünf Jahre und Notizen über ihre langen und beeindruckenden Karrieren. Ein Organisationspsychologe erstellte für jeden Kandidaten einen zusammenfassenden Bericht über seinen Werdegang. Ich bat den Vorstand, jeden von ihnen einzeln zu treffen und sie in ihren Geschäften in Aktion zu sehen. Ruth und ich würden all das ermöglichen, sagte ich, aber ich würde mich nicht dazu äußern, wer das Amt übernehmen sollte. Diese Entscheidung oblag dem Vorstand. Unter der Leitung des unerschütterlichen Vorsitzenden Ian Cook erledigte der Vorstand die Aufgabe mit großer Sorgfalt und beauftragte sogar ein externes Unternehmen mit einer unabhängigen Bewertung der einzelnen Kandidaten. Jeder der vier Kandidaten war auf seine eigene Art fantastisch.

Anfang August 2018 teilte mir Ian mit, dass der Vorstand Ramon Laguarta als neuen CEO ausgewählt hatte. Ich traf mich mit Ramon in meinem Büro und informierte ihn über die Entscheidung des Vorstands. Ich sagte ihm, wie stolz ich auf ihn sei, und sicherte ihm meine anhaltende Unterstützung zu.

Es den anderen drei Kandidaten zu sagen, war schwieriger: Sie waren allesamt sehr gefragte Führungskräfte, und ich wusste, dass sie abgeworben werden würden. Zwei gingen, was ein echter Verlust für das Unternehmen war, und einer blieb wegen seiner Loyalität zu PepsiCo, obwohl er ein anderes Angebot als CEO hatte.

Eine Woche später gab PepsiCo bekannt, dass ich am 2. Oktober in den Ruhestand treten und bis Anfang 2019 Vorstandsvorsitzende bleiben würde. Ich hatte sehr deutlich gemacht, dass ich einen kurzen Übergang wollte. Die neue Führungskraft von PepsiCo musste dem Unternehmen so schnell wie möglich ihren eigenen Stempel aufdrücken.

Unsere Mitarbeiterversammlung war ein emotionales Ereignis, bei dem Raj, Preetha und Tara anwesend waren, so wie sie es ein Dutzend Jahre zuvor gewesen waren. Ich hatte Mühe, die Tränen zurückzuhalten, als ich meine lange und glückliche Amtszeit reflektierte und allen versicherte, dass PepsiCo in meinem Kopf und meinem Herzen bleiben würde. Ramon würde meine volle Unterstützung haben.

Die nächsten drei Monate waren hektisch und irgendwie befreiend. Ich organisierte den Auszug aus meinem Büro, obwohl ich mich als Vorsitzende weiterhin für die Ergebnisse des Unternehmens verantwortlich fühlte. Ich schickte einen mit tief empfundener Anteilnahme geschriebenen Abschiedsbrief an unsere Mitarbeiter weltweit mit einigen Lektionen, die ich gelernt hatte – über Visionen, Zuhören und die Befähigung der Menschen, mit denen man zusammenarbeitet, erfolgreich zu sein – und einem letzten Zitat des Sufi-Mystikers Rumi:

*Abschiede gibt es nur für diejenigen, die mit den Augen lieben. Denn für diejenigen, die mit Herz und Seele lieben, gibt es so etwas wie eine Trennung nicht.*

Als ich 4/3 an einem strahlenden, sonnigen Tag verließ, warteten Hunderte meiner Kollegen darauf, mich bei einem Empfang im Freien rund um unseren zentralen Brunnen, die fröhliche Skulptur „Girl with a Dolphin" von David Wynne, zu verabschieden. Ramon hielt eine Rede, wir tranken Prosecco und Sierra Mist aus Sektflöten, und ich posierte für Dutzende von Fotos und Selfies mit dem lebendigen, vielfältigen Team, das das Unternehmen nun so sehr prägte.

Ich hielt eine letzte kurze Rede, stieg ins Auto und verließ PepsiCo, um nach Hause zu fahren.

TEIL IV

# BLICK IN DIE ZUKUNFT

# 11

Am nächsten Tag war ich wie üblich gegen halb fünf auf, trank Kaffee und las die Nachrichten auf meinem iPad. Ich überprüfte meinen Kalender, um sicherzugehen, dass ich für jedes Treffen im nächsten Monat bereit war. Da gab es nicht viel. Nach einer Weile zog ich mir eine Jeans und ein Sweatshirt an und fuhr die fünf Minuten zur Arbeit.

Raj und ich hatten uns ein schönes Büro in einem Gewerbegebiet in Greenwich eingerichtet, einen lichten Raum mit einem Konferenzraum und einer kleinen Küche. Dies war der Rahmen für unsere nächste gemeinsame Etappe, in der wir uns auf das konzentrieren würden, was uns beide interessierte, und wir nur wenige Schritte voneinander entfernt arbeiten würden. Ich freute mich darauf, damit anzufangen. An diesem Morgen war ich auch zum ersten Mal an einem Wochentag in Freizeitkleidung ins Büro gegangen. Das war ein komisches Gefühl. Ich weiß noch, wie ich hoffte, dass mich niemand sehen würde – und dabei völlig vergaß, dass ich jetzt ein freier Vogel war.

In den drei Monaten seit der Bekanntgabe meines Ausstiegs bei PepsiCo hatte ich zahlreiche Angebote erhalten, wie ich meine Zeit verbringen könnte: Sitze in Aufsichtsräten, Beratungsfunktionen,

Lehraufträge an Universitäten, Schreibanfragen, Vorträge. Ich war noch nicht fertig mit dem Versuch, der Welt zu helfen, und ich wusste, dass ich als ehemalige CEO viel uninteressanter sein würde, wenn ich mich für ein Jahr oder länger zurückziehen würde. Ich hatte ein paar wichtige Entscheidungen zu treffen.

Dennoch war mein Abschiedsbrief an die 270.000 Mitarbeiter von PepsiCo, den ich nur zwei Tage zuvor abgeschickt hatte, auch eine Art Blaupause für meine eigenen kommenden Jahre. Auf diesen zwei Seiten, die ich zusammen mit meinem begabten Redenschreiber Adam Frankel über mehrere Wochen hinweg immer wieder umgeschrieben hatte, riet ich meinen geschätzten Mitarbeitern, sich darum zu bemühen, gute Zuhörer und lebenslang Lernende zu sein. Dann schrieb ich: „Denken Sie schließlich intensiv über Zeit nach. Wir haben so wenig davon auf dieser Erde. Machen Sie das Beste aus Ihren Tagen und schaffen Sie Raum für die lieben Menschen, die Ihnen am wichtigsten sind. Lassen Sie es sich von mir gesagt sein. Ich bin mit einer erstaunlichen Karriere gesegnet worden, aber wenn ich ehrlich bin, gab es Momente, in denen ich mir wünschte, ich hätte mehr Zeit mit meinen Kindern und meiner Familie verbracht. Deshalb möchte ich Sie ermutigen: Seien Sie achtsam bei Ihren Entscheidungen auf dem Weg, der vor Ihnen liegt."

Ich musste meinen eigenen Rat beherzigen, Prioritäten setzen und lernen, Nein zu sagen. Andernfalls würde ich wieder keine Zeit für mich haben. Ich war endlich mein eigener Chef, und nach 40 Jahren aufreibender, nie enden wollender Arbeit hatte ich es verdient, mich ein wenig zu entspannen und mich auf das zu konzentrieren, was mich bewegte. Wir könnten mehr Familienausflüge machen, die bisher selten vorgekommen waren, oder Raj und ich könnten zusammen wandern gehen, etwas, das er wirklich liebt, ich könnte die Wanderschuhe einlaufen, die er mir vor einigen Jahren gekauft hatte. Ich könnte anfangen, die Abendessen mit Freunden auch zu genießen, ohne ständig auf meine Uhr oder mein Telefon zu schauen. Ich könnte alle unsere Schränke aufräumen und die Zimmer der Mädchen entrümpeln. Ich könnte mehr Biografien und Bücher über das Zeitgeschehen lesen und die Romane von Danielle Steel, an denen ich Gefallen gefunden hatte. Ich könnte mehr Yankees-Spiele besuchen. Es war großartig – und auch ein bisschen beängstigend.

Ich machte mich daran, die Sachen aus 25 Jahren auszupacken, die von PepsiCo herübergeschafft worden waren. Aus Dutzenden von Kisten holte ich signierte Bücher, Auszeichnungen und Geschenke heraus – Skulpturen, Trophäen, Briefbeschwerer und einen riesigen blauen Glasfußball. Ich betrachtete all die von den Yankees signierten Baseballs und Trikots und die Fotos von mir mit führenden Politikern der Welt. Ich bewunderte die Kerzenständer, die Dekoschwerter, die Schweizer Kuhglocke und den malaysischen Drachen. Ich hob den übergroßen rot-blauen Mosaik-Kricketschläger in einem Plexiglaskasten aus einer Kiste, der vom indischen PepsiCo-Team entworfen worden war.

Raj und ich beschlossen, an unserer längsten Wand elf meiner etwa 20 Gitarren aufzuhängen, darunter von den Chicks und Blake Shelton signierte Akustikgitarren und eine mit roten, silbernen und Pepsiblauen Strasssteinen besetzte E-Gitarre. Eine andere E-Gitarre, bemalt mit geflügelten Putten und Gänseblümchen und dem Schriftzug „Yummy, Yummy, Yummy, I've Got Love in My Tummy“, sorgte immer für ein Lächeln. Sie war ein Geschenk des Marketingteams von Frito-Lay, das mir gesagt hatte, es wolle sicherstellen, dass ich mich an es erinnere.

Ich war sehr stolz auf meine Arbeit bei PepsiCo. Die Gesamtrendite für die Aktionäre belief sich in den zwölf Jahren zwischen Dezember 2006 und Dezember 2018 auf 149 Prozent und übertraf damit den Index Standard & Poor's 500, der um 128 Prozent zulegte. Das Unternehmen schüttete mehr als 79 Milliarden US-Dollar an Barmitteln an die Aktionäre aus, wobei allein die Dividenden jedes Jahr um 10 Prozent stiegen. Die Marktkapitalisierung von PepsiCo stieg in diesen zwölf Jahren um 57 Milliarden Dollar, mehr als das Bruttoinlandsprodukt vieler Länder. Die Nettoeinnahmen stiegen um 80 Prozent[13] auf 64 Milliarden Dollar im Jahr 2018. 22 PepsiCo-Marken erzielten nun einen Umsatz von jeweils über 1 Milliarde US-Dollar pro Jahr, während es bei meinem Amtsantritt nur 17 Marken waren, und wir hatten wunderbare neue Verträge für die Gastronomie gewonnen, darunter den New Yorker Madison Square Garden, der nach 108 Jahren Coca-Cola zu Pepsi wechselte.

Aber am zufriedensten war ich mit PwP. Es hatte unsere Produkte und unser Umweltengagement verändert. Die „Good for You"- und die „Better for You"-Angebote machten fast 50 Prozent des Umsatzes aus, im Vergleich zu 38 Prozent im Jahr 2006. Wir hatten herausgefunden, wie eine Flasche Pepsi mit weniger als 1,5 Litern Wasser hergestellt werden kann, gegenüber 2,5 Litern Wasser im Jahr 2007. Wir haben in Zusammenarbeit mit Safe Water Network und Water.org elf Millionen Menschen Zugang zu sauberem Wasser verschafft. Wir haben einen großen Teil unserer Lkw-Flotte auf Hybridantrieb umgestellt und bezogen nun an wichtigen Produktionsstandorten Strom aus der Sonne und speisten überschüssigen Strom gegen Bezahlung in das Stromnetz ein. Wir hatten den Gebrauch von Plastik in vielen unserer Flaschen reduziert und einen kompostierbaren Beutel für unsere Snacks entwickelt. Die F&E-Abteilung von PepsiCo wurde von der Lebensmittel- und Getränkeindustrie beneidet. Das 2015 gestartete E-Commerce-Geschäft hatte seinen jährlichen Einzelhandelsumsatz auf 1,4 Milliarden Dollar verdreifacht. Unsere Designabteilung hatte allein im Jahr 2018 mehr als zweihundert Preise gewonnen und trug dazu bei, unsere Innovationen voranzutreiben.

Wir standen in allen zwölf Jahren, in denen ich CEO war, auf der Liste des Ethisphere Institute für die ethischsten Unternehmen. Bei der Kantar-PoweRanking-Umfrage, bei der US-Einzelhändler die

Leistung ihrer Lieferanten bewerten, belegten wir 2016 den ersten Platz – 2010 waren wir noch auf Platz sechs – und konnten diese Position halten.

Unsere Talentakademie wurde von der amerikanischen Industrie mit Neid betrachtet. Tatsächlich wurden zwischen 2014 und 2020 neun leitende Angestellte abgeworben, um CEOs in anderen Unternehmen zu werden. Aber dank unserer systematischen Talententwicklungsprozesse hatten wir eine starke Reihe von Führungskräften, die bereit waren, einzusteigen.

Ich wusste, dass wir noch mehr hätten tun können – oder es schneller hätten tun können –, wenn die Finanzkrise uns nicht wie den Rest der Weltwirtschaft herumgeschleudert hätte, aber auch das hatten wir gut gemeistert. Ich hatte so hart gearbeitet, wie ich konnte, und hatte das Unternehmen wirklich mit Leib und Seele geliebt.

Ich bedauerte auch nicht, dass ich aus meinem Job ausgeschieden war, und war mir sicher, dass ich auch meine Rolle als Vorsitzender von PepsiCo nicht vermissen würde, wenn ich in ein paar Monaten zurücktreten würde. Ich war entschlossen, die beste Ex-CEO für Ramon zu sein, und das bedeutete, mich zurückzuhalten. Ich war da, wenn es nötig war, aber jetzt war es an ihm, das Unternehmen zu formen.

In diesen langsamen Oktobertagen atmete ich wirklich durch, dachte über die Vergangenheit nach und an die Zukunft und war voller Dankbarkeit. An einem Nachmittag las ich die gesamten 230 Seiten von „Fifty Years of Pep: A Storied Past, a Promising Future“, ein Buch, das ich in Auftrag gegeben hatte, aber nie die Gelegenheit hatte, es zu öffnen. An einem anderen Tag machte ich es mir mit einem wunderschönen Sammelalbum gemütlich, das Jon Banner, unser Kommunikationschef, zusammengestellt hatte und in dem meine zwölfjährige Laufbahn als CEO mit Fakten, Fotos und Referenzen ausführlich beschrieben war. Das führte zu einem Kloß in meinem Hals. Ich sah mir die Hunderte von Dankes- und Abschiedsschreiben an, die ich erhalten hatte. Ich blätterte durch Jahresberichte und las jeden einzelnen der Aktionärsbriefe, die ich über die Fortschritte von PepsiCo geschrieben hatte. Ich hatte jedes Jahr Stunden damit verbracht, über diesen Briefen zu schwitzen. Ich war froh, dass ich es getan hatte – insgesamt beschreiben sie den Wandel des Unternehmens auf eindrucksvolle Weise. Ich blätterte auch durch die vielen Fotoalben meiner Reisen und dachte an die Menschen, die ich getroffen hatte, an die Kulturen, die ich erlebt hatte, und an die Chancen und Herausforderungen, die es in so vielen Ländern noch gab.

Keiner dieser Briefe und keines dieser Bücher enthielt natürlich die Frustrationen und die Verärgerung über die Arbeit, aber ich dachte auch daran zurück. Die Aktivisten, der Druck der Quartalsergebnisse, der Widerstand der PepsiCo-Führungskräfte gegen Veränderungen, das passiv-aggressive Verhalten mir gegenüber, die vielen gegensätzlichen Ziele. Wie kam ich damit zurecht? Die Tausenden von kleinen Entscheidungen, die PwP mit sich brachte, einschließlich der Erfolge und Misserfolge, verliefen tatsächlich nicht ohne die Sorge, ob wir das alles schaffen könnten. Aber ich hatte mich auf diese massive Veränderung festgelegt, und genau wie damals, als ich in Kalkutta ankam und das Gewicht der Erwartungen meiner Familie auf mir lastete, musste ich durchhalten, egal was passierte.

Ich hatte von männlichen Geschäftsführern gehört und selbst gesehen, wie sie schrien, mit Gegenständen warfen und mit großem Eifer Schimpfwörter benutzten, offenbar ein Zeichen ihrer Leidenschaft und ihres Engagements. Aber ich war mir sehr wohl bewusst, dass es mich bei meinen Mitmenschen zurückwerfen würde, wenn ich diese Emotionen zeigen würde.

An Tagen, an denen ich wütend darüber war, dass die Leute innerhalb und außerhalb des Unternehmens nicht ganz verstanden, was ich zu tun versuchte, ging ich in das kleine Badezimmer, das an mein Büro angeschlossen war, betrachtete mich im Spiegel und ließ alles heraus.

Und wenn der Moment vorbei war, wischte ich mir die Tränen ab, trug wieder ein wenig Make-up auf, straffte meine Schultern und ging wieder hinaus ins Gefecht, bereit, wieder „es“ zu sein.

Nur eine Sache in Bezug auf mein Ausscheiden bei PepsiCo nagte wirklich an mir. So viele Diskussionen über meinen Weggang konzentrierten sich darauf, dass ich das Unternehmen nicht einer anderen Frau überließ. Eine Geschichte in der *New York Times* trug die Schlagzeile: Wenn eine weibliche Geschäftsführerin geht, ist die gläserne Decke wieder da. Bäh. Wo waren bei all den mächtigen Männern, die jedes Jahr in den Ruhestand gehen, die Artikel darüber, warum ihr Nachfolger keine Frau ist?

Die Zahl der weiblichen CEOs in den Fortune 500[14] stieg von 10 im Jahr 2006 auf 32 im Jahr 2017 und dann auf 37 im Jahr 2020. In 27 Jahren sind wir von weniger als 2 Prozent weiblichen Vorstandsvorsitzenden in den Fortune 500 auf 7,5 Prozent gekommen. Bei den Fortschritten in diesem Bereich sollte es meines Erachtens nicht darum gehen, Gewinne zu feiern oder Verluste zu beklagen, wenn die Zahl der Frauen an der Spitze großer Unternehmen immer noch abgrundtief niedrig ist.

Wir brauchen Frauen in gleichberechtigten Entscheidungspositionen in dieser Welt, weil Frauen die Hälfte der Bevölkerung ausmachen. Mehr weibliche Führungskräfte bedeuten eine gesündere, wohlhabendere und egalitärere Gesellschaft. Ich glaube auch, dass wir die besten Entscheidungen treffen, wenn Menschen mit unterschiedlichen Erfahrungen zusammenkommen, um die Einzelheiten zu besprechen, und dass echte Führung ein Lernen von vielfältigen Teams erfordert. Wie in der Familie geht es auch hier drunter und drüber. Zweifellos ist es einfacher, ein Unternehmen oder eine Regierung zu leiten, wenn die Menschen im Raum den gleichen sozialen Hintergrund haben, Probleme auf die gleiche Weise angehen und relativ reibungslos einen Konsens erzielen. Aber einfacher heißt nicht besser.

Im Großen und Ganzen sollte die Hälfte der Unternehmen – 250 der 500 größten – von Frauen geführt werden. Bei dem Tempo, in dem wir uns jetzt bewegen, wird dies absurderweise noch mehr als 130 Jahre dauern.[15]

Mein Nachfolger, Ramon Laguarta, kam 1996 zu PepsiCo, leitete den Wimm-Bill-Dann-Deal und die Integration in Russland und war als CEO von PepsiCo in Europa und Subsahara-Afrika tätig. Er arbeitete in fünf Ländern, und seine Frau und seine drei Söhne zogen mit ihm mit. Im Jahr 2017 beförderte ich ihn zum Präsidenten von PepsiCo, und er zog nach Purchase, um mehr Einblick in die Arbeitsweise des gesamten Unternehmens zu erhalten.

Der Vorstand wählte Ramon nach einem strengen Verfahren aus, bei dem die langfristige Vision von PepsiCo im Vordergrund stand. Die Tatsache, dass unter den letzten vier Personen, die für meine Nachfolge als CEO interviewt wurden, keine Frau war, lag nicht daran, dass wir den Bedarf an mehr weiblichen CEOs ignoriert hätten. Es ist einfach so, dass wir trotz jahrelanger Bemühungen noch nicht am Ziel waren.

Das stand vor allem im Zusammenhang mit zwei herzzerreißenden Themen. Erstens wurden mehrere Frauen mit großem Potenzial, die ich als Mentorin betreute, die ich in den richtigen Stellen einsetzte und die ich im Laufe der Jahre dem Vorstand vorstellte, zu Chief Executives und Chief Operating Officers – aber sie verließen PepsiCo dafür. Diese Führungskräfte, die in unserer Akademie für außergewöhnliche Talente ausgebildet wurden, erregten die Aufmerksamkeit von Recruitern und den Vorständen kleinerer Unternehmen. Ich war stolz auf sie, aber auch traurig, dass wir sie verloren hatten. Vielleicht war es der richtige Schritt, denn der Wettstreit um die Führung von PepsiCo, einem so riesigen Unternehmen, war für niemanden leicht zu gewinnen.

Zweitens weiß ich, dass einige aufstrebende Frauen aufgrund der Art und Weise, wie sie in ihren Positionen auf mittlerer Ebene geführt wurden, weiterzogen. Ich erkannte dies unter anderem, als ich mir die Leistungsbeurteilungen der 200 besten Mitarbeiter des Unternehmens anhörte. Ich war dabei, weil wir uns im Rahmen der Talentschmiede von PwP um aufstrebende Führungskräfte kümmerten und dabei ein besonderes Augenmerk auf Frauen und andere vielfältige Talente legten. Mir fiel auf, dass bei der Beurteilung eines männlichen Managers das Gespräch in etwa so verlief: „Er hat gute Arbeit geleistet, die meisten seiner Ziele erreicht *und* …“ und dann kamen einige Details über das großartige Potenzial dieses Mannes. Die Beurteilung einer Frau fiel anders aus: „Sie hat großartige Arbeit geleistet, alle ihre Ziele erreicht, *aber* …“ und dann kamen einige Details über irgendeine Streitfrage oder ein persönliches Problem, das ihren zukünftigen Erfolg scheitern lassen könnte. Das Und-aber-Phänomen ärgerte mich gewaltig. Oft unterbrach ich und stellte den Managern gezielte Fragen: „Haben Sie ihr rechtzeitig Feedback gegeben? Haben Sie ihr die richtige Hilfe gegeben, um diese Probleme anzugehen?“ Oft schickte ich Manager zurück und bat sie, „es mit der weiblichen Führungskraft X hinzukriegen“. Das war nicht immer ein erfolgreiches Unterfangen. Manchmal änderten diese Manager ihre Ansichten, aber viele blieben ihren Ansichten über die Menschen, die für sie arbeiteten, Männer und Frauen, treu, und ich kann nicht sagen, dass sie immer falschlagen. Gleichzeitig weiß ich, dass wir bei PepsiCo kluge, hart arbeitende weibliche Führungskräfte verloren, und zwar aus Gründen, die zweifellos damit zusammenhingen, wie unterschiedlich Männer und Frauen wahrgenommen werden.

Unheimlich viele Frauen in der heutigen Arbeitswelt verfügen über außergewöhnliche Fähigkeiten, Intelligenz, Ehrgeiz, Kreativität, Entschlossenheit und gute Laune. Sie sind Jahrgangsbeste und Absolventinnen mit Bestnoten von wettbewerbsfähigen Schulen. Sie haben Widrigkeiten überwunden. Sie haben unglaubliche Opfer gebracht und hart gearbeitet. Sie sind hungrig darauf, finanziell unabhängig zu sein. Wir brauchen nicht mehr zu begründen, warum Frauen so großartig zum Unternehmenserfolg beitragen können. Sie können es einfach.

Es gibt keinen einzigen Grund, warum nicht mehr Frauen an der Spitze großer Unternehmen stehen. Es gibt keine 10-Punkte-Liste mit Schwierigkeiten, die einfach nur behoben werden müssen. Es gibt Hunderte von Problemen – einige sind winzig und schwer auszumachen, andere riesig und strukturell bedingt –, die zusammengenommen zu dieser Situation führen. Trotz aller Fortschritte, die wir gemacht haben, ist die moderne Arbeitswelt immer noch voll von schädlichen Bräuchen und Verhaltensweisen, die Frauen ausbremsen.

Es sind geschlechtsspezifische Vorurteile, die sich auf den Erfolg jeder Frau auswirken. In einigen Fällen treffen Frauen die völlig rationale Entscheidung, weiterzuziehen oder etwas anderes zu versuchen, um ihre Rechnungen bezahlen zu können. In anderen Fällen nagen diese Vorurteile einfach an ihrem Selbstvertrauen, was sich dann auf ihre Kompetenz auswirkt und irgendwann ihre Leistung beeinträchtigt. Ich glaube, dass viele Menschen in diesem Teufelskreis gefangen sind.

Die Vorurteile führen auch dazu, dass viele Frauen mit Kindern – oder sogar Frauen, die nur über das Gründen einer Familie nachdenken – in einen starken Konflikt geraten, wenn es darum geht, überhaupt im Beruf zu bleiben. Eine Frau muss mit den ganzen subtilen Vorurteilen am Arbeitsplatz fertig werden und, zumindest in den USA, mit einer weitgehend ad hoc geschaffenen Unterstützungsstruktur für die Betreuung von Kindern, bis diese im Alter von fünf Jahren in eine öffentliche Schule gehen dürfen. Viele Frauen entscheiden sich schließlich, wenn sie es sich leisten können, für einen Ausstieg aus dem Erwerbsleben. Einige hoffen, eines Tages zurückzukehren, räumen aber ein, dass sie nicht wieder auf den Zug nach ganz oben aufspringen werden. Manche nennen dies eine „undichte Pipeline", obwohl ich denke, dass diese Art von Sprache das Problem herunterspielt. Die Pipeline ist weit mehr als „undicht". Sie ist kaputt. Auf jeden Fall gibt es immer noch relativ wenige Frauen, die über die nötige Erfahrung und Stärke verfügen, um für die Position der CEO eines Multimilliarden-Dollar-Unternehmens infrage zu kommen.

Das ist ein echtes Problem, weil wir es so vielen talentierten jungen Frauen nicht ermöglichen, ihr volles Potenzial auszuschöpfen – ein Verlust für die gesamte Wirtschaft.

Ich war mir immer bewusst, dass Frauen in der Unternehmenswelt eine steilere, rutschigere Leiter erklimmen als Männer.

Ich denke an meine Zeit bei BCG zurück, als ein Partner nie Augenkontakt mit mir aufnahm. Er sprach mit mir und schaute dabei die Männer in unserem Team direkt an. Als junge Beraterin fragte ich mich, was ihn abschreckte: Meine Garderobe? Mein Aussehen? Etwas anderes? Jahre später erzählte mir ein Kollege beiläufig, dass er sich gegenüber allen Frauen und dunkelhäutigen Menschen so verhielt. In ähnlicher Weise wurde ich im Laufe der Jahre zigmal mit „Babe", „Süße" und „Schätzchen" angesprochen. Ich ließ mir das gefallen, bis ich schließlich das Gefühl hatte, dass ich genug Macht auf dem Arbeitsmarkt hatte, um gegenüber dem neuen Chef bei ABB klare Kante zu zeigen und einfach zu gehen.

Selbst als ich auf der obersten Sprosse stand, war ich immer noch auf der Frauenleiter.

Als Vorstandsvorsitzende von PepsiCo leitete ich ein Dutzend Jahre lang unsere Vorstandssitzungen und saß dabei am Kopfende eines großen u-förmigen Konferenztisches in einem sonnigen Eckzimmer im 4/3. Wir waren acht Männer und vier Frauen. Die Sitzungen begannen mit einer freundlichen Begrüßung, und dann ging es zur Sache. Wir analysierten Leistung, Risiken, Strategie, Talente und das, was wir in der Welt sahen. Ich hatte das Glück, mit einem Vorstand zusammenzuarbeiten, der mich unterstützte, aber einige der öffentlichen und privaten Kommentare von ein oder zwei Vorstandsmitgliedern waren unhöflich und herablassend – Bemerkungen, die sie sich gegenüber einer männlichen Führungskraft wohl nicht zu machen getraut hätten. Außerdem musste ich mir gefallen lassen, dass einige der Männer meinten, es sei in Ordnung, über mich hinwegzureden oder mich mitten im Satz zu unterbrechen. Ich fand das einfach inakzeptabel und versuchte, nicht deswegen innerlich zu „kochen". Einmal hatte Sharon Rockefeller, die fast 30 Jahre lang ein wertvolles Vorstandsmitglied war, genug: Ich beobachtete, wie sie einem der Männer sagte, dass sein Verhalten, sie ständig zu unterbrechen, aufhören müsse. Sie war direkt, entschlossen und öffentlich. Alle verstanden die Botschaft. Jeder Vorstand braucht eine Sharon Rockefeller.

Ein anderes Vorstandsmitglied bestand in meiner Anfangszeit als CEO darauf, etwa alle sechs Wochen ein persönliches Gespräch mit mir zu führen, wofür ich fast immer in seine Heimatstadt reisen musste. Er stellte mir Fragen, und meine Antworten wurden stets mit „So würde ich das nicht sagen" kommentiert. Ich fragte dann höflich nach seinem Vorschlag, in der Hoffnung, etwas zu lernen. Er wiederholte dann fast immer wortwörtlich, was ich gerade gesagt hatte. Ich betrachtete das als ein komisches Machtspiel. Er war ein frisch pensionierter leitender Angestellter, dem es schwerfiel, seine Machtposition aufzugeben. Er wollte seinen Einfluss durch mich bewahren. Das machte mich wahnsinnig – für mich waren diese Abendessen Zeitverschwendung.

Als ich bei PepsiCo aufstieg, war ich wie viele weibliche Führungskräfte auch die einzige Frau im Raum, wenn unser Managementteam über Taktiken diskutierte. Ich war immer gut vorbereitet und bot gute Einblicke, und ich weiß, dass ich respektiert wurde. Aber oft, wenn ich Vorschläge machte, mischte sich jemand ein und sagte: „Oh nein, Indra. Das ist zu theoretisch." Ein paar Minuten später schlug ein Mann genau dasselbe vor, mit denselben Worten, und wurde für seine großartige, aufschlussreiche Idee beglückwünscht. Einmal beugte ich mich zu einem leitenden Angestellten hinüber und bat ihn laut, einen meiner Gedanken vorzutragen. „Sonst wird er als zu theoretisch angesehen", scherzte ich. Danach gab es keine „zu theoretisch"-Kommentare mehr.

Ich dachte wirklich nicht, dass ich viel daran ändern könnte, wie man mich persönlich behandelte, aber ich versuchte immer, Frauen im Unternehmen zu unterstützen. Ich sorgte dafür, dass mein Strategieteam so gut wie möglich besetzt war, und am Ende war es zu 50 Prozent weiblich. Ich hielt viele Town Halls nur für Frauen ab, damit die weiblichen Angestellten über alles reden konnten, was ihnen auf dem Herzen lag. Mit einigen sprach ich im Stillen darüber, wie sie sich präsentierten, von der Art, wie sie in Meetings saßen, bis hin zur Art, wie sie ihre Ideen vermittelten. Die meisten nahmen mein Feedback an und setzten es um. Einige hielten mich für zu konservativ und wiesen es zurück, aber alle sahen ein, dass ich nur ihr Bestes im Sinn hatte.

Ich brachte auch meine weibliche Perspektive auf Marketing- und Werbekampagnen ein. Ein Diät-Pepsi-Werbespot aus den 1990er-Jahren ist mir im Gedächtnis geblieben. Der Schauplatz ist eine schicke Hochzeit, auf der die Brautjungfern und Gäste warten. Etwas ist schiefgelaufen. Eine Frau erzählt einer anderen, dass der Diamant der Braut zu klein ist, und dann wird klar, dass der Bräutigam nicht auftaucht. Die strahlende Braut weint. Ihr Vater gibt ihr eine Diät-Pepsi. Sie nippt. Das muntert sie auf.

Sie sieht ihren Vater an und fragt: „Das ist Diät?"

Ich sah diese Werbung in einem internen Screening und sagte den Machern, dass ich nicht glaubte, dass sie Frauen dazu ermutigen würde, Diät-Pepsi zu trinken, weil sie beleidigend sei. Keiner der Männer stimmte mir zu. Und sie waren wütend, dass ich mich einmischte, und wiesen darauf hin, dass dies nicht mein Verantwortungsbereich sei. Die Kampagne wurde fortgesetzt. Später vermieden es einige dieser Männer aktiv, mit mir über die Zahlen zu sprechen, als Diät-Pepsi ein enttäuschendes Jahr erlebte.

Ich nahm eine weitere denkwürdige, sehr sichtbare Veränderung vor. Ich ließ das schöne französische Kopfsteinpflaster auf dem Gehweg zwischen unseren Gebäuden zugunsten einer architektonisch geschmackvollen, flachen Oberfläche herausreißen. Das Kopfsteinpflaster, das in den späten 1960er-Jahren verlegt worden war, war für Männer in

Geschäftsschuhen in Ordnung, aber für Frauen, die die von uns in unserer Berufsgarderobe erwarteten Absätze trugen, eine Bedrohung. Die Veränderung versetzte Don Kendall, der 1986 als CEO in den Ruhestand getreten war, aber ein Büro im 4/3 behielt, in Wut. Als er die Bauarbeiten sah, schäumte er: „Wer macht meinen Gehweg kaputt?" Meine männlichen Kollegen, die seit Langem wussten, dass diese Pflastersteine eine Gefahr darstellten, und die gesehen hatten, wie Menschen sich abmühten und sogar stolperten und fielen, zeigten auf mich. Warum sie nie etwas daran geändert hatten, werde ich nie erfahren. Don wagte es überraschenderweise nicht, mich darauf anzusprechen.

Meine weiblichen Kollegen, darunter auch Dons Frau Bim, dankten mir jahrelang dafür, dass ich diese Steine ausgetauscht hatte.

Die Geschäftswelt hat sich für Frauen in den USA unermesslich verbessert, seit ich, im Sari, Praktikantin bei Booz Allen Hamilton war und mich damit begnügte, nicht aufzufallen. Viel unverhohlener Sexismus wurde zum Verstummen gebracht. Frauen leben und arbeiten nicht länger in einem rechtlichen Umfeld, das offen diskriminierend ist, oder in einem kulturellen Umfeld, das unverblümt erniedrigend ist. In Stellenausschreibungen wird nicht mehr nach Männern oder Frauen unterschieden. In den USA ist dies das Vermächtnis jahrzehntelanger Arbeit von Frauen wie Ruth Bader Ginsburg, Gloria Steinem und Shirley Chisholm sowie der feministischen Bewegung.

In jüngster Zeit haben die #MeToo-Bewegung und die „Time's Up"-Kampagnen einen tiefgreifenden Einfluss auf die Aufdeckung des Ausmaßes, in dem Frauen sexueller Gewalt und Belästigung ausgesetzt sind, gehabt. Die Bewegung und die Kampagnen haben eine unerlässliche Gemeinschaft für Überlebende geschaffen.

Ich wurde nie sexuell belästigt. In meiner Anfangszeit in der Unternehmenswelt wurde ich Zeuge und hörte von vielen männlichen Verhaltensweisen, die mein Gefühl für Anstand und meine Werte verletzten. Später wurde es zu einer Priorität, beleidigendes Verhalten zu unterbinden, sobald ich es sah oder es bekannt wurde. Nachdem ich Präsidentin von PepsiCo geworden war, wies ich unsere Compliance-Abteilung an, Beschwerden über Belästigungen, die bei unserer anonymen Speak Up Line eingereicht wurden, sofort zu bearbeiten, wir feuerten bestätigte Belästiger ziemlich schnell. Die Zahl der Beschwerden über sexuelle Belästigung ging zurück, obwohl ich mir immer noch Sorgen machte, ob Frauen aus Angst vor Vergeltungsmaßnahmen die Speak Up Line nicht anriefen.

Als ich PwP ins Leben rief, wusste ich, dass der Talentteil am einfachsten zu konzipieren und am schwierigsten umzusetzen war. Ich wollte, dass PepsiCo ein phänomenaler Ort zum Arbeiten ist. Ich wollte, dass unsere Mitarbeiter sowohl ihren Lebensunterhalt verdienten als auch ein Leben hatten, und dass jeder als Individuum respektiert wurde. Gleichzeitig mussten unsere talentbezogenen Maßnahmen messbar sein und mit den Geschäftsergebnissen von PepsiCo zusammenhängen.

Mein Plan sah also folgendermaßen aus: Wir würden die grundlegenden Dinge sehr gut machen – die Besten einstellen, ohne jemanden zu diskriminieren, diesen Leuten die richtigen Aufgaben geben, sie fördern, sie betreuen, sie fair bezahlen, sie loben, ihnen nützliches Feedback geben, sie befördern, wenn sie gute Ergebnisse zeigten, sie versetzen, wenn sie keine Leistung brachten, und sicherstellen, dass sie auf ihrem Weg nicht mit bewussten oder unbewussten Vorurteilen konfrontiert wurden.

Außerdem – und das kam von mir und von Herzen – baten wir alle, daran zu denken, dass Mitarbeiter Mütter, Väter, Töchter und Söhne waren. Wenn wir eine Person einstellten, stellten wir auch die Familie hinter dieser Person ein. Jeder Mitarbeiter müsse mit einer emotionalen Bindung behandelt werden, sagte ich. Es gibt keine Managementformel, die für alle geeignet ist, aber wir brauchen auch allgemeingültige Unterstützungssysteme. Unnötig zu erwähnen, dass es nicht einfach war!

Ich hatte das Glück, dass Steve Reinemund das Thema Vielfalt und Integration in die Führungsetage von PepsiCo gebracht hatte, als er im Jahr 2000 CEO wurde. Zu dieser Zeit sahen die Unternehmen den Mangel an Frauen und an People of Color in ihren Führungsreihen, aber nur wenige unternahmen etwas dagegen. Steve war der Meinung, dass unser Mitarbeiterstamm unseren Kundenstamm widerspiegeln sollte, und er bestand darauf, dass wir auf jeder Managementebene vielfältige Kandidaten rekrutierten und förderten. Er war überzeugt, dass wir eine kritische Masse brauchten, um unsere Kultur wirklich zu verändern und den Wert der Vielfalt zu demonstrieren. Er richtete Beiräte ein, die uns bei der Förderung von Afroamerikanern und Hispanoamerikanern beraten sollten, und holte Schauspieler ins Haus, die das Verhalten am Arbeitsplatz dramatisieren sollten, damit die Manager erkannten, worum es bei Vorurteilen in der Praxis ging. Das war lange vor den allgegenwärtigen Schulungsprogrammen zur Bekämpfung von Vorurteilen, die wir heute kennen. Steve knüpfte auch die Boni der Führungskräfte an die Kennzahlen für Vielfalt und Inklusion. Er verärgerte damit einige leitende Angestellte, die der Meinung waren, sie hätten schon genug damit zu tun, ihre Verkaufsziele zu erreichen, aber er blieb dabei. Zwischen 2000 und 2006 machten wir gute Fortschritte. Die Zahl der Frauen in Führungspositionen stieg von etwa 20 Prozent auf fast 30 Prozent.

Ich musste Steves Initiativen mit PwP verknüpfen und seine Bemühungen weiter vorantreiben. Wir begannen, die HR-Prozesse zu überprüfen, um sicherzustellen, dass jeder Mitarbeiter die gleichen Chancen auf Fortschritt hatte. Wir stellten zum Beispiel fest, dass viele Mitarbeiter nicht rechtzeitig eine ehrliche, ordnungsgemäß dokumentierte Leistungsbeurteilung erhielten, sodass wir zusätzliche Schulungsprogramme zu diesem Thema einführten. Ich begann, die Jahresendbeurteilungen genau zu prüfen, um sicherzustellen, dass sich die

Manager die Zeit nahmen, die Beiträge jedes Einzelnen zu bewerten und zu dokumentieren.

Ich stellte auch unsere Einstellungsverfahren infrage, wenn für viele Stellen keine Frauen oder Kandidaten aus Minderheiten berücksichtigt wurden. Ein besonderer Vorfall lässt mich immer noch den Kopf schütteln. Wir brauchten einen neuen CFO für PepsiCo Indien, und die Personalverantwortlichen sprachen nur mit männlichen Kandidaten. Als ich fragte, warum sie nicht Himmel und Hölle in Bewegung gesetzt hätten, um sich den gesamten Kandidatenpool anzusehen und vielleicht eine Frau für die Stelle zu finden, da es noch keine Frauen in der Führungsetage von PepsiCo Indien gab, war die Antwort verblüffend. „Wenn es eine Frau ist, wird sie gehen, wenn ihr Mann versetzt wird", wurde mir gesagt. „Das Risiko können wir nicht eingehen." Dann fragte ich, warum der vorherige CFO gekündigt hatte. „Er zieht um, weil seine Frau gerade eine große Beförderung erhalten hat."

Wir stellten Kimsuka Narasimhan als CFO von PepsiCo Indien ein. Sie war eine hervorragende Wahl.

In meiner Zeit als CEO baute ich alle bestehenden familienfreundlichen Maßnahmen aus. Wir verlängerten den bezahlten Mutterschutz auf bis zu zwölf Wochen und sorgten, wo immer möglich, für eine Kinderbetreuung vor Ort oder in der Nähe, für medizinische Einrichtungen vor Ort, für private Räume zum Stillen und für ein Programm für eine gesunde Schwangerschaft. Außerdem schufen wir die erste globale flexible Arbeitsgestaltung des Unternehmens. Die Mitarbeiter waren dankbar, dass wir diese Programme nicht strichen, als wir auf der Suche nach Kosteneinsparungsmöglichkeiten waren. Unsere Werte für den Gesundheitszustand des Unternehmens verbesserten sich erheblich: 82 Prozent der PepsiCo-Mitarbeiter gaben an, dass sie mit dem Unternehmen als Arbeitsplatz zufrieden waren, als ich das Unternehmen verließ, gegenüber 74 Prozent bei meinem Amtsantritt.

Viele PepsiCo-Beschäftigte begrüßten unsere Talentinitiativen. Andere meinten, das Privatleben unserer Mitarbeiter gehe nur sie etwas an, und wir sollten nicht ganz so großzügig sein. Ich konnte mich mit keiner der beiden Antworten anfreunden, aber ich änderte meinen Plan nicht. Ich war mit unseren Fortschritten zufrieden.

Für mich persönlich gab es auch eine schmerzhaftere Kritik, die durchkam, als wir um Feedback baten: „Sie kümmert sich nur um Leute wie sie" – also um Frauen und People of Color.

Ich wusste, dass ich, als ich 1994 bei PepsiCo anfing, als „Quotenmitarbeiterin" bezeichnet wurde, was besagen sollte, dass ich nur eingestellt wurde, weil ich eine dunkelhäutige Frau war. Aber ich dachte wirklich, ich hätte mich ziemlich gut bewährt. Als ich mich nun für Vielfalt und Integration einsetzte, standen meine ethnische Herkunft und mein Geschlecht im Mittelpunkt. Einige Vorfälle, die mit dieser Ansicht zusammenhingen, ärgerten mich maßlos. Wenn zum Beispiel ein indischer Amerikaner bei PepsiCo Nordamerika in einer Führungsposition eingestellt wurde, bekam ich zu hören, dass die Leute sagten: „Der muss eine Verbindung zu Indra haben." Wenn eine Frau oder eine Person of Color befördert wurde, hörte man häufig: „Das muss ihr Fokus auf Vielfalt und Inklusion sein."

Unsere IT-Abteilung lagerte einmal Arbeit an ein indisches Unternehmen aus, das ähnliche Projekte für viele US-Kunden durchführte, ein winziger Auftrag, von dem ich nichts wusste. Jemand rief bei der Speak Up Line an und beschwerte sich, dass der Auftrag an meine Verwandten ging.

Manchmal hatte ich das Gefühl, dass die Leute davon ausgingen, dass alle Menschen aus Indien – alle 1,3 Milliarden Menschen – meine Cousins oder irgendwie mit mir verwandt waren. Das war entmutigend, aber auf eine verstörende Art schon wieder amüsant.

Vielfalt und Inklusion sind ein Dauerbrenner, und die Führungskräfte in den Unternehmen müssen sich daran gewöhnen, dass das Konzept eine wichtige Triebkraft für ihr Geschäft ist. Einige leitende Angestellte sprechen über Talente und sagen dann, dass sie sich auf den Tag freuen, an dem sie sich nicht mehr um Vielfalt und Inklusion kümmern müssen, weil das Problem gelöst ist. Ich glaube nicht, dass dies in naher Zukunft der Fall sein wird. Solange wir weiter wachsen, konkurrieren und uns auf die Idee zubewegen, dass die Wirtschaft allen gehört, werden wir weiter daran arbeiten.

Ich glaube jedoch, dass sich einige unserer Vorstellungen über den Umgang mit Vorurteilen weiterentwickeln sollten. Ich frage mich zum Beispiel, ob die Ernennung eines Vizepräsidenten für Vielfalt und Inklusion allein der richtige Ansatz ist. Vielfalt und Inklusion können nicht einfach an eine einzelne Person delegiert werden. Das ist ein Ausweichmanöver. Es sollte eine Priorität des CEO sein und im Mittelpunkt der HR-Agenda stehen, und nicht etwas sein, das mit der Qualität einer Vielfalts- und Inklusionsführungskraft steht und fällt. Die Personalabteilung wiederum darf sich nicht vor den Herausforderungen scheuen. All das zu vertuschen, ist, wie ein Haus auf einem schwachen Fundament zu bauen. Es funktioniert nicht.

Außerdem ist der Ton an der Spitze jeder Abteilung oder Arbeitsgruppe entscheidend. Wir brauchen Schulungen, die sich an eine breite Masse von Führungskräften und Managern richten: „Wie stellen Sie sicher, dass die Organisation talentierte und qualifizierte Menschen aller Art willkommen heißt?" Neben dem offensichtlichen Ziel der Fairness ist dies auch wirtschaftlich sinnvoll: Talente sind leistungsfördernd, und es kostet so viel Zeit und Geld, Mitarbeiter einzustellen und auszubilden. Warum sollten wir nicht alles tun, um die Besten aus der gesamten Bevölkerung einzustellen, sie zu integrieren und ihnen zum Erfolg zu verhelfen?

Die Führungskräfte müssen dieses Verhalten dann selbst vorleben. Stereotype, voreingenommenes Verhalten darf nicht stillschweigend hingenommen werden und muss meines Erachtens angeprangert werden, wenn es geschieht. Wenn Sie sehen, dass jemand über jemanden redet, insbesondere über eine Minderheit, die regelmäßig damit konfrontiert ist, hören Sie auf. Wenn Sie sehen, dass eine Frau herabgesetzt wird, unterbinden Sie es. Ich bin der festen Überzeugung, dass man das auf raffinierte und effektive Weise tun kann. Und wer es tut, gibt den Ton an. Wir dulden kein negatives, diskriminierendes Verhalten gegenüber unseren Töchtern, Schwestern oder Ehefrauen. Warum lassen wir das am Arbeitsplatz zu, wenn es gegen Frauen gerichtet ist, die selbst Töchter und Schwestern sind?

Die Unternehmen sollten auch die Art und Weise, wie sie Schulungen zum Thema Vorurteile durchführen, überdenken. In den Anfängen bestanden viele Unternehmen auf pauschalen Diversitätsschulungen für alle Mitarbeiter. Wir mussten ein Bewusstsein bei den Generationen von Mitarbeitern schaffen, die vielleicht nicht in einem sehr vielfältigen Umfeld aufgewachsen waren. Jetzt gibt es die Millennials und die Generation Z, die viel mehr daran gewöhnt sind, in vielfältigen Gruppen zu arbeiten, wenn sie das Unternehmen betreten. Unbewusste Voreingenommenheit muss immer noch thematisiert werden, aber das Gespräch darüber muss äußerst relevant und auf die Zielgruppe zugeschnitten sein, damit wir vorankommen.

Ich glaube auch, dass die Vorstände eine wichtigere Rolle bei der Ausmerzung von Vorurteilen und der Schaffung eines inklusiven Umfelds spielen könnten. Zunächst müssen die Vorstände die CEOs auf der Grundlage ihrer Fähigkeit und ihres Wunsches auswählen, eine vielfältige Belegschaft einzustellen und das Beste aus ihr herauszuholen. Dann sollten diese Direktoren ihre CEOs zur Verantwortung ziehen und einmal im Jahr Zeit für eine umfassende Diskussion über Fragen im Zusammenhang mit Vorurteilen, Inklusion und sexueller Belästigung im Unternehmen aufwenden. Die Direktoren sollten auch Umfragen zum Gesundheitszustand des Unternehmens überprüfen, um sicherzustellen, dass die richtigen Fragen gestellt werden und dass alle Ergebnisse nach Geschlecht und ethnischer Zugehörigkeit analysiert werden.

Am wichtigsten ist, dass die Vorstände ein echtes Interesse an diesem Thema zeigen und sich dafür einsetzen. Wenn es als ein weiterer Punkt auf einer langen Liste von Änderungen der Corporate Governance angesehen wird, wird es nie zu bedeutenden Fortschritten führen.

Ich glaube auch, dass CEOs und Vorstände endlich die Lohngleichheit vorantreiben müssen. Wir alle wissen, dass Frauen für die gleiche Arbeit im Durchschnitt schlechter bezahlt werden als Männer. Das ist eine Farce, und wir brauchen viel gewissenhaftere Bemühungen, um die Ungleichheit zu beseitigen. Einige Unternehmen legen jetzt öffentlich ihre Lohnunterschiede offen und stellen sich damit selbst an den Pranger. Ich bewundere das, bin mir aber nicht sicher, ob das notwendig ist. Ich bin jedoch der festen Überzeugung, dass die Direktoren eine völlig transparente Vergütungsanalyse fordern und prüfen und den CEO für die Herstellung der Lohngleichheit zur Verantwortung ziehen sollten. Es ist an der Zeit.

Jeder dieser Punkte ist eine Frage der Integrität eines Unternehmens, aber auch die Märkte beobachten das aufmerksam. Geschlechts-, Diversitäts- und Work-Life-Aspekte gehören zu den Umwelt-, sozialen und Corporate-Governance-Zielen, die zunehmend als Screening-Standards für Investoren herangezogen werden. Die am besten geführten und erfolgreichsten Unternehmen der nächsten Jahrzehnte werden diejenigen sein, die in Bezug auf menschliche Belange die größte Weitsicht demonstrieren, und ich denke, dass sich dies in ihrer Aktienperformance widerspiegeln wird. Das bedeutet nicht, dass die HR-Programme immer großzügiger werden. Es bedeutet, dass die Unternehmen als Teil ihrer Zielsetzung die intelligenteste Kombination von Maßnahmen verfolgen müssen, damit sich die Mitarbeiter bei der Arbeit und zu Hause entfalten können.

Im Zusammenhang mit alldem: Wer sitzt im Vorstand?

Wenn die Vorgesetzten des CEO nicht ein tiefes Verständnis für diese Probleme haben und das Unternehmen nicht in diese Richtung schubsen, wird sich nichts ändern. Leider sind nur 26 Prozent der Sitze in US-Unternehmensvorständen mit Frauen besetzt. Meines Erachtens sollten die Unternehmen in Erwägung ziehen, die Amtszeit von Vorstandsmitgliedern auf 15 Jahre zu begrenzen und ein obligatorisches Rentenalter von 72 Jahren festzulegen. Sie könnten auch sofort ihre Vorstände um ein oder zwei Mitglieder erweitern, um Platz für qualifizierte Personen zu schaffen, die die Probleme berufstätiger Frauen und junger Familien besser verstehen.

Kurz nachdem ich PepsiCo übernommen hatte, lud ich weibliche CEOs großer Unternehmen zu einer Dinnerparty zu mir nach Hause ein. Einige von ihnen waren miteinander befreundet, und einige hatten geschäftlich miteinander zu tun, aber als Gruppe waren wir noch nie auf diese Weise zusammengekommen. Ich hoffte, dass wir gemeinsam unserer Stimme für Frauen in amerikanischen Unternehmen Gehör verschaffen könnten. Ich dachte auch, wir könnten eine Art Küchenkabinett bilden, ein informelles Netzwerk, auf das wir vertrauen könnten, wenn wir bei der Führung unserer Unternehmen Rat oder Unterstützung brauchten.

Angeregt wurde ich dazu unter anderem durch einen denkwürdigen Besuch von Hillary Clinton bei PepsiCo ein paar Wochen zuvor, die damals eine der New Yorker US-Senatorinnen war. Ich hatte sie vorher noch nie getroffen. Sie war sehr freundlich, und wir setzten uns zunächst in meinem Büro mit einer kleinen Gruppe von Führungskräften zusammen, um über das Geschäft von PepsiCo und unsere Rolle im Staat New York zu sprechen. Dann gingen wir in unser Auditorium, das voll mit Mitarbeitern war, die sie sehen und mit ihr kommunizieren wollten, und sie hielt eine unglaublich detaillierte und optimistische Rede, in der sie jede einzelne der Statistiken über PepsiCo, die sie gerade gehört hatte, aufgriff. Keine Notizen. Es war ein Meisterkurs darin, wie man eine Menschenmenge unterhält.

Auf dem Weg nach draußen gingen Hillary und ich ein paar Minuten allein. „Ich weiß, dass Sie PepsiCo in ein paar Wochen übernehmen werden", sagte sie. „Ich gebe Ihnen meine Nummer. Und wenn Sie mal reden müssen, rufen Sie mich an. Wenn Sie mich nicht erreichen, rufen Sie meine Mitarbeiter an, und sie werden mich kontaktieren. Ich bin immer für Sie erreichbar. Diese Jobs sind hart."

Es war sicherlich sinnvoll, dass Senatorin Clinton die CEO von PepsiCo kannte. Aber ich spürte an diesem Nachmittag viel mehr von Hillary, und in meiner ersten Woche als CEO war die erste Nachricht, die mich erreichte, von ihr. Sie wünschte mir alles Gute in meinem neuen Job und schrieb: „Viel Glück!"

Das Dinner bei mir zu Hause mit den weiblichen CEOs war ein wunderbarer Abend. Ellen Kullman von DuPont kam aus Wilmington, Delaware, Anne Mulcahy von Xerox kam aus Connecticut, Pat Woertz von Archer Daniels Midland und Irene Rosenfeld von Kraft (jetzt Mondelēz) flogen aus Chicago ein und Andrea Jung von Avon kam aus New York City. Wir tauschten Geschichten über die kleinen Dinge aus, die sich in unseren Karrieren summierten und uns von den Männern abgrenzten. Wir stellten fest, dass unsere Wege unterschiedlich, aber vertraut waren. Wir sprachen über die Märkte, unsere Branchen und die Bürde des Chefseins. Wir sprachen über die langsamen Fortschritte, die Frauen in Führungspositionen machen, und über die harte Arbeit, Männer in Führungspositionen davon zu überzeugen, dass die Förderung von Frauen ihre volle Aufmerksamkeit wert ist.

Als alle ihre Mäntel anzogen, um zu gehen, schworen wir, uns regelmäßig zu treffen und unsere Gruppe zu vergrößern. Neun Monate später war ich wieder Gastgeberin. Cherie Blair kam mit ihrem Mann Tony Blair, der gerade als britischer Premierminister zurückgetreten war. Sie arbeitete in Fraueninitiativen mit und war sehr daran interessiert, sich mit uns zusammenzutun. Wir sprachen darüber, was wir tun könnten, um Frauen in der Pipeline zu helfen. Wir gelobten erneut, uns bald wieder zu treffen. Eine andere Frau bestand darauf, Gastgeberin zu sein.

Dann passierte nichts mehr. Das war niemandes Schuld. Die schlichte Wahrheit ist, dass niemand von uns auch nur eine Sekunde Zeit hatte, um eine starke Unterstützungsorganisation für weibliche CEOs und unsere Schützlinge aufzubauen.

Falls sich jemand fragt: Es gibt keinen Klub der ranghöchsten Frauen in amerikanischen Unternehmen.

Männer in der Wirtschaft arbeiten in einem System, das auf eine jahrhundertealte Geschichte zurückblicken kann, die mit dieser Rolle in der Gesellschaft verbunden ist. Ihre Klubs und Vereinigungen wurden vor langer Zeit gegründet, und sie müssen nichts weiter tun, um sie zu gründen. Die Männer, die gemeinsam in den Krieg zogen, hatten eine Kameradschaft und emotionale Bindung, die weit in ihr Berufsleben hineinreichte. Trotz unserer Fortschritte brechen Frauen immer noch in diese Welt ein. Wir gehören zu jeder Branchengruppe und besetzen die Sitze in den Vorständen gemeinnütziger Organisationen, aber Männer haben den klaren Vorteil, dass sie die Spielregeln geschaffen haben, und wir werden nicht überall eingeladen. Selbst in den offensichtlichsten Fällen hat sich die Integration von Frauen in die Gepflogenheiten von Macht und Einfluss als seltsam umstritten erwiesen. Im Jahr 2012 verweigerte der Augusta National Golf Klub in Augusta, Georgia, der das alljährliche Masters-Golfturnier ausrichtet, der CEO von IBM die Klubmitgliedschaft, die er traditionell gewährt, weil Ginni Rometty eine Frau ist. IBM ist einer der größten Sponsoren des Masters. Dies war natürlich ein Wendepunkt. Ein Jahr später änderte der Klub seine 80 Jahre alte Politik, nur Männer aufzunehmen, und ließ die ersten beiden weiblichen Mitglieder zu.

Golf- und Geschäftsgeschichten mögen wie ein Klischee wirken, aber Verbindungen, die über 18 Löcher geknüpft werden, sind nicht zufällig, und einige der begehrtesten Plätze in den USA schließen Frauen immer noch aus. 2007 drängte mich Don Kendall, dem Blind Brook Country Club in Westchester County beizutreten, der 1915 gegründet worden war. Er liegt direkt neben dem PepsiCo-Gelände in Purchase. Einige unserer früheren CEOs und viele andere Führungskräfte hatten den Klub jahrelang genutzt, um Kunden und Freunde zu unterhalten. Der Haken für mich war, dass dieser Klub nur männliche Mitglieder akzeptierte. Don dachte, das ließe sich leicht umgehen: Raj könnte das Mitglied sein. Schließlich war er der Golfer in unserer Familie. Ich ging nach Hause und fragte Raj, ob er Mitglied in Blind Brook werden und regelmäßig auf dem Platz spielen wolle, den er jedes Mal, wenn wir die Anderson Hill Road hinunterfuhren, so sehr bewunderte. Er sah mich entsetzt an. „Warum sollten wir jemals Mitglied in einem Country Club werden, der keine Frauen akzeptiert?", sagte er. „Vergiss es." Don hat nie verstanden, warum ich seine Idee ablehnte.

Die Ungleichheit zwischen den Geschlechtern ist kaum ein Thema, das ein Schattendasein führt.

Hunderte von Organisationen setzen sich dafür ein, für Frauen in Wirtschaft und Industrie gleiche Bedingungen zu schaffen. Das gilt schon seit Jahrzehnten. Die in New York ansässige Organisation Catalyst, die inzwischen von 800 Unternehmen finanziert wird, wurde 1962 gegründet. „Lean In", das Buch von Sheryl Sandberg aus dem Jahr 2013, ermutigte Frauen auf dem Weg ins Berufsleben, mehr zu erwarten und zu verlangen, und Millionen von weiblichen Millennials haben von dieser Botschaft profitiert. Die jährliche Studie „Frauen am Arbeitsplatz" der Lean In Foundation, die auf der Grundlage sorgfältiger Umfragen erstellt wird, bietet tiefe Einblicke in das, was Frauen in amerikanischen Unternehmen ausbremst. Auch Beratungsunternehmen, Banken und Investmentgesellschaften berichten darüber, was falsch läuft, und darüber, wie wichtig es ist, das Problem zu verstehen. Akademiker, Wirtschaftswissenschaftler, Regierungen, Thinktanks und andere gemeinnützige Organisationen äußern sich ebenfalls zu den Ursachen.

Der Fortschritt der Frauen – oder das Fehlen eines solchen – wird jedes Jahr auf einer Unmenge von Frauenkonferenzen analysiert, von glamourösen, von den Medien gesponserten Frühstücken mit einer exklusiven Gästeliste bis hin zu riesigen Branchentreffen mit Fachsitzungen und Rekrutierungsständen. An solchen Zusammenkünften mangelt es nicht, einige ziehen Zehntausende von Frauen an.

Im Laufe von zwei Jahrzehnten erhielt ich viele Einladungen, auf Konferenzen zur Unterstützung und Förderung von Frauen zu sprechen. Ich nahm so viele an, wie es mir möglich war. Diese Veranstaltungen sind wichtig, um die Ungleichheiten in der Gesellschaft ins Rampenlicht zu rücken und Frauen dabei zu unterstützen, sich durch ihre schwierigen Karrieren zu bewegen. Aber sie tun noch mehr als das. Sie stärken unsere Schwesternschaft. Frauen teilen. Wir gewinnen an Entschlossenheit, wenn wir die Geschichten anderer hören und Menschen treffen, die an unseren Kämpfen Anteil nehmen.

Gleichzeitig sollten wir Zusammenkünfte zur Stärkung von Frauen und zum Aufbau von Frauennetzwerken nicht mit den Konferenzen und Gipfeltreffen verwechseln, die nach wie vor bei den höchsten Führungskräften und den globalen Machthabern so beliebt sind. Ich fürchte, dass Frauenveranstaltungen keinen großen systemischen Wandel bewirken werden, weil die meisten einflussreichen Menschen in der Welt – ob wir wollen oder nicht – immer noch Männer sind.

Es stimmt, dass einige große Veranstaltungen, die sich mit Geschäftsleben, Finanzen, Technologie und Wirtschaft befassen, jetzt die Ungleichheit zwischen den Geschlechtern und Fragen der Vielfalt mit speziellen, von Frauen und Menschen unterschiedlicher Herkunft präsentierten Sitzungen aufgreifen. (Ich erfülle zwei Kriterien – kein Wunder, dass ich als Star-Podiumsgast behandelt werde!) Aber ich stelle fest, dass diese Sitzungen oft schlecht besucht sind, oder, schlimmer noch, dass die Männer im Publikum gelangweilt und unruhig sind und sich lieber Themen zuwenden, die sich auf das Geldverdienen konzentrieren. Ich bin enttäuscht, dass sogar große Universitäten globale Konferenzen veranstalten, auf denen sich dieses Szenario abspielt. Wir müssen gezielter vorgehen.

Wir müssen die Gespräche über die Zukunft der Arbeit, die sich mit Robotik und künstlicher Intelligenz befassen, um eine weitere entscheidende Dimension unseres Erfolgs erweitern: wie wir unsere Volkswirtschaften so umgestalten können, dass Arbeit und Familie besser miteinander verbunden werden und dass wir dafür sorgen, dass Frauen gleiches Entgelt und den gleichen Anteil Macht erhalten. Erst dann werden wir den Beweis haben, dass diese Themen in die Mainstream-Machtstruktur eingedrungen sind – und unser größtes Hindernis für Veränderungen durchbrochen haben.

# 12

INSEAD ist eine renommierte Business School in Frankreich mit einem Hauptcampus am Rande des Waldes von Fontainebleau, etwa eine Autostunde von Paris entfernt. Die Schule stellt die internationalste Klasse unter den angesehenen MBA-Programmen zusammen, mit Studenten aus mehr als 80 Ländern. INSEAD faszinierte mich schon immer. Vor vielen Jahren, als ich mich in Yale bewarb, dachte ich auch darüber nach, mich bei INSEAD zu bewerben, aber dafür hätte ich Englisch, Französisch und Deutsch sprechen können müssen, und ich dachte nicht, dass ich den Deutschtest bestehen würde.

Im Jahr 2016 wurde ich von der Society for Progress, einer Gruppe von Akademikern, die sich mit der Frage beschäftigt, wie Kapitalismus und soziales Wohlergehen zusammenkommen, eingeladen, in der großen, sonnigen Aula der Schule einen Vortrag über PwP zu halten. Später begann ich, zusammen mit Subramanian Rangan, dem Gründer der Gesellschaft, und Michael Fuerstein, einem Philosophieprofessor, jedes Jahr im Juni ein Seminar mit dem Titel „Integrating Performance and Progress" („Integration von Leistung und Fortschritt") zu unterrichten. Professor Rangan beschreibt diesen Kurs wie folgt: „Die Studenten müssen sich entscheiden, ob sie nur Karriere machen oder auch einen Beitrag leisten wollen." Unser Kurs füllt sich sehr schnell. Normalerweise sind es etwa 60 Prozent Frauen.

Wenn ich mir die Studenten ansehe – die Gesichter aus Asien, Europa, dem Nahen Osten, Afrika und Amerika –, sehe ich mich selbst vor 40 Jahren in Yale. Ich sehe die zukünftigen Führungskräfte von PepsiCo und anderen großen multinationalen Unternehmen. Ich sehe Wissenschaftler und Unternehmer mit globalen Visionen. Und ich sehe in diesen Frauen und Männern meine eigenen Töchter, die jetzt beide ein Wirtschaftsstudium absolviert haben und die Welt als soziales und wirtschaftliches Puzzle begreifen, so wie ich es tue.

Wir beenden das zweitägige Seminar mit einem entspannten, offenen Gespräch, bei dem die Studenten mit mir über alles reden können. Und nach vielen aufschlussreichen Fragen zur globalen Wirtschaft fragen mich diese vielversprechenden jungen Leute immer Folgendes: „Wie haben Sie das gemacht? Wie haben Sie es geschafft, beruflich aufzusteigen und Ihre Familie zusammenzuhalten?"

Und dann fügen sie ängstlich hinzu: „Wie können wir das machen?"

Ich gebe eine ehrliche Antwort. Es war nicht leicht. Mein Leben war ein ständiger Jonglierakt, mit Schmerz, Schuldgefühlen und Kompromissen. Es war ein enormes Privileg, ein globales Unternehmen zu leiten, aber ich bedaure auch einiges. So ist das Leben nun einmal.

Diese Fragen sind mir in irgendeiner Form schon Hunderte Male gestellt worden – in Yale, West Point und an anderen Schulen, in PepsiCo-Fabriken, an runden Tischen in Lateinamerika oder im Nahen Osten, bei großen Frauenveranstaltungen, nach Kamingesprächen mit Wissenschaftlern und mit jungen Führungskräften des Weltwirtschaftsforums. Ich erhalte Dutzende von E-Mails und Briefen von Freunden, Bekannten und Fremden, die mich um Rat fragen, wie sie Beruf und Familie vereinbaren können.

Manchmal habe ich das Gefühl, dass diese Leute denken, ich hätte eine Art Geheimrezept, weil ich es geschafft habe. Ich habe es nicht. In vielerlei Hinsicht hatte ich einfach nur Glück – mit einem engen

Familienverband, einer großartigen Ausbildung und Eltern, die ihre Töchter genauso schätzten wie ihren Sohn. Ich heiratete einen Mann, der meine Ideale teilte, wir unterstützten uns gegenseitig, und wir starteten vorsichtig und sparsam. Wir hatten unsere Meinungsverschiedenheiten – das ist in jeder Ehe so –, aber Raj und ich haben eine unerschütterliche Liebe und Hingabe füreinander und für unsere Kinder. Ich hatte auch ständige Hilfe von Verwandten und konnte es mir später leisten, Leute einzustellen, die mir sowohl bei der Arbeit als auch zu Hause halfen. In kritischen Momenten lernte ich Mentoren kennen. Und, daran haben mich viele erinnert, ich habe die besondere Erbanlage, nicht mehr als fünf Stunden pro Nacht schlafen zu müssen.

Ich hatte auch das Glück, bei PepsiCo zu landen, einem Unternehmen mit einem jugendlichen Ethos, das zum Zeitpunkt meines Eintritts in den 1990er-Jahren männlich dominiert war, aber nicht so festgefahren, dass ich nicht hineinpasste. PepsiCo ernannte mich zur CEO – und das machte den entscheidenden Unterschied. Ich glaube nicht, dass viele andere US-Unternehmensvorstände zu dieser Zeit jemanden, der aussieht wie ich, an die Spitze gewählt hätten.

Ich wiederhole gerne, dass gute Arbeit per Definition ein Vollzeitjob ist. Mutter, Ehefrau, Tochter und Schwiegertochter zu sein, kann auch ein Vollzeitjob sein. Und ich habe festgestellt, dass CEO zu sein mindestens drei Vollzeitjobs bedeutet. Während ich also jeden Tropfen meines Talents und meiner Zeit für all das einsetzte, war mein Erfolg tatsächlich ein bisschen wie ein Lottogewinn.

Irgendwie klappte es.

Das ist kein Modell für echte Fortschritte bei der Vereinbarkeit von Beruf und Familie in einer Welt, in der die ausdrückliche Botschaft der Gesellschaft an junge Familiengründer in den letzten Jahrzehnten weitgehend so lautete: Wenn ihr Arbeit und Kinder wollt, ist das euer Problem.

Meine Geschichte ändert nichts an der herzzerreißenden Realität, dass wir als Gesellschaft keine soliden, zeitgemäßen Systeme aufgebaut haben, die jeden – ob Mann oder Frau – wirklich unterstützen, der sowohl einen guten Lebensunterhalt verdienen als auch ein glückliches, gesundes Familienleben aufbauen möchte. Tatsächlich ist die Situation in den USA heute noch schwieriger als zu der Zeit, als Raj und ich starteten. Gesundheitsfürsorge, Kinderbetreuung, Bildung und Unterkunft beanspruchen einen weitaus größeren Anteil des Durchschnittseinkommens als in den frühen 1980er-Jahren.

Der Stress im Zusammenhang mit Arbeit und Familie führt leider dazu, dass viele Millennials Heirat und Geburt hinauszögern oder sich entscheiden, gar keine Kinder zu bekommen. Im Jahr 2019 ist die Geburtenrate in den USA[16] auf 1,7 Geburten pro Frau im gebärfähigen Alter gesunken, ein Rekordtief. Inzwischen tun manche Frauen alles, was sie können, um ihre Chance auf ein Baby zu wahren, einschließlich der enormen finanziellen, physischen und emotionalen Kosten für das Einfrieren ihrer Eizellen. Einige wenige betriebliche Vorsorgepläne decken dieses Verfahren jetzt ab, ein Entgegenkommen an diejenigen, die so viel Zeit in ihre Ausbildung und ihren Beruf investiert haben, dass sie noch nicht die Chance hatten, auch Schwangerschaft und Mutterschaft in Angriff zu nehmen. Dies ist ein weiterer Beweis dafür, dass in unserem System die Karriereuhr und die biologische Uhr der Frau in einen direkten Konflikt geraten müssen.

Ich bin sehr gespannt darauf, wie die Generation der Millennials und der Gen Z, die ihnen folgen, unsere Wirtschaft vorantreiben und die Welt verbessern werden. Als CEO, die sich sehr für Menschen interessiert, habe ich unzählige Beispiele für ihre Aufrichtigkeit, ihren Einfallsreichtum und ihre Zielstrebigkeit in einer sich wandelnden Geschäftswelt erlebt. Aber ich glaube, dass wir diese Frauen und Männer auch brauchen, um Eltern zu sein und sie diese unvergleichliche Erfahrung auch wirklich genießen zu lassen.

Nicht jeder muss Kinder wollen, geschweige denn die 2,1 Babys, die die Standardreproduktionsrate der Bevölkerung darstellen. Aber im Großen und Ganzen denke ich, dass wir mehr dafür tun müssen, dass Familien, die Kinder haben und sie zu gebildeten, produktiven Bürgern erziehen, Wertschätzung erfahren.

Diese Kinder sind auch notwendig. Das demografische Bild ist eindeutig[17]: In den USA werden jeden Tag 10.000 Babyboomer 65 Jahre alt, und dieses Muster wird sich voraussichtlich bis in die 2030er-Jahre fortsetzen. Diese Leute und die, die nach ihnen kommen, werden länger leben als jede andere Gruppe zuvor. Es wird erwartet, dass sich die Zahl der älteren Amerikaner bis 2060 verdoppeln wird. Wir werden die Stabilität einer starken Wirtschaft und im Laufe der Zeit Millionen neuer Arbeitnehmer brauchen, die in das System einzahlen, um die alternde Bevölkerung zu versorgen. Die USA sind damit nicht allein; ein ähnliches Szenario spielt sich in allen Industrieländern und zunehmend auch in den Entwicklungsländern ab.

Ich bin nicht die Erste, die das sagt, aber ich finde es auch tragisch, dass unsere jungen Frauen und Männer, egal wie hart sie arbeiten – in einer Schule wie INSEAD oder in einem Familienunternehmen in Indien oder in einer Fabrik in Indiana –, immer noch mit unheimlich vielen Regeln und Erwartungen aus der Vergangenheit konfrontiert sind, die nicht mit dem wirklichen Leben übereinstimmen. Nochmals: Es handelt sich um die qualifizierteste, kreativste und am besten vernetzte Gruppe der Geschichte – mit sehr viel Potenzial.

Wir können es nicht zulassen, dass sie immer wieder durch die Frage „Wie können wir das hinkriegen?“ gehindert werden.

Ich stand lange Zeit an der Spitze eines Fortune-50-Unternehmens, und es ist für mich selbstverständlich, den Return on Investment zu berechnen. Mit PwP erkannte PepsiCo an, dass die Grenze zwischen Wirtschaft und Gesellschaft verschwamm, und unsere Herausforderung bestand nicht darin, diese Unklarheiten zu leugnen, sondern sie zu akzeptieren. Wir brachten das Unternehmen auf einen Kurs, der den Aktionären großartige Ergebnisse lieferte, und PepsiCo entwickelt sich mit einigem Herumprobieren zu einem Modell des nachhaltigen Kapitalismus.

Jetzt habe ich den gleichen Instinkt, wenn es darum geht, Arbeit und Familie in Unternehmen und Wirtschaft viel stärker zu berücksichtigen. Wir müssen ein für alle Mal die Tatsache akzeptieren, dass sowohl Frauen als auch Männer außer Haus arbeiten, dass Kinder eine fantastische Betreuung brauchen, dass unsere alternden Eltern liebevolle Zuwendung benötigen und dass Regierungen, Unternehmen, Gemeinden und Einzelpersonen einen gemeinsamen Fahrplan brauchen, um die massiven, komplexen sozialen Probleme anzugehen, die damit verbunden sind, das Leben ein wenig leichter zu machen.

Welchen besseren Zweck könnten wir damit verfolgen, als uns um unsere Lieben zu kümmern, die Gleichstellung der Geschlechter voranzutreiben und – davon bin ich überzeugt – einen enormen wirtschaftlichen Nutzen zu erzielen?

Langfristig gesehen wird die Rendite außerordentlich sein.

Wenn Menschen auf mich zukommen, um über ihre Anstrengungen mit Beruf und Familie zu sprechen oder mich um Rat zu bitten, beginnen sie oft mit einer Geschichte. Einige Frauen sagen, sie seien hin- und hergerissen zwischen ihrer Karriere und der Belastung durch ein Baby zu Hause. Alleinerziehende erzählen, dass sie mit einem kranken Kind zurechtkommen müssen und Angst haben, ihre einzige Einkommensquelle zu verlieren. Manche berichten von alternden Eltern mit Demenz oder von erwachsenen Kindern, deren Kinder bei ihnen auf der Matte stehen. Andere sprechen von den kulturellen Erwartungen, zu Hause mehr zu tun, was sich nicht mit ihren beruflichen Pflichten vereinbaren lässt. Ich stelle fest, dass die Probleme häufig eine Frage der Pflege sind. Fürsorge ist ein warmes und weiches Wort, aber sie sprechen darüber mit sehr viel Schmerz.

Das hat mich immer dazu bewegt, ihnen irgendwie den Weg ebnen zu wollen.

Unsere gemeinsame Erfahrung mit COVID-19 – Milliarden von Menschen, die ihren Lebensunterhalt mit den häuslichen Pflichten vereinbaren mussten, als die Kinder nicht in der Schule waren, als Familie und Freunde krank waren oder als sie wie nie zuvor isoliert waren – hat dieser Arbeit für mich eine neue Dringlichkeit verliehen. Da die globale Ordnung auf die Erkenntnisse der Pandemie reagiert, sind wir an einem einmaligen Zeitpunkt für Veränderungen angelangt.

Zunächst müssen wir meiner Meinung nach erkennen, dass die Unterstützung von Familien – und insbesondere die Rolle, die Frauen sowohl bei der bezahlten Arbeit als auch zu Hause als Mütter und Betreuerinnen spielen – für uns alle essenziell ist. Das ist in jeder Kultur der Welt offensichtlich, und ich glaube nicht, dass wir viel Zeit und Energie darauf verwenden müssen, diese Botschaft noch einmal neu zu formulieren.

Das Problem ist meines Erachtens, wer die Botschaft empfängt – und wer die Macht und den Einfluss hat, darauf sinnvoll zu reagieren. Das ist der Punkt, an dem wir alle frustriert sein sollten. Da so wenige Frauen in Führungspositionen sind – auch in Unternehmen und in der Regierung – müssen wir uns auf Männer verlassen.

Ich weiß, dass Männer, die in unserer Gesellschaft wahre Macht haben, ihre Mütter, Ehefrauen und Töchter bewundern, und dass sie massenhaft Beweise dafür gesehen haben, dass die Förderung von Frauen in ihren Unternehmen zum Erfolg beitragen kann. Sie verstehen auch, dass der Marsch zur Gleichberechtigung der Frauen den Fortschritt im 21. Jahrhundert bedeutet.

Dennoch halten sich viele Männer – CEOs und andere – aus der Debatte um die Vereinbarkeit von Beruf und Familie immer noch heraus, zum Teil, weil sie nicht bereit sind, mit Routinen zu brechen, die für sie letztlich einfach, bequem und lukrativ sind. Ich habe festgestellt, dass sich auch jüngere Männer – einschließlich Ehemännern und Vätern, die genauso gestresst sind wie ihre Partnerinnen – aus dieser Diskussion heraushalten, vielleicht aus Angst, ihre eigenen Aufstiegschancen zu gefährden.

Ich glaube, dass Männer erkennen müssen, wie viele Frauen ausgebremst werden oder mitten in ihrer Karriere aus dem Berufsleben ausscheiden und wie viele Frauen, oft im Schatten der Wirtschaft, daran arbeiten, unser gesamtes System aufrechtzuerhalten. Sie müssen erkennen, dass dies auch ihre Bürde ist. Ein echter Wandel in der Frage der Vereinbarkeit von Beruf und Familie wird nicht möglich sein, wenn nicht auch die Männer, insbesondere die in den Führungspositionen, die Diskussion vorantreiben und bei der Umsetzung der Lösungen helfen.

Ich denke, dass eine Frau, die CEO einer Aktiengesellschaft oder etwas Ähnliches, was Macht, Bezahlung und Verantwortung anbelangt, werden will, auch realistisch einschätzen muss, wie sich die Dinge abspielen werden. Ich begrüße den Ehrgeiz von Frauen, eine Führungsposition anzustreben und keine Bedenken wegen der Vorurteile zu haben, denen sie begegnen. Dennoch ist der Wettbewerb um die Spitze einer Organisationspyramide ein brutales Geschäft, egal wer man ist, und sobald eine Frau oder ein Mann in Schlagdistanz zum Büro des CEO ist – zwei oder drei Ebenen entfernt –, ist die Vorstellung, die Arbeit mit einem irgendeiner Art normalem Leben außerhalb der Arbeit in Einklang zu bringen, nicht mehr durchführbar. Meiner Erfahrung nach sind die Anforderungen für die Ausübung dieser Tätigkeiten grenzenlos und können fast jeden Moment in Anspruch nehmen. Das soll nicht heißen, dass weibliche CEOs keine Kinder und glückliche Familien haben sollten. Natürlich sollten sie das. Ich hatte eine. Aber täuschen Sie sich nicht, die erforderlichen Unterstützungssysteme und Opfer, um ganz an der Spitze zu stehen, sind enorm. Breit angelegte Lösungen, die den meisten Menschen zu einer besseren Vereinbarkeit von Beruf und Familie verhelfen, sind möglicherweise nicht brauchbar.

Im Jahr 2019 begann ich, wie immer, wenn ich eine große Idee in Angriff nahm, eine Menge Bücher und Forschungsarbeiten über die Vereinbarkeit von Beruf und Familie, die Rolle der Frauen in der Wirtschaft und die Frage zu lesen, warum einige Frauen in Führungspositionen aufsteigen, während so viele das nicht tun. Ich begann, mit Wissenschaftlern, Anwälten und Unternehmern zu sprechen, und sah mir die Maßnahmen von Regierungen und Unternehmen in aller Welt zu diesen Themen an. Eines Tages stellte ich sogar eine Gleichung auf, um meine Gedanken zu ordnen: „Karrierefrau + systembedingte Vorurteile + Familie + sozialer Druck" auf der einen Seite und eine lange Liste möglicher Ausgleiche auf der anderen Seite.

Bei alldem dachte ich oft an meine eigene Geschichte. Ich war froh, dass ich nach PepsiCo endlich etwas Zeit hatte, um das Zusammenspiel von Vorurteilen, Geschlecht, Familien, Arbeitgebern und dem globalen Machtgefüge besser zu verstehen. Ich dachte auch über die große Vielfalt der USA nach – wie dieses Land mich aufnahm und mich trotz einiger anfänglicher Hindernisse Erfolg haben und mir einen Namen machen ließ. In keinem anderen Land der Welt wäre ich so hoch aufgestiegen. Obwohl wir immer noch damit zu kämpfen haben, wie wir uns als Nation, die auf der Idee der Chancengleichheit für alle gegründet wurde, weiterentwickeln können, bin ich stolz darauf, wie weit wir gekommen sind und wohin wir noch gehen können. Das ist ein sehr persönlicher Weg.

Ich komme zu dem Schluss, dass unsere Gesellschaft in der Frage der Vereinbarkeit von Beruf und Familie einen Sprung nach vorn machen kann, wenn sie sich auf drei miteinander verbundene Bereiche konzentriert: bezahlte Freistellung, Flexibilität und Vorhersehbarkeit sowie Betreuung.

Wir müssen erkennen, dass diese drei Elemente unserer Fürsorge füreinander zusammen funktionieren und sich gemeinsam weiterentwickeln müssen. Ich bin davon überzeugt, dass gemeinsames Handeln in jedem dieser Bereiche den Grundstein für die Umgestaltung unserer

Wirtschaft und unserer Gemeinden legen wird, weil die nächste Generation von Familien dann endlich über die vernünftige, systemische Grundlage verfügt, die sie braucht, um zu wachsen und zu gedeihen.

Erstens muss die US-Regierung so bald wie möglich eine bezahlte Elternzeit verfügen. Die Gesundheit von Müttern und Kindern wird tagtäglich gefährdet, wenn Frauen nach der Geburt eines Kindes zu früh wieder an ihren Arbeitsplatz zurückkehren, weil sie es sich nicht leisten können, ohne Bezahlung auszufallen. Die USA sind das einzige Industrieland der Welt, in dem der bezahlte Urlaub für ein Neugeborenes erst jetzt gesetzlich verankert wird, weil einige Bundesstaaten das aufgegriffen haben. Das reicht nicht aus, wir brauchen diese Regelung im ganzen Land, auch für alle Angestellten der Bundesregierung.

Manche mögen sich über die Kosten beschweren, die den Regierungen und Unternehmen durch diese grundlegende Sozialleistung entstehen. Das ist ein völlig überholtes Denken, denn wir kennen die lange Liste der körperlichen und geistigen Vorteile für Kind und Eltern, wenn sie in den Wochen nach der Geburt eine Bindung aufbauen. Bezahlte Elternzeit ist ein notwendiges Glied in der Kette, das gesundes Leben hervorbringt und langfristig zu einem erfolgreichen, robusten Land führt.

Tatsächlich handelt es sich nicht um Ausgaben, sondern um Investitionen. Bei Frauen, die bezahlten Urlaub nehmen, ist die Wahrscheinlichkeit, dass sie zwölf Monate nach der Geburt eines Kindes noch erwerbstätig sind, um 93 Prozent[18] höher als bei Frauen, die keinen Urlaub nehmen. Und Väter, die Urlaub nehmen, teilen sich Kinderbetreuung und Haushaltspflichten langfristig eher gerecht mit ihren Partnerinnen und haben mehr Verständnis für die Anforderungen der Familie. Dies ist ein Selbstläufer.

Ich würde mit zwölf Wochen bezahlter Freistellung für die Mutter oder die Hauptbetreuungsperson eines Neugeborenen und acht Wochen für den Vater oder die Zweitbetreuungsperson beginnen. Manche werden für mehr oder weniger Zeit plädieren, aber diese Basis ist ein guter Anfang und könnte meiner Meinung nach von einer großen Zahl von Arbeitgebern übernommen werden. Es stimmt, dass kleine Unternehmen es schwer haben werden, wenn feste Mitarbeiter für ein paar Monate ausfallen. Aber ich denke auch, dass dies ein Bereich ist, in dem wir kreativer über eine Lösung des Problems nachdenken können. Wie wäre es mit einer Truppe von Ruheständlern, die einspringen und aus den gemeinsamen Mitteln einer Gemeinde finanziert werden? Welche privaten, öffentlichen oder philanthropischen Ressourcen sollten wir nutzen? Wo lässt sich Technologie einsetzen? Dieser Druckpunkt kann behoben werden, wenn wir uns etwas einfallen lassen.

Die Debatte über bezahlte Freistellung in den USA beinhaltet auch die Ausweitung der Leistungen auf Personen, die kranke Familienangehörige pflegen, oder Arbeitnehmer, die sich von einer Krankheit erholen. Dies sind sehr wichtige Leistungen. Ich wäre nicht CEO von PepsiCo geworden, wenn ich nicht alle drei Arten von bezahlter Freistellung während meiner frühen Karriere in Anspruch genommen hätte: BCG bezahlte mich, als mein Vater krank war und als ich mich von meinem Autounfall erholte, und ich erhielt zweimal bezahlten Mutterschutz, sowohl von BCG als auch von ABB.

Während wir jedoch über die Kosten und die Parameter für die Ausweitung dieser Leistung im Rahmen einer breiteren Pflegewirtschaft diskutieren, sehe ich keinen Grund, warum eine bezahlte Freistellung für die Eltern aller Neugeborenen im Lande nicht sofort eingeführt werden sollte.

Natürlich haben Mütter und Väter, die nach ihrer Elternzeit an ihren Arbeitsplatz zurückkehren, noch immer ein sehr kleines Kind. Und wir wissen, dass der lange Zeit bestehende Zwang, zu bestimmten Zeiten und an bestimmten Orten zu arbeiten, an vielen Arbeitsplätzen nicht länger erforderlich ist.

Ich unterstütze die Arbeitsflexibilität als Norm. Abgesehen von ihren Vorteilen für die gesamte Wirtschaft ist die Flexibilität ein wesentlicher Bestandteil, um Familien einen Raum zum Atmen zu geben. Sie hilft natürlich sowohl Frauen als auch Männern, sich um Kinder und alternde Eltern zu kümmern und die anderen Belastungen des modernen Lebens zu bewältigen. Außerdem haben wir während der COVID-Krise schnell gelernt, dass unsere Wirtschaft in vielen Funktionen und Branchen bestens dafür gerüstet ist, dass Menschen aus der Ferne arbeiten.

Allerdings glaube ich auch, dass Büros auf Dauer Bestand haben werden. Wir sehnen uns nach der Kreativität, die sprudelt, wenn Menschen im selben Raum zusammenarbeiten und von Angesicht zu Angesicht miteinander reden und menschliche Kontakte pflegen können. Aber im Allgemeinen glaube ich, dass sich unsere Arbeitstage an Produktivität ausrichten sollten und nicht an Zeit und Ort.

Zumindest sollten wir Arbeitnehmern, deren Arbeit hauptsächlich am Schreibtisch stattfindet, die Möglichkeit geben, von einem beliebigen Ort aus zu arbeiten – zu Hause, einem Co-Working-Space oder einem Firmensitz. Die Beurteilungen sollten so angepasst werden, dass Menschen, die weniger Zeit im Büro verbringen, nicht anders beurteilt werden als diejenigen, die mehr Zeit dort verbringen. Wir wollen keine unterschiedlichen Klassen von Arbeitnehmern schaffen, die wiederum Menschen mit Familienpflichten in ein negatives Licht rücken.

Schichtarbeiter, die sich physisch in einem Raum aufhalten müssen, um ihre Arbeit zu verrichten, sei es in einer Fabrikhalle oder in einem Einzelhandelsgeschäft, haben mit anderen Problemen zu kämpfen. Die Arbeitsflexibilität ist bei diesen Stellen sehr begrenzt, aber wir müssen dafür sorgen, dass diese Mitarbeiter mindestens zwei Wochen im Voraus planen können. Dies ist von größter Bedeutung und eine Frage des Respekts. Der Mangel an vorhersehbaren Arbeitszeiten ist für viele Arbeitnehmer, insbesondere für diejenigen mit Betreuungspflichten, äußerst schwierig zu handhaben. Inzwischen haben sich Schichtarbeiter, die vorhersehbare Zeitpläne haben, als produktiver und engagierter gegenüber ihren Arbeitgebern erwiesen.[19] Heutzutage hat jedes Unternehmen Zugang zu hoch entwickelter Zeitplanungstechnologie. Warum sollte man sie nicht nutzen, um den Arbeitnehmern, die es am meisten brauchen, das Leben zu erleichtern?

Zu Beginn meiner beruflichen Laufbahn gehörten meine mangelnde Flexibilität bei der Arbeit und das Gefühl, dass ich meine Zeit nie einfach so einteilen konnte, wie es für mich sinnvoll war, zu den stressigsten Aspekten meines Lebens. Als Preetha und Tara noch klein waren, überstand ich das nur, weil ich Gerhard als Chef hatte, sowohl bei Motorola als auch bei ABB. Er kannte meine Familie und war sehr verständnisvoll. Bei PepsiCo war ich ranghoch genug, um meine Zeiten so einzuteilen, wie ich es wollte, aber angesichts all der Ereignisse in der Firma stellte ich fast alle Stunden PepsiCo zur Verfügung.

Vor nicht allzu langer Zeit war ich eines Nachmittags in der Nähe meines Hauses im Auto unterwegs und sah einige Schulbusse, die Kinder an einer Straßenecke aussteigen ließen, wo ihre Eltern auf sie warteten. Mütter und Väter, die von zu Hause aus arbeiteten, konnten eine kurze Pause einlegen, um ihre Kinder vom Bus abzuholen. Sehnsüchtig betrachtete ich diese Szene und wurde wieder einmal daran erinnert, dass ich diese Erfahrung wegen des Zeitraums, in dem meine Karriere stattfand, nie machen konnte. Da Flexibilität am Arbeitsplatz immer üblicher wird – verstärkt durch unsere Erfahrungen während der Pandemie – bin ich froh, dass sich mehr Eltern ein wenig Zeit nehmen können, um ihre Kinder nach der Schule in Empfang zu nehmen.

Ich bin auch der Meinung, dass die Idee der Flexibilität noch einen Schritt weiter gehen sollte. Arbeitnehmer sollten in der Lage sein, ihre Karriere zugunsten ihres Privatlebens für längere Zeiträume zu unterbrechen, ohne die immer noch üblichen sozialen und wirtschaftlichen Sanktionen hinnehmen zu müssen. Dies verpflichtet die Arbeitgeber nicht dazu, eine Stelle jahrelang offen zu halten oder die

Menschen für die zusätzlichen Monate zu bezahlen, in denen sie nicht da sind, aber wir sollten viel mehr Möglichkeiten fördern, damit die Menschen in bezahlte Arbeit hinein- und aus ihr herauskommen. Einige Unternehmen haben Programme eingeführt, die zurückkehrende Mitarbeiter über die neuen Arbeitsanforderungen und die neuen organisatorischen Prioritäten informieren. Für diejenigen, die dies in ihr Geschäftsmodell einbauen, ergeben sich klare Vorteile: Rückkehrer, die über institutionelles Wissen und Netzwerke verfügen, können sehr wertvolle Mitarbeiter sein. Warum sollte man sich ihr Fachwissen nicht zunutze machen? Das könnte durchaus die Zukunft der Arbeit sein.

Schließlich müssen wir uns mit der Betreuung befassen. Das ist das Wichtigste.

Ich glaube, dass die größte Investition, die wir in die Zukunft unserer Bevölkerung tätigen können, darin besteht, eine zuverlässige, qualitativ hochwertige, sichere und erschwingliche Betreuungsinfrastruktur aufzubauen, die sich auf die Kinderbetreuung von der Geburt bis zum fünften Lebensjahr konzentriert, und unser Denken auf den gesamten Lebenszyklus auszuweiten.

Die COVID-Krise legte den angeschlagenen Zustand der amerikanischen Pflegewirtschaft offen. Eine Folge dieses Schlamassels war, dass Hunderttausende von Frauen, die Beruf und Kinder unter einen Hut gebracht hatten, sich gezwungen sahen, ihre bezahlte Arbeit aufzugeben. Wir wurden auch daran erinnert, dass sehr viele unserer unentbehrlichen Arbeitskräfte, einschließlich derjenigen, die sich um Kinder und alte Menschen kümmern, nicht genug Geld verdienen, um davon leben zu können.

Es ist an der Zeit, dass das Thema Betreuung in den USA als „Moonshot“ gedacht wird. Die Lösung dieses Problems wird die Hindernisse für Frauen und junge Familien beseitigen und vielen Frauen helfen, finanziell unabhängig zu werden. Dies ist eine Verpflichtung gegenüber künftigen Generationen, die den Grundstein für eine gesündere, wohlhabendere Bevölkerung legen wird.

Ich glaube jedoch, dass die Konzentration auf die Betreuung noch mehr bewirken wird. Als Geschäftsfrau, die ein Dutzend Jahre erfolgreich ein großes amerikanisches Unternehmen leitete, kann ich bestätigen, dass das ein Wettbewerbsvorteil für jedes Unternehmen, jede Gemeinde und jeden Staat sein wird, in dem wir das verwirklichen.

Beginnen wir mit den Kindern. Unabhängig von der Dauer der bezahlten Freistellung oder der zeitlichen Flexibilität der Eltern brauchen Babys und Kleinkinder eine Betreuung, während ihre Mütter und Väter arbeiten. Derzeit ist es für viele Eltern nahezu unmöglich, eine gute Tagesbetreuung in einer Einrichtung zu finden, die entweder in der Nähe ihres Wohnorts oder ihres Arbeitsplatzes liegt, weil es einfach nicht genügend Plätze gibt oder diese zu teuer sind. Und bei diesem Problem ist die Betreuung von Kindern, deren Eltern nachts arbeiten oder weitere Unterstützung brauchen, noch gar nicht mit eingerechnet.

Eine andere Möglichkeit wäre die Einstellung eines Kindermädchens, das sich um das Kind kümmert, was in der Regel teurer ist und wieder mehr Fragen aufwirft: Wen soll man einstellen? Wie viel muss gezahlt werden? Wie soll man sie beaufsichtigen? Wo sind die Grenzen? Viele Eltern enden immer noch mit der Art von Behelfsbetreuung, auf die sich Raj und ich vor 35 Jahren in Chicago verließen, als Preetha ein Baby war. Wir lernten eine Frau in unserem sozialen Umfeld kennen und ließen unser geliebtes Kind bei ihr. Vasantha war wunderbar und hatte selbst vier Kinder großgezogen. Aber sie war eine Bekannte, keine ausgebildete Kinderbetreuerin. Dass sie sich in jenem Winter als Preethas Babysitterin für uns bewährte, war wirklich nur Glück. Wenn wir sie nicht gemocht hätten, hätten wir viel Zeit und Energie darauf verwendet, jemand anderen zu suchen, was unsere Dynamik bei der Arbeit erschöpft hätte. So erging es uns ein paar Jahre später in Connecticut, auch wenn wir das zusätzliche Geld für eine Agentur für Kindermädchen ausgaben. Es hat sich nicht viel geändert.

Wir brauchen die Regierungen von Bund und Ländern, den privaten Sektor und Experten für frühkindliche Bildung und kommunale Gebäude, um gemeinsam ein umfassendes, kreativ gestaltetes Kinderbetreuungssystem zu schaffen, das die sogenannten Kinderbetreuungswüsten beseitigt. Ich rühme die Menschen, die sich seit Jahrzehnten mit diesem Thema befassen, sowie Programme wie Head Start und andere Vorschulinitiativen, die enorme Arbeit leisten, um Kinder auf ihre kommenden Schuljahre vorzubereiten. Aber ich schlage vor, dass wir noch viel weiter gehen. Wir müssen die bestehenden Programme ausbauen, sie mit häuslichen Betreuungsmöglichkeiten vernetzen und sie mit kommunalen Organisationen, die über Gebäude verfügen – von religiösen Einrichtungen bis hin zu Bibliotheken – verknüpfen, um eine neue Generation hervorragender Möglichkeiten zu schaffen.

Wir brauchen auch umfassende Zulassungs- und Schulungsprogramme für Kinderbetreuer und Personal. Und wir müssen den Betreuungspersonen Löhne zahlen, die ihrer enormen Verantwortung gerecht werden. Die frühkindliche Erziehung, die für das lebenslange Wohlergehen eines jeden Babys so wichtig ist, ist ein wachsender Bereich. Warum sollten wir nicht Anreize schaffen, um junge Menschen für diese Berufe zu gewinnen? Es ist ermutigend zu sehen, dass die Regierung Biden die Betreuung als kritische Infrastruktur für das Land betrachtet, und ich jubelte Janet Yellen, der Finanzministerin, zu, als sie erklärte, dass „unsere Politik die Tatsache nicht berücksichtigt hat, dass das Arbeitsleben und das Privatleben der Menschen untrennbar miteinander verbunden sind und dass, wenn das eine leidet, auch das andere leidet“. Die Umsetzung jeder Initiative des Weißen Hauses wird jedoch von entscheidender Bedeutung sein. Die Gewährung von Pauschalzuschüssen an die Bundesstaaten für die Betreuung ist zum Beispiel ein guter Anfang, aber es ist wichtig, dass die Vorlage für großartige Pflegenetze im Voraus festgelegt wird und dass die Einzelheiten der Ausgaben überwacht werden. Dieses Thema verdient ein historisches Engagement, das sich über Jahrzehnte erstrecken sollte.

Während die Regierung absteckt, wie dieser „Moonshot“ am besten umgesetzt werden kann, sollten große Unternehmen und andere Arbeitgeber aktiv werden. Wo es möglich ist, sollten Unternehmen Kinderbetreuungsplätze für ihre Mitarbeiter vor Ort oder in der Nähe einrichten. Wenn die Zahl der Kinder diese Investition nicht rechtfertigt, sollten die Unternehmen mit anderen zusammenarbeiten, um Kinderbetreuungsdienste entweder in der Nähe der Büros oder in Wohngebieten zu bündeln. In der PepsiCo-Zentrale beliefen sich die Gesamtkosten für die Umrüstung einer Etage unseres Hauptsitzes in eine Kinderbetreuungseinrichtung – ein Betrag, auf den ich trotz der Skeptiker um mich herum bestand – auf etwa 2 Millionen Dollar. Wir beauftragten Bright Horizons, einen Pionier im Bereich der Kinderbetreuung, mit der Bereitstellung von Personal und mit dem Betrieb dieser Einrichtung und übernahmen die Kosten für Versicherung und Wartung. Die Ausgaben machten sich in Form von Loyalität und Seelenfrieden für unsere derzeitigen Mitarbeiter unglaublich bezahlt. Sie sparten sich die Fahrtzeit und waren im Notfall in der Nähe ihres Kindes. Außerdem war es ein hervorragendes Rekrutierungsinstrument. Der Service war für die Mitarbeiter nicht kostenlos: Sie zahlten dafür, dass ihre Kinder dabei waren. Aber schon nach einem Jahr war PepStart überzeichnet.

Kleinere Unternehmen oder solche mit einer flexibleren Belegschaft sollten die Gründung von Zusammenschlüssen für den Betrieb gemeinsamer Kinderbetreuungseinrichtungen in Betracht ziehen oder mit bestehenden kommunalen Netzwerken zusammenarbeiten. In einer Wirtschaft, in der immer mehr Eltern von zu Hause aus arbeiten oder Arbeitsbereiche in der Nachbarschaft nutzen, sollte eine an Co-Working-Standorte angeschlossene Kinderbetreuung selbstverständlich sein.

Ich nenne das einen „Moonshot“, aber wir setzen hier nicht auf etwas Unbekanntes. In den Ländern mit umfassenden Kinderbetreuungsnetzen bleiben Mütter tatsächlich berufstätig. In Frankreich, wo die staatliche Kinderbetreuung beginnt, wenn ein Baby zweieinhalb

Monate alt ist, haben berufstätige Frauen, die schwanger werden, die beruhigende Gewissheit, dass sie eine Betreuungsmöglichkeit haben. Im kanadischen Quebec hat ein stark subventioniertes[20] Betreuungssystem für alle Kinder unter fünf Jahren in den letzten zwanzig Jahren dazu beigetragen, dass mehr Frauen wieder arbeiten gehen, und das Wirtschaftswachstum in dieser Provinz stieg.

Wir müssen auch die Betreuung älterer Menschen in unsere Diskussionen und Empfehlungen einbeziehen. Die Betreuungsaufgaben der Familien enden nicht, wenn das jüngste Kind das Haus verlässt. Das liegt nicht nur daran, dass die emotionale Arbeit von Eltern nie abgeschlossen ist. Es liegt daran, dass mehr Menschen als je zuvor bis weit in ihre Achtziger hinein Hilfe benötigen werden, und die meisten von ihnen werden auf unbezahlte Pflege durch Familie und Freunde angewiesen sein. Viele dieser unbezahlten Pflegekräfte, bei denen es sich meist um Frauen handelt, sind in der „Sandwich-Generation" und müssen sowohl Kinder als auch ältere Verwandte unterstützen. Die Neugestaltung der Struktur und des Standorts von Seniorenpflegezentren kann ebenfalls Teil dieser Bemühungen sein, wenn wir uns eine Welt mit einer wachsenden älteren Bevölkerung vorstellen.

Eine Ergänzung zu den Seniorenpflegezentren ist das Mehrgenerationenwohnen. Ich wuchs in einer Familie mit drei Generationen auf und habe keinen Zweifel daran, dass dies meiner Schwester, meinem Bruder und mir große Vorteile brachte, nicht zuletzt durch die Anwesenheit unseres weisen Thatha in unserem Zuhause. Die alternde Bevölkerung auf der ganzen Welt lässt die Idee der Mehrgenerationenfamilie wieder aufleben, da jeden Tag mehr Menschen Urgroßeltern und sogar Ururgroßeltern werden. Dies wird oft als wachsendes Problem beschrieben, als demografische Zeitbombe, bei der die Renten unbezahlbar werden und die Gesundheitsdienste überlastet sind. Wir müssen dies auf den Kopf stellen. Eine große, alternde Bevölkerung könnte ein Segen sein. Die ältere Generation ist ein großartiges Unterstützungssystem für Familien. Millionen von Großeltern in den USA übernehmen die Kinderbetreuung. Aber auch hier haben wir uns nicht so angepasst, dass diese wichtigen Familienstrukturen leichter funktionieren können. So verhindern beispielsweise viele US-amerikanische Planungs- und Bebauungsgesetze, die noch aus dem letzten Jahrhundert stammen, Häuser mit separaten Küchen oder Eingängen und verbieten Mehrfamilienhäuser. Hier bietet sich ein weiterer Weg für Veränderungen an: Wir müssen uns vor Ort ein Bild von diesen Gesetzen machen und Fahrt gewinnen, um sie zu ändern. Wenn wir schon dabei sind, sollten wir unsere Gemeinschaftsräume – Parks, Fußwege, Bänke, Spielplätze – nutzen und eine Gemeinschaftsgestaltung formen, die unseren menschlichen Instinkt, füreinander da zu sein, wirklich zum Tragen bringt.

Nachdem ich PepsiCo verlassen hatte, trat ich in den Vorstand von Amazon ein und habe nun die Möglichkeit, die Denkweise eines der innovativsten und kundenorientiertesten Unternehmen, die ich je erlebt habe, aus der ersten Reihe zu verfolgen. Außerdem wurde ich vor Kurzem Direktor bei Philips, dem niederländischen Unternehmen, das die medizinische Versorgung verändert. Dieser Vorstandssitz sowie meine Mitgliedschaft im Vorstand des Memorial Sloan-Kettering Cancer Center und im Exekutivausschuss des MIT geben mir einen Einblick in die Technologien der Zukunft im Allgemeinen und in die Art und Weise, wie sich das Gesundheitswesen in den nächsten Jahren verändern wird, im Besonderen.

Ich nahm auch eine Einladung an, den Lehrstuhl der Class of 1951 for the Study of Leadership an der US-Militärakademie in West Point zu übernehmen, wo ich einige Wochen im Jahr mein Wissen der Fakultät und den Kadetten weitergebe. Ich bin bewegt und inspiriert von der Selbstlosigkeit aller, die ich in West Point treffe, vor allem der jungen Männer und Frauen, die sich so sehr für unser Land engagieren und die zum Schutz unserer Freiheiten eingesetzt werden.

Und ich bin nach wie vor im Vorstand des International Cricket Council tätig, wo ich das einzige weibliche Mitglied des Kricketdachverbands bin. Bis hierher war das ein langer Weg von jenem Tag im Jahr 1973, als ich in Madras in meinem weißen Trikot das Spielfeld betrat!

Im Februar 2019 erklärte ich mich auf Bitten von Ned Lamont, meinem Yale-Klassenkameraden, der zum Gouverneur von Connecticut gewählt worden war, bereit, den stellvertretenden Vorsitz von Advance-CT zu übernehmen, einer Organisation, die in Wirtschaftsfragen eng mit der Regierung des Bundesstaates zusammenarbeitet. Als COVID-19 ausbrach, übernahm ich den stellvertretenden Vorsitz des beratenden Ausschusses von Connecticut, der sich mit der Wiedereröffnung des Staates nach der Pandemie befasste, und arbeitete mit Dr. Albert Ko von der Yale School of Public Health. Wir mussten sorgfältig Leben und Lebensunterhalt abwägen, und die Arbeit war intensiv. Aber Connecticut ist unsere Heimat, und wir wollten unserem Gouverneur helfen, in einer beispiellosen Krise die richtigen Entscheidungen zu treffen. Es liegt mir sehr am Herzen, dem Staat etwas zurückzugeben, der meiner Familie im Laufe der Jahre so viel gegeben hat.

Während dieser Zeit waren Raj und ich mit beiden Mädchen und meiner Mutter zu Hause. Preetha war aus Brooklyn gekommen, als das Coronavirus in New York City wütete, und lebte zum ersten Mal seit einigen Jahren wieder in unserem Haus. Es dauerte nicht lange, bis sie bemerkte, dass ich 18 Stunden am Tag arbeitete. „Ich dachte, du wärst im Ruhestand", rief sie eines Morgens aus. „Wir sollten doch Brettspiele machen und zusammen sein!" Aber sie wusste auch, dass die Pflicht rief und dass sich bei ihrer Mutter nicht viel geändert hatte. Interessanterweise begann Preetha bald für 4-CT zu arbeiten, einer staatlichen Organisation, die Ersthelfer, Tafeln und andere, die an vorderster Front COVID-19-Hilfe leisteten, unterstützte.

Eines Tages, nachdem ich alle meine Zoom-Meetings absolviert und dann ein paar Stunden mit Lesen und Schreiben verbracht hatte, wandte ich meine Aufmerksamkeit ein paar Haushaltsaufgaben zu.

Amma kam auf mich zu. „Weißt du", sagte sie, „du bist jemand, der der Welt helfen will, und nicht viele Menschen sind wie du. Ich glaube nicht, dass du dir so viele Sorgen um das Haus machen solltest. Du musst so viel zurückgeben, wie du kannst. Mach weiter."

Damit überraschte sie mich.

Ich weiß, dass ich von einem Sinn angetrieben werde und dass er aus der Tiefe meines Herzens kommt. Dieses Gefühl hat mich mein ganzes Leben lang begleitet – von dem Zeitpunkt, als ich mir meine Abzeichen als Pfadfinderin erarbeitete, bis hin zu meiner Vision, wie Stayfree-Binden Frauen in Indien helfen würden. Ich suchte in jedem meiner Beratungsjobs nach einem Sinn und sah bei Motorola einen großen Wert darin, Menschen zu helfen, ohne Kabel zu kommunizieren. Ich fühle mich immer noch sehr geehrt und bin ein wenig verblüfft, dass man mir anvertraute, PepsiCo durch einen Wandel zu führen, den wir „Leistung mit Sinn", „Performance with Purpose" nannten. Irgendwie steckt das in mir.

An diesem Punkt meines Lebens motiviert mich auch die Dankbarkeit, vor allem gegenüber meinen Schulen und Lehrern, gegenüber meinen Gemeinden und den beiden Ländern, in denen ich gelebt habe. In meinem Herzen bin ich nie weit weg von Holy Angels und MCC. Vor ein paar Jahren ließ ich die naturwissenschaftlichen Labors in beiden Schulen komplett umbauen und einen neuen Aufenthaltsraum für Frauen am MCC einrichten. Ich hoffe, dass mehr naturwissenschaftlich interessierte Mädchen wie ich an diesen Schulen die Chance haben, sich zu entfalten, weil sie jetzt die Ausstattung und Unterstützung haben, ihrer Leidenschaft nachzugehen.

Meine Verbindung zu Yale ist nach wie vor sehr eng. Im Jahr 2002 wurde ich eingeladen, der Yale Corporation beizutreten, einem Ausschuss von 16 Kuratoren, die die Universität überwachen. Die Sitzungen finden an einem großen Konferenztisch aus dunklem Holz statt, der für mich die Patina von Jahrhunderten amerikanischer Geschichte trägt. Yale wurde im Jahr 1701 gegründet. Als ich das erste Mal diesen Konferenzraum betrat, fiel mir sofort eine Messingplakette mit meinem Namen auf der Rückenlehne eines der schweren braunen Lederstühle am Tisch auf. Und als ich mich zum ersten Mal auf diesen Stuhl setzte, wurde ich von Emotionen überwältigt. Ich fühlte mich in meine ersten Tage in Yale zurückversetzt, in Ehrfurcht vor der Erhabenheit dieser Institution. Meine Ausbildung in Yale hatte mir in die höchsten Ebenen der Universität verholfen. Es war unwirklich.

Raj und ich sind sehr stolz darauf, dass wir all den Institutionen und Gemeinschaften, die uns und unsere Kinder ausgebildet und unterstützt haben, Zeit und Ressourcen zur Verfügung stellen können. Und im Juni 2021 erklärte sich Raj bereit, als Interims-CEO von Plan International zu fungieren, einer globalen Menschenrechtsgruppe, die sich für die schutzlosesten Kinder der Welt einsetzt, insbesondere für Mädchen. Er war vor einigen Jahren im Vorstand von Plan India und war die erste Person, die man bat, diese Aufgabe zu übernehmen. Ich weiß, dass Raj sich mit ganzer Kraft für die Verbesserung der Lage junger Mädchen einsetzen wird – dieses Thema liegt ihm sehr am Herzen.

Der nächste Schritt in meinem Leben – angetrieben von meinem ausgeprägten Gefühl für Sinnhaftigkeit – besteht darin, alles in meiner Macht Stehende zu tun, um die Menschen und Organisationen zu fördern und zu unterstützen, die seit Langem erkannt haben, dass die Betreuung für unser Gemeinwohl von grundlegender Bedeutung ist, und die unermüdlich daran arbeiten, großartige Ideen zu entwickeln und in die Praxis umzusetzen. Ich bin davon überzeugt, dass dies den Stress für junge Menschen bei der Familiengründung verringern und Frauen helfen wird, sich weiterzuentwickeln und auch in die Führung unserer Unternehmen aufzusteigen.

Anfang November 2020 stürzte Rajs Mutter, die 90 Jahre alt war und bei seinem Bruder lebte, in ihrer Küche und brach sich das Bein an zwei Stellen. Ich sah mir das Foto auf Rajs iPhone an, auf dem meine liebe Schwiegermutter im Krankenhaus zu sehen war, eine kleine Frau inmitten von weißen Laken und Kissen in einem großen Bett mit Seitengittern aus Metall und ein paar Maschinen im Zimmer. Es ging ihr gut. Aber sie sah ein wenig einsam aus, ein wenig verängstigt.

Raj setzte sich im Schnellgang dafür ein, dass sie nach Bangalore gebracht wurde, wo sie näher bei ihren Schwestern und anderen Verwandten war und wo er sich um sie kümmern konnte, während sie sich erholte. Er fand heraus, wie er von Connecticut aus nach Indien reisen konnte, obwohl es wegen der Pandemie weltweite Reisebeschränkungen gab, und zwei Wochen später reiste er ab.

Während er weg war, blieb ich drei Monate lang zu Hause in Greenwich und kümmerte mich um meine Mutter. Jetzt waren Raj und ich jeweils die Hauptpflegepersonen unserer Eltern. Amma, Ende achtzig, ist immer noch körperlich unabhängig und geistig voll auf der Höhe. Sie ist äußerst diszipliniert und besteht darauf, dass ihre Mahlzeiten auf eine bestimmte Art und Weise zubereitet und jeden Tag zu exakt der gleichen Zeit geliefert werden. Und sie möchte immer wissen, wo ich gerade bin. Wenn ich eine Viertelstunde später komme, als ich dachte, ruft sie mich an. Sie macht sich Sorgen. Ich weiß, dass ich es leicht habe, aber es ist trotzdem nicht leicht. Die Frau, die sich in unserem großen Haus in Madras um uns kümmerte und mir vorgelebt hat, wie man sich um die Älteren kümmert, ist jetzt selbst bedürftig. Meine Geschwister und ich betrachten dies, unabhängig von unseren Leistungen oder anderen Verpflichtungen als eine vorrangige Verpflichtung.

Wenn ich Zeit mit meiner Mutter und meinen erwachsenen Kindern verbringe – und ich sitze mitten unter ihnen –, denke ich oft über den Betreuungskreislauf nach, zu dem ich mein ganzes Leben lang gehört habe. Ich habe Preetha und Tara gesagt, dass ich, wenn sie heiraten und Kinder haben, da sein werde, um zu helfen, eine hingebungsvolle Großmutter und Lehrerin für unsere nächste Generation, und eine

Stütze und leidenschaftliche Unterstützerin meiner Töchter, wenn sie ihren eigenen Weg in der Welt suchen.

Und ich werde alles in meiner Macht Stehende tun, um dabei zu helfen, uns eine Zukunft der Betreuung für all die Familien aufzubauen, die diese Art von Unterstützung nicht haben.

Das ist mein Versprechen.

# DANKSAGUNGEN

Das Schreiben dieses Buches war eine neue Erfahrung für mich – eine Reise, eine Liebesarbeit, eine andere Art von harter Arbeit. Als ich anfing, hatte ich nicht die Absicht, meine eigene Geschichte so detailliert niederzuschreiben. Ich dachte, ich würde ein paar Abschnitte mit Fakten und Zahlen darüber schreiben, wie wir Frauen, junge Familiengründer und unser kollektives Wohlergehen unterstützen müssen, und ich war sicher, dass ich ein Publikum finden würde.

Aber Bob Barnett, ein hoch angesehener Jurist und Genie bei der Veröffentlichung von Büchern, hat mich umgestimmt. Er war die treibende Kraft hinter diesem Buch und hat sich in den letzten zwei Jahren aktiv an dessen Entwicklung beteiligt. Er ist ein Juwel von einem Menschen, dem seine Klienten sehr am Herzen liegen. Das spüre ich jeden Tag. Vielen Dank, Bob.

Dieses Buch wurde von Lisa Kassenaar, einer äußerst begabten Autorin, geschrieben und in Form gebracht. Sie hat all meine Geschichten, Fakten, Anekdoten und seitenlangen Überarbeitungen zu wunderschönen Kapiteln verwoben, die jeweils zentrale Lektionen enthalten. Sie ist ein wahrer Schatz, und ich bewundere ihre Fähigkeiten. Jeder Autor braucht eine Lisa, die seine Ideen zum Leben erweckt.

Adrian Zackheim und Niki Papadopoulos – ich danke Ihnen für Ihre Klugheit und dafür, dass Sie von Anfang an von diesen Ideen gefesselt waren, und ich danke Ihnen, zusammen mit Tara Gilbride, Kimberly Meilun, Mary Kate Skehan und dem gesamten Team von Portfolio, für Ihr Fachwissen bei der Umsetzung von „My Life in Full". Danke auch an Thomas Abraham und Poulomi Chatterjee bei Hachette India und an Zoe Bohm bei Piatkus und ihre Teams für den Enthusiasmus und die Sorgfalt, die sie diesem Buch geschenkt haben.

Es war ein Privileg, von der wunderbaren Annie Leibovitz fotografiert zu werden. Das Buch ist durch ihre Sicht noch besser geworden. Vielen Dank, Annie, und danke an Ihr engagiertes Team. Es war ein Vergnügen, mit Ihnen allen zu arbeiten. Danke auch an Anna Wintour für deine Freundschaft und dafür, dass du mich mit Annie bekannt gemacht hast, und danke an Stefano Porcini und Yesenia Rivera für Ihre Hilfe bei dem Layout und der Gestaltung des Covers.

Ich bin auch sehr dankbar für meine zuverlässigen PR- und Digitalpartner: Juleanna Glover – sie ist einfach die Beste in dem, was sie tut –, und Preeti Wali – deren ruhige Herangehensweise ich immer sehr sympathisch finde. Ich weiß es sehr zu schätzen, dass Sie dieses Buch zu Ihrem eigenen Projekt gemacht haben und es anfeuern. Die Arbeit, die Sie leisten, um mich zu unterstützen, ist Weltklasse. Und denjenigen, die Sie unterstützen – Jane Caldwell, Isabelle King, Ali McQueen, Kaiulani Sakaguchi –, vielen Dank. Danke auch an Don Walker, Emily Trievel und Elizabeth Platt von der Harry Walker Agency, die sich so effizient um meine externen Vortragsverpflichtungen kümmern.

Mehrere Forscher haben diese Arbeit ebenfalls unterstützt, und ich schätze ihre Einsichten und ihr Engagement sehr – der brillante Phil Collins, mein Denkpartner seit über einem Jahrzehnt, Allison Kimmich, die schon früh erkannt hat, dass ich eine Schreibpartnerin brauchte, und die Lisa in mein Leben geholt hat, Martha Lein, Kate O'Brian, Ruth Fattori und Molly O'Rourke. Ich weiß, dass dieses Buch für jeden von Ihnen persönlich ist.

Ich bin auch denjenigen dankbar, die mir so viel Zeit und Aufmerksamkeit geschenkt haben, indem sie das Manuskript gelesen und detaillierte, durchdachte Kommentare abgegeben haben: Prisca Bae, Amanda Bennett, Phil Collins, Adam Frankel, Ted Hampton, Brad Jakeman, A. J. Kassenaar, Allison Kimmich, Linda Lorimer, Antonio Lucio, Rich Martinelli, Erica Matthews, Emma O'Brian, Kate O'Brian, Mauro Porcini, Roopa Purushotaman, Rangan Subramanian, und Anna Wintour. Und Swati Adarkar und Ann O'Leary danke ich für ihren hervorragenden Beitrag zum Kapitel über Politik.

Danke an unsere wunderbare Verwaltungsassistentin Brenda Magnotta, die nach einer langen Karriere bei PepsiCo zu uns gekommen ist und unser Büro in Greenwich zusammenhält und mein Leben organisiert. Danke an Srilekha, meine Assistentin in Indien, die mir die nötigen Informationen für die Erzählung der frühen Jahre meines Lebens zur Verfügung gestellt hat und so akribisch an mehreren Punkten im Zusammenhang mit der Buchvorstellung gearbeitet hat. Rahul Bhatia, Sebastian Rozo, Simi Shah und Joe Vericker danke ich für ihre Hilfe hinter den Kulissen, um dieses Buch auf die Beine zu stellen.

An meine engen Freunde, ohne die ich nicht in meiner Mitte bleiben könnte: Alan und Jane Batkin – ihr steht ganz oben auf der Liste. Seit mehr als 20 Jahren seid ihr für mich da, hört mir zu und beratet mich. Ich schätze unsere enge Verbindung ungemein.

Nimmi John, Soni Singh, Chitra Talwar, Sujata Kibe, Jenny Storms, Ofra Strauss, Annie Young-Scrivner, Cathy Tai, Neil Freeman, Prakash und Pradeep Stephanos – ihr alle wisst, dass ich unsere Freundschaft enorm schätze.

Brad Jakeman – ich bin so froh, dass du in mein Leben getreten bist. Danke, dass du dich bei jeder Gelegenheit um mich gekümmert und so viele Aktivitäten rund um das Buch übernommen hast. Du bist ein echtes Mitglied unserer Familie. Ebenso Mauro Porcini für deine Klugheit bei vielen Aspekten der Buchgestaltung. Mehmood Khan, ohne den ich „Performance with Purpose" nicht hätte verwirklichen können. Larry Thompson, für deinen weisen und stillen Rat in all den Jahren.

John Studzinski, Tom Healy und Fred Hochberg danke ich für eure treue Unterstützung und euren klugen Rat.

Bim Kendall und Jan Calloway – danke für die jahrelange Freundschaft.

Ich bin auch den wunderbaren Mentoren zutiefst dankbar, die mich gefördert haben – Norman Wade, S. L. Rao, Larry Isaacson, Carl Stern, Gerhard Schulmeyer, Wayne Calloway, Roger Enrico, Steven Reinemund, Don Kendall und Bob Dettmer.

Henry Kissinger, der mich nicht nur über Geopolitik belehrt hat, sondern mich auch bei öffentlichen Veranstaltungen ausdrücklich unterstützt, meine Glaubwürdigkeit gestärkt und mich aufgefangen hat, wenn ich gestolpert bin. Ich werde Ihre Freundlichkeit nie vergessen.

Jacques Attali, meinem Berater, Freund und Ratgeber, und Jeff Sonnenfeld, der mir rund um die Uhr als wertvoller Gesprächspartner zur Verfügung steht, danke ich dafür, dass ihr beide in meinem Leben seid.

Dank auch an Hillary Rodham Clinton – eine Mentorin, eine großartige Unterstützerin, eine kluge Beraterin und eine Vermittlerin. Jeder kennt Sie als Außenministerin der USA, First Lady der Vereinigten Staaten, Senatorin aus New York. Ich kenne Sie als einen der brillantesten Menschen, die ich je getroffen habe.

Ich danke der Boston Consulting Group dafür, dass sie mir alles über Strategieberatung beigebracht hat und vor allem durch ihr Beispiel gezeigt hat, worauf es bei ehrlicher, ethischer Beratung ankommt.

An die Mitglieder des PepsiCo-Vorstands zwischen 2006 und 2019: Vielen Dank für die unerschütterliche Unterstützung, die es dem Unternehmen ermöglicht hat, unseren Wandel zu vollziehen und PwP umzusetzen. An Cesar Conde, Ian Cook, Dina Dublon, Alberto Ibarguen, Bob Pohlad, Sharon Percy Rockefeller, Darren Walker – unsere Verbindung hat sich über die Vorstandsetage hinaus entwickelt. Es ist mir eine Freude, euch liebe Freunde zu nennen.

An all die Männer und Frauen, die mir bei PepsiCo direkt unterstellt waren und über viele Jahre hinweg so viel zum Erfolg unseres Unternehmens beigetragen haben. Ich danke Ihnen. Mit Ihnen hat all die harte Arbeit Spaß gemacht, Sie haben sich der Herausforderung gestellt.

Den jungen Führungskräften, die mich im Büro des CEO unterstützt haben und immer noch mit mir in Kontakt stehen – John Sigalos, Adam Carr, Adam Frankel, Erica Matthews und Rich Martinelli. Ich danke Ihnen für Ihren Einsatz und Ihre harte Arbeit. Ich vermisse Sie alle sehr.

An Rob Baldwin, Pat Cunningham, Richard DeMaria, Jeanie Friscia, Monty Kelly, Neal Robinson, Chuck Smolka, Joe Ursone, Joe Walonoski und alle anderen in der PepsiCo-Luftfahrt, an Dominick Carelli, Frank Servedio und Robert Sinnott – Sie haben mein Büro in der Luft und auf der Straße komfortabel und einladend gemacht. Die vielen Reisen, die wir gemeinsam unternommen haben, waren dank Ihnen weniger anstrengend. Mein Dank.

Oberst Everett Spain, dem Vorsitzenden der Abteilung für Verhaltenswissenschaften und Führung an der USMA, und allen Dozenten der Abteilung danke ich dafür, dass Sie mich willkommen geheißen und mich als eine von Ihnen behandelt haben. Ich habe große Ehrfurcht vor dem, was Sie für unser Land tun.

Albert Ko, Lehrstuhlinhaber an der Yale School of Public Health, und allen Mitgliedern der Taskforce „Reopen CT“: Es war mir eine Freude, mit Ihnen zusammenzuarbeiten, um Connecticut während der Pandemie zu beraten. Ich habe so viel von Ihnen allen gelernt.

Und an die vielen anderen, die mir in der Anfangszeit geholfen haben, darunter die Familie Shankar, die mich in ihrem Haus willkommen geheißen und mir geholfen hat, mich in New Haven einzuleben, sowie Holly Hayes, meine Klassenkameradin in Yale, deren Gastfreundschaft und Freundschaft Raj und ich nie vergessen werden.

An Mike Tusiani von den New York Yankees, der mir hilft, mit meinem Lieblingssportteam in Verbindung zu bleiben. Danke.

An die Menschen, die diese Welt zu früh verlassen und eine Lücke in meinem Herzen hinterlassen haben – mein liebster Freund Jassi Singh, ich werde deine Liebe und Freundschaft nie vergessen. Ich war glücklich, dich in meinem Leben zu haben. Saad Abdul Latif, deine Loyalität und Wärme werden mir immer in Erinnerung bleiben.

Meinen Eltern, Shanta und Krishnamurthy, und meinem Thatha, Narayana Sarma – ihr habt mir das Fundament, das Vertrauen und die Flügel zum Fliegen gegeben. Meiner Schwiegermutter Leela und meinem Schwiegervater N. S. Rao danke ich dafür, dass ihr mich wie eine Tochter behandelt habt, und für eure unglaubliche Unterstützung. Und all den anderen Mitgliedern meiner Großfamilie – meiner Schwester Chandrika und ihrem Mann Ranjan, meinem Bruder Nandu und seiner Frau Ramya, meinem Schwager Shekar und seiner Frau Shalini und all meinen Nichten, Neffen, Tanten und Onkeln – vielen Dank, dass ihr mir Halt gegeben habt.

Und schließlich und vor allem danke ich meinem Mann Raj – meinem Fels in der Brandung, meinem größten Unterstützer, meinem Seelenverwandten. Ich liebe dich von ganzem Herzen. Und meinen Kindern Preetha und Tara – ihr habt mich gelehrt, was Liebe aus tiefstem Herzen wirklich bedeutet. Ich liebe euch mehr als alles andere auf der Welt. Durch euch drei fühle ich mich vollständig.

# ENDNOTEN


1 Rachel Dunifon et al., „The Effect of Maternal Employment on Children's Academic Performance" (Arbeitspapier, National Bureau of Economic Research, Cambridge, MA, August 2013), https://www.nber.org/system/files/working_papers/w19364/w19364.pdf.

2 Kathleen L. McGinn, Mayra Ruiz Castro und Elizabeth Long Lingo, „Learning from Mum: Cross-National Evidence Linking Maternal Employment and Adult Children's Outcomes", *Work, Employment and Society 33*, Nr. 3 (Juni 2019): 374–400, https://journals.sagepub.com/eprint/DQzHJAJMUYWQevh577wr/full.

3 Jonathan Davis Ostry et al., „Economic Gains from Gender Inclusion: New Mechanism, New Evidence" (International Monetary Fund, Oktober 2018), https://www.imf.org/en/Publications/Staff-Discussion-Notes/Issues/2018/10/09/Economic-Gains-From-Gender-Inclusion-New-Mechanisms-New-Evidence-45543.

4 Peter Muennig, Boshen Joao, Elizabeth Singer, „Living with Parents or Grandparents Increases Social Capital and Survival: 2014 General Social Survey-National Death Index", *SSM Population Health* (April 2018), https://www.ncbi.nlm.nih.gov/pmc/articles/PMC5769098/.

5 „Pepsi Cola 1940's", chris1948, März 2012, Youtube-Video, 0:21, https://www.youtube.com/watch?v=-PU1qeKGVmo.

6 WorthPoint, „1994 PepsiCo Annual Report Cindy Crawford", https://www.worthpoint.com/worthopedia/1994-pepsico-annual-report-cindy-504948360.

7 Patricia Sellers, Suzanne Barlyn, Kimberly Seals McDonald, „PepsiCo's New Generation Roger Enrico, PepsiCo's New CEO, Has Traveled a Career Path as Curious as They Come. But Then, He Says, ‚I Think „Career Path" Are the Two Worst Words Invented.'" CNN Business, 1. April 1996. https://money.cnn.com/magazines/fortune/fortune_archive/1996/04/01/210991/index.htm.

8 Thomas B. Foster et al., „An Evaluation of the Gender Wage Gap Using Linked Survey and Administrative Data" (Arbeitspapier, Center for Economic Studies, November 2020), https:/www.census.gov/library/working-papers/2020/adrm/CES-WP-20-34.html.

9 Nanette Byrnes, „The Power Of Two At Pepsi", Bloomberg.com, 29. Januar 2001, https://www.bloomberg.com/news/articles/2001-01-28/the-power-of-two-at-pepsi.

10 Melanie Wells, *Forbes*, „Pepsi's New Challenge", 20. Januar 2003, https://www.forbes.com/forbes/2003/0120/068.html?sh=2f4c09a72f41.

11 Business Roundtable, Statement on the Purpose of a Corporation, August 2019, https://system.businessroundtable.org/app/uploads/sites/5/2021/02/BRT-Statement-on-the-Purpose-of-a-Corporation-Feburary-2021-compressed.pdf.

12 Shu Wen Ng, Meghan M. Slining und Barry M. Popkin, „The Healthy Weight Commitment Foundation Pledge, Calories Sold from U.S. Consumer Packaged Goods, 2007–2012", *American Journal of Preventive Medicine* (Mai 2014), https://www.ajpmonline.org/article/S0749-3797(14)00248-7/fulltext.

13 PepsiCo, Jahresbericht 2018, 2018, https://www.pepsico.com/investors/financial-information/annual-reports-and-proxy-information.

14 Catalyst, Historical List of Women CEOs of the Fortune Lists: 1972–2020, Mai 2020, https://www.catalyst.org/wp-content/uploads/2019/06/Catalyst_Women_Fortune_CEOs_1972-2020_Historical_List_5.28.2020.pdf.

15 Weltwirtschaftsforum, „Global Gender Gap Report 2021: Insight Report", März 2021, http://www3.weforum.org/docs/WEF_GGGR_2021.pdf.

16 Brady E. Hamilton, Joyce A. Martin, Michelle J. K. Osterman, Births: Provisional Data for 2019 (Division of Vital Statistics, National Center for Health Statistics, Mai 2020), https://www.cdc.gov/nchs/data/vsrr/vsrr-8-508.pdf.

17 America Counts Staff, „2020 Census Will Help Policymakers Prepare for the Incoming Wave of Aging Boomers", United States Census Bureau,

10. Dezember 2019, https://www.census.gov/library/stories/2019/12/by-2030-all-baby-boomers-will-be-age-65-or-older.html.

18 Linda Houser und Thomas P. Vartanian, „Pay Matters: The Positive Economic Impacts of Paid Family Leave for Families, Businesses and the Public“ (New Brunswick, NJ: Rutgers Center for Women and Work, Januar 2012), https://www.nationalpartnership.org/our-work/resources/economic-justice/other/pay-matters.pdf.

19 Joan C. Williams et al., „Stable Scheduling Increases Productivity and Sales“ (San Francisco: University of California Hasting College of the Law; Chicago: University of Chicago; Chapel Hill: University of North Carolina Kenan-Flagler Business School, März 2018), https://worklifelaw.org/publications/Stable-Scheduling-Study-Report.pdf.

20 Pierre Fortin, Luc Godbout, Suzie St-Cerny, „Impact of Quebec's Universal Low-Fee Childcare Program on Female Labor Force Participation, Domestic Income, and Government Budgets“ (Quebec City: Universite du Quebec, 2008), https:// www.oise.utoronto.ca/atkinson/UserFiles/File/News/Fortin-Godbout-St_Cerny_eng.pdf.

320 Seiten
gebunden mit SU
24,99 € (D) / 25,70 € (A)
ISBN: 978-3-86470-651-6

## Leander Kahney: Tim Cook

Als Steve Jobs 2011 stirbt, halten viele seinen Nachfolger bei Apple, Tim Cook, für die falsche Wahl – zu wenig innovativ, zu wenig schillernd. Doch Cook beweist: Er ist der rechte Mann zur rechten Zeit. Unter seiner Leitung wird das iPhone das erfolgreichste Produkt aller Zeiten und Apple steigt zum ersten Billionen-Dollar-Unternehmen der Welt auf. Leander Kahney legt nun die erste Biografie überhaupt zu Tim Cook vor. Wer ist der Mann, den viele für einen Langweiler halten, wirklich? Wie hat er Apple verändert und wo will er noch hin? Welchen Herausforderungen wird er sich in Zukunft stellen müssen? Und wird es ihm gelingen, Apple weiterhin an der Spitze zu halten?

480 Seiten
gebunden mit SU
27,90 € (D) / 28,70 € (A)
ISBN: 978-3-86470-781-0

## Tim Higgins: Powerplay

Genie, Visionär oder doch nur windiger Geschäftemacher? Die Meinungen über Elon Musk könnten kaum unterschiedlicher sein. Doch selbst seine härtesten Kritiker müssen zugeben: Mit Tesla ist es ihm gelungen, die Autoindustrie zu revolutionieren und das Elektroauto zum neuen, zukunftsweisenden Standard zu machen. Der Auto- und Technologie-Reporter des *Wall Street Journal*, Tim Higgins, zeichnet Teslas Weg vom kleinen Start-up zum Milliardenkonzern nach. Er stellt Key Player vor, zeigt die Schwierigkeiten auf, die überwunden werden mussten, und gibt tiefe Einblicke in Elon Musk Gedankenwelt.

432 Seiten
broschiert
24,90 € (D) / 25,60 € (A)
ISBN: 978-3-86470-838-1

## Natalie Berg / Miya Knights: Das Amazon-Modell

Amazon ist eines der wertvollsten Unternehmen der Welt. Was sind die Geheimnisse seines Erfolgs? Wie lassen sich diese Erkenntnisse auf andere Unternehmen im E-Commerce-Sektor übertragen? Die renommierten Einzelhandelsexpertinnen Natalie Berg und Miya Knights geben überzeugende Antworten. „Das Amazon-Modell“ bietet einzigartige Einblicke in die disruptiven Strategien des unerbittlichsten Einzelhändlers und Innovators der Welt. Es zeigt, wie diese Strategien auf jedes Unternehmen im E-Commerce-Sektor angewendet werden können und wie professionell Amazon auf die Corona-Pandemie reagierte. Eine unschätzbare Ressource, um aus dem beispiellosen Aufstieg von Amazon zu lernen und erfolgreich zu handeln.

PLASSEN
VERLAG

368 Seiten
broschiert
24,90 € (D) / 25,60 € (A)
ISBN: 978-3-86470-696-7

## Sarah Frier: No Filter

Die preisgekrönte Reporterin Sarah Frier enthüllt in ihrem Blick hinter die Kulissen, wie Instagram zu einer der kulturell prägendsten Apps des Jahrzehnts wurde und eine neue Milliardenbranche schuf: die Influencer. Frier erzählt die fesselnde Geschichte, wie Instagram sich erfolgreich im Facebook-Universum behauptet und sich seine Prinzipien bewahrt hat – und eröffnet einen so noch nie gewährten Zugang zu den wichtigsten Protagonisten und Interviewpartnern aus den Bereichen Film, Musik und Mode. Eine kritische und umfassende Sicht auf das aus unserem Leben nicht mehr wegzudenkende Phänomen Instagram.